清华十二景

杨国华 等 著

Top 12 in Tsinghua

人民东方出版传媒
東方出版社

图书在版编目（CIP）数据

清华十二景 / 杨国华等著 . —北京：东方出版社，2021.5
ISBN 978-7-5207-2032-8

Ⅰ . ①清… Ⅱ . ①杨… Ⅲ . ①清华大学—介绍
Ⅳ . ① G649.281

中国版本图书馆 CIP 数据核字（2021）第 004094 号

清华十二景
（QINGHUA SHIERJING）

作　　者：杨国华 等
责任编辑：陈丽娜　张凌云
出　　版：东方出版社
发　　行：人民东方出版传媒有限公司
地　　址：北京市西城区北三环中路 6 号
邮　　编：100120
印　　刷：北京市大兴县新魏印刷厂
版　　次：2021 年 5 月第 1 版
印　　次：2021 年 5 月第 1 次印刷
开　　本：710 毫米 ×1000 毫米　1/16
印　　张：25.75
插　　页：16 页
字　　数：350 千字
书　　号：ISBN 978-7-5207-2032-8
定　　价：69.80 元
发行电话：（010）85924663　85924644　85924641

王国维纪念碑

西南联大纪念碑

地质之角

母育子

雕塑

红果

枯荷

建筑之美

晚上的清华园老校门

胜因院

金岳霖故居

风中的校河

目　录

CONTENTS

美丽与热爱

百年清华园哺育了无数名师英才，他们也以杰出成就和生动文字反哺着这个美丽的校园。

数百位学术大师曾在这里生活，留下了《荷塘月色》（朱自清）、《清华园词》（吴宓）、《君子》（梁启超）和《清华大学校歌》等传世名篇。千万个青年学子曾在这里成长，写下了《我爱清华图书馆》（杨绛）、《清华不是个读书的好地方》（余冠英）、《清华八年》（梁实秋）和《清华园日记》（季羡林）等现代佳作。

本书所收集的文字也是关于清华园的。然而，本书的内容却是与众不同的。

首先，本书有一个“外人”来到清华园教书育人七个春秋的经历与感想。此前，这个人曾经在中央国家机关从事外交与法律工作18年，担任过中国驻美大使馆外交官，访问过二十多个国家，参观过众多世界名校。此前，除了偶尔来访，这个人与清华园没有什么“渊源”。然而，当这个人挥别“滚滚红尘”进入清华园工作之后，立刻就被这里美丽的风景和丰富的历史“灌醉”了！他如痴如醉地阅读相关文献，很快在书架上摆出了近二百本有关清华的书籍。他邀请很多朋友来校园参观，立志成为“清华园第一导游”。在这种“痴迷”的状态下，八个月后，他提出了“清华学”的概念，并且撰写了《论清华学》，从“清华概况：清华作为一个大学校和小社会”“清华校史：清华作为一部中国近代史”“清华院系：清华作为一部百科全书”“清华校园（设计、园林、建筑、奇石、植物）：清华作为皇家园林和现代大学”“清华大师：清华作为大师云集之地”和“清华名篇：清华的那些美文”六个方面进行了论证。此后，他不断记录自己的感想，内容涉及清华园的一草一木，描述清华园的难言之美与自己心中的难抑之情。

其次，这本书有“清华学”几个学期的课程感想。从 2015 年秋季学期开始，也就是来清华仅仅一年后，这个人就开始给新生开设了一个自创的通识课程“清华学”。据说此前从未有过专门研究清华的课程，以这个人的资历，根本不足以开一门这样的课！在这个园子里生活了二三十年，对清华园了如指掌者大有人在！也许是意识到了自己的“短板”，这个人从一开始就采取了一种“共同学习”的教学方法，也就是放下老师的“身段”，与同学们一起探讨，而不是采取高高在上讲授的传统教学方法。事实上，与其说是这个人在给同学们讲课，不如说是与同学们一起学习。清华园博大精深，足以为学，非一日能穷尽，他自己就计划用十年时间研究清华园。当然，这种教学方法，也可以说是“教学相长”的实例，即使十年后成了“清华学”饱学之士，也不应该放弃。本书很多内容是“清华学”上课的实况记录与同学们的课后随感。

最后，也是最重要的，本书有在校学生对清华园的讴歌与热爱。它包含六个学期 70 位本科同学亲历清华园、研究清华园的真情实感，特别是从美学角度对清华园的思考。这么多人一起，如此有规模地以审美的眼光研究清华园并且将感想记录下来，恐怕是前所未有的！也许他们的文笔有些稚嫩，也许他们的思想不够深入，然而他们是这个园子的真正主人，他们的认知和感受才是这个园子的真正价值所在！正因如此，这些文字应该与更多学子分享，让更多人发现清华园的美丽，让他们更加热爱清华园。

让更多人发现清华园的美丽，让他们更加热爱清华园，这就是本书目的之所在。

有人问我：清华园哪里最美？

这个问题有点难。我每天在园子里行走，每天在朋友圈晒图，连续六个学期开设通识课“清华学”，甚至被同学们戏称“清华园第一导游”，但在我心中，清华园处处有美，各有千秋，很难排出顺序。于是我闭上眼睛，看看哪些景观浮现在脑海，结果是本书所归纳的“十二景”。这显然是一种主观判断，带着个人偏好，不能说它们“最美”，更不能说清华园只有这些景观，但我觉得这“十二景”应该得到公认。此外，“十二”并非固定数字，可多可少，而“清华学”班级一般是 12 个本科生，课程也是 12 周，只是巧合而已。

清华园里也有我不喜欢之处。我不喜欢照澜院的两栋 18 层教工宿舍楼“高 1 楼”“高 2 楼”；太高了，高度和风格都与校园格格不入。我不喜欢已经变成大杂院的名人故居，照澜院、新林院、胜因院和西院，私搭乱建，脏乱不堪，感觉是“令优雅蒙羞”。我不喜欢听“万人”和“荒岛”的称呼，甚至不喜欢听人提“二校门”，多么没有文化的名字！我不喜欢有些同事，为人为学都乏善可陈；我甚至不喜欢极少数学生，纵有高分，教养堪忧。我不喜欢看清华“百日大武斗”和“梁效”的历史，仿佛不愿掀开污水井盖。

但是这些不喜欢，只是“不喜欢”而已，并没有影响我的“喜欢”。对于清华园，我还是“喜欢”多啊，满满的一本书，从美丽的景观，到敬佩的师生，到丰富的历史！每日在园子里走，遇到“不喜欢”，我都是淡然处之的心情。我知道，这些“不喜欢”会越来越少——听说美丽的校河曾经是臭水沟；听说学生食堂“清芬”“芝兰”“玉树”“紫荆”“桃李”和“丁香”，曾经是用数字编号的；听说“二校门”曾经被摧毁拆除。此外，“万人”和“荒岛”正在被“观畴”和“近春”所取代，“老校门”的称呼也比“二校门”温情一些。至于众多名人故居，我觉得这是清华园最为珍贵的文化遗产，期待着第一个故居纪念馆的出现。对于同事，我相信社会进步的力量会进行优胜劣汰。对于学生，言传身教是教师的本分，我愿意付出点滴努力。一切都可以变，变得越来越好。

杨国华

一　高山仰止

——王国维纪念碑

导语：

王国维纪念碑是一件文物，是 1929 年清华师生为纪念王国维“自沉”两周年而立。它被称为“五绝碑”，因为除了“碑主”王国维，“撰文”陈寅恪、“书丹”林志钧、“篆额”马衡和“拟式”梁思成四人都是当时鼎鼎大名的学者，有很多故事可讲。纪念碑位于第一教学楼北侧，背靠土坡，绿树掩映，为游人所不知，却常见鲜花摆在碑前。

碑文只有 253 字，但我们耳熟能详的“独立之精神自由之思想”就出于此，并且已经写入《清华大学章程》(2014)。事实上，碑文中还有一句话也是振聋发聩的：“思想而不自由毋宁死耳。”陈寅恪曾说：“我的思想、我的主张完全见于我所写的王国维纪念碑中。”陈寅恪以其学问和气节为后人称道，人们瞻仰这方碑，除了感叹国学大师王国维之死，更多的是感受碑文的力量。这里是清华的“文脉”所在，代代学人都应常常来此观瞻。

碑文：

（正面）海宁王静安先生纪念碑

（背面）海宁王先生之碑铭

海宁王先生自沉后二年，清华研究院同人咸怀思不能自已。其弟子受先生之陶冶煦育者有年，尤思有以永其念。佥曰：“宜铭之贞珉，以昭示于无竟。”因以刻石之辞命寅恪，数辞不获已，谨举先生之志事以普告天下后世。其词曰：士之读书治学，盖将以脱心志于俗谛之桎梏，真理因得以发扬。思想而不自由，毋宁死耳。斯古今仁圣所同殉之精义，夫岂庸鄙之敢望？！先生以一死见其独立自由之意志，非所论于一人之恩怨，一姓之兴亡。呜呼！树兹石于讲舍，系哀思而不忘；表哲人之奇节，诉真宰之茫茫，来世不可知者也。先生之著述，或有时而不章；先生之学说，或有时而可商；惟此独立之精神，自由之思想，历千万祀，与天壤而同久，共三光而永光。

义宁陈寅恪撰文 闽县林志钧书丹 鄞县马衡篆额 新会梁思成拟式 武进刘

南策建工 北平李桂藻刻石 中华民国十八年六月三日二周年忌日 国立清华大学研究院师生敬立

遗书：

五十之年，只欠一死，经此世变，义无再辱。我死后当草草棺敛（殓），即行索葬于清华茔地。汝等不能南归，亦可暂于城内居住；汝兄亦不必奔丧，固道路不通，渠又不曾出门故也。书籍可托陈、吴二先生处理，家人自有人料理，必不至不能南归。我虽无财产分文遗汝等，然苟谨慎勤俭，亦必不至饿死也。五月初二日父字。

人物：

王国维（1877—1927），字静安，号观堂，浙江海宁人。16岁应海宁州试，补“博士弟子员”，26岁治哲学，后转文学，晚期专治卜辞（甲骨文），名驰中外。他对宋元戏曲史和卜辞的研究成果，被称为“空前绝业”。曾任清废帝溥仪老师“南书房行走”，身为“五品朝官”。1925年，王国维到清华国学研究院任教，与梁启超、陈寅恪和赵元任并称“四大导师”。1927年6月2日在颐和园昆明湖自尽，其遗书“五十之年只欠一死，经此世变义无再辱”两句留下众多猜测。

陈寅恪（1890—1969），字鹤寿，江西九江市修水县义宁客家人，生于湖南长沙，祖籍福建上杭。清华国学院“四大导师”之一，集历史学家、古典文学研究家、语言学家、诗人于一身。陈寅恪其父陈三立是“清末四公子”之一、著名诗人。祖父陈宝箴，曾任湖南巡抚。夫人唐筼，是台湾巡抚唐景崧的孙女。因其身出名门，又学识过人，在清华任教时被称作“公子的公子，教授之教授”。

林志钧（1878—1961），字宰平，号北云，福建闽县人。闽派著名诗人、法学家和哲学巨擘。癸卯（1903年）科举人，辛亥革命前留学日本。曾任北洋政府司法部部长，后为清华研究院导师，新中国成立后为国务院参事室参事。

马衡（1881—1955），字叔平，别署无咎、凡将斋，浙江鄞县人。西泠印社第二任社长，金石考古学家、书法篆刻家。曾任北京大学研究所国学门考古学研究室主任、故宫博物院院长。

梁思成（1901—1972），籍贯广东新会，生于日本东京。建筑史学家、建筑教育家和建筑设计师，毕生致力于中国古代建筑的研究和保护。1946 年在清华大学创办建筑系。曾任中央研究院院士（1948 年）、中国科学院哲学社会科学学部委员。

纪念：

观其碑，心有悲

陈 岳

走过大礼堂前茵茵的草地，穿过日晷前熙熙攘攘的人群，独身向西略走两步，在一片静静的小树林里，默默地伫立着一方石碑。这便是海宁王国维先生的纪念碑。

王国维先生是中国近现代的著名学者，早年接受资产阶级改良主义影响，把西方哲学与美学，同中国古典哲学结合起来。同康有为、梁启超不同，他几乎不参与政治，但从他的一些行为来看，他骨子里还是中国传统的文人。

1923 年，即民国十二年，他选择受命担任溥仪的“南书房行走”。即使清朝已经覆灭十几年，他依然保留着长辫子。当然，这不是说他冥顽不灵，我认为这恰恰是另一种形式的“独立之精神，自由之思想”。在当时，剪去辫子被认为是一种思想解放的象征，但作为中国传统的文人，我有自己的想法，我缅怀过去，我希望一些传统依然能够保留下去，如果不问青红皂白，强行剪去辫子，是不是恰恰违背了“自由思想”的精神？

可惜，国人不会管这些，于是便有了源源不断去王国维家中劝剪辫子的“好心人”；北洋军阀不会管这些，于是便有了冯玉祥命逊帝迁出紫禁城，王国维随驾前后，发出“艰难困辱，仅有不死”之言。是的，封建的王朝结束了，一个时代落幕了，改良者终究不如改革者。对于那些清朝留下来的遗老们，世界已不再属于他们。而那些传统的东西，自己之后，又有谁能继承呢。

这是当时清朝遗老们普遍的痛苦，更与当时的大环境有关。现代一些学者认为，新文化运动把传统的东西压制得太狠了。这不是没有道理的。而对于王国维个人之死，冯玉祥这个北洋军阀在其中起到了很大的作用。王的学生戴家祥说：“虽然，先生之死，自有宿因；而世乱日迫，实有以促其自杀之念。方五月二日，某承教在侧时，先生云：‘闻冯玉祥将入京，张作霖欲率部总退却，保山海关以东地，北京日内有大变。’呜呼！先生致死之速，不能谓时局无关也。”再有，先生死前手书中说，“经此世变，义无再辱”，再结合1924年冯玉祥的那场让先生无比艰难困辱的逼宫，我们似乎能推测，压倒先生的最后一根稻草，恐怕正是这位冯姓军阀。

还能逃到哪儿去呢？料想先生当时，是否会有中国之大，自己却无处安身之感？在那个时局动荡、军阀混战的年代，自己，一个“旧社会遗留下来的人”，是不是命如草芥，同那叶德辉一样，不知何时就会被杀。虽然不能选择是否死去，但至少能选择在何时，在何地，以何种方式死去。

于是，九十年后，在这片冷清的小树林里，今天的我们看到这么一块纪念碑。它就像王国维先生一样，拙于言辞，只向为数不多的来者，静静诉说当年的故事。

寂寞百年身后事

李在梦

初知王国维先生，是在小学时候，学纳兰的《长相思》时，书中说“夜深千帐灯”被王国维称为千古壮观。当时，还不知王国维是何许人也。

后来高中时喜欢诗词，便读了不少诗词，其中一首是王国维先生的《点绛唇》：“醒后楼台，与梦俱明灭，西窗白，纷纷凉月，一院丁香雪。”当时只觉得与柳永、纳兰之词相近，对王先生的词，没有清楚的认识。后来一次偶然的机会，开始读王国维先生的《人间词话》。也许是怕我们不懂王国维先生，正文前有近四十页来介绍王国维的经历和思想。读完之后，虽然不能完全理解，但也有所收获，它让我对于什么是好词有了新的认识，不止于字句锤炼，还有更重要的“词至后主，则眼界始大，意境遂远”，要跳出众多词人感慨个人得失的圈子，而转向对宇宙对人生的思考。至此，我对于王国维先生才算是有了一些了解。

这次对于王国维纪念碑的研究，让我想起，开学时集体活动，我在大家面前谈对清华的了解时就谈到了王国维先生。之所以如此，是因为王先生曾是清华国学院的四大导师之一，曾经深切影响过清华的学子。而在讨论时，老师说很多人把碑文念成“海宁王”时，我不觉得这是个笑话，反而有一些悲哀。悲哀的是，有那么多人连王先生的大名都不知道。

好吧，暂且认为烟火尘世中的普通人不需要了解王国维这样的文化大家，可之后对王国维故居的参观，却更让我失望。从四周的青砖中，隐约能看出岁月的痕迹，可内里却被新的主人改建得不成样子。主人出来招呼我们，说起王国维先生的后人也曾来此参观。我想他看到自己先辈的居所变成如今这样，也不免会痛心吧。

这可是名人故居啊！

这可是在清华啊！

这可是曾成为多少清华学子生命底色的王国维先生啊！

我一直觉得，如此重要、如此伟大的人，他的故居就应该专门保护起来，供人瞻仰。

想起碑文上的话："海宁王先生自沉后二年，清华研究院同人咸怀思不能自已。"尽管王先生已去，但人们一直怀念着他，也正因如此，才有了这块纪念碑。那是王先生的时代。

而今距王先生投湖而去，已经整整九十年了。就像他自己词中说的一样："潮涨潮生，几换人间世。"人们的思想经历了太多的变化，清华也经历了很多变化。但我不会相信，也不愿相信，王先生的时代已经过去了。

想起在王先生故居前看到的那只猫，它趴在墙上，院内的残败狼藉，院外的风起云涌，都与它无关。但王国维先生，却不能与我们无关。

百年之后，王先生的身后事不应如此寂寞。

躲进小楼，难成一统

何若兰

西院的名人故居，以现在的眼光来看，大概不是什么豪华的建筑，小小的一个四合院，又只有那么低矮的一层。但这可能是当时最适合民国学者们的一种生活方式，就同他们在西南联大时一样，虽然生活清贫，思想却繁繁荣荣，茂茂盛盛地生长起来。假如在一九二几年时走过西院42号，大概也能沾染一些王静安先生的文学气息。

普通人对于王静安先生的了解大概也仅仅停留在自沉的未解之谜上，议论着"五十之年，只欠一死"的悲凉，随意就冠上了一个"前清遗老"的标签。事实上，先生的人生远不止自杀这一件事。我想，静安先生不是圣人，他不是完美的，有很多他本身的局限性。和住在45号的朱自清先生相似，他是一个典型的中国文人。民国学者有很多类，早年出国的胡适、徐志摩、梁思成等人，大都出自小康之家及以上。他们对于西方文化的接受程度是很高的，可以时不时地有点小资情调，对改造中国社会激情迸发。而静安先生，虽然对于新学很有兴趣且接受了一些新学的教育，但骨子里还是一个有古时之风的中国文人。他出身贫寒清苦，由于资金的原因，留学好些年都没成，靠着罗振玉的资助才能东渡日本，但终究是寄人篱下。溥仪在《我的前半生》中写道，由于种种欠罗振玉的恩情，老实本分的王国维总是不敢不听罗振玉的吩咐。我想，这就是一种烙在骨子里的传统思想，滴水之恩，不得不报，然而他本不必这样做的。当对于恩情的回报变成了对自己的束缚，会不会变成一种压力，成为压垮静安先生的一根稻草？

在看完王国维先生的人生经历后，可能会觉得“殉清”一说没什么道理。事实上，在辛亥革命之前，静安先生就没考中过，说是前清遗老都有些勉强。纵然他布衣出身还能被召入宫给溥仪授课，这也不是一个能够让他折腰的理由。清华、北大屡次三番邀他做教授，溥仪的人格魅力能比这一大群学子还高吗？然而，静安先生对于清朝的感情，是无法估量的。我猜想，根本的原因是，静安先生尊的不是溥仪，而是那个旧时的皇帝之位。静安先生骨子里是一个中国传统文人，而中国传统文人，都有那么一股理想主义的执拗劲儿。就像南明的那群复社文人，他们未必不知道清朝的统治者能力比他们软弱的皇帝强不少，但是他们执着地反清复明可不是为了这个皇帝，而是为了明朝，为了汉族，为了他们的信念。静安先生也是一样的，他愤怒于冯玉祥赶出溥仪的时候，不仅仅是为了溥仪而伤感，而是为了冯玉祥对皇帝之位的不尊，为了那个没落破败随风而逝的清王朝，为了那一种延续千年最终绝了生命的旧文化。静安先生是一个从旧时代走出来的文人，他的学说也许融汇中西，但他的价值观，他的思想与信仰，必定是旧时的、传统的。那样一个或许有些固执的中国文人，碰到这么一个大变的时代，未免有时移势易、繁华不再的感慨。陈寅恪提出的“文化殉节”说，或许还有些道理，又或者，他殉的是自己的传统价值观，殉的是这个时代。静安先生这样一种文人的执着，到底应该说是一种固执的局限，还是一种信仰的坚持呢？

说到中国文人的理想主义，我们不妨提一提45号的朱自清先生。我想朱自清先生也有那么一些旧时文人的气质，就那么一股理想主义的执拗劲儿。宁死不吃救济粮，也许在旁人眼里是很小的一件事情，在文人的眼中，这件与价值观相悖的事情，动摇的就是他们的整个世界啊。

其实，王国维先生的人生，是充满悲剧色彩的。一生清苦，恩怨纠葛，前清遗恨，也许都融在最后的一跃之中。作为一个文人，静安先生没有让时代大开大阖的能力，也无意去做这件事。而他的信仰、他的坚持、他的传统价值观，无疑是与时代大潮相悖的。这也许是一种个人信仰的坚持，值得后世的钦敬，但是从另一方面来讲，这种对于理想的执拗，会不会是一种文人的愚执与局限呢？它是否真的有意义呢？我无法作答，这个答案只能长留于静安先生心中了。在那个英雄辈出的年代，静安先生没有能够做到叱咤风云，改变社会，他守着自己的传统价值观与理想，仍然被时代的洪流推搡着往前走，离自己的初心越来越远。他最终没有能够在42号“躲进小楼成一统”，即使在象牙塔里，外界的号角也能响彻他的世界。他最终选择了戛然而止。也许，这就是那个时代，一个旧时文人必然的命运？这个选择对耶？错耶？

不管怎样，静安先生给后世留下了一笔宝贵的学术财富，他的思想也会被世人铭记。清华园里，先生的纪念碑，大概历经世事仍能永垂不朽吧，就像他的独立之思想，自由之精神。

清华园中忆先生

王　山

“昨夜西风凋碧树，独上高楼，望尽天涯路。”

“衣带渐宽终不悔，为伊消得人憔悴。”

“众里寻他千百度，蓦然回首，那人却在灯火阑珊处。”

初闻先生大名，便是与这三个句子有关。先生称之为“古之成大事业、大学问者必经之境界”，而我虽学艺不精，却也能从这三句中感受到些许先生在学术之外对人生意义的探讨。提及先生，除了“国学大师”的名号，最出名的应该是“前清遗老”的身份了。而市井之中流传最广的故事恐怕就是先生的长辫子。我不知道那些对此津津乐道的人是抱着什么样的态度，于我而言，是先生，让我对“遗老”这个词有了全新的认识。它不是思想顽固不化的表现，而是对过往的一种缅怀，一份记忆。辫子，一种象征而已，剪了，未必代表支持革命，可能只是跟风；不剪，也不表明希望复辟，也许只是留念。故虽“先生之著述，或有时而不章；先生之学说，或有时而可商”，但先生之遗风，必万古而常青。

纵观数十年来人们对先生的评价，最真实最中肯的就是寅恪先生所写的这篇碑文了。从中我们不难看出“独立之精神，自由之思想”在先生心中的地位，也能感受到其对旁人的影响。而寅恪先生也将先生之死归因于此，对此我是认同的。朝代更迭，长子病逝，挚友分裂等等这些都可能是那最后一根稻草，但最沉重的，必然是先生思想上的压力。

除了这纪念碑，园子里另一处适合缅怀先生的地方就是他的故居了。然而去过之后，心里却又平添几分凄凉。西院 42 号，曾经幽雅的四合院，如今却让人感到逼仄而狭小。如果不是查了资料，我怎么也看不出这里和先生有任何的联系。院子现在的主人还算热情，但那一句“给我五六套房子，我立马搬走”还是让我感觉有些刺耳，先生的故居难道仅仅只与五六套房子等价吗？用世俗的眼光去给这文化之地估价，本身就是一种侮辱。如果未来可以，我会让先生的故居成为真正意义上的圣地，供我们这些信徒瞻仰。唯愿先生最终得到了他所追寻的那份自由与独立。

于先生纪念碑前

姚　园

那天我早早地到了先生纪念碑前，不知怎地，我放缓了脚步，像是怕惊扰到了什么。先生纪念碑矗立在山前，周身是一大片空地，环绕着参天大树，沿着台阶或是山腰的小径，都可以走到跟前，有些许“曲径通幽处”的神秘。

但我唯独停在了空地的前方，连呼吸都轻了几分，或是怕打扰了先生，又或是中午周围环境突然安静了下来，我的内心也渐渐平静。在几步之外“远远地”望着先生高高的碑石，一瞬间感到了先生的伟岸身影，穿越百年仍未消退。树此石以“永其念”，当真是做到了让先生“历千万祀，与天壤而同久，共三光而永光”。“有些人死了，他还活着”，历经百年仍可以让后人感念他并思考他的精神与思想，这让我莫名有了丝丝感慨。

课上谈到了先生自沉的缘由，我暗自想到，先生毕竟不是一个随便的俗人，会因某些生活琐事苦恼而舍弃生命，必是为了成全大节而舍命，“杀身以成仁”。谈到我对先生离开的原因的看法，我不想在现有猜想中做出选择，我只想结合自己对先生的些许了解谈一下我的想法，可能略显浅显，但也可以代表我的一点见解。

其实从先生拒绝剪辫可以看出，先生不是可以轻易改变自己所站立场的人，但这样的行为并不应该被某些人片面地理解成先生是封建顽固派，其实这是先生尊重过去和传统的鲜明体现。

清朝覆灭，民国建立，西方文明不断“侵入”，同化着中国人的思想，淹没着中国的传统文化。而先生又是对传统文化持坚定的尊重与自信的态度，在“反清灭清”潮流中被认作“一股逆流”，独自反省着传统文化的下滑，又独自承担着振兴传统的重担。终于如某文中所描述的，“他犹如希腊传说中的西绪福斯”，努力把这块不断滚下山坡的传统文化巨石向上推进，但无奈的是，他无法抗拒那不可挽救的命运，传统文化的命运，也是他的命运，最终都一起坠入了谷底……

从某种意义上来说，先生自沉更像是一种文化殉道，更给我极大的触动，启示着我要尊重和保护自己民族的文化，视之为命。或许我做不到先生在文化即将覆没之时以死殉之，但可以在外来文化侵入时保护自己的传统文化。

以上是我的小小见解，希望没有冒犯到先生。

“最是人间留不住，朱颜辞镜花辞树。”于先生纪念碑前，想尽先生一生，感慨先生一世，回忆先生的作品，蓦然间想到梁启超先生所言一句：不独为中国所有而为全世界之所有之学人。

最后写上先生名言，也是我最爱的诗句，谨以此纪念先生：“古今之成大事业、大学问者，必经过三种之境界：‘昨夜西风凋碧树，独上高楼，望尽天涯路。’此第一境也。‘衣带渐宽终不悔，为伊消得人憔悴。’此第二境也。‘众里寻他千百度，蓦然回首，那人却在灯火阑珊处。’此第三境也。”

人生的十字路口

朱洁松

我之前对于王国维先生的印象，主要是在学术层面。他是近代中国最早运用西方哲学、美学、文学理论和方法剖析评论中国古典文学的先驱，同时也是将历史与考古相结合的第一人。他在《人间词话》中谈到的为学的三层境界最广为流传，为后人所仰望。他是当之无愧的国学大师。但是，就是这样一位在学术上登峰造极的大师却以自沉的方式了结了自己的生命，实在令人惋惜。

在好奇心的驱使下，我深入了解了王国维先生的生平事迹。

王国维出生于清末浙江海宁的一个书香世家。他的启蒙教育是中国的四书五经，少时参加童生试，得中秀才。入州学后，参加院试，屡试不第。在古代，“学而优则仕”，这对王国维这样出身书香门第的读书人来说，恐怕是巨大的打击。甲午海战之后，王国维开始接触西方文化，大概是感慨于科举无望，于是进入留洋学堂，开始筹备出国留学。在这里，我看到了他人生的第一个十字路口：是继续待在国内参加科举考试，还是出国留学？对于一个从小受到中华传统文化熏陶的人来说，这是一个艰难的选择。

从留洋学堂毕业后，王国维在罗振玉等人的资助下，赴日本东京学习西方的文化知识。回国后，王国维在罗振玉创办的《教育世界》发表了大量译作，并加以自己的论述，介绍了大量近代西方科学、哲学、教育学、美学、文学方面的知识。没想到，他在科举上屡屡受挫，反而对西方的哲学、美学颇有造诣。在这里，我看到了他人生的第二个十字路口：是钻研传统文化，还是钻研西方文化？对于王国维来说，他还是选择了传统文化。

三十岁以后，王国维转治文学。辛亥革命后，王国维东渡日本。研究方向转向经史、小学，并与日本学者广泛交流。回国后，北京大学多次邀请王国维出任文科教授，均被其拒绝。在大家都以为他退隐的时候，他在他人推荐下出任逊帝溥仪的南书房行走。在这里，我看到了他人生中的第三个十字路口。当时的北大，新文化运动开始正如火如荼，王国维也许并不想与时任文学院院长的胡适等人为伍。在新文化与旧文化之间，他还是选择了旧文化。担任南书房行走的好处是除了能够阅览宫中的藏书之外，更重要的还是能够借机弘扬传统文化吧。

在溥仪被冯玉祥驱逐出宫后，王国维引为奇耻大辱，准备以身殉清，因家人阻止未果。有人会说王国维愚忠，但是我认为这更多的是他对溥仪知遇之恩的一种报答。之后清华大学邀请王国维担任国学研究院导师，在请示溥仪后，王国维就任。他本人并不健谈，课堂也不及陈寅恪、梁启超那般生动，但是所授学问是非常深入的。任教两年后，王国维自沉于颐和园昆明湖，留下一封遗书。在这里，他走完了人生的最后一个十字路口。

最大的争议就是他为什么自沉。有人说是因为他人逼债，有人说是因为殉清。从他自己的遗书来看，只是提到“经此世变，义无再辱”，并没有说明具体的原因。陈寅恪否定了逼债和殉清这两种说法，在他看来，自沉是因为

“独立自由之意志”。但是这个意志究竟是什么，陈寅恪没有说，是一个非常模糊的表述。

在我看来，所谓“独立自由之意志”是捍卫传统文化。王国维虽然曾经接受了西方文化的教育，但是从骨子里来说，他仍然是传统文化的捍卫者。这一点从他脑袋后的辫子上可以看出来。他捍卫传统文化的态度使我联想到了同样有辫子的辜鸿铭。在那个人人都推崇西方文明的崭新民国，不剪辫子就掉脑袋的法令下了一遍又一遍，他却坚持不肯剪。这并非对满清王朝有多忠心，只是要一个独善其身罢了。

军阀大战，时局动荡，中国两千多年的帝制在炮火声中终结。在胡适、蔡元培等人发起的新文化运动冲击之下，孔孟之道被斥为迂腐，忠义仁孝被笑作愚蠢，年轻人妄自菲薄，觉得中国样样低等，外国事事高尚。同样传播西方文化，王国维不像胡适那般激进，对于传统文化全盘否定；也不像蔡元培那般有革命情怀，点了翰林之后不肯做官而要去革命。王国维是真爱传统文化，他有傲骨，他坚定地捍卫了中华文明的尊严，保存下传统文化的最后一丝火种。

但是，时代的车轮滚滚向前，个人在时代巨变面前渺小苍白又无力。可以说，当时的王国维在以一己之力对抗大半个中国文化界。虽然与另外三位导师同在国学院教书，但他总是沉默寡言，可能真正能与王国维交心的也寥寥无几吧。传统文化的式微，个人的无可奈何，感于挫折，不被理解，种种原因，使他连同他所珍爱的传统文化，站在了人生最后的十字路口上。

清刚之气永在天壤

陶胤霖

初识王先生是在小学时，老师拿着一摞厚厚的手稿为我们讲解《人间词话》中所提出的“人生三境”——悬思，苦索，顿悟，从“独上高楼，望尽天涯路”一直讲到“那人却在灯火阑珊处”。当时我心中的王国维先生是一个略有些古板的学究形象，一盏茶，一支笔，在书斋中，皓首穷经，兀兀穷年。

后来在文学历史类的书籍上，读到了越来越多与王先生相关的文章，渐渐了解了他的治学主张，诸如史学方面的“二重证据法”，考古学与史学的初次结合，中国古典哲学的道德与政治倾向性。也看到了对于他沉湖一事的种种猜测，殉清说，逼债说，谏阻说，文化殉节说，等等，王国维先生的形象在我的心中越发具体鲜明。

这次在雨中拜谒先生的纪念碑，却是又让我了解到了一个比想象中更丰富的王国维先生。

周四当日，本来阴沉的天在正午突然下起雨来，冒雨骑车来到一教二教之间的海宁王静安先生纪念碑。已过了下课的时间，何况老建筑集中的校园西区，本非学子密集出入之处，自是颇为冷清。移步向前，来到纪念碑前，几束干枯的花摆在纪念碑前。不知是当喜当悲，先生的纪念碑前的花竟是已干枯许久，但至少在一些普天同庆的大日子里，还有些后生们记得来瞻仰拜见先生。日后有空时，我也当时常来看看先生，毕竟作为文化上的遗世独立者，先生一个人的日子想必也会难挨。

转至背后，一排排刚劲有力的小楷言说着先生的生平。自恃曾有读《说文解字》的功底，我就着有些模糊的繁体字便读了起来。起先是对王国维先生的追思，并述刻碑的原因。而后笔锋一转，转而开始叙述王国维先生在治学方面所秉持的态度，并以此推测王静安先生沉湖之因。在文本的叙述中还是体现出陈寅恪先生个人的推测：“见其独立自由之意志，非所论于一人之恩怨，一姓之兴亡。”王国维先生之所以自沉颐和园，并不是所谓殉清讨债之故，而是作为前世的文化遗孤，在传统日渐式微、新文化之风铺天盖地的环境中，对于自身一贯所奉行的文化意志渐趋没落的无奈与痛苦。我不觉得永远追随潮流就是正确的选择，所以回首再看王静安先生的所为，竟觉其瘦小的身躯里涌现着坚守的伟岸，传统的学术观点下体现着令人敬畏的洒脱。

再向后的文本已无心细读，脑中回荡的全是先生在生命最后时刻的坦荡与洒脱。偶然间这几句映入眼帘：“惟此独立之精神，自由之思想，历千万祀，与天壤而同久，共三光而永光”，不觉热泪盈眶，作为学人，能够为自己所坚守的思想文化殉节，想必先生在九泉之下也是幸福的吧。

王静安先生所言人生有三境，谓之悬思，苦索，顿悟，他本人可否也是在颐和园的水边才感受到顿悟的快感呢？世上万千学人，或许所追求的也正是“独立之精神，自由之思想”这十个字吧。

斯人已逝，精神永存

王夔宇

一块简朴的石碑，上刻“海宁王静安先生纪念碑”，静静矗立在一教旁。它如此普通，路过的人甚至不会多看它一眼。然而若是有心人多看它一眼，便会被碑上的碑文深深吸引，便会开启一段尘封的往事，遇见一位20世纪的国学大师——王国维先生。

实话说来，我对王国维先生了解不多，仅仅知道他是国学院四大导师之一，也曾经听说过他对“人生三境界”的精彩叙述，据我有限的人生经历，我认为这三句话可谓是对人生发展极为精妙准确的解释。除了这些，我大概对王国维先生没有更多的了解。一张端肃的脸庞，冷静锐利的目光，不苟言笑，便是王国维先生的照片给我留下的印象。

王国维先生投湖自尽，是中国的一大悲剧。他投湖的原因，也一直是难解的谜团。我不愿用世俗的视角去解释他投湖的原因，所以我更愿意相信陈寅恪先生在纪念碑碑文中所写的，“思想而不自由，毋宁死耳”。我相信，王国维先生不会因为生活琐事、个人纠纷而放弃生命，一定是时局带来的思想的桎梏使他选择以一死来明志。

时间过去已将近百年，王国维先生也不仅仅是一位国学大师，他已经融入清华的精神当中，具有了超越个体本身的意义。大学的精神是由一位位大师巨匠塑造的，而王国维先生与陈寅恪先生无疑属于塑造清华精神的大师之列。如果说王国维先生之死是希望践行追求自由的人生志向，那么陈寅恪先生的碑文则是对这种精神的升华。“惟此独立之精神，自由之思想，历千万祀，与天壤而同久，共三光而永光。”掷地有声的几句话，道出了陈寅恪先生一生的精神追求，也将精神独立、思想自由镌刻进了清华精神中。如果我们能在缅怀大师之余进行冷静的思考，那么我们一定会把这种精神牢记在心。

纪念大师，不仅应在精神层面铭记，也应在器物层面留存。让我们痛心的是，器物层面的王国维故居，并没有得到很好的保护，成为供人景仰的场所，而是被私人拥有，改建得一片混乱。少了这么一个器物的象征，对大师的景仰便少了些真实的触感，还好有王国维纪念碑留存至今。

王国维先生、陈寅恪先生以及其他的大师们，他们的物理实体早已消失在岁月中，然而他们留给我们的宝贵精神将永远存续，与日月同辉，如星光闪耀。

为竹宁折

韩　策

无数次经过王国维先生的石碑，却未曾走近去观摩。

细思先生自沉，究竟缘起为何？有人说，王静安先生骨子里更像是一个传统的中国文人；还有人说王先生执着的其实是复清之事，于是为时代所不容。可王先生自沉的根源，就只是一个未从旧时代走出来的文人，被新思想所排挤所致吗？

王先生拒绝剪辫，没有融入时代改革的浪潮，于是有了王先生是“前清遗老”的说法。有人就回应说：“辫子，一种象征而已，剪了，未必代表支持革命，可能只是跟风；不剪，也不表明希望复辟，也许只是留念。”所以这真的是固执吗？还是对传统的尊重，对传承千年文化传统的保护？究竟是时代的浪潮在矫枉过正，还是王国维先生在故步自封？

我们更愿意说，王先生之自沉，是追求“独立之精神，自由之思想”，其中就包含王先生对于世人人云亦云，对潮流趋之若鹜，对传统全盘否定的反思与反抗。

往往与时代违背却又超前于时代的思想都是不为当时所容的，而王先生的坚持与不屈恰恰就被视为了迂腐与固执。人们看到的是王先生看不开，又怎知是不是王先生也认为世人看不透呢？

一定会有人说我在牵强附会，一定要替王先生开脱。可究竟是故步自封，是文人的愚执，没有追上时代的浪潮，还是他真的高看一层，不愿意被“正义”“潮流”不可避免的矫枉过正所裹挟，那些，也无关紧要。我很想说，哪怕先生真的是放不下旧时的传统，哪怕真的是对理想过分的执拗，那这种执拗，对于一个文人来说，也是可敬而不可诋的。这种愚执，是文学所必须要给予我们的。学会辩证，学会顺应规律与潮流，那是哲学告诉我们的，而文学，就是应该教会我们坚持自己的信念，拥有自己的信仰，倘若没有自己所执拗其中的信仰，那活着真的可以称之为活着吗？自古有成败，但大都无对错，只是立场不同罢了，守护自己的立场，败了，却活过，难道这不才是王先生真正留给我们的宝藏吗？

在参观先生在西院的故居时，倒有一事令我惊喜，那就是我在离开的时候偶然在那片四合院的一方角落里见到一片竹，我很难形容那是怎样一种惊喜，仿佛是一件一直想要验证的事情在眼前被证实一样。这才是配得上与“固执”的“文人”所共存的事物吧，先生之节，一如此竹，既生而为文人，那便是为竹，宁折，不可屈！

想来王先生以死明志的意义就在于此，作为后人，我们亦应学会，献身于自己的信仰，践行自己的信念，才能真正求得所求，去往理想之处。

睹其物，忆其人

杨丹龙

站立在海宁王静安先生纪念碑前，一束比较新鲜的花静静地躺着。在这个繁华的地段，王先生的纪念碑是如此的不起眼，多少次匆匆路过都不曾引起我的注意。时隔两年，我又来到了这块碑前，上次是匆匆一览，而这次是来缅怀先生的。

先生之纪念碑其貌不扬，地处繁华区域而又平淡无奇，颇有“大隐隐于市”之感，想必纪念碑的设计者梁思成先生是有意为之，一如王国维先生的风格。先生个子不高，面孔消瘦，头后蓄有长辫，常穿藏青色长袍，一副古貌古心的打扮；先生生性淡泊，不喜与人交游，很少参与政治活动，只潜心于自己的学术研究，看起来只是一个学士文人。在那个年代，动荡造就了许多英雄，只醉心于学术的学士文人只会游离于局势的中心，处于边缘地带。而先生就是这样的一种人。

与先生之纪念碑熟识后，想必以后路过此地会不经意地注意起来了，这种“大隐隐于市”在“熟人”面前总还是无用的。听闻，如有外人登门拜访，不分老幼尊卑，先生一律接待，知无不言，言无不尽。因此，即使处在局势的边缘，先生生前还是为一部分人所熟知的。

在陈寅恪先生撰写的碑文中，最令我震撼的仍是“独立之精神，自由之思想”。这十个字不止是对先生的真实写照，也是老清华人一生的行为导向。

与其追溯先生之死因，不如专注先生之文学经典。说到先生，首先想到的便是先生在《人间词话》中的人生三境界。当然，有此境界之人才能品出此等境界来，俗人无缘此境也。但这让我想到了参禅的三种境界：一是“落叶满空山，何处寻行迹”，二是“空山无人，水流花开”，三是“万古长空，一朝风月”。境界相似，道之不同。

来到王国维先生的故居时，正值当午，不见小院的现主人。进入其中，小院已经面目全非，原本宽敞幽静的四合院已经少了两面墙，空间变得十分拥挤，让人觉得些许压抑。内有一些绿植作物，给小院增添了一些生机。或许只有这些绿植才稍许符合我们印象中的故居。

从故居出来，沿着道路环绕西院骑行，看见有些院子里长着或一棵，或两棵树，在清华园的秋风中摇曳着；而在院子的背面，长有一些瘦小的竹子，在秋风中逐渐转黄。

我想，任何事物都逃不过时间的消磨。当王国维先生站在颐和园昆明湖畔时，他也就迎来了自己生命的终点，消逝在了时间长河中。只希望，王国维先生留给后世的精神能够稍微摆脱时间的束缚，存在得更加长久一点。

静安先生碑前有感

王浩宇

我第一次了解到王国维先生是在高中的时候。那时，我从阅读材料里知道了《人间词话》一书，第一次接触到了王国维先生其人。我了解到王国维先生是我国的国学大师，在国学各个领域都有着极高的造诣，留下了丰厚的学术遗产。

杨老师带我们去参观王国维纪念碑。纪念碑位于一教与二教之间，是王国维先生自沉两年后由清华国学研究院的师生所立。碑文仅有 253 字，并不算太多，但就在这一块石碑上，有着王国维、陈寅恪、林志钧、马衡、梁思成五位大师的影子，堪称“五绝碑”。杨老师说这一块碑是清华的文脉，我认为再恰当不过了。在那个时代，清华的人文社科群星璀璨，涌现出了一大批享誉中外的学者，以王国维先生为代表的清华国学院正是其中翘楚。在国学院存在的短短四年之间有王国维、梁思成、陈寅恪、赵元任等国学大师在此执教，从中走出的 70 名毕业生中有 50 余人成为了我国人文社科领域的著名学者。这块碑就像一个浓缩的博物馆一样，彰显着清华人文辉煌的过去。

碑文中有两句话让我印象最为深刻，其一是“非一人之恩怨，一姓之兴亡”，其二是“独立之精神，自由之思想”。

王国维先生于1927年6月2日自沉于颐和园昆明湖中的鱼藻轩，后世对他的死因有着种种猜测。有人认为与好友罗振玉的绝交让王国维心寒至极，因此自尽。也有人认为是王国维曾经做过清朝旧臣，对前清抱有深厚的感情，在清亡之后依然保留辫子。冯玉祥的逼宫事件让以清朝遗老自居的王国维感到奇耻大辱，因此选择以在皇家园林颐和园自沉的方式来表明自己“效忠清廷”的意志。这些猜测有着一定的合理性，但是正如陈寅恪先生所说的那样，王国维先生一生致力于国学研究，将中国的传统文化奉为自己毕生的信仰。面临着铺天盖地的新文化运动，“西学东渐”的思潮在中国广泛传播，王国维先生感到空前的无助和孤独，自己所研究的东西得不到别人的理解与认同，甚至被骂成迂腐之人。但是王国维先生身上有着中国传统学者的气节，如陈寅恪先生所说的“独立之精神，自由之思想”那样。因此他选择了投湖自尽的方式来表明自己的心志。王国维先生之死是壮烈的，他用自己的方式向世人展示了中国传统文人身上的那种忠贞坚定的气节。同时王国维先生的死也是令人惋惜的。在那个时代，王国维先生必定经受了极大的思想上的孤独与痛苦，才会做出自沉之举，让人不禁为这一位国学大师的逝去而叹惋。

“独立之精神，自由之思想”这短短的十个字概括了王国维先生治学的精神以及态度，是他一生为人的宗旨，现在也成了清华大学章程中的一部分。自由的精神、独立的思想之于人，正好比空气与阳光之于树木。没有了思想上的独立、精神上的自由，人便会失去创造性和思考的动力，宛如一潭死水一样没有活力。王国维先生坚守自己的信仰和意志，因而选择了自尽。这也正是他“独立之精神，自由之思想”的一种写照。

王国维先生作为一代国学大师，为清华为国家留下了很多珍贵的文化遗产。在参观了王国维先生的旧居后，让人不免产生遗憾。王国维先生在清华的旧居已然是居民的宅院，全然没有九十多年前那种文化的气息。不光是王国维先生故居，朱自清先生的故居也落得同样的境地。他们作为我国知名的学者，不应为我们后世所忘却。将这些故居建立成纪念馆或是博物馆，才能更好地将清华的文化传统继续传递下去，也更能寄托我们对先生们的思念与敬意。

清华园中忆先生

姜　锴

2020年10月8日，相比于往年的淫雨霏霏，这是一个阳光明媚的好日子。大概中午时分，我与同学结伴来到了王国维纪念碑前。实际上，说来惭愧，作为一个大三的学生，在清华园度过一年半时光的我竟然从未造访此处，对于此处唯一的熟悉感竟仅仅来源于来一教上课时的匆匆一瞥。今天有幸来到此处，能仔细瞻仰先生的纪念碑，或许就是我唯一能做的一点补救吧。

走上前细细品味碑文，虽然文中还有不少文言文，但是在对照简体字读过几次之后，碑文的大致意思还是能够理解的。在碑文中，我仿佛看到了学生们对于先生的怀念与恋恋不舍。“其弟子受先生之陶冶煦育者有年，尤思有以永其念”，“佥曰：‘宜铭之贞珉，以昭示于无竟’”，“树兹石于讲舍，系哀思而不忘”；我仿佛看到了一个拥有着独立之精神、自由之思想的学术巨人。这些让我对于先生更加好奇与向往。

于是，通过网上的资料，我详细了解了王国维先生的生平。先生出生于浙江海宁州城的一个名门，自小聪颖好学，但是科举却十分不顺，也正是因为如此，他才从博览群书中找到了对于史学、校勘、考据之学及新学的兴趣。之后先生赴日留学，并在回国后发表了大量译作。接下来，在1911年辛亥革命后，王国维一家侨居日本。这四年对于先生来说，可能就是学术生涯中最平静的时刻了。四年中，先生能静下心来做学问，并与日本学者广泛交流。在这之后，先生被推荐成为了溥仪的南书房行走。可是，一年后，冯玉祥发动了“北京政变”，溥仪被驱逐出宫，先生认为此为奇耻大辱，甚至还约几个前朝遗老投河殉清。身为一个传统文人，先生连辫子都不愿剪去，又怎能忍受自己的信仰被如此践踏？但是，先生还有家人，他对于这个世界还有念想，这支持着他的躯壳继续活了下去。之后一年中，先生出任清华大学国学研究院导师，被称作“四大导师”之一。然而，好景不长，先生的长子因病溘然长逝，先生的心也“死去了”。在最后的时刻，先生先是认真地给毕业生评定了成绩，之后才前往了昆明湖投湖自尽。

纵观先生的一生，实际上不如意之事颇多。在这个时局动荡的年代，先生还能一有机会就潜心治学，并且一生成就颇多，实属难得。关于他在人生的末尾的投湖之因，我认为是多方面的。首先直接原因应该是他儿子的去世，当时的他悲痛欲绝，但又感教学任务未曾完成，于是到了第二年，为毕业生认真评定成绩之后，他才结束了自己的生命。先生是多么认真负责啊，纵然内心的苦闷无处抒发，纵然在人世间留念甚少，他还是为了自己的学生坚强生活，直到他们毕业。然后是间接的原因，很大程度上是冯玉祥所主导的北京事变。先生一介布衣，科举不中，却受到皇帝溥仪赏识，这份知遇之恩让身为传统文人的先生深表感激。在溥仪被驱逐出宫时，说是殉清，何尝不是为了这份恩情而殉呢？而且，身为旧时代的前朝遗老，皇帝被人欺辱践踏，不就是相当于自己的信仰被撕碎吗？所以，这件事和先生的死必定是脱不了干系的。在我看来，先生不仅是因为这些才选择放弃生命。当时的世道动荡，做学术都难以逃脱沾染政治气息的命运，这对于先生无疑也是一个沉重的打击。“思想而不自由，毋宁死耳”，无疑透露出了先生当时的内心。像这样一个追求独立精神和自由思想的国学大师离开了人世，无疑是国学的一大损失。我立于碑前，对于先生的尊敬又多加了几分。

先生已逝，思想永存。希望先生的精神与思想真的能同碑文所述，“与天壤而同久，共三光而永光”！

观碑，忆人，思情

王佳乐

初识王国维先生，还是在初中。一个清凉的秋日午后，闲来无事在书房中玩耍的我，意外邂逅了藏在书架一隅的《人间词话》。彼时我还对诗词懵懵懂懂，却因先生的著作而心生向往。从那时起，先生的名字便悄悄地在我的记忆中留下一抹痕迹。

时隔数年，站在静安先生的碑前，我的思绪恍惚间又回到当初的那个午后。那时经历无多、思想幼稚的我确实是难以理解书中所言所述，但那并不妨碍我感受诗词的魅力，我只是尽自己所能地去感受，藏在一行一句之间的词韵与风雅。说来惭愧，这几年来，我不断接触各种各样的诗词，沉浸各种各样的意境，感受各种各样的情感，却始终对当初影响我的静安先生缺乏了解。也许对于世人来说，王国维这个名字并不为大多数人所熟知，纵是当初的我，对先生的了解也仅限于《人间词话》中所提及的部分。前往先生故居，我所看到的，是先生故居被改建后的样子，这里俨然已经失去了原有的风采，我的内心不免浮现一丝失望，但转念一想，我对先生了解也不多，又谈何世人？此时的我内心有着失望，有自责，有愤恼，五味杂陈。直到我脑海中突然浮现先生的碑文："先生以一死见其独立自由之意志，非所论于一人之恩怨，一姓之兴亡。"是啊，先生终还是先生，他并不畏惧死亡，他做的一切便是将他的思想与精神传递给世人。

同样是秋日的午后，我立于静安先生碑前，哪怕是数年过去，我有所成长，性格有所变化，思想有所成熟，但我依然怀揣着对诗词的向往，也对先生始终抱有敬意，岁月萧条，亦不改初心。相信先生也是如此吧，其"独立之精神，自由之思想，历千万祀，与天壤而同久，共三光而永光"，世人终不会忘记这位伟大的史学家、美学家、文学家和思想家。

知新而守旧，知易而行难

陈弘一

作为中国近代最著名的学者之一，王国维先生在数十载文史哲的研究中取得了丰厚的成就。王国维先生早年接受资产阶级改良主义的影响，把西方哲学与美学，同中国古典哲学结合起来；之后又潜心于中国历史、考古的研究，研究甲骨文等，提出“二重证据法”，为中国近代考古学和历史学的发展做出了巨大贡献。

王国维先生所取得的成就，无论是在当时，还是在现在，都是备受瞩目的。而王国维先生的自沉，为王国维先生的一生画上了一个句号，带些许遗憾，也带些许无奈，化作历史长河当中的一团泡影，成为一个未解开的谜团。

我想，王国维先生作为一个著名学者，接受过西方现代教育，并在多个方面做出了很富创新性的贡献，绝对不会是一个只忠心于封建王朝的“腐儒”。之所以潜心于中国的历史、考古研究，专注于中国的传统文化，应该是王国维先生自己的选择。正因为深入学习过西方的思想，才会知道仅靠中国的传统文化虽不足以支撑起一个现代的国家、中国传统的规章制度虽已是千疮百孔，但中国的传统文化也并不是完全无药可救，也不是需要我们完全摒弃的。中国的传统文化是我们中华民族的根，中国传统文化的精髓还是需要我们去传承、发扬的。在学习、比较过中国传统文化和西方现代思想之后，王国维先生做出了选择，并为此钻研一生。

人们总是容易从一个极端走向另一个极端，忘记“中庸”之道。清廷“天朝上国”的梦碎了，中国数千年的文化便似乎变得一文不值，可以去人人声讨了，应该被国人所唾弃了；但不时地，会有人替我们珍藏起我们丢弃的美好，等待我们去重新将其捡拾。王国维先生了解西方思想，却选择中国传统文化，知晓顺应时代潮流才是容易的、可行的，却选择逆时代潮流而上。知新而守旧，知易而行难，“明知不可为而为之”，这是圣人才有的品德。辛亥革命后，顺应时代潮流的固然很多，标新立异、自我标榜为“新派”的固然很多，但其中也不乏投机取巧、附庸潮流之人。所谓“独立之精神”，王国维先生思考独立于时代，有着自己一生追寻的、且不同于时代的东西，是很符合这个评价的。

然而，一个人与整个时代相比，还是难免显得渺小无力。王国维先生想去和整个时代抗争，终究发觉自己还是无能为力。先生的死也不是因为“一人之恩怨，一姓之兴亡”。知新而守旧，难免被人指责迂腐，知易而行难，也难免被人嘲笑。自己珍视的东西，不被世人珍重，是一种悲哀；自己坚守的东西，为世人所不屑，是一种无奈。王国维先生所坚守的中国传统文化，正是当时人们要摒弃的、废除的。我想，王国维先生大概就是怀着这样的悲哀和无奈，既被时代所排斥，又不被时人所理解，最终选择遗憾离去，自沉于湖中。

静安先生自沉有感

余发涛

十月八日，跟随老师的脚步，来到了隐匿于一教外角落处的王国维纪念碑，立于树荫之下，不认真找，还真不起眼，或许这也留给了先生一丝清静吧。石碑正面，赫然写着“海宁王静安先生纪念碑”，碑下放着几束鲜花，碑文在另一侧，已有细微裂痕，但不影响其识别品味。

此前对静安先生的了解很少，借此次机会调研了很多。先生是一位拥有多重身份的大师，在文学、戏曲、史学、西方哲学、美学等方面都有很深的造诣，在多种领域上都被称作第一人，有“中国近三百年来学术的结束人、最近八十年来学术的开创者”的美誉。先生的成就不用多说，是史上绝无仅有的才人，其实最让人关注的还是他的“自沉”。自自沉以来，由于其家属自始至终都讳莫如深，后世也只能靠先生身世臆测。

自幼以来，先生就传其父王乃誉志，其父将仕途的希望寄托在先生身上，居家课子，对先生始终严厉，孩童时期的经历或许是先生悲观主义的前调。再有联系，就是与西方哲学家的叔本华先生了。“癸卯春，始读汗德之《纯理批评》，苦其不可解，读几半而辍。嗣读叔本华之书而大好之。自癸卯之夏，以至甲辰之冬，皆与叔本华之书为伴侣之时代也。”关于人生的思考，先生更与叔本华产生共鸣，尤其是在饱受社会风雨、人生艰苦之后，此时的哲学观则更偏于悲观主义。虽然后期先生在反思中开始质疑叔本华的思想，并决定与之“断绝关系”，但很难说，先生到底有没有和他彻底断绝。

先生死得悄然，也死得奇怪，是已经准备好了的。颐和园的昆明湖水只有半人深，先生在跳湖后不到两分钟就被救出，死时连里面的衣服都没湿，只是先生以头触地，鼻孔被淤泥堵塞，气绝身亡，死后也在其口袋中寻得遗书，很明显，先生是做好准备了的。而这就要说到叔本华的自杀论，当精神世界的追求无法实现时，精神的痛苦能压倒一切的痛苦，先生或许是在清朝陨落、老年丧子等悲痛经历后达到精神痛苦的状态，在等待一个时机。巧在某日金梁在探望先生之时，随口一句今日世界之混乱，可能只有颐和园的昆明湖是一块干净的地方，却不知这句话已刻在先生心头。事实现在无从考证，先生的投湖是从容的，是已准备好的，只希望先生能在鱼藻轩中释怀，不再被精神之痛所困。

“思想而不自由，毋宁死耳”，论先生的一生，是悲苦的，也是璀璨的，更是独立与自由的。先生留给后世的财富，不仅仅是学术上的，更是精神，历千万祀，与天壤而同久，共三光而永光。

贞珉百年

闫子儒

当忙碌的清华学子骑着自行车穿梭于教室楼间时，有一块石碑就静静地立在那里。它从不诉说自己的故事，只待有意者用心体会。走到这块石碑前驻足观瞻，耳畔交织着鸟啼与虫鸣，仿佛恍惚间回到了百年之前的清华园中。伴随着娟秀而又铿锵的碑文，一位大师与他耐人寻味的故事，似乎浮现在了眼前。

不论你在哪一种网络百科里搜索王国维的名字，词条的创作者总会不吝笔墨洋洋洒洒挥笔描写他的学术成就。王国维先生的学术研究，涉猎史学、文学、美学、哲学、教育学等诸多方面，生平著述百余卷，即使是一个外行，面对他广泛的领域与等身的著作，也不难感受到其大师的风范。

王国维先生的生平，前人多有记述。他的一生也可谓是纠结的一生。出身于清末旧社会的他，也许还秉承学而优则仕的思想，奈何两次科举不第，止步于乡试。其后他在罗振玉的帮助下，赴日本留学，并于上海辗转工作于数处；辛亥革命后，王国维先生又随罗旅居日本。这期间，先生除治学戏曲、古文外，对西方哲学、文学、美学均大有涉猎，是他自称所谓“兼通世界之学术”之“独学”时期。1923年春，王国维先生被末代皇帝溥仪的逊清小朝廷聘为“南书房行走”。按清朝惯例，南书房行走，大多为进士、翰林以上学问渊博的著名人物，而王国维以秀才出身跻身其间，可谓“殊荣”。然好景不长，次年，冯玉祥即发动了政变，将溥仪赶出了紫禁城。王国维视之为奇耻大辱，以为“君辱臣死”，决心投金水河殉国，最终被家人制止。又一年后，清华大学国学研究院成立，胡适等人一致举荐先生成为院长，而他仅接受了教职，开设《说文》等课程，自此开始了他与清华历史的交织。他以其精深的学识、笃实的学风、科学的治学方法和朴素的生活影响了清华学人，培养和造就了一批文字学、历史学、考古学方面的专家学者；同时，他的学术也更加精进，成果丰硕，达到了炉火纯青的地步。然而，仅仅是又过了两年，1927年于国民革命军北上时，王国维先生留下“经此世变，义无再辱”的遗书，自沉于颐和园昆明湖鱼藻轩，留下了一桩国学史上最具悲剧色彩的“谜案”。

常言道，以意逆志，知人论世。想要充分了解先生的为学、为人，他的人生经历必然是绕不开的。在品味过王国维先生的经历后，我想他是一位非常传统的中国文人。他的学说纵使学贯中西古今，他的为学纵使融入了西方色彩，他的价值观、他骨子里的思想与信仰却是保守与传统的。毋庸讳言，静安先生是一代大师，却不意味着他是一位圣人、一个毫无破绽的人。你大可以讲他尊于帝位，在辛亥革命后的十余年里依然对传统的封建社会怀有憧憬、对末代皇帝溥仪的知遇之恩不惜想要以死相报，是谓“迂腐”“愚忠”。但请不要忘了，今天的我们已是一百年后的社会，站在巨人的肩膀上，评价近百年前的社会浪潮，似乎有失偏颇；在那样一个变节的时代，当新旧交替，传统的文化受到猛烈的冲击而几近荡然无存时，谁又能说一拥而上倡导变化的人不是迷茫的，而谁又能说忠于一个旧社会的理想的他是愚昧的呢？这也许就是他那纯粹的性情，一如他本人所说，辫子“既然留了，又何必剪呢”？而无论你如何嘲笑他的“遗老”风范，他对学术的态度，是无论如何也无法磨灭的。毛泽东同志也曾公开评价过王国维先生：“外貌不扬、长袍马褂还有一条长辫子，外形守旧，内心治学的方法却是唯物的。”先生曾说：“欲学术之发达，必视学术为目的，而不视为手段而后可。”又如寅恪先生所言“独立之精神，自由之思想”，先生的治学态度，必然流芳千古。

时过境迁，今日的清华园已然高楼林立，穿着各异、来自世界各地的学子在此畅谈微积分、线性代数、工程制图和化学原理。但是假若你愿意在这些历史的丰碑面前驻足留意，一定可以感受到来自百年前的那股热浪。也许清华的标签已经从一个“国学研究院”转变为了“理工科大学”，但那却也不重要。清华“人文日新”的底色是不会改变的，而静安先生的“独立之精神，自由之思想”必然是其中浓墨重彩的一笔。“先生之著述，或有时而不章；先生之学说，或有时而可商；惟此独立之精神，自由之思想，历千万祀，与天壤而同久，共三光而永光。”

碑前遐思

张鹤龄

走近王国维先生的纪念碑，碑形古朴典雅，碑文焕然如新。下午的阳光将斑驳的树影映在碑上，为这怀念之地添了一丝静谧的气氛。就在碑前，我开始怀想王国维先生其人。时至今日，评价、议论先生的文字恐怕比先生学术著作中的还要多，但如果不清楚这两点，我们印象中的先生就永远是海市蜃楼般虚假的映像。

关于先生之死，素有争论。我不赞成“为人说”：若是为人，为何遗书中有“经此世变，义无再辱”一语？我也不赞成“为姓说”：若是为姓，何不自沉于清朝灭亡的那一年，而非要等到16年后的1927年？先生的死，恐怕另有原因。

先生骨子里，是传统式的文人。无论是为“六君子”叹息，还是辛亥革命后的侨居日本，后来的不剪辫子甚至与他人相约殉清，都是对“传统”的挽留和坚守。中国土地上，上承周礼，下至明清，几千年来的文化都在封建制度下发展，如今已将帝制废除，加之《清室优待条例》被撕毁，在先生眼中，不啻将这些文化付之一炬！世殊时异，虽然清华园还在包容着各种思想，但外面的世界已经没有了先生的立锥之地，又如何不叫人心寒？1927年的北伐，也许是促成先生写下“义无再辱”的最后一根稻草。6月2日，下定自沉决心的先生，平静地走向颐和园，毅然决然地走向自己的最终归宿。

再看陈寅恪先生撰写的碑文，那是当时人们的追思；但不知为什么，却与我的心声如此相似。“先生之著述，或有时而不章；先生之学说，或有时而可商”，现今早已不复当年，在我们这些年轻人之间，封建文化的残余也已褪尽，先生的思想，怕是很难被完全接受了；但“惟此独立之精神，自由之思想，历千万祀，与天壤而同久，共三光而永光”，大局已不可逆的时代，先生以死捍卫自己的价值观、文化观，追求自由思想的精神，当永远与我们同在。

想到这里，突然忆起从前，我将先生看作清朝遗老，因此无甚好感。现在看来，是太片面，对历史也太不宽容了。来的路上，远远地看到碑前已经有一束花；我暗自想，下次来时，也为先生献上一束吧。

碑中人事

王　霞

“五十之年，只欠一死，经此世变，义无再辱。”1927年6月2日，一代“国学大师”王国维先生自沉于颐和园昆明湖，如巨星陨落，一汪深潭绿水，怎能挡得了人们对他的浓浓怀思？

然而，几十年来，人们对先生的死因却猜疑不断，众说纷纭。有“殉清论”者，将一代学斗之死与高度政治化挂钩；亦有“殉债论”者，将个人恩怨情仇夸大为索命绳索。而这两种说法，或宏或微，似乎都有失妥当。从前者看，当时的清政府早已处于倾颓之势，列强欺压，军阀割据，两党或和或争也早有暗涌之势，先生怎会不知？又怎会为一姓之朝献死节之忠？况辛亥革命，清帝退位时尚且不殉，又为何偏偏于此时殉清？而后者更说不通，好友为敌，骨肉相离固然可悲，但真的能完完全全击垮一个人吗？而且据清华国学研究院学生姚名达等人的事后追记，王国维先生在“自沉”前至6月1日“雍容淡雅之态感人至深”，“席散与众作别如常，无异态”。这样的态度怎会是为人情所困急于摆脱的表现？这难道不更像为某项高尚事业从容赴死吗？

这两者或从先生蓄辫十五年之荒谬中总结出忠清情结，或从先生人生之经历中剥离出悲世性格，却都忽视了先生作为典型的中国文人，其思想与时代的尖锐冲突。王国维先生虽也接受过西方资本主义的教育，但他的骨子里却仍然渗透着中国古代传统文人的气息。他生于斯，长于斯，学于斯，亦忠于斯。他忘不了的，不是看似恢宏的大清王朝，而是心中永恒的帝王；不是君君臣臣父父子子，而是中华文化五千年的瑰宝，是古代士大夫悠久长存的气节！但是，国人不理解，时代不理解啊！他们一催再催，一骂再骂，该剪辫，该换衣，该抛弃旧思想，该接受新思想！但是这谈何容易！先生也不过是个普通人，希望学习自己的思想，但时代似乎在推着他走向另一“桎梏”。

陈寅恪学生对先生之死曾发振聋之声于碑：“思想而不自由，毋宁死耳。”是啊，先生所追求的不过自由之思想，是坚守自己的文人气节，研究自己的学术理想，而不是在一片混乱中随波逐流，被逼着追随新的步伐！由此，称先生是“殉文化”真算合情合理。

碑中有云：“宜铭之贞珉，以昭示于无竟。”如今，我们正立于先生碑前，思其人，念其事，于万世旷古品先人真知，何不是“昭示于无竟”的一部分？后来者悠悠，其于碑前所思必也无穷。

忆文化遗民，追国学遗风

黄世云

迈步踱入一教北侧的绿荫，树影斑驳中，一方古朴的石碑宛如挺直了腰杆静立于此的一位智者，正在等待我们的到来。走近细细端详这一方石碑，心中默念那一篇后人大为称道的碑文，仿佛记忆就被拉回了那一位永远值得尊敬的文化遗民的身边。

初次认识先生，是在语文课本上的“求学三境界”，当时只是粗略了解到先生是位国学大师，此“求学三境界”也是道破了无数人心境的人生哲理。在随后的深入学习中，我慢慢开始体会到先生蕴含在这短短几句话中的深厚含义。此三境，第一层讲究的便是将眼光放得长远，立下自我目标，在我的人生中恰好对应着刚进入高三时便在心中暗自立下考入十大名校心愿的阶段；随后的第二层，讲的是不断求索，努力向自我目标迈进的积累过程，这难道不就是我在那些早起晚睡、咬牙坚持的备考中段的心理写照吗？即使再难，面对自己最初立下的目标，也是咬定不放，坚持为最后的成功做量的积累；最后一个境界，先生讲究的是仿如“读书百遍其义自见”的那种水到渠成的成功。努力拼过，在最后的冲刺几天，过往一年在心里时刻悬着的成绩排名分数线也不再揪着我不放，紧绷的神经松了下来，心中因为之前的努力而底气十足，心态稳定，也正是这份稳，成了我考取清华的脚踏板，超越了自己的原有目标，获得了进入清华园学习的入场券。高三一年，先生的“三境界”始终伴我左右，我也用自己的切身行动来走过了一遭先生的学术精华，我想，也许这也是我与先生的一份默契感应吧。

今人对先生之死猜测颇多，“殉清”说，“逼债”说等民间传闻层出不穷。窃以为这种浅薄的说法未免有些冒犯了先生一代名家的气度。相比之下，我更赞成陈寅恪先生的“殉文化”之说。在时代交际的十字路口，风云涌动之下，先生所坚守的文化根脉面临前所未有的冲击，“经此世变，义无再辱”，这满腔的悲愤烧成了先生的绝笔遗书，也成就了后来人对于先生文人气节的无尽崇敬与追思。梁漱溟曾将别人挽其父梁济的联语“忠于清，所以忠于世；惜吾道，不敢惜吾身”移用到先生身上，陈寅恪亦用“一死从容殉大伦，千秋怅望悲遗志”来概括先生之死，从表面上看，这是作为倾向于文化保守主义的两位同道人对先生的惺惺相惜，但从深层次看，则是他们透过先生的个人悲剧，看到近代社会大动荡大变迁之下，传统文化受到了不可避免的冲击，以及前途不可预测的走向。如此看来，追寻先生的意义也许就在于去寻他文化遗民身上的这一份国学遗风。

思绪回到眼前，头顶树枝上松鼠在蹦，鸟儿在鸣，阳光正好，微风拂面，这么好的日子，正适合追寻先生的脚步，去探一探那令先生痴迷的文化宝库呢！

清华一碑

张云泽

清华园里的石头很多，有名的石头也很多；但最著名的，是一座石碑。石碑之所以著名，不仅因为它与“王国维”“陈寅恪”“梁思成”等名字联系在一起，更因它具有非凡的意义。

首先，其立意，高远厚重。碑上的一句“宜铭之贞珉，以昭示于无竟”，表达了王国维先生的同事、学生、友人们对他的无尽追思。而这块石碑穿越了中国的剧变，走过了无数的变乱，得以以其原貌矗立在一批又一批的清华学子面前，把这份哀思传递下来，实际上也确实接近了“昭示于无竟”。

其次，其碑文，振聋发聩。王国维的结局是一个——并且很可能将一直是一个——充满争论的问题。有人说他愚忠，为旧王朝陪葬，有人说他重情，因友情破灭而悲伤，也有人说时局动荡，他是受其影响。而在这块石碑上，陈寅恪先生给出了他的答案：他是为追求“独立之精神，自由之思想”而“殉文化”。“思想而不自由，毋宁死耳！”这是对王国维先生思想的高度诠释，更揭示了一名学者，乃至任何一个个体，所应保有的底线和所应追求的目标。

最后，其选址，意义深远。“树兹石于讲舍，系哀思而不忘”，石碑立于第一教学楼侧，无数学子从它的面前经过，接受过它的熏陶。这是清华之文脉，是清华人共同之忆、共同之殇，碑前连续的鲜花，便是清华人哀思不忘、敬仰不绝的象征。若王国维先生真能通过这碑听到教室里的不绝书声，想必也会倍感欣慰吧？

文人气节，虽远益清

冯　翔

《人间词话》中的“三境界”已深深刻在了人们心底，王国维先生的身影似乎留在人们的记忆中从未远去。是的，尽管海宁王先生已去世将近百年，但碑文犹在，其高尚的气节，在历史长河中虽远益清，历久弥新。

正如陈寅恪先生所说：“惟此独立之精神，自由之思想，历千万祀，与天壤而同久，共三光而永光。”虽然众说纷纭，对王国维先生投湖自尽褒贬不一，但怀揣着对历史的温情与敬意，我仍然愿意相信，王先生确为殉道而死。1927 年，军阀混战，社会动荡，文人惨遭迫害，学术遭受打击，静安（王国维字）先生惑于“世变”，深感痛心疾首，前途渺茫，为自己毕生孜孜以求的事业投湖自尽。他不愿纷繁的乱世打扰自己做学术的清净，不愿被世俗裹挟，宁愿坚守自己的初心，坚决捍卫自己的思想自由，甚至一意求死以明志。三光者，日、月、星，陈先生将静安先生与日月星辰并列陈赞，着实可见静安先生光辉熠熠的人格魅力，其超越时空、留照千古的影响力指引后辈。

“士之读书治学，盖将以脱心志于俗谛之桎梏，真理因得以发扬”是陈寅恪先生对王国维先生的又一至高评价。亚里士多德也曾说“吾爱吾师，吾更爱真理”，与碑文有异曲同工之处。的确，无论身陷囹圄、桎梏重重，还是他人影响、思维受限，凡读书治学之人，大约必有一颗清明之心，方能超凡脱俗，以达到他人所不能达的妙境，“众里寻他千百度，蓦然回首，那人却在灯火阑珊处”。从而发扬真理，读书治学之人不仅有益于自己，更造福于他人。

透过苍凉质朴的石碑，眼前仿佛浮现一幅幅画面。投湖之时，王国维先生怀抱遗书、无法作为，眼底绝望愤懑；听闻噩耗之时，清华师生悲戚忧伤、不敢相信，满怀追思悼念；石碑落成之时，作碑之人恭敬而立、满面幽思，肃穆气息笼罩。时至今日，我们重新踏上那层层石阶，领悟前人之精神，景仰学者之风范，却不免在沧桑的古树下悄怆幽邃，心有凄凉。

幸有机会，走近王国维纪念碑，领略“清华文脉”的厚重力量。愿这文人品格的力量指引我们坚守独立之精神、自由之思想，找到自己心中所爱、毕生所求。

为治学倾尽一生，为自由了却尘俗

石家豪

站在石碑前，凝神望了好久，厚重的石碑祭奠一代大师的安息，苍劲有力的文字述说着一颗明星的陨落，百年之隔的苍渺迫使我肃然起敬，之前的质疑或非议顿时显得幼稚不堪。

王国维，一生倾尽治学，潜心研究，修得独立之精神，自由之思想，在历史的星空中，永恒闪耀着不灭的光辉，那象征着自由，象征着坚守，象征着那个年代一骑绝尘的风骨。陈寅恪先生为之撰写纪念词，全校师生为之悲痛，作为一个时代中有些格格不入的传统文人，却在逆风中坚守，这不是腐朽，是对传统文明的执着，是对文化的热忱，对世俗动乱的控诉。关于他的离世，人们莫衷一是，而陈先生作为亲密的伙伴，断言其为自由之思想而献身。是的，真正超脱的人并不会对尘世凡俗眷恋或牵绊，而思想的束缚才是真正击垮人生意义的最后一根稻草。

读罢碑文，增长许多知识的同时，更加为思想的神圣而震撼。它牵系着人生的意义所在，牵系着一个社会的灵魂。现在的社会多元思潮裹挟了许多思想，使得一些思想失去自由，变得迁就与黯淡无光。而在那个动乱的年代，王国维先生能守住一方静心之处，坚守思想的自由，是我们每一个人应该去追求的境界。或许我们还只能为这种为思想献身而感慨，却难以体会，但至少这将是我们要努力去体察与感受的，去不断追问不断思索，不被外界思潮裹挟，做一个有独立人格的傲骨之人。

到了故居，院前的草树还留着点绿，里面的人家仍残余着些许上个世纪的味道，却早已换了几代的主人。这个曾孕育伟人的小院，总还是在土地上留下几分文化气息与精神熏陶。我们将这个院子一代代传承给不同的人，也见证了一个个平凡或伟大的故事，而院子的砖瓦渐渐斑驳，只祈愿这个曾有着深厚底蕴记忆的院子，将流芳千古，润泽清华园，润泽更多的人。

二　壮志凌云

——西南联大纪念碑

导语：

西南联大是一段传奇，而纪念碑以短短1136字（文1016字，铭120字）记载了其始末，讴歌了其精神；“诗书丧犹有舌”掷地有声，“违千夫之诺诺，作一士之谔谔”不屈不挠，体现了知识分子的气节。“撰文”冯友兰、“篆额”闻一多和“书丹”罗庸都是大学者、大名人。关于这篇文字，冯友兰晚年曾有“自识”：“此文有见识，有感情，有气势，有词藻，有音节，寓六朝之俪句于唐宋之古文。”“承百代之流，而会乎当今之变，有蕴于中，故情文相生，不能自已。”纪念碑位于清芬园西面，学堂路和校河之间的开阔地带，远远就能看见。

纪念碑设计和选址颇有讲究。根据设计者介绍，碑身是黑色花岗岩，“密度坚韧、无杂色”。“（洁白的）碑体以叠退的方式，通过光影增加造型的层次感，庄重中不乏细腻。”“选址在一片绿地之中，东侧有起伏的土坡，向西则面向校河开放，青草依依，绿树成荫，具有浓重的校园氛围。”“依据地形条件，设置了层层跌落的台地，每层台地皆为不规则的折线，隐喻了中国知识分子宁折不弯的刚毅性格，富有力度。下方的三块台地象征了当时联合起来的三所大学，以不同的铺地材料指涉了三所学校的性格，在其之上是一块完整的混凝土地面，象征了团结和凝聚力。这块场地的中央为经过锈蚀的钢板，体现历史的沧桑感，而碑体则从钢板中间拔地而起。钢板上在四个正方位都有线条和磨亮的铜块作为标志，据此可以看到纪念碑朝向西南（即昆明方向）有偏转，通过形象的语言表现了‘西南’和‘联合’的概念。”

碑文：

国立西南联合大学纪念碑

文学院院长冯友兰撰文 中国文学系教授闻一多篆额 中国文学系主任罗庸书丹

中华民国三十四年九月九日，我国家受日本之降于南京，上距二十六年七月七日卢沟桥之变为时八年，再上距二十年九月十八日沈阳之变为时十四年，再上距清甲午之役为时五十一年。举凡五十年间，日本所鲸吞蚕食于我国家者，至是悉备图籍献还。全胜之局，秦汉以来所未有也。

国立北京大学、国立清华大学原设北平，私立南开大学原设天津。自沈阳之变，我国家之威权逐渐南移，惟以文化力量与日本争持于平津，此三校实为其中坚。二十六年平津失守，三校奉命迁于湖南，合组为国立长沙临时大学，以三校校长蒋梦麟、梅贻琦、张伯苓为常务委员主持校务，设法、理、工学院于长沙，文学院于南岳，于十一月一日开始上课。迨京沪失守，武汉震动，临时大学又奉命迁云南。师生徒步经贵州，于二十七年四月二十六日抵昆明。旋奉命改名为国立西南联合大学，设理、工学院于昆明，文、法学院于蒙自，于五月四日开始上课。一学期后，文、法学院亦迁昆明。二十七年，增设师范学院。二十九年，设分校于四川叙永，一学年后并于本校。昆明本为后方名城，自日军入安南，陷缅甸，乃成后方重镇。联合大学支持其间，先后毕业学生二千余人，从军旅者八百余人。

河山既复，日月重光，联合大学之战时使命既成，奉命于三十五年五月四日结束。原有三校，即将返故居，复旧业。缅维八年支持之苦辛，与夫三校合作之协和，可纪念者，盖有四焉：

我国家以世界之古国，居东亚之天府，本应绍汉唐之遗烈，作并世之先进，将来建国完成，必于世界历史居独特之地位。盖并世列强，虽新而不古；希腊罗马，有古而无今。惟我国家，亘古亘今，亦新亦旧，斯所谓“周虽旧邦，其命维新”者也！旷代之伟业，八年之抗战已开其规模、立其基础。今日之胜利，于我国家有旋乾转坤之功，而联合大学之使命，与抗战相终始，此其可纪念一也。

文人相轻，自古而然，昔人所言，今有同慨。三校有不同之历史，各异之学风，八年之久，合作无间，同无妨异，异不害同，五色交辉，相得益彰，八音合奏，终和且平，此其可纪念者二也。

万物并育而不相害，道并行而不相悖，小德川流，大德敦化，此天地之所以为大。斯虽先民之恒言，实为民主之真谛。联合大学以其兼容并包之精神，转移社会一时之风气，内树学术自由之规模，外来民主堡垒之称号，违千夫之诺诺，作一士之谔谔，此其可纪念者三也。

稽之往史，我民族若不能立足于中原、偏安江表，称曰南渡。南渡之人，未有能北返者。晋人南渡，其例一也；宋人南渡，其例二也；明人南渡，其例三也。风景不殊，晋人之深悲；还我河山，宋人之虚愿。吾人为第四次之南渡，乃能于不十年间，收恢复之全功，庾信不哀江南，杜甫喜收蓟北，此其可纪念者四也。

联合大学初定校歌，其辞始叹南迁流难之苦辛，中颂师生不屈之壮志，终寄最后胜利之期望；校以今日之成功，历历不爽，若合符契。联合大学之始终，岂非一代之盛事、旷百世而难遇者哉！爰就歌辞，勒为碑铭。铭曰：

痛南渡，辞宫阙。驻衡湘，又离别。更长征，经峣嵲。望中原，遍洒血。抵绝徼，继讲说。诗书丧，犹有舌。尽笳吹，情弥切。千秋耻，终已雪。见倭寇，如烟灭。起朔北，迄南越，视金瓯，已无缺。大一统，无倾折，中兴业，继往烈。维三校，兄弟列，为一体，如胶结。同艰难，共欢悦，联合竟，使命彻。神京复，还燕碣，以此石，象坚节，纪嘉庆，告来哲。

人物：

冯友兰（1895—1990），字芝生，河南省南阳市唐河县祁仪镇人。中国当代著名哲学家、教育家。1918 年，毕业于北京大学哲学系。1924 年，获美国哥伦比亚大学哲学博士学位。历任清华大学教授、哲学系主任、文学院院长，西南联合大学教授、文学院院长。著有《中国哲学史》《中国哲学简史》《中国哲学史新编》《贞元六书》等，成为 20 世纪中国学术的重要经典，称誉为“现代新儒家”。

闻一多（1899—1946），本名闻家骅，字友三，生于湖北省黄冈市浠水县。1912年考入清华大学留美预备学校。1916年开始在《清华周刊》上发表系列读书笔记。1925年3月在美国留学期间创作《七子之歌》。1928年1月出版第二部诗集《死水》。历任清华大学中文系教授、西南联合大学教授，1946年7月15日在昆明被暗杀。

罗庸（1900—1950），字膺中，号习坎，笔名有耘人、佗陵、修梅等，原籍江苏江都，是清初扬州八怪之一“两峰山人”罗聘的后人，生于北京，蒙古族。著名古典文学研究专家和国学家。1920年毕业于北京大学国文系。历任北京大学、西南联合大学教授，讲授《中国文学史》《诗经》《楚辞》等课程。

设计与选址：
复制西南联大纪念碑的设计说明

西南联大的历史是中国知识分子的一个华彩乐章。在国难当头的时候，文人们没有退缩，投笔从戎者有之，坚持学问者有之，精神发明者有之。回首这段历史，今天的我们充满敬意和怀念。

纪念碑选址在一片绿地之中，东侧有起伏的土坡，向西则面向校河开放，青草依依，绿树成荫，具有浓重的校园氛围。碑身依据原纪念碑复制，浇筑在混凝土的整体结构中，造型简练、朴素而挺拔。碑体以叠退的方式，通过光影增加造型的层次感，庄重中不乏细腻。

碑体四面为不同的内容。主看面朝向西南，为冯友兰先生撰写的碑文。西北面为西南联大校训“刚毅坚卓”。东北面为当时西南联大中参军的学生名单。东南面朝向台阶的是清华大学为此次纪念碑建设所做的碑记。

整个场地的设计表现了西南联大的师生们越过重重险阻、百折不挠、矢志民族复兴的精神。设计师依据地形条件，设置了层层跌落的台地，每层台地皆为不规则的折线，隐喻了中国知识分子宁折不弯的刚毅性格，富有力度。下方的三块台地象征了当时联合起来的三所大学，以不同的铺地材料指涉了三所学校的性格，在其之上是一块完整的混凝土地面，象征了团结和凝聚力。这块场地的中央为经过锈蚀的钢板，体现历史的沧桑感，而碑体则从钢板中间拔地而起。钢板上在四个正方位都有线条和磨亮的铜块作为标志，据此可以看到纪念碑朝向西南有偏转，通过形象的语言表现了“西南”和“联合”的概念。从南北主校道西望，即可看见碑体挺立于绿坡之后，经过几级台阶走上小径，便来到了挡土墙所夹持的灰砖台阶，正对台阶的即为纪念碑主体。跌落的台地整体呈现发散的动势，寓意联大精神在此发扬光大。整个设计没有采用一般纪念性建筑常规的轴线序列的手法，充分结合地形，随形就势地处理各个部分，既有校园气息，又不乏庄重、肃穆的纪念性。设计师以自己独特的方式，向这段历史致敬，向中华民族的脊梁致敬。（西南联大纪念碑设计者、清华大学美术学院方晓风）

纪念：

革命中的西南联大

艾海林

借用联大荣誉校友易社强的书名作为本文的标题，因为当时毕业于联大的学生大多承认自己毕业于清华大学，所以希望能透过联大短暂而辉煌的历史感受与学习清华学子的不朽精神。

八载光阴间，他们在泥墙教室里保持知识之灯长明。

九度春秋后，他们爱国、自强之精神在清华园永传。

爱国

清华园里，那国立西南联合大学纪念碑的阴面，镌刻着抗战期间参军学生的姓名，当杨老师指着其中一位学长的姓名并说老先生现还健在而且住在老师家楼上时，心中不由得肃然起敬，为老一辈不畏牺牲的精神所折服。他是联大学生的代表，也是国难之际投笔从戎的代表。教师和学生的爱国主义情怀不仅表现在奔赴前线、杀敌报国上，也表现在方方面面。当时历史系的老师们发誓做一部抗战编年史，留下历史记录，供将来的历史学家参考；学生们到处发表演讲，张贴海报，唱爱国歌曲。正如碑铭中提到的可纪念之处，表达了对抗战胜利的喜悦与自豪之情，不也是在表达联大师生的爱国之情吗？如今，“爱国”的主旋律在清华园里奏响，清华学子也将沿循学长们的脚步前进。

自强

“行健不息需自强”，在清华的校歌里，“自强，自强！”一遍又一遍地呐喊着。联大的九年，生动地展示了清华学子自强的精神。我一个室友是云南人，他曾参观过联大旧址，真的感慨他们条件的艰苦，破旧的教舍仍在歌颂着联大自强的学子们。其实，从踏上南迁之路开始，他们就已经开始了一条艰苦的路，开始了坚忍的岁月。“师生徒步经贵州于二十七年四月二十六日抵昆明”，碑上只是简简单单地刻着这一行字，但他们的这一次“长征”的艰苦恐难被当今学子理解。“毛泽东率领红军从江西开始的长征成就了延安精神，与此相类，从长沙出发的长征成就了联大精神”。正是这自强的联大精神，陪伴联大学子度过了艰苦卓绝的九年。长期不断的空袭，食不果腹的生活，器械教材的缺乏，相比我们今天的大学生活，那哪能过啊。可是，校长夫人做点心贴补家用，教授夫人辞退女工自己打理家务，师生一起做出实验器械，他们凭着自强一起战胜了当时的艰苦环境。

“那是一种怎样的命运呢？是推进抗战事业，还是提高战后建设技能？是团结群众参加平民运动，还是躲在象牙塔寻找安全之所？”我想，清华学子在联大的表现，揭示了这些答案。而纪念碑伫立在那，激励着来来往往的清华学子。

西南联大，刚毅坚卓

李旺奎

说到清华的历史，我不禁想起抗战那个特殊的时期，不仅是因为从清华走出了一大批爱国战士，在清华的旗帜上涂抹了鲜亮的红色，更是因为在这个时期清华遭受重创却造就了辉煌。一所风雨中诞生的学校——西南联大，给了太多人感动与惊喜。我们当然不能说西南联大的历史就是清华的历史，但我们都十分清楚，清华的历史绝对少不了西南联大这一页。

1938 年 1 月中旬，根据国民政府指令，本就经历了一次悲痛离别和颠沛辗转的清华、北大、南开的师生再一次踏上了艰苦的迁移之路。西南联大的生活注定是不平坦的，这甚至从它还没建立的时候就已经确定了。受战乱的影响，很多同学没有了经济来源，但为了能够完成学业，为了今后能够更好地报效祖国，他们组成湘黔滇旅行团，毅然决定用双脚翻越雪峰山、武陵山、苗岭、乌蒙山等，步行 3000 多里到昆明。大部分老师、家眷、一部分女同学从长沙乘火车到香港，再从香港坐船渡海到越南海防港，然后从越南坐小火车到昆明，其间颠簸可见一斑。据梁思成之子梁从诫回忆："汽车晓行夜宿……为了投宿，父母抱着我们姐弟，搀着外婆，沿街探问旅店。妈妈不停地咳嗽，走不了几步，就把我放在地上喘息。但是我们走完几条街巷，也没有找到一个床位……妈妈打起了寒战，闯进一个茶馆，再也走不动了。她两颊绯红，额头烧得烫人，但是茶铺老板连个地铺都不让。全家人围着母亲，不知怎么办才好。"然而梁家面对的情况还不能说是最糟糕的，可见这次西迁是何等艰苦。尽管如此，数千名师生还是克服重重艰难险阻来到了昆明，正式组建了国立西南联合大学。

建校之后，更多的实际问题摆在了师生的面前，首先就是校舍的修建。梁思成林徽因夫妇被选派完成校舍设计的任务，然而由于战争时期政府拨给学校的资金大幅削减且难以到位，设计组的方案一再被否决退回修改，几乎每改一次林徽因都会落泪，当听到梅贻琦说用茅草替代铁皮屋顶时，连一向温和的梁思成也恼怒了。梅贻琦曾在日记中描述了自己居住条件的尴尬：“屋中房顶未加承尘，数日来，灰沙、杂屑、干草、乱叶，每次风起，便由瓦缝千百细隙簌簌落下，桌椅床盆无论拂拭若干次，一回首间，便又满布一层，汤里饭里，随吃随落。”

物质条件艰苦还不算，联大师生还要遭受来自敌军轰炸的威胁。蒋梦麟的办公室就被炸毁，一根房梁刺穿了办公桌的桌面……一次次的轰炸，不仅让学校承受着巨大的财产损失，更可怕的是师生的心里都笼罩上了一层恐怖的阴影。

然而，面对这些困难，联大的师生却从来未曾退缩。为躲避轰炸而住在远郊的老师每天步行到学校上课，从不迟到；为了维持生计而不得不变卖家产甚至还要为别人刻章赚钱的教授依旧没有放下学术研究的步伐；每次警报声响起众人四奔躲避时总有人还惦记着自己的著作手稿；残破的图书馆内黯淡的灯光下总是一片鸦雀无声自习的景象。

联大的师生还是坚定不移的民主战士。九年间，先后共有1200余名联大学子投身于抗日救亡的大军，有14位联大学子献身在抗日战争的烽火中。为了抗议孔祥熙家人霸占陈寅恪的机位而耽误这位国学大师赴抵昆明，联大师生举行了震惊昆明市的示威游行，为昆明赢得了“大后方的民主堡垒”的称誉。教授闻一多蓄须明志，发誓抗战不胜不剃须。

联大校友、教授陈岱孙曾说：“身处逆境而正义必胜的永不动摇的信念、对国家民族的前途所具有的高度责任感，曾启发和支撑了抗日战争期间西南联大师生对敬业、求知的追求。”我想，正是联大师生这种历史感、责任感和毫不动摇的信念，最终给出了一份满分答卷。西南联大在不到九年的时间里培养了后来中国政治、经济、教育、文化、科学、技术、国防等各条战线的骨干力量。在23位“两弹一星功勋奖章”获得者中，有8位是联大学生；从联大走出了2位诺贝尔奖获得者，联大时期华罗庚的《堆垒素数论》、闻一多的《楚辞校补》、陈寅恪的《唐代政治史述论稿》等著作问世……

“刚毅坚卓”是西南联大的校训，我想，这四个字由全体师生用汗水、用不屈的信念和顽强的意志浇淬之后，已然成为了他们精神的象征，是火中的凤凰舞于九天，映照着每一位联大师生的脸庞。峥嵘岁月一去不返，历史的丰碑永存心间。望着清华园里的西南联大纪念碑，想着那些联大时期的故事，心中充满了感慨。那是怎样一个淳朴的学校和怎样一群淳朴的人啊！不因外物之扰而移其志，不改坚毅品格而专其学，当战火纷飞的国土之上已安放不得一张平静的书桌之时，他们在心中筑造自己的学院。作为清华学子，我们应当继承前辈们的遗产，虽不可复制西南联大之奇迹，必当展现联大的精神，续写历史，创造历史。

我远来为的是这一湖水

王艺如

读完王国维纪念碑和西南联大纪念碑碑文后，闭目遐思，不免有些浅见浮于笔端。

中学期间，我就读了王国维先生的《人间词话》，读完之后总是感慨，人间词话，话尽人间。他的诗人气质、哲人思想、侠者潇洒无不令我折服。在跟随着王国维先生一同赏析诗词时，不知道为什么，我总是能朦胧地感觉到他字里行间流露出来的淡淡悲情。在了解王国维先生的人生经历后，我似乎慢慢开始理解了他的悲，他的悲情不过源于心中的那一湖水。

是啊，他远来不过就是为的这一湖水。“士之读书治学，盖将以脱心志于俗谛之桎梏，真理因得以发扬。思想而不自由，毋宁死耳。”静安先生一生遭遇坎坷，四岁丧母，十一岁祖父去世，二十二岁大女儿夭折，三十岁丧父，之后继母、妻子、小孙女又先后逝世，五十岁那年长子逝世又让他遭受了一次丧子之痛。除了亲人相继离去的打击，清王朝的覆没和时代的大变革，使得他固守的传统被时代潮流冲击，内心产生的矛盾挣扎、恐惧无奈也使得他的人生再添上了一层灰色。尽管四周风起云涌，先生内心的那一湖水却仍然澄净如初。这一湖水不仅是对文学的追求，更是对自由思想、独立精神的坚守。这份坚守让他的人生更有意义。

“文人傲骨”，用这四个字形容静安先生毫不为过。王昌龄在《感遇》中有一句诗：“草木有本心，何求美人折。”先生本为草木，又何求被世人理解呢？陈寅恪在碑文中写道：“先生以一死见其独立自由之意志，非所论于一人之恩怨，一姓之兴亡。”为了捍卫心中的自由与坚守，即便是赴死，真正的勇士又有何畏惧？

1938 年，在北中国已经放不下一张书桌的情况下，北大、清华、南开三校南迁昆明，组建了西南联大。数月的徒步南迁，为的，不就是南湖那平静的湖水吗？在看到位于清华校河旁的西南联大纪念碑的那一刻，我想起了电影《无问西东》里的台词：“爱你所爱，无问西东。”校河里的水静静流淌，也不免想起了诗人周定一的《南湖短歌》，这首诗感情淋漓，淋漓得让人泪涌：

我远来是为的这一园花。
你问我的家吗？
我的家在辽远的蓝天下。
我远来是为的这一湖水。
我走得有点累，
让我枕着湖水睡一睡。
让湖风吹散我的梦，
让落花堆满我的胸，
让梦里听一声故国的钟。
我梦里沿着湖堤走，
影子伴着湖堤柳，
向晚霞挥动我的手。

我梦见江南的三月天，
我梦见塞上的风如剪，
我梦见旅途听雨鸣。
我爱梦里的牛铃响。
隐隐地响过小城旁，
带走我梦里多少惆怅！
我爱远山的野火，
烧赤暮色里一湖波，
在暮声里我放声高歌。
我唱出远山的一段愁，
我唱出满天星斗，
我月下傍着小城走。
我在这小城里学着异乡话，
你问我的家吗？
我的家在辽远的蓝天下。

在抗战八年期间，师生学习生活条件艰难。进风的窗户，漏水的屋顶，常常拉响的警报，还有头顶时不时响起的轰炸机的轰鸣……即使在这样的环境下，就是这样一所大学，却培养了一大批英才，产生了无数故事与传奇。西南联大是中国大学史上独一无二的奇迹。硝烟弥漫中，众多大学师生弦歌不辍，身处逆境而正义必胜的信念永不动摇。“诗书丧，尤有舌”，正是师生内心的这份坚守与执着，才支撑他们一路前行走过了八年抗战艰苦的岁月。他们，远来不过为的是这一湖水，一湖自由、平静的水。

无论是王国维先生还是西南联大的师生们，他们都是怀揣着初心从一个时代走向另一个时代的人物，自由独立，爱我所爱，无问西东。唯愿十年甚至于几十年后的自己仍然不变年少时的初心，依旧砥砺前行。

摆脱庸俗

李曙瑶

原本以为世间事大不过生死，却总能从一段历史中再一次收获崇高，于是对某个人某件事心生敬意。今天，让我再一次体味这个过程的是一所学校。

当我摆脱对联大情感直白的赞美和历史片面粗暴的判断后，我开始设想，如果真的离我上学地点的几百公里外发生着一场残酷真实的战争，我还能安心念书吗？当举国皆乱，此时对我而言最紧要的是什么？为何不论是蒋政府下达的文件，还是龙云对护卫南迁师生军队的电令，甚至是长沙、昆明、蒙自人民混在好奇中的接纳与善意，中央政府和地方上的行政长官、三校里的老师与学生和后方的大众百姓都在这个危机的时刻知道：一个国家的教育不能停下。

当我看着中国地图，知道曾有一群师生跨越了这段从北域到南疆的距离，大部分绕道香港和越南，乘火车直抵，而另外有300多人曾徒步从长沙走到昆明。“秀才的长征”这个比喻好像也不算失之其义。

当我了解到西南联大成立时，三位校长互相推让校务主席，清华、北大、南开互相融合，少了几分利益计较和学术竞争，反而共同承担起治学育人的责任，原来危难有时会使那些经不住考验的团体分崩离析，信仰尽毁，有时却会使一些事物更加坚韧团结。

当我路过昆明城郊西北的茂密的马尾松林时，会想起汪曾祺说起的联大学子独特的记忆——跑警报。日本人的飞机在城内盘旋的同时，联大的同学可能在某个荒山上读着随手携带的一本书或书写着一张还未演算完的草稿纸。有意思的是，他们还会看天、买小吃，甚至用碎石子拼出一副“人生几何，恋爱三角”的调侃对联。学术的沉浸和生活的趣味足以使个人去对抗外在环境的匮乏与不安。

一个个联大截面无不向我展示了一条灵魂从平庸到高贵的道路。严格来说，平庸也并不就应该被千夫所指，毕竟没有人是全善的。但在这个价值观越来越指向世俗的和平年代，我仍渴望那挣脱庸俗的一刻感动。

纪嘉庆，告来哲

张云泽

若以尼采的方式来划分历史，西南联大的历史无疑是纪念碑式的。这是中华历史上空前的大师荟萃之地，华罗庚、陈寅恪、闻一多、汪曾祺，数不胜数的名人巨匠云集于此，让西南联大成了一个虽无一“大楼”而富有“大师”的学者圣地。谈起西南联大的历史，人们在痛心于国耻之余，往往也会对其心怀无限仰慕，甚至恨不能生逢其时，亲睹大师风采。

两天前，我站在纪念碑前，朗读这段纪念碑式的历史。

在户外旁若无人地大声朗诵，这是典型的文人行径，向来非我所为。但我无一点尴尬，因为这历史过于伟岸，也过于著名，以至于对它的瞻仰是众所周知的合情合理，更何况是在这学术气息浓郁的清华园中?

读完最后的“纪嘉庆，告来哲”，我突然感慨万千。这是对当前时空的总结，也是对后来时空的开启。我虽算不上“来哲”，却也深深体验到了三校求同存异、终和且平的兼容并包，感受到了师生徒步经贵州、在艰难中坚持开课的刚毅坚卓。以告来哲的，不仅是当时人们的欢欣，不仅是可纪念的“一二三四”，更是一种在苦难中彰显出的精神。这是西南联大故事与精神的传承。

今天，我们站在纪念碑前，学习这段纪念碑式的历史。

从西南联大迁往昆明的原因，到诸学院分与合的探究，从“刚毅坚卓”的由来到三方平台的喻指，我们探讨了许多问题，与我独自来时截然不同。我从未想过这块纪念碑中起纪念意义的竟不只有碑文，还有碑身、碑框、碑周围的各个角落。我也不知道，原来北大、南开和联大旧址也各有一块这样的纪念碑，仿佛一团火散作满天星，将西南联大的精神播撒回平津，乃至神州四方。

再读到“纪嘉庆，告来哲”，我的感受已经不尽相同。这是碑文的结束，却将纪念之意延伸到无尽的未来与远方。无论我们是否为“来哲”，都将受益于此。

刚毅坚卓，与国同光

王　霞

十月，浓浓的秋意已绕上清华园的臂膀，黄叶漾漾，绿水凉凉，午后，澄蓝的天空没有一丝杂质，微风轻拂，几朵柔云在高空慵懒地飘着，毫无遮挡的阳光从天空倾泻而下，带来阵阵暖意。秋高气爽的时节，正适合远行和探索。

这次，我们一行人来到了位于清芬园西面的西南联大纪念碑前。迎着阳光，这块承载着历史的碑石静静地伫立在绿草茵茵中，背靠绵绵的土坡，面迎潺潺的校河，漆黑的碑体被乳白的碑框包围着，更显其厚重与层次；烫金的碑文，在阳光的照耀下熠熠生辉；滚烫的文字，句句铿锵又不失飞扬文采，古今真理、民族豪情，在顷刻间涌入我的脑海，历史的回响，久久不绝。我眯起双眼，看着黑白两色在我眼中相撞，忽而想起刘慈欣先生《微纪元》中先行者看到的黑白："黑色的是熔化后又凝结的岩石，那是墓碑的黑色；白色的是蒸发后又冻结的海洋，那是殓布的白色。"但在这里，我会说，黑色是英烈肩负使命的背影，那是无畏的果敢；白色是来者赋予赞叹的挽联，那是深沉的敬意。

看着眼前庄严的纪念碑，思绪不禁飘到那个战火纷飞的年代。日军进犯，七七事变，内忧外患，民族垂危，偌大的北平，早已放不下一张平静的书桌！1937 年 7 月，国立清华大学、国立北京大学以及私立南开大学三所高校陆续南迁，初到湖南长沙，后又迁至云南昆明。翻山越岭，茫茫长征，一路上，师生们看尽了战火飞扬、百姓疾苦，有多少义愤填膺的文人书生决心弃笔从戎，用血肉之躯阻止日寇之魔爪！但仍有部分人选择沉淀下来：虽然战场上看不到他们奋勇杀敌的身影，但他们却在敌后钻研学术，发展技术，誓以不拔之志，传中国之文脉，振科技之雄光。于是，在昆明一处简陋的平地上，国立西南联合大学成立了。这里只有茅草屋和铁皮房，却培养出 2000 多名优秀毕业生；这里时时有炮弹的轰炸，却切不断师生们钻研学术的坚定意志；这里虽位于战场后方，却有800多名学生选择奔赴前线，为国捐躯。“刚毅坚卓”的校训，早已深深纂刻在每一个联大人骨子里，也彪铭在历史光辉的扉页上。

碑文中有一句话令我印象深刻：“今日之胜利，于我国有旋乾转坤之功，而联合大学之使命，与抗战相终始。”我焕然，文人之使命应与国家命运紧密相连。过去，西南联大的师生们在战火飞扬中或选择悉心钻研学术，或选择奔赴战场杀敌，这都是与国共苦之大义。而如今，中国正处于发展的新时期，雄起的新阶段，亦面临着国际国内的多重挑战。作为新时代的青年，光复中华的使命已落在了我们肩上。我想，发扬西南联大“刚毅坚卓”的精神，坚定为国奉献、与国同光的信念，应该成为每一个青年人的胸中大义。

岁月勿忘，历史长存。我们捧着一抹秋色温润历史，亦将怀着满心壮志回馈英烈。

尽笳吹

陈颖思

“尽笳吹，弥诵在山城，情弥切。”西南联大校歌《满江红》的最后一句，尽收无奈、苍凉、悲切、思念于话语中，恰似一段未完待续的音乐旋律。是电影《无问西东》带来的感动，也是暑假曾游玩昆明的期待，我选择了西南联大主题的写作课，也跟随着写作课老师去探索了西南联大更多的故事。来到西南联大纪念碑，不知为何，有种安心归家的感觉。

高三成人礼的时候，学校发放给每人一个气球，我在气球上写上了“爱你所爱，行你所行，听从你心，无问西东”，把它带回到了家里。那时还是一月份，高三第一轮复习刚刚结束，我面对着不算太好的模拟成绩发愁，迷茫于未来与前途。那时我还不知道，月底疫情肆虐神州大地，定好的返校日期被无限期延后，每天的网课都伴随着焦躁不安与疲惫，也不知道高考因为疫情会延期一个月，这样的“折磨”还要持续一个月。后来我来到了清华，一个意料之外的结果，好像正好呼应了“听从你心，无问西东”，好像有那么一瞬间与西南联大的时光重合了。

翻阅西南联大校史最后的毕业生名单，看到许多后世为人熟知的名字。我知道昆明的天气，那里晴天很和煦，雨天也很多，雨打屋檐的声音也许真的没有想象中的好听，不然为什么电影里面教授不继续讲课却要同学们“静坐听雨”。可是就是在这样艰苦的岁月中，他们依然把日子过得有声有色。“跑警报”的日子也能被汪曾祺写得十分有趣；走上街头，四处可见联大学子为抗战画下的壁报；茶馆里说书、聊天、写作的同学不在少数；课堂上学生与老师“针锋相对”课下却又其乐融融……外文系的吴宓教授在课上给大家讲《红楼梦》，中文系的朱自清教授要求大家用白话文写作，冯友兰先生教授中国哲学，他的理论建构却是来自西方的新实在主义。你能够看到会通古今中外的大师在教授弟子，你也能感受到他们由心而发的刚毅坚卓的精神。“诗书丧，犹有舌。”每次看到这六个字，总觉得心酸与佩服，华北容不下一张平静的书桌，南迁时的诗书散落得七七八八，可是还有三尺讲台，三寸不烂之舌，可以传道授业、教书育人。

这是西南联大的坚毅，这是抗战时文脉的传承，这是一代人的青春回忆。何兆武回忆说，在西南联大求学的七年是他最快乐的七年。如今斯人不在，精神犹存。希望路过这块纪念碑时，大家也能想起，曾在西南联大的夜空中，划过的每一颗璀璨的流星。

绝诺诺，守谔谔

沈文萱

清华园里的西南联大纪念碑摆放得很有讲究，碑文朝向西南方向，碑下三色石阶喻指清华、北大、南开三所大学。正值下午，我们面向碑文，将后背交给灼热的阳光，却从前方感受来自纪念碑肃穆的冷意与激荡。

在听过许多关于西南联大的故事与传闻后，我想最感动我的就是他们在逆境中仍不屈坚守、苦中作乐，潜心于研究学问的精神吧。

通过查阅资料我得知，在战事紧张之时，一批学者和学生无奈之下要从长沙临时大学辗转去往昆明。跋涉的大队伍分成了三个部分，有乘火车汽车的，有坐轮船的，也有因经济拮据、条件艰苦而步行的。步行队伍经受着怎样艰难的挑战啊，他们不仅要克服严苛的自然环境，适应多变的天气与复杂的地形，还要怀着对沿线土匪的担忧进行巨大的体力消耗活动。但在那个物资匮乏的年代，在衣食资源紧缺的情况下，赶路于他们而言却不是一种苦难，反而成为了一个宝贵的学习机会。

学生们在到达昆明之后，被要求写出1000字的调查报告。中文系的学生汇编了《西南采风录》一书，艺术系的学生完成了诸多宝贵的写生画，生物系的学生收集了许多动植物的标本。“旅行团”经过矿区时，师生们指导了当地矿业的冶炼。地质学家在行进过程中不断向学生讲述地质与岩石构造，师生们甚至沿途收集了不少民歌民谣……单就当时条件来看，这不能不算是苦难，却成就了一种规模宏大的、伟大的跨学科社会实习活动。是卓越的求学求真精神，让联大师生们于苦难中孕育出了辉煌的花儿。

我再一次在心中感叹，中国人无论在什么时候都是打不倒的，师生们的南迁精神与长征中的“革命乐观精神”是有着异曲同工之妙的。回首纪念碑，它从来不语，却向人们诉说了很多。碑文中我最喜欢的一句话是“违千夫之诺诺，作一士之谔谔”。我想，正是这种傲然与不屈，正是这种不随浊流而肆意放纵的坚守，才使得一大批优秀人才得以涌现，一系列文化珍果得以流传。不论何时何地，这种精神都是我们应该去敬仰与传承的。

三校一体，继往兴业

黄世云

“中兴业，继往烈。维三校，兄弟列。为一体，如胶结。”这篇字字均凝结了家国情怀的碑文，虽愤慨悲壮，但也不失守望坚持，短短数百字，却将当时国土沦陷下三校师生被迫南迁的一情一景都仿佛呈现在了我的眼前。透过这碑文，我看到了许多……

自古“文人相轻”，但在西南联大，三校却能做到“合作无间”，深究其背后原因，无非是“民族”二字——在学界，学者们因各自脾性或所持学术观点不同，存在或大或小的矛盾冲突，在当时是极为普遍的现象，更何况随联大南迁的大都是各界大家，但实际上却是“合作无间”。这一前后对比，民族情怀在这一转变中发挥的作用无疑是至关重要的，即使再有差异，也是同根，也会在维护民族利益这一件大事上站同一条战线。更有一则南迁中的小故事，也能让我们体会到民族情怀的力量。当年闻一多先生南迁的途中遇见诗人臧克家，当被臧克家问到“你那些书怎么办”时，“大片大片的国土都丢掉了，几本书算什么”，闻一多先生如是答道。我们都知道，自古以来文人都是极其爱护自己的书籍书稿的，更有甚者将书看得比自己的生命更重。但闻先生这一番话，不禁让人鼻头一酸，也许在他心里，国家要远远高于那些比自己生命更重要的书籍。虽在当时，国已不是完整的国，破碎不堪，但无论如何，这都是我们自己的国，国在他们心里的地位，是任何事物都无法超越的。这一番家国情怀，深藏在数百字的纪念碑文后，更被撒在了联大师生南迁走过的每一条路上。

“茅草顶尖屋顶，铁皮顶尖教室，世界顶尖人杰。”在西南联合大学建校80周年纪念大会现场，联大校友、91岁的中国工程院院士龙驭球写下了这句话。在当时战火纷飞、国难当头的时代背景下，联大师生仍不忘学者本分，潜心研学。又苦又穷的西南联大只存在了八年，“出的人才却比北大、清华、南开三十年出的人才都多”。我们常说，长征埋下了革命的火种，但联大的存在又何尝不是呢？三校南迁，在偌大中国寻找一方能安放书桌的后方之地，仪器、教材、教员、学生等跨越大半个中国被送往或自行前往西南后方，完成了一次“教育长征”的壮举。正如碑文中所说，“大一统，无倾折。中兴业，继往烈”，西南联大在极其恶劣的条件下，保住了中国教育的火种，使得教育这一国之根本的基脉不至于在战火中被切断，灰暗了民族的明天。

今日，静立于碑前，诵文联想，心中也仿佛开启了通往他们的一扇门。

联大之碑，文化之碑

张鹤龄

站在西南联大纪念碑前，思绪奔涌。眼前的碑不仅是物质的石碑，它同样象征着一座精神的丰碑——中华知识分子弦歌不辍，绵延文化之火的联大精神。甚至再深一层，这块石碑也映照着中华民族深厚的文化自觉：文化不死，民族不亡。

抱着这些思绪，站在碑前的我试着诵读石碑上的文字，重历当年创作者们的思潮流动。开篇不惜历数年份，以记光复之功；之后全篇，对本校保全文化之努力记叙甚少，对抗战胜利记叙却极多。这确实不是西南联大一校之纪念碑，而是中华民族的纪念碑；究其原因，恐怕还是源于那个时代，知识分子与祖国，与祖国文化的割不断的联系。

记得汪曾祺先生的一篇散文，标题忘掉了，内容却印象很深。日军飞机轰炸昆明，联大学生总是要躲空袭，跑到防空用的沟里去。没人当一回事，都是有说有笑地走过去；时间长了，有人固定躲在一个位置，那个位置就成了他专用的，他可以往那里放零食等下回再吃；还有恋爱的男女学生，会约着躲空袭的地点……还有压根不躲的。有一同学特爱银耳莲子汤，警报一响，寝室里人都走了，他好熬汤；另外一个同学写小说。汪老把这些事情都记下来，我们现在看，有一丝丝幽默，但更多的是敬意。日本人来轰炸，是想吓倒我们，让我们不战而降；但中国文化的韧性，是无论如何也炸不断的。

要说我们和联大先辈们有什么共同点，最容易找到的就是这份文化。但我们之所以要纪念，是为了不忘记联大人们的那份担当；时至今日，我们再也不会回到那个被迫退守一隅，保存火种的年代了；但是，思考如何接续这份文化，应该是我们的责任，也是这块默默伫立的碑石，对我们深沉的期望。

刚毅坚卓缅怀先辈，自强不息激励后人

高翔天

周四中午，我们前去参观西南联大纪念碑，而且天公作美，纪念碑在阳光的照耀下显得格外洁白且庄严。课前除了我们小班课学生，还有几个游客，听到他们的交谈，猜测可能是对西南联大历史有所涉猎的游客，或者是家里有在西南联大读书的先人。

西南联大纪念碑一共四块，西南师范大学一块，清华、北大、南开各一块。清华的纪念碑坐落于学堂路西侧青草坡与校河之间，碑的正面面向西南的昆明方向。碑的正面刻有冯友兰先生撰写、闻一多先生篆额、罗庸先生书丹的碑文，背面镌入抗战期间参军学生之姓名，共计 834 人。不清楚这八百多名战士现在是否还有健在的，想从老先生口中听到他的亲身经历。纪念碑左侧刻有西南联大校训“刚毅坚卓”，右侧为此次建碑所立的碑志。

纪念碑地形条件设置为层层叠落的台地和不规则的折线，凸显着中国知识分子刚直的品格。三块台地代表当时联合起来的三所大学，不同的铺地材料寓含三所学校的性格，在其之上是一块完整的混凝土地面，象征了团结和凝聚力。

1937 年，中国华北受日军侵害，清华、北大和南开三校师生被迫一路西迁至昆明。在诸多有介绍西南联大的影视作品中，我们都可以直观地感受到路途的艰辛和学习环境的艰苦，但也可以看到全体师生的刚毅坚卓。因条件艰苦，林徽因染上肺结核，长期卧床却坚持工作，最终在战火纷飞中和丈夫

梁思成共同完成《中国建筑史》这部具有开创意义的作品。被誉为“中国考古学之父”的李济，两个爱女因患病得不到及时治疗而夭折，他悲痛欲绝，在傅斯年的真诚与热情帮助下，掩埋心底伤痛而忘情工作。昆明多雨。陈岱孙上课时，因雨声太大，学生根本听不到教师讲课，陈教授无奈地在黑板上写了“停课赏雨”几个字。

西南联大，虽只存在了八年，但是这八年间的故事在八十年后的今天被提及时，还是会让人热泪盈眶。

沉思往事立碑前

杨丹龙

在清芬园附近的校河旁，有一座纪念碑。这里大多数时候还是四下无人的，只是偶尔会有往来之人驻足观望，而它只是静静地矗立着，仿佛一切都与它无关。

说到西南联大，人们就会想起那个山河破碎的时代。在那个动乱的年代，清华、北大、南开三校联合组成了国立长沙临时大学。数月以后，迁到昆明，成立西南联合大学。西南联大只存在了八年，可以说，西南联大和那场战争密不可分。

西南联大的成立也是艰辛的。战争初期，面对日军突然对中国教育界的迫害，许多学生与教授流离失所，身无分文。朱光潜扮作商人挤车出城；闻一多带上孩子，只夹着几本书就匆匆离开；陈寅恪在父亲丧事还未办完就悄然离京，辗转去往西南。而学生境地就更加艰难了，他们逢车便上，遇庙而栖，一路乞讨，辗转西南。正是在这样艰难的时期，师生们汇聚西南，在中国的西南角，组成了西南联合大学，为时代的黑暗带来了一束耀眼的光芒。

时局动荡，条件简陋，却丝毫不妨碍西南联大育人之根本。在毕业的两千余学生中，有 2 位诺贝尔奖得主、5 位国家最高科学技术奖获得者、175

位两院院士和数不胜数的大师们。我们不禁要问，是什么让西南联大硕果累累？又是为何现今大师仅存无几？

有人觉得西南联大的师生们是“逃兵”，在抗战时期逃往偏远的西南，又在战争结束后迁回。我认为，“文化是大学之魂”，大学的文化使命是最重要的，它决定了这所大学对社会、对国家进步的贡献。不同时代有着不同的时代背景，那个时期，西南联大的使命是文化的存留与复兴。作为当时最好的三所大学所组成的大学，从结果看，西南联大无疑是成功的，也就无所谓“逃兵”之谈。

观看碑文，背面篆刻着参加抗日战争的西南联大学生姓名。“先后毕业学生二千余人，从军旅者八百余人”，短短一句，诉说着西南联大的爱国精神。有此男儿，何愁抗战耶？正文那句“违千夫之诺诺，作一士之谔谔”令我震撼不已。与庸众的唯唯诺诺相背，而做一个仗义执言之人，这是中国一流大学应该看齐的目标。唯有如此，才有更多健全之人、独立之人、有思想有创新之人。这样的人，不汲汲于功利，不营营于苟且，才能做到还学术以纯净，利文化以昌盛，才能使民族的复兴更有希望。

那座纪念碑仍静静地矗立着，好像在遥望着远方；又好像在俯视着周围，好像有什么要传达给我们。是什么呢？

不朽的联大精神

王浩宇

西南联大诞生于中国历史上的危亡时刻。1931 年，九一八事变的爆发彻底暴露了日本侵略中国的野心，华北地区也被日本帝国主义进一步蚕食。为了保留中华文化的火种，延续中国的高等教育事业，平津地区的国立北京大学、国立清华大学、私立南开大学的师生辗转数千公里，在岳麓山下筹建长沙临时联合大学。随着日军步步南侵，联大师生再次迁徙千里，来到大后方昆明，建立了国立西南联合大学。在西南联大的八年时间里，联大师生们笔耕不辍，书写了一段中国教育史上的奇迹。

在西南联大纪念碑上有这样的一句话："诗书丧，犹有舌。"这句话让我久久不能忘怀。在高中时我曾看过《无问西东》这部电影。透过电影的镜头，我直观地感受到了那个时期条件的艰苦。师生们西迁的路途十分遥远，并且行程颇为艰难，许多书籍和实验器材都遗失了。当师生们到达昆明后，其物质条件仍是十分匮乏。譬如：联大的校舍很简陋，大多是用铁皮搭成的小屋，经不住风吹雨打，更是经不住日机的轰炸。但就是在这样艰苦的环境下，联大师生们依然没有退却，他们把课堂搬到防空洞里，搬到田野上，继续将知识与文化传递下去。在我看来，西南联大的建立是中国教育史上的一次长征，而联大的师生们正是长征路上的勇士。中华民族自古以来有着独立自由的精神与意志，即使师生们留在平津能够享受到更为优渥的物质条件，但是在日军的统治下将没有学术和思想上的自由，同时也会饱尝亡国奴的痛苦。于是，三千余名联大师生走上了西迁的路，将中国最先进的文化带到了祖国的大西南，为中国的高等教育事业保留了火种，实现了学术自由，筑成了民主堡垒。在联大短短的八年时间里，从这里走出了 170 余位院士、6 位两弹元勋、2 位诺贝尔奖得主，为我国的国防建设和科技事业做出了巨大的贡献。

西南联大纪念碑的碑文文采飞扬，骈散结合，字里行间里体现着联大师生在抗战胜利、神京光复之际的激动喜悦之情。移步碑文之后，在石碑的另一面用鎏金的字体镌刻着 800 余位参军学生的姓名。这一个个名字的背后是一个个有着鲜活生命的青年，他们本为天之骄子，可以在中国最好的大学里畅游学术之海。但是，他们选择了投笔从戎，奔赴前线，直面穷凶极恶的日军。八年间，联大毕业生 3000 余人，从军旅者 800 余人。他们将自己的青春与热血献给了国家，献给了民族，为抗日战争的胜利作出了不朽的贡献。建立伊始，西南联大便和国家、抗战大业紧密地联系在一起。正如校歌中所唱的那样，"赶紧学习，赶紧准备，抗战，建国，都要我们担当"。一个伟大的大学必定诞生于一个伟大的国家。西南联大诞生于历史危亡时刻的中国，它的命运和中国抗战的命运紧紧联系在了一起，我想这正是西南联大的伟大所在吧。教书为了报国，读书为了报国，这是联大师生的信念，也激励着一代又一代的后来者。

1946 年 7 月 31 日，西南联大停止办学，三校奉命北迁，联大八年的辉煌历史也落下了帷幕。时过境迁，我国的国力早已今非昔比，民族危亡的情况也早已远去，但我们并不能忘却这一段历史。如今西南联大纪念碑矗立在学堂路边，向我们展示过去那段峥嵘的岁月，也激励着过往的莘莘学子。

联大在烽火中屹立不倒

闫子儒

仲秋时节，爬山虎把整条校河渲染成了一片红色。在这条红色蜿蜒的一处河边背坡空地，远远地就能看见一块洁白的纪念碑，和这片红色相得益彰。八十年前，这块纪念碑所铭记的那所学校，有如这红色中的一抹白色，在烽火中屹立不倒。

谈及联大，人们很容易想到她那不朽的成就。无论是在抗战期间屡次搬迁，保存了中国科学文化的中坚力量，造就了堪称学术史上的一次长征的佳话；抑或是两位诺贝尔奖得主、八位“两弹一星”元勋和百余位两院院士的豪华校友阵容，都让西南联大成为了中国历史上的一段传奇。但人们很少会了解到，或者很少能产生微妙的共情，联大的那段短短八年多的历史，是怎样的一种艰辛。

三校师生从平津辗转至长沙，组建国立长沙临时大学后仅安定了一学期，京沪便宣告失陷，师生们又不得已从长沙出发，迁至后方重镇昆明。无须赘述路途上的风餐露宿，路途之艰辛单从西迁的路径便可窥见一斑：全校师生分二路，一路经贵州至昆明，一路自南宁转入越南又抵昆明，其间艰难险阻不必多说，更有一路师生由长沙乘火车至香港，再由香港渡海至越南，最后由越南搭火车至昆明，颠沛流离、晓行夜宿，无不让人感到一股辛酸。南迁之路不平凡，可在学校诵读又有何种艰难！除了时常需要躲避日军的空袭外，联大师生的日常生活也拮据得可怜。梁思成、林徽因两先生最初负责校舍的设计。当设计方案改了一稿又一稿，从高楼变成矮楼，又变成了平房，依然让梅贻琦校长连连叹气，惹得梁先生怒发冲冠，林先生潸然泪下，却又无可奈何，最终只得把校舍按照茅草材质再做修改。甚至就连教室的屋顶，也单单由铁皮替代。每逢大雨滂沱，雨打在屋顶上叮叮作响，吵得教室根本无法授课，也让当时在联大任教的清华老校长陈岱孙先生在黑板上留下四个大字："停课赏雨"，苦笑不堪。甚至在联大最阔绰的时期，一位教授的月薪也仅能负担得起四十斤豆腐，连闻一多先生都落得只得当街摆摊为人篆刻来补贴家用了。

但纵使如此艰苦的条件，联大人依然笔耕不辍，没有放弃对学业的追求。一如冯友兰先生在纪念碑碑铭中写道："诗书丧，犹有舌。"在联大南迁的过程中，出于种种原因，学校的藏书、器械损失惨重，但这丝毫没有影响师生对学术的追求。没有了诗书，我不是还有那一根仪舌！只要我没有在这艰苦的抗战中倒下，只要我的嘴还一日能够讲话，我就要一刻不停地将我的全部知识与思想，毫无保留地传授出去；只要我还一日活于世，任何事情也无法磨灭我刚毅坚卓的意志！这种为学的精神，就像那块立于校河旁的方碑，跨越百年千年而不朽，在历史的长河中成为了点点繁星，永远伴随着我们。

对于联合大学，人们可能常常会忽略这样一个事实：这是一所由三所高校合并而来的大学，然而"维三校，兄弟列，为一体，如胶结"，亲密无间。正如冯友兰先生碑文中所描绘的，"三校有不同之历史，各异之学风，八年之久，合作无间，同无妨异，异不害同，五色交辉，相得益彰，八音合奏，终和且平"。三所学校就如三个独立的人，他们年岁不同、性格各异，甚至连办学的性质都有所差异，但这并不妨碍他们以一个共同的目标和使命集结于此，正所谓"异不害同"。然而比起前者，更难能可贵的还是"同无妨异"，这大概也是联大精神中那与清华一脉相承的"独立"与"自由"吧。提起西南联大，无数毕业生首先浮现在脑海中的词，便是自由。“老师讲课绝对自由，讲什么、怎么讲，全由自己掌握。”教授们“都以开创性见解为荣，以照本宣科为耻”。而在联大，不仅学生随意旁听老师的课程，连老师间也会互相旁听。这种自由的态度、开阔的视野，不知在这段峥嵘岁月里，碰撞出多少思想的火花！这些火花最终汇聚成一团圣火，在近百年后的今天依然熠熠生辉。

“河山既复，日月重光”，联大早已成为如烟历史中的回忆；但在今天，在这红色的河流旁，朗读这块方碑上铿锵的碑文时，她仿佛又出现在了我们的眼前。随着一字一句的诵读，无数画面涌入了我们的脑海：战火纷飞，硝烟四起，诗书尽丧，食不果腹……在这样的历史条件下，联大人没有丝毫退缩，他们用自己刚毅坚卓的品质，出色地完成了战时的使命。随着朗读声戛然而止，这一切的画面好像也在眼前暗淡、汇聚，最后凝结成了一个点，落在这块方碑上。我知道，那是联大的精神，它没有走远，它依然在我们心中，就像这川流不息的校河，就像这屹立不倒的石碑，“与天壤而同久，共三光而永光”。

西南联大，耀光永存

陈弘一

国立西南联合大学是中国教育史上的奇迹，也是一段永不褪色的传奇。在其短短八年的办学时间里，西南联大培育出了杨振宁和李政道 2 位诺贝尔物理学奖得主、8 位“两弹一星”功勋奖章获得者、百余位中科院院士等一大批卓有成就的优秀人才，为中国和世界的发展作出了杰出的贡献。

国立西南联合大学成立于 1937 年，正是全面抗战爆发的时间。为保存中华文化的有生力量，清华大学、北京大学、南开大学三校奉命南迁，迁移了数千里地，穿越大半个中国，先迁长沙，后至昆明。西南联大办学条件极其艰苦，办学所用的实验仪器、图书大部分在迁移过程中丢失，办学经费紧张到连教授也要找些副业补贴家用，还要不时面对敌军的轰炸，西南联大如何能在这样的条件下，培育出如此多的优秀人才、学术精英，是很值得我们每个人思考的。

“诗书丧，犹有舌”，这是西南联大纪念碑碑铭中的一句话，很好地回答了这个问题。诗书虽然都已经丢失了，但舌头还在，依然能够学习、传授知识。战乱之中，西南联大的学子就是凭借着这样的坚毅，执着追求着学识和真理，刚毅坚卓，百折不挠。民族危亡之际，西南联大的学生、老师化悲愤为力量，坚持着为中国文化的未来保留火种，最终让西南联大“内树学术自由之规模，外来民主堡垒之称号”。诗书、器械等学习的工具可以丢失，但渴望知识、探究学术的追求不应当抛弃，无论在多么艰苦的环境下，我们都应该努力奋斗，为国家、为社会做出自己的贡献。千余年来的中国知识分子，也不乏凭借如此精神到达知识的殿堂的。

我想，除此之外，西南联大成功的另一个重要原因是西南联大将自己的使命与整个国家、整个时代的命运结合了起来。正如冯友兰院长所撰写的碑文中所说的那样：“联合大学之使命，与抗战相终始”，西南联大不是一个只钻研学问、被关在象牙塔之中的大学，整个西南联大的使命是与国家的命运相结合的。西南联大承载着传承中国文化、延续中国文明火种的使命，也负担着培养战时战后建设人才的重大责任。西南联大虽然设在后方，但西南联大每一个师生的心却都是在抗战的最前线，最初是“以文化力量与日本争持于平津”，平津失守后，三校虽然迁至后方，但仍是在用文化力量与日本争持的最前沿。一个人的力量是很微弱的，几千人的力量也不见得会有多么强大。一个人只有将个人的意义与整个时代的意义相结合，个人的意义才能够得以实现，一所大学也是如此。西南联大伟大的原因，不是在战场后方为某些人提供了一个平静的象牙塔，而是为整个民族、整个国家保留了文化与学术上的希望。西南联大之所以成为西南联大，清华之所以成为清华的原因就是在此。

西南联大其办学历史已经结束了，但留下的精神永远存在，激励着每一个奋进的人。

三　万壑千岩

——地质之角

导语：

清华园博大精深，“地质之角”别有洞天。在学堂路西侧，第四教学楼后面，绿树掩映之间，有 288 块岩石，特征不同，形态各异。这里是水利系的实验基地，也是清华师生长知识的地质公园。据创建之初的学校官网介绍，这里是“我国第一个在自然尺度下集中、全面、系统、便捷地展示典型地壳岩石和典型地质现象的校园实践教育基地”，“从全国主要的名山大川、大型工程现场采集三大类近百种典型的岩石标本、十多种典型的地质构造标本，36 种不同地质历史时期典型的地层标本”。

这个地质公园的“园主”是中国工程院院士、水利系张建民教授，“地质之角”是他一手筹建的。他不仅选定了每一块石头（兼具地质特征和观赏价值），而且亲自布置和设计，“天南地北”，中心突出，“一亭”和跌水，树木种植，甚至爱因斯坦手书的镌刻，都有所用心，令人走进这里就感到眼界大开、心旷神怡。他喜欢在这里漫步，慈爱的眼光扫过大大小小的石头，仿佛父母看着自己的孩子。这是他的园子，甚至他的办公室就在这里的一幢二层小楼上。清华园里出奇人。张建民老师就是这样一位奇人，以一己之力为清华园营造了一块风水宝地。

岩石：

岩石是天然产出的具稳定外形的矿物或玻璃集合体，按照一定的方式结合而成，是构成地壳和上地幔的物质基础，按成因分为岩浆岩、沉积岩和变质岩。其中，岩浆岩是由高温熔融的岩浆在地表或地下冷凝所形成的岩石，也称火成岩。喷出地表的岩浆岩称喷出岩或火山岩，在地下冷凝的则称侵入岩。沉积岩是在地表条件下由风化作用、生物作用和火山作用的产物经水、空气和冰川等外力的搬运、沉积和成岩固结而形成的岩石；变质岩是由先成的岩浆岩、沉积岩或变质岩，由于其所处地质环境的改变经变质作用而形成的岩石。

地壳深处和上地幔的上部主要由火成岩和变质岩组成。从地表向下 16 公里范围内火成岩大约占 95%，沉积岩只有不足 5%，变质岩最少，不足 1%。地壳表面以沉积岩为主，它们约占大陆面积的 75%，洋底几乎全部为沉积物所覆盖。岩石学主要研究岩石的物质成分、结构、构造、分类命名、形成条件、分布规律、成因、成矿关系以及岩石的演化过程等，属地质科学中的重要的基础学科。(引用自百度百科，该词条由“科普中国”科学百科词条编写与应用工作项目审核。)

随笔：

玲珑巧意入丛碧，浑融雅韵筑奇观

朱洁松

本周，在老师和助教的带领下，我们参观了位于清华大学第五教学楼附近的地质角。虽然平日里也会路过五教，但却总是与地质角擦肩而过，这次能够跟着老师和同学们一起参观，心情也非常开心。

地质角就坐落在第五教学楼正面右边的小路上。入口处在茂密的植被掩映之下并不十分显眼，但是走进去之后却豁然开朗，颇有种陶渊明笔下《桃花源记》的感觉，令人神往。里面的空间比较开阔，星罗密布着各种奇特的岩石。它们的形状千奇百怪，有的像乌龟，有的像河马，有的像蘑菇。它们表面的花纹也五花八门，有的像打鱼的渔网，有的像一页页的书籍，还有的像一朵朵盛开的鲜花，看得我眼花缭乱，目不暇接。

借助于网络，我了解了这些岩石各自形成的原因。有的岩石是火山岩，是由岩浆经火山口喷出到地表后冷凝而成的。这类岩石的造型最为奇特。有的岩石是砾岩，是由河里的泥沙、碎石等沉积而形成的。在地质角，我也看到了这样的两块砾岩，能很明显地看到它们当中掺杂了许多碎石块，一块呈绿色，一块呈黄色，估计是河床里不同的矿物质导致其呈现出不同的色彩。

参观的当天，虽然空中依稀还飘着小雨，但这丝毫没有影响我们的心情，反倒是使空气中氤氲着一丝丝草木气息，给参观增添了别样的感受。在老师的带领下，同学们兴致勃勃地一一介绍起了自己最喜欢的岩石，并说明喜欢的原因。有的同学喜欢它是因为它的形状，有的同学喜欢它是因为它表面的花纹。在同学们绘声绘色的介绍中，这些平凡的石头仿佛摇身一变，变成了一个个怀揣着故事的人，等待着与人们分享它们的故事。在他们的介绍中，我留意到了一块与众不同的岩石。这是一块中间镂空、竖直耸立的岩石，在镂空的地方生长着一株藤蔓。远远望去，那一抹亮绿色点缀在黑黝黝的石头当中，尽管是秋天，却显得春意盎然。走近看，光线不偏不倚地从石头上方的孔洞里照射下来，真是“别有洞天”。而石头本身在河床的冲洗之下，呈现出完美的流线形状，在时光的打磨雕琢之下，收敛了锋利的棱角，呈现出一种成熟浑厚的气质。中间的镂空部分和两侧的实心部分虚实结合，相互映衬，就仿佛周易里面的阴和阳一样，其中的藤蔓则正好对应着“三生万物”，饱含哲学意味。在大自然的鬼斧神工面前，我由衷赞叹。

漫步于地质角，沉浸在石头的世界之中，同学们丝毫没有觉察到时间的流逝。在助教的一番总结中，我们愉快地结束了今日的参观。此刻我最想做的，就是把地质角的魅力介绍给更多的同学。

一石一世界

郝千越

清华园之大，除过每日上下课都需骑行过长长的学堂路，除过有人问起校门怎么走往往无法指明，除过做一天志愿讲解员要行两三万步，还有许许多多的表现之处。譬如校园中许许多多颇有意蕴之处，我们这些园子的主人也未曾拜访——甚至许许多多地方直到毕业也未曾听闻过。

借着清华学课的时光，我终于得暇拜访了园子里一处幽静而美丽的角落——地质之角。半年以前，我在去往一个实验室的路上曾误入其中，当时并不知道这角落的来头，加之急急忙忙赶去上课，未曾驻足欣赏这角落的趣味，甚至于对这摆放石块“添堵”的人有几分怪罪。这次重游地质之角，却游出了许多趣味，也暗自庆幸发现了校园中这一幽静的好去处。

地质之角的缔造者，正是清华大学土木水利学院院长、中国工程院院士张建民教授。张教授历时十余年，从全国各地的名山大川、河流水库收集来两百余块不仅具有地质学代表性、更具有极大观赏价值和美学价值的岩石，安置在园子的一角，加以小径、瀑布、六角亭的点缀，这个既是地质学实践基地，又是休闲赏石好去处的地质之角便诞生了。

穿行在岩石之间，同学们轮流介绍自己喜欢的石头，每经过一处都有有趣的讨论。有的是颇为专业的介绍，沉积、侵蚀如此如彼，听得我这非专业人士云里雾里。有的是大家对这石头上的花纹和表面如何形成的猜测，水的冲刷，风的侵蚀，七嘴八舌，各有其理。有的是关于石头背后故事的推测，见一巨石上有直直的一道劈痕又用水泥黏合，有人说是运输时不得不劈开才能装车；有人说是开采周围石材时不慎将其一分为二，种种设想，更是天南海北。有的又被与石头相依生长的植物吸引了去，一块巨石上豁开一个圆洞而一株植物从里面探出头去向着天空，好一个别有洞天；一块不起眼的石头覆满了绿油油的爬山虎，让我想起了叶圣陶所写的“图画上蛟龙的爪子”。有的却根据石头发现的地方生出联想，看到一块石头采集于某某河流的河床，我不禁又想到这块石头是不是也曾有过“转转不已，溯流上矣”的经历。更加有趣的，看到一块青绿色的石头上有几处似乎是打磨的痕迹漏出光滑透亮的内层，“或许剖开来能现出翡翠”的想法冒了出来，但又想，躺在这园子僻静的角落里做一块普普通通的石头似乎比被雕成饰品摆在柜台里出售好得多了。不知还有多少个“有的、有的”——都写下来恐怕读来也要生厌了。

小瀑布前有一座与六角亭相望的不起眼的二层小楼，初来以为是什么废弃的水泵房，却听杨老师介绍说这正是地质之角的创造者张建民老师的办公室。的确，顶着光亮与掌声，又安得下心在这小小地质之角中钻研学术，不愧为当代之大师。人生如石，时光如水，躺在时光的河流中任时光流淌，渐渐地竟不觉这时光，忽然一天被发现时，已在时光打磨之中造出了绝美的花纹。

这地质之角虽只有小小一方，其中意蕴却超出许多大大的公园广场。一石一世界，这石中世界着实是玩味无穷的。

观石冶性，品石悟道

陶胤霖

周四午间，借清华学课程之机，来到泥沙实验室背后的"地质之角"一游。

遥想数月前，在文北楼上课的我在助教的指引下第一次来到了"地质之角"。那时那个来自马院的助教小哥哥告诉我，虽然时常来到文北楼学习工作，但要不是一次偶然的迷路，他也绝不会找到这样一处颇似"世外桃源"的地方。他也曾经与其他的助教交流，发现虽然已经在园子里度过了数年时光，但是知道"地质之角"的人仍是寥寥无几。向东不到 50 米便是人来人往的学堂路，向西不到 200 米就是新水利馆和宏盟楼，毗邻院馆和主干道的地质之角并没有因此增添几分热闹，反而仍是在熙熙攘攘中找一片安宁祥和。

犹记初见时，正值初夏的午后，斑驳的阳光透过树叶的缝隙，洒在五湖四海的奇石上，光影摇曳甚是好看。此次重逢，却是赶在一场淅沥的秋雨后，平添些寒意。正是深秋季节，树荫却依然浓密，偶有微风树叶沙沙作响，叫人不免想起《项脊轩志》所言"风移影动，珊珊可爱"。

同学们穿行石间，介绍每块自己所钟爱的作品。这些奇石从五湖四海来到清华，装点了校园也装点了我们的生活。我们徜徉其间，讨论石头表面纹理的形成过程，讨论石头颜色的不同代表了什么样的差异，甚至还有人突发奇想，认为一块来自云南的沉积岩中可能含有珍贵的玉石，还有的石头黑白相间，被我们当作可爱的千层面包。我们的讨论遍布这些奇石的每一个方面，似乎那些在专业课上被束缚的想象力与创造力在这一刻完完整整地爆发了出来。我虽然不是专业人士，却也听得兴致盎然，还煞有其事地翻出一年之前的高三地理知识，试图解决一些实际的问题，到最后也是小有收获。

“地质之角”的创意来自水利系张建民老师。张老师利用业余时间，历时十余年，用从全国各地收集而来的岩石和地质标本建立了“地质之角”，一共三大类 90 种 288 块巨型原石，是目前国内外大型岩石标本种类最多的室外地质博物园。在地质之角林泉飞瀑掩映中的那座二层小楼就是张建民老师的办公室，小楼有些破旧，防盗网上锈迹斑斑，从外面看，墙壁上也有了些暗色的斑纹，似是岁月留下的痕迹，这座小楼怕是已有数十年的历史了。

我不禁感慨于张老师的选择，作为一名著作和荣誉等身的中国工程院院士，顶着光环和掌声，他却放弃了先进的设备和公众化的环境，潜心于园子一隅，研究学术，修养心性。虽然并没有得到和张老师交流的机会，但我料想他定是拥有着儒雅的文人气息，不然也不会在自己的办公室门前做出这样一方精致的“地质园林”。

忽然想起，为学与人生都如石，粗粝和坚顽都要在时间的涓流下打磨，待功成时自会有雅致的花纹，这或许也是清华大师之风的又一种注解吧。

清华园里的地质博物馆

谭维熙

在文北楼上过两个学期的课，曾多次瞥见过楼边的赑屃和石柱，也从五教旁的小径来来往往过多回，曾注意过写有“地质之角”的那块巨石，可在此之前我从未踏入地质之角的那方天地去领略过其中的精彩。这次清华学的小班讨论课使我终于有机会去探索地质之角所蕴含的美丽景观和丰富文化，也让我有机会走遍校园去发现各个角落里汇聚天地灵气的景观石。

地质之角位于泥沙实验室以西，这里不为常人所熟知，却别有洞天，大有文章。这是一个由百余块数十亿年前的原始巨石组成的石林。在石林中，有瀑布、有一亭、有小楼，自然大气，古朴典雅。这是清华大学水利系张建民教授利用业余时间，历时十余年，用从全国各地收集而来的岩石和地质标本建立起来的“地质之角”，一共三大类 90 种 288 块巨型原石，是目前国内外大型岩石标本种类最多的室外地质博物园。地质之角中，不仅有夺人眼球的龟裂纹玄武岩，亦有古朴的含岩屑长石石英砂岩，有层层叠叠的板岩，也有遍布刀削痕迹的白云岩。在这些种类繁多的石头里，我最喜欢的是一块水波纹砂岩。这块亿万年前的沉积岩历经河流冲刷、风沙侵蚀后在其表面留下了细细的水波纹理，忠实地记录了时间在它身上的作用，为后人研究古代水利和地理提供了最好的材料，堪称最好的地质教材。

不光是在地质之角，整个清华校园里也矗立着各色各样的景观石。在西门以里有三峡奇石前震旦纪闪云斜长花岗岩迎接往来宾客，一路向前路边有前寒武纪海底火山岩“桂韵”挺立，熙春路旁有侏罗纪年石树“硅化木”于此，校医院前和四教边的牡丹园里都有牡丹纹理的牡丹石与花相互映衬，甲所前有圆润的“母育子”，土木学院前有五彩奇石“禹域瑶华”，综体前有擎天柱一柱擎天，独峰书院和世纪林边有“太湖石”瘦漏皱透……

清华校园里有着数不清的奇石待你我观摩，清华校园里也有丰富的历史文化待你我学习。

奇石之妙韵

王昕睿

在校河沿岸、五教旁边，一块不起眼的石头静静矗立在那里，上书“地质之角”。这里实在是一处清幽僻静的所在，而“地质之角”四个浅绿的字在周围灌木的映衬下更显得若有似无，也难怪这里罕有人知了。

以前也曾经看过一些地质类的展览，但都是在规规整整的展馆里，隔着玻璃窗或是警戒线，随着人流匆匆扫过每一块石头，这样的形式未免有些呆板，而地质之角却让人耳目一新，我愿意用“有野趣”来形容这里。一块块形态颜色各异的石头错落有致地摆放在园中各处，砖石铺成的小径蜿蜒其间，石间遍植草木，还有一座凉亭可供歇脚。最妙的是那处人造小瀑布，漫步在奇石之间，耳畔是潺潺的水声，让人想起郦道元的“悬泉瀑布，飞漱其间，清荣峻茂，良多趣味”。

我在地质学方面的知识实在是白纸一张，半点门道都看不出，只能“外行看热闹”。这些石头有色泽美者，有一块上有着淡淡的红色纹路，仿若西天的晚霞，晕染着层叠的红；有形状异者，一块白云岩看起来就仿若一只站着的河马，憨态可掬。我最喜欢的是最大的那块含岩屑长石石英砂岩，石头给人的感觉本该是粗糙、坚硬的，我却从这块石头上读出了“流动”的感觉，只是停驻在那里看着它，就能想象流水是怎样一点点冲刷出它平滑的表面，同时又赋予了它美妙的形状。石头中央天然形成凹陷，如能引一泓清泉注入其中，栽上几片睡莲，在四壁再挂上几株爬山虎，不知是怎样的景致！

令人遗憾的是，许是年深日久，有些石头的铭牌字迹已经模糊不清，肆意生长的藤蔓和灌木遮盖了一些石头的真容，使人难以窥见地质之角的全貌。希望以后再来这里时，可以看到更详尽的科普介绍，那些扰人的枝藤也能修剪成恰到好处的形状，使地质之角更美、更好。

一石一世界

张鹤龄

在地质之角，我却被人震撼。

难以忘记漫步于石园中时，同学们对面前的各样岩石迸发出的求知热情。为什么有的石块仿佛书页，有的上面显露波纹？缤纷的色彩，奇异的形状，都是如何形成的？这片园林，奇石的集合体，又是怎样一点一点从无到有，蔚为大观？不停地追问，我们想知道的更多——这种如火的热情，简直难以想象，与冰冷的石头有关。

我们，人类，“寄蜉蝣于天地”的一类，却总想追求永恒。永恒的自然法则、永恒的道德准则……即使知道它们可能并不存在，我们却从未停止追寻。面前的石头，可说是最接近永恒了。亿万年前它如此，现在如此，将来也如此；谁能说它的生前身后和我们有哪怕最微小的关系？如果我们真的关心石头，那么只管在我们生活的百年中欣赏它就好，又何必纠缠亿万年前的地质演变？但我们依然为那段太古的时光激动不已，想知道为什么它如此存在。也许，我们对永恒的追寻，就像对石头一样，是总想发掘意义的“爱智”信念吧。

面前的“一亭”和地质角精巧的布局，仿佛印证了我的观念。一石一木本无意义，我们却要加信念于其上，让它们拥有意义。意义其实是只为人服务的：拥有再多的意义，对石和木又有何用处？石头会永恒，而木头会腐朽；只有人知道自己的短暂，却总要提醒自己存在的意义。

于石之间，我看到了人的光辉。对意义的求索之路，就是石中的世界吧？

学堂、博物馆与后花园

李曙瑶

的确值得纪念，今天我成为了一名真正的清华人。这就像任何机构企业或团体组织一样，有某种特定的标准去衡量你是否具有成为其中一员的资格以及是否被承认接纳。当然了，对我们 0 字班的同学来说这首先是一张来自清华的录取通知书。可是，这也许只是标志着我们未来 4 年的活动即将发生在北京海淀区双清路 30 号这个地点，并不意味着我们能够和清华有一次更深层次的邂逅，比如发生不同灵魂的碰撞，质疑与思考的相互激发，与历史哲人或当代前辈的交谈，又或者仅仅是逛一遍有着 288 块奇石的地质角。更何况，这里不只是清华园土地上的一角。

这里有着宝贵的集 36 种不同地质历史时期、十多种地质作用之大全的标本。这些石头来自天南海北，各自经历了数亿年的演变与积淀。它们贯穿岁月的造化静静呈现在光怪陆离、凹凸各异的表面上，折射于那一个凌空的棱角或一条流畅的曲线。听着同学们的分享介绍，我不仅重温了一遍早已模糊的高中地理知识，更是又享受了一回纯粹静观和知识获取的乐趣。而对于那些地质系、土木系的同学来说，他们看到这些石头的第一眼可能如张教授所说有一种“亲切的激动”。那是由于他们长期学习浸染的是关于这方面的理论，从而能够学以致用，探其年代细节之微，究其成因过程之理。但除此之外你不能不赞赏这也是对世界对自然的真理性追求的热爱与将理论与实际结合的执着。

同时，这里也是一座微缩的博物馆。展品主要是千奇百怪的石头，以天北地南分列，除此以外还有破石而生的“17 岁”的一株亭亭绿植，渐闻水声潺潺的瀑布诠释了园林艺术的范式，一座独一无二的建筑“一亭”与其包含的天人合一、万物归一的思想。

但我更愿说这里是一座清华学子的后花园，它就藏在四教和五教后面，等待更多陌生的脚步第一次走进去。只是去放空自己，注视头顶墨绿树枝与明亮天空的分际，仿佛一种永恒的安慰。又也许只是斜阳午后，一道光恰好穿过被流水打磨得通透的石孔，微尘飞舞，仿佛这情景发生在古老的三叠纪，而这一刻间，千载已逝。

石有千面，一眼万年

冯翔

石，本是大自然中最为寻常的成员，人们早已司空见惯。然而，当我有幸漫步进入“地质之角”，蜿蜒而入的小路，两侧的青青草坪，高低连缀的葱茏树木，欢快迸溅的清澈跌水，让我有误入桃源的错觉。那形态各异、色泽丰富的各种奇石错落有致、或坐或立，在奇妙的院子中，静静沐浴阳光、聆听风声，直叫人有一眼万年、倾心于此的微妙心情。

石有千种，种种皆有特色。硅化木，成于森林沉没地底、二氧化硅交代碳元素，因而既有木之形，又有石之质，光滑断面上的圈圈年轮记录着它所经历的万年时光。珊瑚化石，成于珊瑚死亡、石灰质包裹，因而具有或粗或细的块状体，仿佛诉说千百年前海底世界珊瑚虫快乐繁衍的故事。板岩，成于沉积岩页岩变质过程，因而层层叠叠，犹如书页。砾岩，成于碎石风化、流水沉积，因而颗粒较细而图案排列相对整齐。玄武岩，或成于岩浆喷出，因而气孔四溢；或成于岩浆侵入他石，因而花纹多变。珍珠岩，成于火山喷发、酸性熔岩，因而呈现裂纹纵横、色泽温润的特征。白云石，成于方解石沉积、水流下切渗透，因而裂痕斑斑、缝隙密集，如经过无数刀剑划凿的石壁。绿泥石片岩，成于绿泥石不断沉积、高温变质，因而既有细润光滑的质感，又不乏粗糙错杂的磨痕棱角。砂岩龟裂波纹石，成于源区岩石搬运沉积、碎屑石粒填充堆积，因而坚固耐磨，带有深浅不一、或方或圆的花纹。

最美是莲花形的石英砂岩，其成于地壳间歇抬升、流水侵蚀峰林，因而外形奇特，色泽暗沉。在这场视觉盛宴里，她如典雅的莲花一般绽放，如莲花宝座一般端庄而坐，吸收天地精华，历经沧桑变化，散发出不朽的、永恒的、质朴的气息，给予观者安谧的精神体验。

石有千面，从何而知呢？只此一提。玄武岩常见，却不止一种。成色不同，有墨色、褐色、暗绿色、青灰色、橙色。质感不一，有致密状，有泡沫状。形态千变万化，或卧或坐，似莲似墨。最有趣在于，不同的石状透露出各异的形成过程和沧桑变化，石不语，却像一位长者，静默沉思，用独特的经历诉说过往、启迪后人。

在林间穿梭，观察轻抚288块巨石，有丝丝敬畏之情油然而生。有幸浅识地质之角的千面奇石，蓦然间，仿佛回到了中学期间学习地理的课堂，不同之处在于，此石为真，此石感人。这一眼万年的感触，大概不啻于“那人却在灯火阑珊处”的拍案而起吧。

于“一角”而窥天

沈文萱

伴着泥土与未干雨水的温润气息，我们一行人又一同在“地质之角”相遇。

我们有幸听到了张建民老师对“一亭”的别样解读。我曾在之前独自参观的活动中疑惑过亭子中心地面上的三角形是什么含义，今日才得以窥见所谓“八一”，并且发现抬头低头，里里外外都留下了相似印记，因此羞愧自己只闻其一的粗疏。我们从张老师的口中得知了亭子的前世，也接触到了对“一亭”之“一”的多样解读，它可以是天人合一、是知行合一，或是返璞归一，同样地，它也以“一亭、一亭、不一不停”的谐音，突出了清华师生追求卓越、追求一流的特点。天下只此一亭，我们站在这样一个意义非凡的亭子里，赏独特雕栋飞檐，也平添几分思考与品味的雅趣。

在对“地质之角”建构理念与目标进行简单的了解后，我们在宜人气候里、在合适的地点、在同学们的娓娓讲述里、在大家的真诚发问里、在多样信息的互换里，用手抚摸、用心感受着一块块岩石，我们又回顾了一遍高中地理知识，又惊叹了一番造物主的神器，又更为深刻地体悟了“北为天、南为地”地质之角构设中所蕴含的天人理念。我们在石的成分和构造里品着它的科学价值，在石的形与色彩中寻着它的观赏价值，在石特定种类背后的历史渊源和石与天地的相辅相成、互相成就里探索着它的人文价值。

我想，这不是“一角”，这是一方斑斓小天地，它静静地卧在学堂路旁，似乎和早高峰路上拥堵的自行车流泾渭分明，可它确确实实住在喧闹与忙碌的旁边，圈出一块独属于自己的，有潺潺跌水、有遍地青茵和珍贵岩石的地界。它不只是几块石头、几捧水，它是珍宝与智慧的结合，它向我们招着手：“快来！来看看我们吧……”我不知道，从清华园的学堂路、至善路、新民路——各种大道上逸出的小道上走下去，我还会发现多少惊喜，我期待发现更多这样的惊喜，期待自己成为一个真正的清华人。

地质之觥筹，人文之美酒

王　霞

你是否也曾步履匆匆，不愿俯身轻嗅，聆听身边细微的美好？

这次，我们跟着杨老师来到了第四教学楼后侧的地质之角。在这常常被人忽视的神秘之地，我们又一次聆听了石头与时光的交谈，感受着人文之光对心灵的浇灌。

其实当我第一次独身来到这处地质博物馆时，就已经被惊到了。沿着蜿蜒小道缓缓向前，目光所及之处是各种各样的石头：有巍然屹立者，有低伏深潜者，有的形状怪似鬼斧神工，有的颜色巧似天工泼洒，无论是哪一块石头，都有让人为之一叹的地方，更让人看不够，赏不够。有一种超然之感喷涌在我心头，我仿佛已脱离地面，飘然而至外星球，时间和空间都就此凝固。而这次跟着同学们一起欣赏这些奇石，听着大家对所选石头的介绍与了解，以前学习过的地理知识也渐渐浮现出来，我的心情因收获而欣喜满满。

然而，最让我印象深刻的还是张建民教授对地质之角的介绍与分析。通过张教授介绍，我知道了原来院子中唯一的那座亭子叫作“一亭”。这个看似简单的“一”字，实则意蕴丰富。首先，这个“一”字出自胡显章老师之手，大家之笔，精雕细琢，又传谦逊佳话；“一”又代表从一而终，追求卓越，这也正是科学研究的基本要求和境界；此外，“一”还代表天人合一，表明应尊重自然，顺应自然。只是一个小小的“一”字，竟有如此深的含义，真是不得不让人感叹！或许正如张老师讲的，地质之角的美不止在自然、在研究，更在人文，是其中蕴含的人文精神让这些自然之物撼动了我们的心田。无论是几亿年岁月沉淀在石头里的厚重，还是绿植破石而出顽强生长的坚韧，这些或许我们早已知道的人生道理，正在被这些石头重新演绎，并用另一种方式向你轻轻诉说。

地质之觥筹，人文之美酒，我愿一醉不醒，徜徉于这纯净世界。

观石亦观己

黄世云

一角，数石，赏石，自审。

一方属于地质爱好者的天地，288 块来自各地、各时的奇石在此相聚，恰如我们一行人来自五湖四海，因一堂课结缘于此，交换想法，思维碰撞。此中奇石，形状各异，源地分散在大江南北各地，就连形成时间也相差了数百万年。即使它们之间在入住这方地质之角前毫无关联，但园子落成的数十年来，它们于此无言陪伴彼此，无论是风霜雨雪，抑或是晨昏昼夜，它们都不曾缺席彼此的每一天，能有此般缘分也是难得。而我们一行人，在来到清华之前，从未出现在彼此的生命中，而且极有可能，如果没有这堂课，我们就算同在这个园子里，也未必会认识，未必会有机会或在屋内围坐或在户外游览，与清华之景、与同行的朋友结下一段奇妙的缘分。其实，无论是人与人，还是石与石之间，相遇即是一种难以言喻的缘分，这一点便是人与石头的共通之处。

在地质之角，观的不只是石，还有一座“一亭”。所谓“一亭”，既有“不到第一不停止”的追求卓越的精神，也有“始终如一”的踏实匠人精神，更有一种“知行合一”的实践精神。在清华，“行胜于言”的学风一向被教师与学生所重视，这也正是“一亭”“知行如一”意蕴与清华学风的奇妙缘分。回到审视自我身上，我不禁暗暗将自己与此亭所体现的人文精神进行对比，深感自己仍远远达不到这等境界，便不由自主地仿佛受到这亭子鼓动一般，突然就燃起了向这一座亭子看齐、向它学习的一股热情。不只是观亭，更是用心去体味这一座亭子的过程，于我们，又何尝不是一个审视自我、认识自我的过程。

于地质之角，观石，赏亭，亦是自审的一段旅行，愿我们都能在这样的自我审视之中逐步触摸到最真实的那个自我，成为自我。

石味木生

叶　静

地质之角真是个好地方，隐藏在四教后面，是一块不被惊扰的清净之地。虽名为地质之角，但却有石、有木、有水、有亭，形成了一派自然的园林之色。

人们常说石味木生。若是单独的一块块石头放在平地上，就如室内博物馆，冷冰冰的少了些和谐，而像地质之角，松树、青草、藤蔓，或伫立在石头旁，或映衬在石头周围，又或者直接攀附其上。但最为令人惊奇的，可能还是要数那棵在石头缝里长了的树。在张建民教授的叙述中，这棵由他们从小树苗开始浇灌的树，已经长了十七年，可能已经把石头击穿了，生根发芽。

这里的石和木已经结合在一起，密不可分了。我们观察一块石头，就无法忽略它旁边的木。像我所欣赏的那块石英砂岩，在它周围，是掩映了它铭牌的荒草；在它表面，是攀附了它一半身躯的藤蔓。在地质之角，虽然石头才是主角，但植物并不突兀，人们也不会责怪它们占据了这片舞台的一席之地。

我们探讨一块石头的前世今生，探讨它的成因、成分、特点、分布，看它如何经历漫长的时光变成了如今的模样，并由此领悟它的精神，学习它的品质。而它周围的木，就如同另一个注视者，但它比我们与石头们亲近，它在地质之角建立时就陪伴在石头身边，共同述说着这里无比悠远的漫长时光。

这里的自然之景就仿若人生——我们从不是单个存在，而是处在社会中，和周围形形色色的人们共生。只有所有人聚在一起，才能够称之为人类，才能一起度过无数年。

不过令我遗憾的是，这片宁静的地方确实少有人知晓。明明就在四教后面，离我们生活如此之近，却咫尺天涯。在我第一次来到这里时，有人从里面走过，但没有看身边的石头一眼。我们缺乏发现美的眼睛，抑或是精力。

从前错过的很多都无法再倒回，只希望以后的生活不会再虚废，还有很多像这样的石味木生之地等着我们去探寻。

于一方“天地”

陈颖思

细雨蒙蒙，凉风阵阵，不知为何又是雨天，来到“地质之角”的时候找了很久的路，不停在一个地方打转，最后到达目的地时，惊讶地发现，这一方小天地，就正正在五教的旁边。不禁感慨，我曾在五教上了那么多的课，竟然每次都是匆匆而过，无暇去探索寻觅这一小片秘密花园。

高中时一直很喜爱地理这门学科。也许是我的地理老师引导着我捡拾起不同的思维碎片，也许是地理奇妙的演变过程让我不住探求。地理成绩的冷暖，也并没有影响我这份热爱。毕业旅行时我如愿以偿去了云南——一片在地理习题上经常出场的“净土”。我用双眼看见了昆明的花、大理的苍山洱海、丽江的玉龙雪山、香格里拉的虎跳峡……而今天来到这片“地质之角”，看到那块龟裂状玄武岩产自云南鹤庆时，我的思绪又被带回那段无忧无虑的时光。

曾经温暖的浅海环境下，会沉积下可溶的石灰岩；火山喷发与岩浆流出，会形成松软的玄武岩；高温高压的地质作用，可以塑造坚硬的大理岩……一块岩石诉说着一段往事，一段往事象征着一段历史。这一处地质之角，这288块岩石，造就了一方“天地”，它们来自不同时期，来自五湖四海，齐聚于此，它们本身，即是一段故事与历史。

张建民教授对我们说，这里的每一块石头都是天然去雕琢的，都是原生态的。它们每一块，都是严格地按照科学价值、观赏价值和人文价值三个标准来选定的。最令他印象深刻的，是一块石头上的小树，浇了17年的水，终于在这扎稳根，茁壮生长。这种水滴石穿、绳锯木断的精神，又正是每一位做科学研究的人，需要认认真真、勤勤恳恳学习的精神。

每一块岩石，在地质学家的眼中，都是起伏变动的地质过程。我不禁也想象起来，曾被草木遮掩的它们，如何变化成如今的模样。地理不再是我的考试科目，我却对它怀有了更大的热情与憧憬。

离开地质之角，离开这一片“天地”，也许我仍需要读万卷书，也许我还要走很远很远、不止万里的路。

四　浑然天成

——景观石

导语：

清华园内有“十大景观石”：前寒武纪海底火山岩“桂韵”（西门内、清华路南）；前寒武纪海底火山岩五彩奇石“禹域瑶华”（六教北、土木水利学院前）；瘦漏皱透“太湖石”（观畴园食堂东广场）和太湖石（综合体育馆东北“世纪林”前）；独石成山“泰山石”（人文图书馆前）；蛇纹石花玉“母育子”（甲所前）；灵璧石“擎天柱”（综合体育馆南花园）；侏罗纪年石树“硅化木”（清华大学接待处前）；“牡丹石”（校医院对面牡丹园前和四教西侧牡丹园）以及“三峡石”。

站在这些高大、奇特而年代久远的石头面前，人们常常感慨万千。色彩斑斓的海底火山岩、惟妙惟肖的硅化木和顶天立地的灵璧石，让人看到地质的变迁和人类的渺小。“千疮百孔”的太湖石，让人惊叹大自然的鬼斧神工。图案丰富的花玉、牡丹石和泰山石，让人浮想联翩。这些都是景观石中的精品，在造型或纹理方面，营造了艺术与自然融合的境界。

分类与审美

所谓观赏石是自然形成的具观赏价值的石质艺术品。其成因是自然形成，但主要是地质作用所形成，诸如火山、岩浆、变质、沉积、构造、流水、冰川、岩溶作用等。它不经人为加工，或轻微加工，“清水出芙蓉，天然去雕饰”啊！观赏价值是指它要经得起玩味，经得起推敲，符合普遍的审美观。然而，最重要的是它必须是天然的。石质艺术品，是艺术百花园中的一朵鲜艳之花。

为了便于品石、便于收藏、便于交流、便于研究，赏石家们提出了各种各样的分类方案。笔者感到如下六种分类方案具可操作性。

一类是造型石。它以奇形怪状的造型为最大特色，观乎其外，求其形似。求奇乃人们一大嗜好，因而早就引起了先民们的重视，形成了较完整的中国石文化理论体系，如江苏的太湖石、安徽的灵璧石和广东的英石等，被古人传颂为“国无石不秀，斋无石不雅”之上品。

二类是图纹石。它以具有清晰、美丽的图案和纹理为第一要义。观乎其内，求其神似。石头上的图案和纹理通常是成岩时期造就的，或不同色彩的矿液浸染形成的，或是方解石脉、石英脉、各种矿脉相互穿插构成的。似人、似兽、似花、似草、似字、似景、似与不似，引人深思，发人遐想。如南京的雨花石、四川的三峡石、广西的红河石、“四川好人”的文字石等。

三类是矿物晶体石。矿物是一种地质学术语，它是在地质作用下形成的，具有相对稳定的化学成分，构成岩石或矿石基本单元的天然单质或化合物。当矿物晶体奇特、组合有趣、色泽鲜艳、融科学美与自然美于一体时，常成为赏石家青睐之物，特别受西方收藏家所宠爱，如水晶晶簇、锡石、白钨矿、辉锑矿、黄铁矿、辰砂等。

四类是古生物化石。古生物化石也是一种地质学术语，它是指在地质作用下，保存于各地史时期中，分布于不同地层内的生物遗体和遗迹。当这种遗体保存完整，遗迹清楚、别致，不但具观赏价值，还具地层学意义时，便进入大雅之堂了。如南阳的恐龙蛋、贵州龙、四川鱼化石等。

五类是纪念石，有人又称事件石。这类石头表面虽不甚美观，但与重要的自然事件、历史事件和历史名人紧密相连，具有很强的纪念意义，有醒世之功，正如“石无所谓雅，心雅则石雅”，如陨石、火山弹、地震石、郭沫若石、爱因斯坦石，还有三国时代陆绩的“康石”、宋徽宗赵佶倾其国力征集“花石纲”从而导致国破的“败国石”、米万钟耗尽财力搬运“青芝岫”致使家亡的“败家石”等。

六类是特殊石。显然，这是对一些特殊的石头暂时的分类。它是指一些具有某种特殊的物理性质和化学件质的石质艺术品，如不同方向刻划硬度不同的二硬石、敲之有音的琴石、摇之有声的响石、漂之于水的浮石、观赏角度不同引起色彩变化的变色石、嗅之有用的醒酒石等。

这样的分类仍是暂时的。类与类之间没有截然的界线，常常是你中有我，我中有你。在绝对真理的长河中只有相对真理，这就是我们的分类观。

观赏石既然是一种石质艺术品，其要义便是审美，作为观赏石爱好者应当如何认识美和欣赏美呢？作为观赏石研究者又应当怎样创造美和奉献美呢？笔者不揣浅陋，抛出引玉之砖，与石友共勉。

巴金老人说，最好的审美方法，便是无法。他这里讲的是最高审美层次，是“眼中无石，心中有石”之真谛。我想作为一般的审美层次，还是无法需有法，法无定法，再万法归宗吧！概言之，有八法。一是美在色泽。一石在手，首先映入眼帘的是色彩和光泽，通常是评价观赏石的重要标准之一。色彩有浓淡，有参差；光泽有强弱，有变换。一块雨花石七色俱全。一块欧泊观赏石，“你可看到红宝石般的火焰，紫水晶般的美癫，祖母绿般的海绿”，美哉，色泽。一块变石，日光照之，呈现翠绿，电灯照之，显紫色，阴差阳错，石之佳品。二是美在形态。既是石头，便占有三度空间，显现出立体形态，是观赏石的又一显著特征。黑格尔说：“美是形象的显现。”天划神镂的形态常常使能工巧匠自愧弗如。造型石类就是据此划分的。三是美在图纹。图指图案，纹指纹理，它有时单独出现，有时二者叠置，错落有致，图纹石类依据于此。有人又将其分为“风流人物”“动物世界”“三峡风光”“中外文字”和“抽象朦胧”等小类。四是美在质感。这主要是从人的触觉来感知观赏石之美，或粗糙、或细腻、或比重、或硬度、或弹性、或脆性等。如黄铁矿粗，雨花石细；锡石重，浮石轻；水晶硬度大，石膏硬度小；云母有弹性，冰洲石具脆性。五是美在组合。大自然，这位无与伦比的雕刻家常常将不同矿物，不同岩石有机地、和谐地、巧妙地组合成一块块“立体的画”，如雄黄、雌黄、方解石组成的晶簇，红、黄、白各领风骚，高雅脱俗。平武的一块观赏石上锡石、白钨矿、云母、绿柱石晶簇相依相伴，妙不可言。六是美在使巧。这是指好石在手，还要因势利导、恰到好处、点石成金地艺术创造，或配上不大不小、不高不矮的台座；或略微加工，烘托主题；或数石组合，有虚有实；或陈列讲究，有开有合。使巧是一门学问。“若要会使巧，功夫在石外”。只有知之越广，才会巧之又巧。七是美在命名。中国传统文化历来重视命名。一方好石，赋予雅名，立即升华，美感顿生。命名贵曲而幽，忌直而露。像猫叫猫，像狗叫狗，虽不算错，但既俗又浅，缺乏意蕴。如一石友得一纹石晶簇，形似大熊猫，加之两颗黑色锡石点缀头部，状若双眼，气韵生动，称之为“大熊猫”，倒也贴切，若命之为“国宝出山”，那就呼之欲出了。命名也是一门学问，需要文字学、音韵学、民俗学、历史学、美学以及矿物学、岩石学、古生物学多方面的知识，难怪石友叹道：“一石易得，美名难求。”八是美在意境。意境是审美主体和审美客体高度统一。只有赏石者和观赏石之间情景交融，形神兼备方构成意境；只有石格与人格互激，石性与人性对话才产生意境。这是一般人难以达到的层次，也是观赏石家们追求的最高层次。赏石家一旦步入这一境界，无论是鲜花，还是美色，无论是金钱，还是权势都成了过眼烟云。从这一方方朴素无华、坚贞高洁的石头上，品味出清心之美，体味出人生之意。大彻大悟了，回归了，回归到自然，融合了，融合到天地间。这大概是成功的石艺术家们之要诀吧！

（赖绍民：“观赏石的分类与审美”）

随笔：

石意

杨国华

造园用石，古已有之。清华，古今名园也，奇石遍地。然石之为物，何美之有也？石于学子，何意之有也？

“大地至精之气，结而为石，负土而出……虽一拳之多，而能蕴千岩之秀……圣人常曰：仁者乐山，好石乃乐山之意。”（孔传，《云林石谱》序）石意岂非广博乎？

“石令人古，水令人远，园林水石，最不可无。……一峰则泰华千寻，一勺则江湖万里。”（文震亨，《长物志·水石》）石意岂非深远乎？

“迥若千仞峰，孤危不盈尺。早晚他山来，犹带烟雨迹。”（戴叔伦，《孤石》）石意岂非孤傲乎？

“三山五岳、百洞千壑，覼缕簇缩，尽在其中。百仞一拳，千里一瞬，坐而得之。”（白居易，《太湖石记》）石意岂非适意乎？

“一片池上色，孤峰云外情。旧溪红藓在，秋水绿痕生。”（杨巨源，《秋日韦少府厅池上咏石》）“震泽生奇石，沉潜得地灵。初辞水府出，犹带龙宫腥。”（刘禹锡，《和牛相公题姑苏所寄太湖石兼寄李苏州》）石意岂非性灵乎？

以此观之，石之美意，确乎其详也！

“……地球上最古老的天然艺术品，是无声的诗、立体的画，是凝固的哲理，是无法重复的大自然杰作。……作者是宇宙、是地球、是火山、是大海、是冰川、是风、是雨、是雷、是电、是岁月、是整个自然界。”（百度百科）

以此观之，西门内之“前震旦纪闪云斜长花岗岩‘三峡石’”，主路旁之“前寒武纪海底火山岩‘桂韵’”，甲所前之“蛇纹石花玉‘母育子’”；接待处前之侏罗纪年硅化木，“古月堂”后之瘦漏皱透太湖石，人文馆侧之峰峦叠嶂泰山石；“地质一角”之怪石林立，“水木清华”之山石驳岸，“近春园”内之叠石山水，“新学堂”南之众石成列，“北院”遗址之山石环绕，皆有其广博、深远、孤傲、适意、性灵之意也！“清华学子，荟中西之鸿儒，集四方之俊秀。”（梁启超，《君子》）得天地之精华，何其幸也！

悟石德而养性，通石理而修身

贾自立

不知不觉，我来到北京已经将近两个月了。在清华的这五十多天的时间里，我像高中时一样，重复着三点一线的枯燥生活，未曾对清华中的一草一木产生兴趣。但是，之前几天在清华园中的游览，却稍稍改变了我的态度，无奈那天另有他事，早早离开，未能遍观全部的奇石，遂另寻一个阳光明媚的早晨，开始了那些石头的探寻之旅。

若要问我对哪一块石头的感触最深，那我一定会回答是文图前的“泰山石”。介绍上面说，这是一块“独石成山”的奇石，我起初对这种说法并不是相当信服，但是在我看到了它的真容之后，我不得不为之喟叹。那表面曲折的纹路，那一个个突出的锐角，那上面的条条裂纹，让我产生了一种错觉。我面前的并不是一块普通的石头，而是一座真实存在的高山，傲然挺立在尘世之中。

一石虽小，亦可为山。一个人同样也是渺小的，但也完全可以成大事。这样的人生道理，居然由这样一块石头告诉了我，不由得令我开始反思——过去的十几年时间里，我是否错过了大量由大自然给予我的人生道理？倘若是的话，那我这过去的数十年岁月，岂不是遗憾颇多？我沉默了。

这块泰山石，坐落于文图的门外，紧紧地靠着人流量巨大的学堂路。它就像是一堵墙，将里面宁静的图书馆和外面喧闹的马路分割成了两块，将世间少有的宁静，保护在了自己的身后。想到这个的瞬间，我就感觉这块石头变得亲切和蔼了起来，它就像是一位白发苍苍的智者，保护着所有向往学习的青年。我想，进行景观设计的人，也是想让这块石头守护这片宁静，才会把这块“独石成山”的奇石放在这里的吧？

告别了这块石头，我又一一拜访了清华园中其他“不动的居民”。有人说，岩石是地球的历史书，我很认同这种说法。每一块石头都见证了自然和社会的变化，每一块石头都经历了风沙和雨水的冲刷。即使是路边一块普通的碎石，也都有着属于自己的故事书。但是，尽管它们中的每一个都见多识广，但是它们都不屑于去炫耀那些陈年往事，只会将那些属于过去的化石埋在自己的身体里，直到自己破碎的时候，才为人们所知晓。或许，我也应该学习一下这些石头们的精神了……

石头尚且可以告诉人们无尽的道理，那么，包容了广大岩石在内的大自然，或许可以告诉我更多的道理。我也应该试着多在自然之中走一走了，或许，我就可以发现那些过去从来没有发现的宝贵启示……

观石冶性

李子毅

引用《观赏石的分类与审美》里的一句话：观赏石，采天地之灵气，吸日月之精华，含人间之真情，集艺术之大成，奉天承运！清华园里的景观石，于水益清，与木盛华，是谓清华。“石配木更华，木配石更坚。”山水木石之间，清华的文化气息浸润着其中的每一个人。

甲所旁的蛇纹石花玉“母育子”石是我们探访清华奇石的第一站。观之，或见母怀子于手臂之中，或见子立于母股上。一言以蔽之，各有所见。观此石于四方，见天使，见世界地图，见大河大坝。总之，纹路繁杂，在繁复中又有一种流连之美。色泽淡雅，触感清凉平滑，内蕴金石，是可谓奇石。不由想起《三峡》：“自三峡七百里中，两岸连山，略无阙处。自非亭午夜分，不见曦月。”

观畴园的东侧，“太湖石”初见起来造型怪异，并没有给我一种美的感觉，后来才觉其体现了“瘦”“皱”“透”和“漏”的美感。在明亮的阳光照射下，石的内部层次分明，远观明暗突出，充满了空间感，与甲所旁边的石头不是同一种风格。相比于“母育子”的清秀，它更有一种沧桑的感觉，像一个立于泰山上的老者，俯瞰天下与人生。时光磨砺了它的肌肤，却更有一种阅尽世事的成熟。

余骑车寻石，路上精彩纷呈。世纪林前的太湖石似野猪，同样也是“瘦”“皱”“透”和“漏”的审美复合体。综体南面的灵璧石“擎天柱”在阳光下愈显其高大。前寒武纪海底火山岩五彩奇石“禹域瑶华”坐落在第六教学楼的后面，展现着海底的多姿风采。同样的，前寒武纪海底火山岩“桂韵”，也有着多孔的外形，透黄的体色。三峡石质感粗糙，展示着祖国水利工程的宏伟。牡丹石别有一种园林的幽香。史前的侏罗纪年石树“硅化木”，看似树木实则坚如磐石，摸起来感觉到一股来自遥远的气息。

地质之角无疑是探索之旅的亮光。在每天经过的小角落里，有这样一个大千世界，荟萃举国之精华。这里的景观石，仿佛带着我来到了全国各地，感受大好河山。在一些石上有着名言警句，给观石者们以精神启迪。忽然感觉到古人为什么那么喜欢观石赏石玩石了：观石冶性。

观石给人以灵魂上的美觉。在我们生活的园子里有着很多的美好，值得我们去发现去探索。

石不能言最可人

王艺如

今年暑期，游了拙政园，入了狮子林，上了虎丘，现在想想，却有点后悔，有点惭愧。我常说，山水有情，可在那几日的游玩中，却只是漫不经心地走了一圈，因为天气甚是炎热，赏山赏水的兴致实在无法提高起来，这就好比她们用山水泉石向我这个远道而来的客人讲诉着她们的百年故事，而我却终究没能领会故事里蕴含的厚情。我辜负了那园子，那石林，那山丘。

幸而一个月后我又来到了另一个园子——清华园，此时的我正在这个园子里写着关于我和她的故事。人们常说，水木清华，可清华园既为园子，又怎能缺了石头。昨日，我跟随着杨老师骑着单车探访了园子内的两块名石，一块是位于甲所门前的蛇纹石花玉“母育子”，另一块则是位于观畴园东广场的“太湖石”。真是一石多解，不同个体有不同的解，不同时间又有不同的解，其解全看观者观赏时的心境。我想，鉴赏结果与感受是没有对错优劣之分的，倘若我看到的与他人都不同，这不也别具一番趣味吗？

蛇纹石花玉“母育子”位于甲所前的小草坪中，这是一块椭圆形的玉石，因石头正面有“母育子”图案而得名。石头的旁边有一棵树，秋日的阳光透过树干，映射下来，在石头上形成深深浅浅斑驳的影子。一阵风吹过，影子们就开始舞动，动态的美为厚重的石头增添了许多活力生机。如果你在此时正站在那块石头面前，注视着它，看着表面的“母育子”图纹，我想你的内心一定不可能毫无波澜。其一，我们不得不佩服大自然的鬼斧神工，恰不经意又似有意，便绘就了一幅饱含情义的画面；其二，清华建校百年，培养了一批批国家栋梁，这不恰如图案中的母亲吗？孕育着一代又一代投身于中国这 960 多万平方千米土地建设的人啊！

如果说草木是活着的故事，那么石头便是沉默着的历史。清华园里有“一棵石树”，远看就像是几个树桩，树皮的纹路清晰可见，可走近触摸，却是石头的质感。这几棵石树名为硅化石，自侏罗纪年起存在了近两亿年，它看遍春去秋来朝代更替，它无言，只是默默地将这些记下来，等待着后人去重启这份历史。曾看过一句话：石头会说话。对此我一直深信不疑，站在这几棵石树面前，我仿佛感受到了时间光影在回放，它用它上亿年的岁月教导我沉淀，静默。

清华园里的石头有很多很多，大大小小，各色各状。无论是景观石还是角落里不起眼的石块，它们都是这个园子里独特的存在。我可能并不擅长如何从形、色上去评断一块石头的好坏，但我清楚，每一块石头的存在都有意义。园子很大，石头无言，它们在等着被我们发现。

与奇石的相遇相知

凌　睿

来到清华这个园子已有一个多月之久，但与这园子内的奇石相遇相知，却是在最近的几天。以前骑车飞奔过大大小小的教学楼，在绿树荫下匆匆穿过，从未注意园子里竟有这么多历史悠久的景观石。终于有一天，我走近这些景观石。我用眼睛仔细观察它们的纹理，脑海中进行着海阔天空般的奇思妙想，我用双手认真感受它们的质地，一种平静悠扬的感觉在心头荡漾。这些形状大小各具特色的景观石，真是清华园里爱石人的天堂！

坐落在牡丹园中的牡丹石是一块穿着漂亮花衣裳的石头。它本身是灰黑色的，上面盛开着一朵又一朵白色的牡丹花，虽然石头上的牡丹数量不凡，但她们的姿态却各不相同，有的含苞待放，有的极力盛开，有的落落大方，有的含羞掩笑。虽然今日已是深秋，但这块石头，不禁让人期待起来年的春天，不知这石头上的花与真的牡丹哪一个更吸引人们的眼球呢？与这块秀美的石头截然不同的便是三峡石了。三峡石整体呈细条形，颜色深浅不一，表面有许多坑坑洼洼的地方，乍一看并不那么美。但当你再细细观察，便可发现三峡石的身上有着流水冲刷过的痕迹。我开始肆无忌惮地想象着这块石头沉睡于水下的过往，它到底经历了多少无边的黑暗和孤独，才得以重见天日，获得新生呢？三峡石的美，美在它深沉的过往。

让我感受最最深刻的景观石，是甲所前的蛇纹石花玉“母育子”。这是一块充满故事与图景的石头。每一个人在这块石头面前都可能看到不一样的“母育子”图纹，可见人们的思维与想象力是多么无边无际。最神奇的是，绕着这块石头走一圈，在每个角度，你几乎都能看到一幅饶有趣味的图画，当真有趣！

此外，清华园中还有火山岩“桂韵”、形态漂亮的太湖石等许多值得慢慢欣赏品味的景观石。这些形形色色的石头，带着它们的种种过往来到清华园，等待着有缘人来书写他们新的历史。而这个有缘人，是你，是我，是清华里的每一个人。

寻赏奇石之旅

肖　杭

来到清华园已经一年多了，上课的路上路过某个小小的风景，最多也是瞥过一眼，就匆匆而过。仔细想来对我们这个园子也并没有多么熟悉，我相信选修这门课之前，我，甚至是更多我的同学，都不知道我们到底错过了多少美好的角落。而现在骑着车去探寻这一块块奇石，惬意，又让我感到新奇。

平日里我们更多的是看到精雕细琢后的雕像石，赞叹作者的技艺，思考其内涵。而面对一块天然形成的石时，大概只能发出一声惊叹，最多也就止于惊叹它形状奇特，剩下便也再说不出来什么了。

观赏这些石头，万法归宗，有八法：一美在色泽；二美在形态；三美在图纹；四美在质感；五美在组合；六美在使巧；七美在命名；八美在意境。在我看来这一美到四美，对这些奇石来说都是天然形成之“美”，自然之鬼斧神工，我们无得挑剔，形态图纹生于自然长于自然，独一无二又各自生趣，引人入遐想，让人如何不喜爱；而组合、命名、意境更需要人们运用自己的审美来思考了。不同的石头该放置何处，相似的石头如何摆放，周围应该有什么景儿来映衬，都需要考量吧。

我想了想这些石头的放置，也有了自己的一点点想法：

体育馆门前的灵璧石“擎天柱”，前方是一片空旷的广场，后面有一片小树林，四周的建筑物都相隔甚远，可远观也可走近了细细端瞧，甚至石头正后方的树木相较两侧要矮得多。我不知道这是不是有意为之，但在这一片空旷和矮木之前，更能显现出这奇石“一柱擎天”的气势了。

荷塘侧面牡丹花园里，牡丹石端端正正摆放其间，我相信这就是有意为之了。石头上的斑斑点点最与牡丹相像，牡丹盛开时节与之相映成趣。秋风萧瑟，对面池塘正是残荷听雨声的时节，寂寥的荷塘令人倍感萧瑟，不妨回头看看牡丹石，哪里不是牡丹花儿在争奇斗艳呢？

前震旦纪闪云斜长花岗岩“三峡石”也背靠一片小树林摆放。不同于“擎天柱”，整组三峡石横躺在小石头铺成的地面上，碎石和整块的“三峡石”比较，更显三峡石之大气。后面的树干与横躺的三峡石垂直，纵横交错，好不和谐！远处的树木郁郁葱葱，三峡石似山横卧，在人心里也还原了三峡风景之美。

其实不论哪一块石头，都和环境组成了一幅有意趣的小景儿，妙趣横生，观赏这些石头不仅仅是单看“一块石头”，更是看到我的校园里的小美好。

奇石之美，美不胜收

齐志超

骑车在园子里找“石头”对我来说确实是一次前所未有的体验了。这次体验最大的感触就是：哇！原来我每天生活的园子还有这么多不为我所知道的别致景物。

所谓景观石有“八美”：一美在色泽、二美在形态、三美在图纹、四美在质感、五美在组合、六美在使巧、七美在命名、八美在意境。在这次的景观石探寻过程中，我亲身体验到了这八种美的形态。

杨老师带着我们参观了“母育子”和瘦漏皱透的“太湖石”。“母育子”让我第一次认识到了大自然的鬼斧神工。最美的事物一定是自然创造的，生活在人类社会中的我们每天接触的多为人类创造的东西，难得回归自然，所以感受到了震撼。“母育子”美在色泽丰富艳丽，美在图纹优美且有内涵，美在玉的质感，美在其生动的命名，也美在其母育子的意境，确实不虚一行。太湖石的特点是“瘦漏皱透”，在这块石头上全都体现无遗。我觉得它美在形态，像钢笔的笔尖，放置在文化氛围浓郁的清华园里再适合不过了。

除此之外，我最喜爱的是独石成山“泰山石”。当我第一眼见到它的时候，就被它深深地震撼了。远处望去，果真石如其名，就像巍峨的泰山。就算没去过泰山领略真容的我，也能从这块泰山石中领略到泰山宏伟的气势。一块石头能有如此气势，未免太过难得了一些。我觉得景观石的“八美”在这块泰山石中都能得到体现，这也正是我被其折服的原因了。

这次寻石之旅让我收获到了对园子的进一步认知，更多的是收获到了来自大自然的美与震撼。当石头也拥有生命的时候，更能让人领略到生命的美妙。

时间长河中的自然之作

史若松

眨眼间我已经入学一个多月了，可对清华园依然不是很熟悉，尚还停留在除了平时上课的教学楼之外去其他地方都还需要开导航的程度，更不必说其中的奇石等风物了。

所幸，我选上了清华学这一小班课。仅仅第一节课，它便带着我去领悟了清华园中景观石之美。既有图纹石“母育子”，图案丰富，引人遐思；又有造型石“太湖石”，瘦漏皱透，别具美感。同学讨论拓展了我对奇石的认识，老师总结加深了我对奇石的理解。亦有课后寻石拍照的作业，不仅让我对景观石有了更深入的了解，也让我进一步熟悉了清华园。

自然之大，无奇不有。竟有奇石能遍布牡丹花纹，或含苞待放，或花团锦簇，图案清晰，花姿百态，妙趣天成，被称为牡丹石。清华园中便有两块，我走近它静静欣赏，感慨着自然的神奇伟力。黑石生白花，白花映黑石，黑白相间，相映成趣。

又有侏罗纪年石树“硅化木”，似木非木，坚如磐石，为木之化石，沉眠地下亿年，将木质结构以硅替代，得为如今石树。面对它，我感到一种跨越时代的沧桑，一种扑面而来的不朽的气息，一种面对时间长河油然而生的渺小与无助……

还有前震旦纪闪云斜长花岗岩“三峡石”，前寒武纪海底火山岩“桂韵”……

一块块景观石不仅仅是风景，更是一部部传世的史书，一场场净化心灵的洗礼……

探访清华奇石

杨自豪

正如“清芬挺秀”所言，清华园里风景优美，历史悠久，有着丰富的自然景观和深厚的人文底蕴。这个园子里的一花一草、一石一木都带着这个园子里特有的气息与独特的意义。作为构成园子独特风景的一部分，景观石也以它的美丽吸引着许许多多的人。

在课上，杨老师带我们欣赏了“母育子”蛇纹石花玉。“母育子”美在图纹，它以其正面的母育子图案而得名，母对子的教诲也象征着清华学府对我们这些懵懂无知的学子的谆谆教诲：今天，母为子操劳；明日，子必定会为母增辉。欣赏完母育子后，我们便来到了观畴园前面广场上的“太湖石”。“太湖石”不像“母育子”一般有着精致的图纹与色彩，“太湖石”以奇形怪状的造型为特点，“丑”即其最大的特点，但就如刘熙载所说，“怪石以丑为美，丑到极处，便是美到极处”。“太湖石”的丑即是它的雄奇瑰丽，透、瘦、漏、皱等形体之美集于一石，可谓妙不可言。

在探访清华奇石的过程中，最让我印象深刻的便是位于六教后的牡丹石。数以万计的牡丹印于牡丹石上，虽有万朵，但形状不一，争奇斗艳，竞相开放，似与天公作美，与日月争辉，这些石上的牡丹为原本死寂的石头带来生机，也成为清华园中一道靓丽的风景。

清华园很大，大到不可能一时间看到所有的风景，她又很小，小到你每走一步就会看到别样的风景。我很幸运能够来到清华园，成为园子里的一员，我也希望在未来的日子里，我能够更深入地探索清华园，在探索中不断了解清华园，发现清华园的美丽，这将会成为我一生中最难忘的记忆。

清华记忆

张云泽

我在很小的时候就发现，我对纯自然的美提不起一点兴趣，我只喜欢人类的实践。壶口大瀑布的激荡无法让我心生波澜，长江三峡的水电站却能令我震撼；我并不喜欢奇伟瑰怪的山峦，却喜欢层层递进的梯田；相比于风吹草低的大草甸，我还是更倾心于麦浪滚滚的大平原。

对于今天的两块景观石，平心而论，我真的没有一点感觉。对于这种纯自然的景观，我无法产生任何与“喜欢”或“讨厌”相关的情绪。但是今天的课程，一定程度上对我有所改变。

我开始意识到，纯自然的事物与人类的造物之间，并非严格地泾渭分明。“母育子”虽然是天然玉石，图纹完全随机，但经过我们的热烈讨论，经过我们思维上的二次创造，我再次见到“母育子”石的图片时，会非常清晰地想到同学们对图纹的几种理解，想到自己在这块玉石上寻找——某种意义上甚至可以说是“创作”——母子图样时的情景。太湖石也是一样。一块被流水侵蚀了的石灰石只能让我想起一串的化学方程式，但是一块被赋予了“瘦漏皱透”属性的、与中国古典园林含蓄内核相符的、具有中国四大玩石之名的、承载了清华学课程记忆的奇石，却足以让我想起很多很多东西。

我想到了牡丹园里的那块牡丹石。在给十大景观石拍照的时候，我走遍牡丹园，怎么也找不到牡丹石的踪迹。后来我问了园子里的一位花农，他热情地为我指了方向，我还与他聊了几句。所以当我终于找到牡丹石，拍下照片的时候，我的心是暖的，那块牡丹石我也观察得格外仔细。

我想，或许正如我在课上提到的那个实验一样，审美活动从来就不是单纯的。我们所喜欢的可能不是事物本身，而是事物背后的记忆。纯自然的景观无法让我联想起任何东西，所以我无感；可一旦我拥有了某段与这处景观相联系的记忆，它就会变得格外可亲。

事实上，我一直在思考，我们这门清华学课程的目的是什么。上节课，我认为我们是在探索清华的“密室”，学习清华的知识；这次课后，我觉得，知识是次要的，我们实际上是在制造记忆，制造与清华各个角落有关的记忆。这些记忆会让我们更爱清华，会让我们更具“清华人”的归属感。

奇石小记

张鹤龄

是日，闲居于家，忽有客来访，与余相谈甚欢焉。从容之间，客问于余：“闻清华有奇石十，确有之乎？”余曰：“有之。然于此十石之中，尤为殊观者有二；请为君详述之。”

“其一曰‘母育子’，乃岫岩蛇纹之玉焉。以其文似母之育子，遂得其名；然则其文成五采，变幻无常，又不可以一言蔽之。观其似云，则云雾叆叇；观其似波，则万流入海；观其似画，则有湍水悬泉，巉岩峻峰，如《三峡》文中之意境，令人目眩神迷者矣。余与观者十数人各有所言，然终不能详其美。”

客曰：“是亦自然。造化之美，岂可穷尽？于此石，或因天地之工，成其文采；或因草木相映，各彰其形；或因君将己之审美赋予其上，君之所美者，恐非此石耳。”

余答曰：“君言极是。世间之人，趣舍万殊；故美之缘起，非独格物所能致也。虽然，请述其二，以明诸石之别。”

“其二曰太湖石，其形秀丽，其状诡谲，其色澄明，其韵灵动，极于造化之神秀，钟乎山水之巧工。是集所谓‘瘦、皱、漏、透’于一石，而古之贵者莫不好之。余得见此石，亦欢甚；然余亦有惑焉，因有见此奇观而无所感者。”

客曰：“有何惑焉！子亦曾言趣舍万殊，静躁不同；是以子之所好，或为他者所恶焉。譬如英法之园林，不知以石装饰为何物，子之所好，亦子一人之见也。至于此太湖之石，美于何处，依余愚见，唯求之古籍，索之坟典，然后有一二解而已。虽然，闲情之趣，在山水之间，又何必孜孜求解？子瞻曾以闲人自居，今子与余共为闲人，可择日遍访十石也。”

余喜而笑，洗盏更酌。是日，极欢而散。

午阳微微暖，石趣盈盈然

王　霞

天空湛蓝，云舒云卷，暖暖的阳光温柔地倾下身子，午后的清华园，处处浸润着幽静与倦意。今天，我们在杨老师的带领下深入清华园，寻石赏石，细细咀嚼着别样的石趣。

我们首先参观的是位于甲所前的“母育子”石。这块玉石得于清华大学百年华诞之际，石身光滑如镜，通体透亮，从正面看，深色石身上的两处图案恰如一母在教育其子，正应清华大学立德树人之意，妙不可言。走近细看，只见一道道极其精致的色彩在眼里晕开：其黑似暗夜凝漆，其青似碧空在上，其绿似幽谷树影，其白似牛乳静流，其金则如星光攒动，细撒于漆盘之上——这是怎样一幅绝景的图画！我感觉在我面前的仿佛不再是石头，而是大千世界、芸芸众生；我时而翱翔于云巅，时而深潜于潭底，又时而翻山越岭，于树浓草深处觅得一座孤村。我仿佛也不是我了，我是树，是草，是高高的天空，是一块不起眼的石头。我仿佛看到了岁月的大笔仔细勾画的痕迹，听到了历史的泥沙悄悄堆积的声音。而这一切，又都在这块石头里静静沉淀下来，变成了沉默，化作了不语。石头当然不言不语，它们只是静静地立在那里，要你仔细品味，要你思绪翻飞，它们藏着石趣，要你自己去发现。想到这一点，我心中的愉悦不禁加上了一丝厚重感。原来人生的哲理，靠一块石头便能找到。

参观完母育子石，我们又骑车来到了综合体育馆东北“世纪林”前的被称为“四大奇石”之一的太湖石前。太湖石跟之前的母育子石是两种完全不同的风格，其最大的特点就是“皱、漏、瘦、透”。远远观之，只见其表面崎岖不平，孔圆枝细，极具现代主义的立体层次之美，又展现着中国园林的曲径通幽之趣。正如一位同学说的，太湖石之美贵在“奇”。确实，世间的美有许多种，没有人规定唯平滑为美，而曲折则为丑。古人尚追求“奇伟瑰怪”，奇又何尝不是美的另一种境界？所幸这个世界是包容的，让我们不必顽固地追逐某种单一的美。接纳自己，做好自己，成就自己的美，我想这是我从太湖石身上得到的最大的启示。

一个半小时的课很快就结束了，但久久地，我都沉浸在一种震撼之中：原来从前一直被忽视的石头，也有如此别具一格之美，也能这般动人心魄！或许有些东西一直都在那儿，只是需要我们去发现，去思考，因为匆匆的脚步只会踩乱身边细微的美感。

一石一世界。青树翠蔓，飞沙走石，时光静静流淌，芸芸众生奔走在历史的间隙。

赏美石，悟人生

沈文萱

今天是个好天气，我们与清风和阳光做伴，相聚在甲所前的蛇纹石花玉“母育子”旁。绕着圈儿地细看这块硕大浑圆的玉石，说出自己对它“母育子”图像的理解，也以独特的视角，选择自己最喜欢的部分，用相机将画面定格。

这块浑圆大石，用它和谐的色调和温润的体态给了我奇异安定的感觉，我伸手去触它，手之所及是与先前设想无二致的温凉光滑，我知道它就该如此。它静静伫立在那里，行色匆匆的人们目光不曾投向它，阳光和雨露也只是照常飘散而并不偏爱它，它静默无言却又向我们传递了太多信息。“母育子”石不单载着辽宁省人民对百年清华的祝贺，更蕴含着有关人伦厚德的至善真理。我想，我们欣赏这样一块石头并觉得它很美，并不只出于对它外形、体态的钟情，也带着对它本身所代表的意义的尊崇与珍重。这不禁让我想到，人欣赏石如此，那么人欣赏人也是如此。

在分享自己喜欢的视角图像时，每一个同学都有自己的想法与解释。我沉溺在大家的“荷”“万流入海”“激流勇进”与“提笔泼墨”的描述里，顺着大家的思路去揭开思维迷纱、勾勒新世界，这感觉太奇妙，是一种于心底惊叹的畅快淋漓。只能说，感谢我们经历的迥然，感谢我们思维的不同，所以我们思辨，我们碰撞，我们拥抱多样。

旅程的第二站是观畴园的太湖石。它瘦、皱、透、漏，很受几位同学的喜爱，我想可能是带着力量的美感与太湖石背后深厚的历史人文底蕴打动了他们吧，但我实在是俗气地欣赏不来，各有所好便不再为难自己。或有冒犯，我与伙伴打趣这块石像一块骨质疏松的骨头，警醒大家要健康生活、争取为祖国健康工作五十年。

我渐渐深深觉得：每一块石头都是不普通的，它们背后可以深究的意义实在非凡。今日的观石行动已不仅是简单地对奇石行注目礼，也是一趟对清华园以及对自己认识更深刻的难忘旅程。不一样的视角决定不一样的缤纷，愿我能解锁更多视角，努力成为一颗平平无奇但也含金量高一点的小石头，在阳光的照射下发发光，也轻轻叩动你的心门。

身在此山中，方得多面观

周令惟

“横看成岭侧成峰，远近高低各不同”这句从小就背住了的诗句在今天从理论变成了实践。

当站在甲所前的“母育子”蛇纹石花玉前，我深刻体会到了大自然造物的张力。不论是正面看的母与子之图的母子之辩还是背面无序花纹的脑洞大开，都让我体会到了名字不能定义景观本身，造物者的奇伟瑰怪往往会给人更多的联想。是三峡的两岸连山，绝巘怪柏，还是林中精灵穿梭，奇幻绮丽，或是山体岩石的植被掩映？这原本一块偶然形成的岩石让想象力的飞扬得到了发展的空间。在领略自然造物的鬼斧神工之时，也惊喜于现在大学生想象与鉴赏的多元丰富。

观畴园的太湖石与“母育子”的圆润平滑形成鲜明的对比。其孔状尖锐的外形无一不透露着它“瘦、漏、皱、透”的突出特点。我十分同意的观点是网上所总结的“丑、绝”。丑在其外形的不圆满、不光滑，漏洞满出。绝在其外形独一无二，见之不忘，在奇特造型中也见证了时间的流逝与岁月的打磨。太湖石别具一格的外形难以用“丑”或者“美”来直接定义。在自然之中，存在即合理。这样的奇观让人不仅为自然的力量而感叹，也为时光的镌刻而惊讶。

从前我一直认为美与丑是泾渭分明的。但是在这节课中，我了解了审美不是一件非黑即白的事。一百个读者一百个哈姆雷特。美是没有标准范式的，丑也不是一无是处的。在审美中保持自我，不囿于名字的定义，不困于大众设定的所谓标准，在领略大自然的美时保持一份自我的独有见解，若不身在此山中，怎得庐山多面目？

实话“石”说

李曙瑶

关于石头，我之前有哪些印象？可以是幼时读的童话里奇迹般不会在12点后消失的制鞋的水晶，是高中地理课本里熔岩永无休止地循环更替，是拍卖行珠宝店里陈列的不菲的钻石珠宝，是轰鸣的建筑工地里最常见的碎石堆，是远古智人创造的打磨工具，是现代金融市场里用以保值的金条，是中国西南喀斯特地貌石林溶洞，是大西洋东岸孤独耸立的千尺绝壁，是《红楼梦》里有着千丝万缕的前世因缘的通灵宝玉，是复活节岛充满疑团的沉默的石像群……

石本由各种无机单质或矿物质构成，然这不同矿物的排列组合却演变出一段颇不平淡的历史。天上的陨石记录宇宙的信息，地质的变迁书写万象的传奇，化石的积淀保留演变的秘密，园林的艺术表达独特的美感，建筑的应用体现实际的效益，传家的宝贝延续代际的故事……石头其实会说话，极力挖掘，在当中搜得一小块边角料便值得消磨一段生命。而我用一个下午，也听到了几句来自清华奇石的低语。

其一：美在似与不似之间。蛇纹石花纹抽象扭曲，色块斑驳复杂，冠之以子母石之名，激发观者想象力去辨认。试想，若其图案一目了然，清晰无比，这与电子打印的粘贴画有什么区别，全无灵气。又或，其图案竟无一丁点相像之处，则又何必起名若此，白费功夫。正是在观察细节、对比思考、直觉体认的过程中我们提升了对此石的了解，拉近了物与人、石与我的距离，这短短时间里发生的让石头不再只是客观的质料，还附带了主观的感受，而这，使审美发生可能。

其二：入得其中，超乎其外。在看太湖石时，粗看像一块巨大的橘红色不规则海绵，表面布满大小不一的洞孔，也有同学戏言如一块骨质疏松的断骨。并且其结构与色泽处处相似，无甚趣味。然而受同学启发，太湖石的奇特正因是三维的立体空间，我便转换思维进入微观，在想象中把自己缩成一个小人，走进石头的洞孔里。这些洞孔有的大有的小，有的相连有的不相连，漫步其中，洞洞有奇观，处处有特点，好像是在探险，便真得几分沈复私拟夏蚊作群鹤舞空的物外之趣的真味了。重又回到整体，从宏观审视时，好像突然有了一种新的感受。如果每一个不同的洞穴都住着一个小居民，他们在这生活，可以随时串门，甚至组成一个有序的小社区并有着独立的运行系统，那会是多么有意思的情景。在宏观和微观的思维中跳跃切换，就会获得别样的视角。

感谢这些看似不言不语的石头，它们又重新冲刷焕新了我，重新打磨塑造了我。

石趣，拾趣

陈颖思

让我未曾想到的是，这次课程的有趣之处在“母育子”玉石前才刚掀开它的冰山一角。面对着花纹纷杂的玉石，寻找母与子，组合之多让人大开眼界；寻找最美的一角，角度之美，让人流连忘返。一千个人有一千个哈姆雷特，每个在场的同学收获的是与其他同学的思想交融中产生的美好与想象。荷花、万流入海、飞舞的精灵……我被这些奇特的、梦幻的想象触动，更思考着“美究竟是我们赋予其意义才美还是它自然就呈现的美”这样深刻的人文问题。美可以被定义吗？我们寻求的自然美是这圆润玉石上呈现的美吗？给这块玉石“祛魅”之后，它还存在着我们所说的美吗？这些问题的答案，也许需要我从大量的阅读思考中，才能窥得一二吧。

离开母育子，我们骑着自行车前往观畴园旁，观看下一块奇石——太湖石。见到太湖石的第一眼我就已喜欢上它。不为别的，就为石头本身透露出的曲折宛转的美，后来在百度百科上我才真正了解到专业的术语叫“皱、漏、瘦、透”，这与中式园林表达出的曲径通幽之美又何其相似。我想起高中时学习的一篇文言文——《石钟山记》。苏轼写有种石头在河中受水流的冲击发出钟声般清脆的声音，且“有大石当中流，可坐百人，空中而多窍”，与眼前的太湖石又何其相像。太湖石应用于园林规划，可谓是相得益彰。

课程结束，寻找的趣味却远没有结束。我仍在好奇其他石头背后的故事，仍在希望拾起更多思想的珍珠，让石头脱离石头本身，成为故事。

石中窥天地，美自心中来

冯　翔

奇石谓奇，或质地精良，或色泽夺目，或形态奇特。冠以奇之名，皆起于人之审美体验。观石、探石加之以自己的想象，平平无奇的石头早已焕发出神秘的色彩，我们或许可从中窥得天地万象，感悟自然之美。

“母育子”——产于中国玉都岫岩的蛇纹石花玉，奇特的图案引人遐思。起名为“母育子”，唤起我们心中最温暖的情感。但在众人眼中，这块奇石表面却幻化出无数独一无二、引人入胜的联想，或峡谷，或溪涧，或精灵，或舞者。虽俯仰之间，图案变幻多姿，但各美其美，美美与共。视角千差万别，思维多种多样，并不阻碍我们对美共同的感知。“美通于真，达于善”，“美育，人类心智的启蒙，情怀的颐养，人类精神生活的文明标志”——清华大学重视美育，时时处处为我们提供美的感知，有幸得见奇石，呼吸美的气息。

“太湖石”——别具一格的假山石矗立于此，“瘦、皱、漏、透”恰到好处地描绘出“太湖石”夺人眼球的独特外形。有君子的风骨，淡然伫立，清癯傲然；有曲折的躯干，生动自然，趣味盎然；有空灵的石洞，留有想象，韵味无穷；有斑斓的色彩，玲珑剔透，光泽温润。有人言之美极，有人言之丑极，而毫无疑问，“太湖石”奇特的形象给人以极大的视觉冲击力，已深深地印刻在每个人的心底。透过这座奇石，我们看到石沙堆积，形成巨厚的岩石层；我们看到水流激荡，为它塑造了如此神俊的体态；我们看到时光流逝，在它表面留下了沧桑厚重的痕迹。纵横交错、或浅或深的凹槽，缓缓流淌出奇石的千年经历，我们在观赏中想象它的过往，不仅收获了美的体验，更感受到自然造物的神奇与伟大。

石在自然中沐浴阳光，吮吸雨露，细嗅花香，生长出繁复的纹路，奇特的外形。在观赏途中，心底最单纯的、最原始的对于美的向往油然而生。静下心来沉思感悟，我们在不经意间收获快生活里一抹温暖，忙碌的心变得充实而快乐。

奇石远观，韵味无穷；奇石近观，别有一番趣味。石中窥天地，可见天地之远，人生辽阔。

十石，拾实

黄世云

一趟寻石之旅，亦是一趟求实之旅。

来到清华已近半月，一直挣扎在各种课业活动安排之间，从未有一个能真正静下心来欣赏这个园子的机会。建筑设计、园林角落都只是在赶往各种上课地点或者参加各种活动时匆匆瞥一眼便略过了，而这一趟寻找“清华十大景观石”的小旅行便给了我一个难能可贵的机会，让我能在水木清华的怀里肆意游一番。

寻找石头的过程中，我最深的感触就是，终于有一种自己融入了清华、成为了真正的清华人的感觉。在此之前，我的清华记忆就是压力跟焦虑交织的一张网，将我蒙得透不过气来，自然也很难说找到这个园子能给我带来的一些乐趣。但那天看着地图，不慌不忙，悠然骑着车在园子里转悠时，我突然就感觉到了一种久违的踏实。即使依旧是跟着导航走错路，甚至被导航带到了一片工地，我也丝毫不觉得心急。像个幼童探知新世界一样，路边开得正好的一丛花，或优雅或憨憨的几只停在路边的鸟儿，甚至是一棵我看起来奇奇怪怪的普通白皮松，都能让我为之驻足，为之欣喜或好奇。在我看来，清华的美绝不只有二校门、水木清华这些标志性的清华景物，园子更有另一种能让每一个身处其中的学子感受到踏实的归属感的独特魅力，我愿意将之称为清华园的生命力，只有这种独属于清华人能触摸到的美，才能真正称为清华美。这一趟寻石，也真正让我寻到了“实”。

寻石后，便是赏石。恰如前人所说“一千个人眼中有一千个哈姆雷特”，其实我们眼前的石头又何尝不是哈姆雷特呢？一个母育子的纹图便在同学们思维的碰撞之间擦出了好几个版本，但若要真正追问哪一个才是正确答案，我想这世间都无人敢对此打包票。不只是对纹图的解读，更有对石头之美的欣赏角度，爱厌喜憎在我们这一行人里也有着或大或小的差异。但恰恰是这种差异，带来了认识的多元化，能让我感到一种切实的思维上的充实，摆脱个人格局的单薄。也许在我眼里，“母育子”的图纹石最吸引人之处在于色泽纹理的协调，但也有同学偏爱于它局部上某个区域或“百川入海”或“绿荷亭亭”的相对微观视角；也许在我眼里看着难受欣赏不来的稀有黄色太湖石在别的同学眼里，便生出了“瘦皱漏透”的别样美感。中国建筑设计之美通常讲究工整对齐，但在园林设计领域却有不同，错落有致也成了为人们所欣赏的美。由此不难得出，在统一之美之外，差异之美也在闪闪发光。而于我而言，这种差异恰恰会给我带来一种思想上的充实感。故而，赏石，又何尝不是赏“实”呢？

我的清华之“实”，始于与这十石的一段缘分，但绝不会止于它们。下一次清华给我的惊喜会是什么呢？

玩石之味，静己之心

石家豪

暖阳当头，晴空正好。今天领略了两块奇石的多彩魅力，也见证了多元思想的精彩。面对同样的石头，矗立在眼前的是亿万年天地精华的凝结，亘古不衰，而奔腾在我们思想中的，却是每个人出自记忆的联想与不同情趣的欣赏。

母育子，是对教育的殷切期望，也是对人间温情的赞颂与讴歌。而石头在沉睡千年的地壳中，又怎知这个时代的思想会赋予它神圣的寓意。与其说是大自然玄妙的造化，不如说是人类思想的创造性与洞察力。而面对这个纷繁却和谐的色彩纹理，我们更真切地体会到了自然的诗情画意。几点绿墨，素笔勾勒，行云流水，意趣自在。当你沉浸在石画之中，你会感觉到一份原始的宁静与慰藉。

太湖石，千疮百孔的模样，嶙峋崎岖的姿态，却也还算挺拔。起先对这块石头并无感觉，后来看得出神，竟看到了一个个头骨的影迹，并不是恐惧，反而更加产生对它的兴趣。那种感觉，像是时间的沧桑步履，像是大漠出土的异域风情，我也开始欣赏起它来。再后来，我竟把它看成一个个隧道的洞口，在里面穿梭来去，置身其间，体会探索未知、挑战风险的刺激。这个石头着实让我的思想做了一次旅行。

赏石，品石，本没有成规矩的标准，它是每个人对于内心宁静的找寻，是对本心的追索。这也许就是千百年来，文人雅士热衷于此的缘由吧。

五　巧夺天工

——雕塑

导语：

校园北部学生区的“紫荆雕塑苑”有几十件雕塑作品，而“飞翔的思想”（人脸）和“精神不倒海明威”尤为引人注目。除此之外，校园里的雕塑也随处可见，甚至可以评出“十大雕塑”：“行者”和“国学四大导师”（艺术博物馆周边）；“生之欲”和“黑洞与白洞”（美术学院周边）；“源”（环境节能楼）；“凝聚的风景”和“星光旅行者”（中央主楼南广场东侧）；“朱自清”和“闻一多”（水木清华）；“孔子”（近春园）。雕塑让公共空间具有了艺术和人文气息，让人的思想高于俗世的生活，而校园雕塑还增加了教育的功能，让年轻人在耳濡目染之间受到熏陶。

清华园里有雕塑名家魏小明教授的四件作品：“惑鱼”（紫荆雕塑苑东侧）、“后羿射日”（艺术博物馆东）、“奋进”（综合体育馆南）和“人间天使”（听涛园食堂西广场）。这些雕塑不仅形态各异，寓意深刻，而且让师生感到亲切，因为这是我们自己老师的作品。

室外雕塑：

城市雕塑是一部“石头的编年史”，它记载着一个城市的历史、文明以及审美追求，并且千古留存。现代室外雕塑在材料上和形式上均与传统的陵墓雕刻、纪念碑雕塑和英雄塑像等不同。传统雕塑是体积的、凝固的，是从外向中心雕刻的实体；现代雕塑则是全方位开放的、空透的，是从中心向外延伸的空间，是一种情绪、一种感觉，是艺术家与材料之间的一种最密切的无距离的情感交流。艺术家熟悉、掌握材料的特征并与材料交流、沟通，巧妙地、创造性地发现和利用材料，创造出一种有意味形式的空间，这完全是一种以新的造型、空间构成观念发展起来的现代雕塑形式。可以说，西方现代室外雕塑不仅是在建造材料和建造技术方面取得空前的突破，而且在构成观念和艺术美学上也获得惊人的成熟，它融科技与艺术于一体，通过雕塑本身现代造型风格和构成寓意的展示，提供给人们以无限扩展的空间与内涵，并由此体现出一个历史时代的文化特征和美学意蕴。

由此可见，现代室外雕塑是在特殊的物质材料和技术的基础上，通过雕塑这种特殊的艺术语言，形成一个置放于一定空间场合之中的特殊的物质形象，并与城市规划设计诸如广场、街心公园、建筑群等周边环境相协调，从而造成具有一定美学意境的综合艺术景观。它的特征在于：第一，通过本身的体积、布局、比例关系以及空间安排、结构形式构成形象。也就是说，现代室外雕塑是以一定的材料为条件，运用现代的观念及手法，通过对物质材料的空间组合，构成丰富复杂的形体体系，显示出一种特殊的造型美。这种造型由于讲究均衡、比例、和谐等形式美的规律，往往给人以类似音乐的节奏感和韵律感，它尽管处于一种静态空间之中，却有着一种动感，体现出外静而内动的神韵美，故它如同现代建筑一样，被美学家誉为“凝固的音乐”。第二，通过与整体环境的综合设计，创造一种和谐的意境以显示出景观艺术和场所精神这一本质所在。我们说，创造现代室外雕塑，乃是一种综合意识的体现，必须与城市整体联系在一起，充分考虑到在一定环境之中的雕塑本身的视觉效果和心理反应。在与自然环境和谐的同时，还要考虑到与人文环境的和谐，体现一种文化的意蕴，创造一种富有一定意境的综合艺术，以显示出城市的场所精神和文化导向。第三，现代室外雕塑仍是一种实用与审美相结合的艺术。雕塑家必须根据城市的空间布局和所赋予的命题，发挥自己的想象力和对现代材料、工艺的驾驭力来创造作品。（张南峰：“西方现代室外雕塑的美学意蕴”）

随笔：

悦见雕塑之美

王夔宇

绘画是二维的艺术，雕塑是三维的艺术。我从小便对绘画这种二维的艺术情有独钟，却对雕塑这种三维的艺术知之甚少。随着年龄的增长，我渐渐也能够欣赏起雕塑之美来。来到清华园以后，园中形态各异的各式雕塑更是开阔了我对雕塑欣赏的视野，让我在雕塑中发现了一片新的美学的天地。本周有幸拜访了美术学院雕塑系魏小明教授，听教授讲述了自己和雕塑的故事，感悟颇多。

园子里有四座雕塑出自魏老师之手。艺术博物馆外的“后羿射日”，后羿昂首站立，手持一把异常巨大的弓，用尽全身力气拉弦，箭指东方，全身肌肉线条充满张力。综合体育馆外的“奋进”，一名足球运动员倾斜着身体踢球，仅仅看这座雕塑一眼，也仿佛能感受到运动员击球的千钧之力。听涛园对面的“人间天使”雕塑，歌颂的是非典型肺炎（SARS）暴发时医护人员不顾个人安危拯救他人生命的崇高精神，青铜制的天使浑身充满了圣洁的光辉。这三座雕塑，是清华园中三抹亮丽的光辉。我曾在每座雕塑前驻足欣赏，感受它们的艺术之美。

与魏小明老师的当面交流让我对雕塑艺术有了更深入的了解。魏老师讲到，雕塑面对的对象更多的是大众。大众对于某件雕塑的理解，可能和艺术家的理解完全不同。魏老师讲到自己的雕塑在上海被拆除的故事，并且表明，尽管大众可能会对某件雕塑提出不同的看法，但艺术家并不会由于大众的看法而改变自己创作的原则。艺术家的表达方式有时可能并不为大众所理解。例如，魏老师的“夸父逐日”雕塑，其夸父的形象就和传统的夸父形象大不相同。魏老师大胆地放弃了传统的形象，而是采用了一具奔跑中的有些扭曲的人体来代表夸父。尽管这是一次艺术上的创新，然而很多人却认为这种形象与心目中的夸父形象有出入，从而不是很认同。这让我意识到了雕塑家的不易之处，不仅要创作一件作品，还要考虑这件作品的社会影响。

魏老师还为我们讲解了一件雕塑的创作过程。雕塑的创作是一个漫长的过程，前前后后需要许多道工序。首先要用油泥制作雏形，反复修改，然后再制作玻璃钢模板，最后将玻璃钢模板送至工厂制作出成品。在魏老师的工作室里我也看到了许多正在制作中的雕塑，有的仅仅是初具雏形，有的已经有了完整的形状。从脑海里的灵感、想法到成型的雕塑，是一个充满挑战的过程，也是一个有趣的过程。艺术创作必然伴随着艰辛，但也伴随着快乐。

魏老师为我们演示了观察雕塑时所采用的独特的“顶光”。观察一件模型，在正常的光线下难以看清它的各种细节，而在从天顶照下来的光线里，模型的各种细节则清晰可见。通过现场演示，我见到了“顶光”的强大力量。在正常光线下看起来普普通通的白色模型，到了“顶光”下立刻变得充满立体感，线条分明。这让我认识到，艺术创作也要在合适的条件下进行。合适的条件能够激发艺术创作的灵感，也能使艺术创作更加顺畅。

这次走进魏老师的工作室，给我一种仿佛走进新世界之感。雕塑这种艺术形式，之前之于我是完全陌生的，我也对雕塑创作的过程没有了解。有了这次的体验，我接触到了雕塑的独特世界，只有亲身经历才会给人留下最深刻的印象。雕塑来源于生活，但却是生活的升华，每一件雕塑都是生活中美好事物的结晶。这次的经历给了我欣赏雕塑的视角，让我走近了雕塑，让我在以后的生活中可以欣赏身边的雕塑之美，我认为这是本次经历最大的收获。

匠心独运的雕塑，独运匠心的人

姚　园

清华园里有多样的风景，或自然或人工，不落窠臼，雕塑只是其中的一样；清华园里的雕塑又有多种的类别，现代的、历史的、人物的、抽象的，不拘一格的设计和让人耳目一新的形象可谓是匠心独运。然而我之前并未欣赏甚至是仔细看过一件雕塑作品，更不用说我对雕塑的误解有多少，但自清华学课程参观后我才真正意识到这些雕塑背后的人和故事。

上周我们一行人来到魏小明老师工作室，坐下来听一位伟大的雕塑家慢慢道来。渐渐我仿佛读懂了雕塑背后独运匠心的人。

雕塑并不是先前我所认为的“简单地在一块不错的大石头上刻几下，好的作品或许不过是作者认真地多刻了几笔”，而是一种融多种技能于一体的重体力劳动。除了凿刻成千上万条线条，其实准备工作还有学科交叉，比如精通解剖学和人体结构，魏老师跟我们谈及此事，毫不夸张地说自己已经对人体肌肉和骨骼组成烂熟于心，因而才可以在创作时不拘于人体模特、在一定程度上超出客观地发挥想象，从而不至于将一件艺术品做成标准的人体标本。

同时，我们还在魏老师工作室接触到了很多作品的模型，当然最终的大型雕塑作品也正是由这些模型经过修改和放大，演变而成。魏老师谈到其中两件位于清华园内的作品——“后羿射日”和“人间天使”。从老师的言语中我又一次推翻了先前的观点，一直觉得艺术家是高高在上、不容置疑的，艺术作品也是不容批判的，但其实一位优秀艺术家的“好”作品拿到大众面前也是要经受各种评论和指点。原因之一正如魏老师所说，“创作一件好作品，会受社会环境和舆论的影响”，他以 20 世纪 80 年代放置在西安的一件备受争议的作品举例，还有他自己的那件作品“后羿射日”。当时受国家航天部委托，为“神五”的发射做一件雕塑，于是魏老师精心创作了“后羿射日”，但当这件用心的作品被拿出来后，老师也仍会担心作品的合理性以及受喜欢的程度。

其实当时我第一眼看到这件作品时，觉得弓箭做得过长了，不太符合普遍的认知标准，但老师解释道“弓箭比平时的更长更大，是因为‘要射到天上’”。每一件作品都有作者对它的理解和情感的寄托，但一旦拿到大众面前便不是千篇一律的认识，所以一件好作品客观上是好的，但各异的人主观感受不同，因而现实中艺术家要承受的压力远不止寻求灵感创作。比如“人间天使”青铜材质的蓝绿色被指不合主题，翅膀不平均被指过于杂乱、不平衡，但魏老师对此的阐述并无纰漏：蓝绿色是勃勃生命力的象征，而不对称是一种普遍的美，而且体现优雅的动态，艺术不强求平衡与对称，因为就连我们都无一是标准对称分布的。

在与魏老师的交谈中，自始至终都感觉到的是一种淡然——淡泊名利，只单纯地追求艺术，即使可能面对争议和批驳，但“坚持自己的想法，就不算失败”“用心创作，只想做一位纯粹的艺术家”。在当下稍显浮躁和急功近利的时代，魏老师的话语和人生如艺术界乃至整个社会的一股清流，带给我无限思考和被刷新的认知。

回归，重塑

何若兰

上次在艺术博物馆看了布德尔的展览，弓箭手赫拉克勒斯的力量之美令人震撼；这次又与魏小明老师面对面座谈，工作室中大大小小形态各异的雕塑也令人赞叹。经过这两次课堂，我们对雕塑的艺术也有了更深一个层次的理解。那么雕塑的真谛到底是什么呢？雕塑之美会在哪里表现出来呢？

布德尔在艺术博物馆的雕塑展，名字叫“回归，重塑”。看到的时候不禁有疑问：回归的是什么？重塑的又是什么？在雕塑工作室里，魏小明老师讲了几个故事，关于自己和他人的雕塑不被世人理解而被撤下的故事。他说自己不会改变，作为艺术家，不会因为迎合世俗而改变自己原有的雕塑信念。魏教授在谈话里常常喜欢将自己称为艺术家，大概他觉得，雕塑于他而言，不是一个为了赚钱而做的工作，而是一种艺术的信仰，是可以用一生去追求的信念。工作室中大大小小的雕塑模型，其中也蕴含着魏小明老师的艺术理念。雕塑艺术源于生活而高于生活，包含的不只是材料、纹理等物理上的装饰，更深层次蕴含的是生命之美，力量之美，自然之美。在他人对魏小明雕塑作品的评价中，有这样的话："魏小明是一个崇尚唯美的人，所以他的作品在立足现实的基础上更倾向于至美至幻，犹如文艺复兴时期艺术家们对神话的描摹，是神圣的指引，更是对生命之美的追求。"我想，回归，回归的就是雕塑家内心的艺术理念，是雕塑蕴含的生命之美。当我们理解清华园中的雕塑时，也不能仅仅观察雕塑本身，而是深入欣赏雕塑的生命之美和艺术之美。

在欣赏魏小明工作室中的雕塑时，可以看出雕塑的细节纹理等都做得非常好。魏教授说，雕塑学习其实非常之苦，需要学习很多的技能，甚至还要解剖人体来了解骨骼的结构。我们看到几个独具特色的雕塑模型，魏小明老师解释说这是刚回国时所作，想要做中西结合的雕塑，因而把太湖石的元素也融入雕塑中，而整个雕塑又是西式风格，因此有了一种奇妙而独特的效果，是所谓的"以西入中，渡己渡人"。魏小明老师对于自己的雕塑总是精心制作，推敲作品怎样才能变得更好。我觉得，重塑，重塑的是匠心。近几年来，工匠精神受到越来越多人的推崇，雕塑就是一件需要匠人精神的事。搜狐网对于魏小明的专题报道中有一段话："落实到具体的部分时，要经过无数次的思考与锤炼才能确定下来最适宜的形式，其中的纠结、难受、失眠、间或的愉悦将一直持续，直到完成的那一天。"的确，当雕塑已经回归到艺术家内心美的理念时，如何表达美又成为了需要推敲和思考的命题。座谈中，魏小明老师说一个雕塑需要先在室内某一个特定的光的角度下臻于完美，才敢放到室外。由于光线不同的原因，室外雕塑的效果会比室内差一些。因此雕塑家们更加努力在室内一遍一遍推敲，更改。其实无论室外雕塑还是室内雕塑，雕塑家都会花费无数的心血，因此才有了清华园中形态各异的雕塑，才有了整个世界在草地上、公园里、街道旁，形形色色、异彩纷呈的雕塑，以及雕塑承载的匠人精神。

也许我们现在可以回答雕塑的真谛是什么了。雕塑是美的载体，它的意义在于为走过它周边的人提供美的享受。雕塑家是美和艺术的使者，有了他们在，我们可以离艺术更近一点。

一曲力与美的交响

贾自立

前几次在清华园中探寻奇石还有植物的时候，也曾经看到过一些雕塑。当时一来时间不够，二来觉得雕塑是人为之物，终究比不上大自然鬼斧神工之物，所以并没有给以太多的注意，但是在前几日的重新探索之后，我意识到，雕塑虽然是人工修饰之品，但是这当中却也同样蕴含着深深的意味，并给人以精神上的冲击。

在这些雕塑之中，最能够引起我心灵上的震动的，大概就是魏小明先生创作的“后羿射日”了吧。从远处看时，这个雕塑就可以给人以巨大的视觉冲击，后羿张开的双臂，以及大幅度的弓步，令人真实地感受到后羿磅礴的气势。走到近处看时，你更能被这个雕塑的细节所折服。后羿的眼神坚定有力，直勾勾地盯着正前的方向，似乎想从眼睛中发出利箭将太阳射下。后羿的躯干上，每一块肌肉都紧紧地绷直，令人真实地感受到了后羿身上力量的集聚。后羿手上拿着的弓，虽然由于是雕塑的原因，弓上并没有弓弦和箭，但是作者却通过后羿的神姿以及弓的弯曲程度，巧妙地表现出了那种弓弦紧绷，蓄势待发的场面感。整体上讲，作者借用了后羿射日的典故，表现出了中国古代人民不屈服于自然，希望征服自然的奋斗精神。

还有一件作品也同样令我难以忘怀，那就是“奋进”，这个雕塑也是魏小明先生的作品，整体的风格和“后羿射日”有着异曲同工之妙。人物动作夸张，神姿凌厉。尽管身体似乎处于一个不平衡的状态，但是每一块肌肉依然是紧绷的，体现出了人应当在困境之中顽强奋进，努力拼搏，绝不服输的精神品质。

其他的雕塑风格迥异，各自有着各自的寓意。有的是名人雕塑，比如闻一多、朱自清还有孔子的雕塑，都体现出了这些思想家、教育家的文雅和坚毅。还有的包含有对于人生和世界的深邃思考，比如美术学院门口的《传送装置》《黑洞与白洞》，等等，体现的都是人类对于时空以及宇宙的探索和思考。

我所看到的雕塑还只是清华园中所包含的雕塑的冰山一角，在未来的时间里，我一定会多多留意清华园中的那些不被人们所关注的雕塑。读雕塑，不仅仅是在读被雕塑的人与物，有时候，也是在读雕塑者的内心。

塑其型，铸其魂

李在梦

当我们走在清华校园中的时候，常常会看到很多雕塑，或是在雕塑林中，或是在艺术博物馆附近，又或在某个建筑旁的空地。它们形态各异，成为校园中独特的风景。但当你看到这些雕塑时，又是否知道一件雕塑背后的故事呢？

一件雕塑，在最开始只是雕塑家头脑中的灵感。灵感的种子，是结在根植于艺术家理念、思想甚至文化的树上的。师从罗丹的布德尔，在作品中体现出一种真实之感，尤其是在作品《弓箭手赫拉克勒斯》中；而学习过舞蹈速写的魏小明先生，则在《醉鱼草》《天高地厚》等作品中表现出舞蹈般的律动感。一些雕塑中如太湖石一般的孔窍，也是魏老师力图展现中国文化的证明。一件雕塑作品，从最初的孕育阶段，便打上了作者鲜明的烙印。

而雕塑从构思到成品，也要经历很多故事。雕塑家在这时变为一个工匠，在熟练掌握焊接、凿刻、解剖、化学调色之后，将头脑中浪漫的影像，精准无误地变成模型，因为模具在最终加工放大为艺术品的过程中，差之毫厘便谬以千里。据说罗丹为了追求雕塑作品在自然条件下放置时看起来更加完美，曾在夜里用蜡烛一点点地照雕像，一分一毫地去检验，没有这样的一丝不苟，他的作品不可能流传后世。魏小明老师也曾经提到，他创作“后羿射日”时最大的遗憾就是当时没有使用自然天光的效果。而当他在自己的工作室里展示自然天光效果下雕塑的美感时，他说有这样的条件是一件很幸福的事情。雕塑制造本身的复杂工序，以及雕塑家本身的精益求精，使得雕塑创作成为了“千锤万凿出深山”的过程。

雕塑一旦成为成品，其创作已经结束，但雕塑的生命历程才刚刚开始。当雕塑走出雕塑家的工作室，走向大众视野，大众便一定会有不同的看法，而这些看法则都由作者承担。魏小明老师也提到过校园中引起争议的在非典时建造的雕塑，很多人说“白衣天使”不应该变成“绿衣天使”。但魏老师说由于室外环境，雕塑只能使用青铜。我也曾对校园中一座竹子主题的雕塑作品表示反感，因为在我看来竹子这种有生命的东西怎么能用不锈钢来做呢？可事实上，不锈钢又只能是这件雕塑材料的最好选择。所以说，即使雕塑家的思想再天马行空，最终实践时也不得不“带着镣铐跳舞”。即使是魏老师这样在国内享有盛誉的雕塑家，也曾面临过雕塑作品被拆除的情况。魏老师并没有因此受到打击，而是依旧坚持自己的风格，继续创作。观者看法与感受，也成为雕塑故事的一部分。

一件雕塑，在寄托作者本身意愿的同时，也往往承载着社会意义。坐落于艺术博物馆东侧的“后羿射日”，本是魏小明老师为神舟五号发射献礼而做。而做成之后，魏老师却一直心中不安，因为他担心神舟五号发射失败，献礼成空。对于一般人来说，雕塑完成，自己的任务就完成了，无论发射成功失败，都不会对自己有任何影响。而魏老师的“不安”，体现出了他将社会与自己联系在一起的责任担当。因此，好的雕塑，不仅向观者展示作者的灵感以及努力，更有作者的胸襟情怀。

园子里的老师和同学们，当你们在园子里与一件雕塑邂逅，希望你们能凑近些，静下来，听雕塑讲它和作者的故事。

从私人审美到公共空间

李曙瑶

一直以来，我都有收藏家居装饰品的习惯，当然其中包含了各类小件的雕塑。有的可能经由机器灌注脱模，而我也亲眼见过一块泥团在技艺师手下如何一步步具有生命。不同的雕塑材质有不同的特点，木质明亮干净，生铁沉稳有力，水泥粗粝质朴，黄铜有迷幻的反射，玻璃轻盈，不锈钢则充满了现代感的冲击。这些作品背后的设计师籍籍无名，然而我却在见到它们的第一眼就被吸引，不是单纯地觉得漂亮，而是感到这些雕塑上有不可名说的独特。正是那些变形和几何抽象，色彩的搭配，甚至偶像Q版人偶上被赋予的情感，让我源源不断地增加对这些雕塑的喜爱。当然，这是纯个人化的审美，注定了难以和他人分享。相应地，我也难以和他人的喜好共情，比如我完全不能理解我的母亲为何会对暗沉而呆板的弥勒佛塑像情有独钟。

来清华的第一个夜晚，我就见到了主楼东侧的雕塑“凝聚的风景”。当时提着装满东西的购物袋在人行道走，想找个座位休息。突然发现右侧草坪有长椅，而椅子正对着一块巨大的白色方状物体，走近观察，在地灯暖黄的灯光下，那块雕塑四周布满由小到大凸起的长条气泡，呈现出波纹的效果。正面是空心方块，表面平滑简洁。全然陌生化的结构。当时没完全看出这是对摄像机的模仿，但于夜的漆黑中看见因反射而散发着银色光线的奇特雕塑，这不能不引起我的惊异。这次课前再去故地重游，明了其含义，那列紧的“波”其实是互相倚靠的众多的人，彼此相互交融和相互支撑。老式照相机的造型则是希望将清华的美好风景凝聚在这一刻。

在公共空间中的雕塑，不仅有了更大的体量在空旷的空间中去尽情展示，其所针对的主体也更加宽泛。每一个清华学子走到这里都会对那份能欣赏到清华美好风景的祝福心领神会，这摆脱了审美局限在个人层面的困境——无法分享。在某种程度上，这还可以表达出更宏大的主题，象征“非典”中救死扶伤的医护人员的“人间天使”就是如此。

我那日在园子各个角落寻找雕塑，从东边的艺术博物馆到西边的近春园遗址，从南边的环境节能楼到北边的紫荆雕塑苑，每新见到一座雕塑，心中便增一份欢喜，我家中收藏的小雕塑仅能装于几格橱柜，清华的建筑不仅各异成趣，且乃是以天地为背景，实在大气。而我又何其幸运能见到这样美的艺术。

当然，私人审美与公共审美并非不相容。一件雕塑展示在公共空间，必然会吸引很多人的目光，激起个人情感的变化和思考，这使得共同理解有了根基。而一件艺术品真正的完成绝不停止于在工坊里成型的那一刻，而是直到被人们看到并在他们的脑子里留下些什么印象时休止，人们有不同的理解和感受，这是对雕塑的一种延续加工和创造。这件雕塑会被多少双眼睛看见，它便会有多少种可能的最终形态。前来观赏的人不会断绝，它的艺术生命便永无止境。

雕形于毫末，塑物于灵秀

史若松

在清华园的这一年里，我从各式各样的雕塑旁路过，它们在园子里几乎随处可见，但我真的很少会驻足观看，紫荆雕塑苑就在楼下，我也未曾去走一走看一看。

雕塑是造型艺术的一种，事实上和我学的专业有着千丝万缕的联系，能放置在学校里的雕塑必然也不简单，也应该好好欣赏一下。

园子里的雕塑着实不少，抽象的、具象的，金属的、石料的。我最熟悉的是四大导师的雕像，每天去美院上课，下课都会路过，雕塑系的工作室门口也摆着一模一样的石膏像。用的材料也是我所熟悉的，想来应该是做完石膏像后铸造的。天长日久雕塑的颜色越来越深，在背后白色石壁的映衬下更显威严庄重。雕像旁有一棵树，印象里记得那一片草坪上就那一棵孤零零的松树，上下午的光线不一样，有时候阳光斜着照射，从松树的枝叶间透过来，树影落在石壁上，又充满了人文气息，不知道是不是有意为之，体现四位先生思想精神万古长青。

紫荆雕塑苑边上种满了银杏。正是落叶的时候，黄叶铺了一地，从落叶上走过去寻找雕塑，也是一种美的享受。《精神不倒海明威》与这一排银杏树相对，雕像背后的树木几乎没什么叶子了，看着还有几分寂寥，雕像由人像和后面像是鱼骨的部分组成，硕大的鱼骨一下就让人想到老人与海，人没有完整的躯干却仍然矗立，都是因为“精神不倒”吧。

“后羿射日”与“奋进”类似，都是较为具象写实的作品。骨骼肌肉的组织都准确，能让人感受到雕塑喷薄而出的力量，似乎下一秒就能突破基座的束缚。

与周围环境最为和谐融洽的，我认为是朱自清的雕塑。站在池塘南面远远观望，柳条掩映下露出大理石雕塑来，背靠松树面朝池塘，是绿树青水间点缀一点白。此时的荷花早已衰败了，水面飘着落叶，不禁想到荷花盛开的时候若是来水木清华，就能与朱自清先生共赏一片荷塘了。

这些具象的雕塑作品好像更容易亲近一点，可以全方位地观看，甚至可以触摸，就好像和雕塑的人有了互动一般。

抽象的作品相较而言不好理解，更是具有一定寓意和象征意义，表达个人思想情感。比如《星光旅行者》《凝固的风景》，不去看它的注解可能不太会理解它所表现的含义。雕塑作品也不止限于美术这一门课，比如《生之欲》就加入了生物学双螺旋结构，表现了一种蓬勃盛放的生命力，可见“美”并没有局限。

多看不同类型的艺术作品也能为我工艺美术的学习创作提供灵感，雕塑作品更甚，也期待着能够邂逅更好的作品。

一千个华夏儿女心中的两千位后羿

邹恬圆

今天中午的天阴阴的，这在北京的冬天是有点要命的天气，因为北京的冬天是一个需要依靠太阳光照才能活下去的季节。今天中午的清华学小班课中，我们在杨老师的带领下参观了清华美院教授魏小明先生在清华的四座雕像——“后羿射日”“奋进”“人间天使”“惑鱼”。通过阅读《清华园散记》中学长学姐们的文字，我注意到，魏小明老师曾说，“顶灯”对于雕塑的欣赏很重要。很遗憾，今日阴天。但好在光线均匀，方便我们从各个角度欣赏这些雕塑。

先说“惑鱼”。站在这个雕塑前，我觉得“惑鱼”不是一个应景的名字，“惑我”才是一个应景的名字。可能是我缺乏想象力，我真的不知道这个雕塑想要传达什么。大家也都议论纷纷。接受度较高的大概是“两条反向的鱼表示了这个人不知该去向何处的迷茫”，但是我觉得有些牵强，所以我很想听听魏小明的亲自解读。不过我觉得杨老师最后所言“一个能让人讨论的雕塑正能体现它的美感”很有道理。就像文学作品中立体的人是需要有多面的性格和形象的，否则就是一个冷冰冰的假符号。

再说“人间天使”。这座为纪念在抗击非典型肺炎（SARS）中为救助患者不幸自身感染为医疗献身的众多医护人员的雕塑分为上下两个部分——下半部分黑色的剑身上缠着一条已被斩断成多段的蛇，上半部分是鲜亮的蓝绿色在日光下微微反光。这种对比是我在这个雕塑中最喜欢的一点。这种对比非常好地衬托出了医护人员的明亮光洁。在日光中，我仿佛能看到天使头顶的圣光。

然后是“奋进”。这是一座面向综体的雕塑，一个足球运动员正奋力地勾射一个半空中的足球，画面很生动。有同学提出了“雕塑的正面到底在哪里”的问题。有同学回应说，这种雕塑是没有正反面之分的。我很赞同，除非是浮雕，否则没有正反之分。同时，我觉得现在这种背朝行人，向综体射出一球的动作和综体是一个呼应。我仿佛能够看到这颗球飞入综体、射门得分的场景。

最后再来说说“后羿射日”。初见这个雕塑我就有一种说不出的怪异感。是那把大弓吗？不，那只是一时的视觉冲击。是弓上缺失的弦吗？也不是，这种艺术的表现手法我见过多回。今天，我突然明白了为什么。一个中国神话中的人物正以裸体、希腊式卷发、肌肉感爆棚的典型西方人物雕塑的样子出现我的面前，这是一种意识形态上的冲突。这是怪异感的来源。但是，想想，若是给这位后羿套上布衫，哪怕能够通过布衫的褶皱表达出后羿身体的强健，我觉得反倒表达不出这种英雄的气概。但是，发型的西方化仍是我不喜欢的一点。所以我心中的后羿突然有了第二种形象：身体强健，赤裸上身，下着布裤，头顶圆髻，束以布条，和曾经更多关注嫦娥后羿爱情故事时心中书生气的后羿形象大相径庭。第二个后羿有着让华夏儿女感到心安的后背，像父亲的背影。想来，魏小明老师心中的后羿形象应该也是几经变迁，有多个版本的吧。说不定在未来，我心中还会出现第三个、第四个版本的后羿。慢慢地，后羿的形象丰富了；最后，后羿活了。

雕之于神，塑之于魂

李子毅

雕塑，雕塑，“雕”是减，除去不必要的部分；“塑”是增，用材料从无到有创造出美的形象。雕塑，就是这两种造型过程的统称。人类雕塑的历史源远流长，人类的历史也蕴涵于雕塑之中。清华的雕塑博大精深，也是一部“立体的清华编年史”，它记载着清华园的历史及审美追求，既有着古代希腊罗马的特点，又有着传统中国的精髓，还融合了现代主义的风格。清华的雕塑主要为圆雕，是一种在三维空间的造型艺术。其功能多样，有纪念、主题表现、装饰等。不同于古代雕塑对“神”的信仰，清华的雕塑主要带给人视觉美、触觉美乃至精神美，在清华园中有着不可替代的美学作用。

在主要表现人的形象的雕塑中，人体的美是雕塑艺术的必要构成因素。由于雕塑艺术的静态特征，难以表现连续的过程，故只能选择一个瞬间去表现人物性格，但更具有典型性，如“后羿射日”中后羿拉开弓箭的形象。但因为圆雕的三维性，因此它在模仿人的形象方面有着独一无二的优势，其形象整体在光的照射下产生明暗层次效果赋予其不同于绘画的美，例如《精神不倒海明威》中那粗犷坚强的老人。也不同于中国古代宗教雕塑鲜明的色彩风格，如莫高窟里的彩塑，清华的人物雕塑尽量避免敷色，而是选择大理石、花岗岩、青铜等具有质地美的材料，与雕塑中的形象合二而一。大理石雕和花岗岩雕质感的不同影响人物性格的表现，前者柔，宛如荷塘边上清雅赏月的朱自清；后者刚，恰似那沉思着要爆裂出一个新中国的闻一多。试想一下两者互换该是何等突兀?！清华的人物雕塑，又是清华的历史，汲取于纵贯千年的孔子仁道，又有着朱自清的文雅、闻一多的沉勇、吴晗的骨气、四大导师的博学以及马约翰的强健。

现代西方抽象风格的雕塑，有着“几何形”的构成，体现着原始的实体，接近事物在其外形背后隐匿的某种精神实质。相比于表现人体的写实、唯美的古典主义，其更讲究形体与空间处理，强调空间感以及人物个性和内心世界的表达，但最强调创新性与个人风格。其对我们生活的园子有着相当好的装饰性。理科楼草坪上，近春园旁，荟萃着人类精神实体化的雕塑，使人们看见了思想的奥妙。也有将科学与艺术完美融合的《生之欲》，用多彩的颜色，展现着蛋白质、基因与生命的美丽。还有着结合人体与抽象的《异质同构》，思考着当下人与外在世界的联系。

清华雕塑更通过与整体环境的综合设计，创造出一种和谐的意境，显示出景观的艺术和精神实质所在。水木清华因朱自清更添幽静，美术学院大楼拥《生之欲》而更熠熠生辉。美丽的雕像与美丽的园子相得益彰。

造物之美，匠心极致

王艺如

不知不觉，我来到清华园已有近三个月了，而我对这个园子的认识仍然少之又少。从石头、纪念碑、植物、油画再到这周的雕塑，每一次我都会惊奇地发现这个园子里竟然还有这么美的一面。时间已经过去几周，我的这种惊喜的感觉丝毫没有减淡，相反，我越来越喜欢这个园子。此时的我，想讲一讲我看到的清华雕塑。

清华园里的雕塑很多，随便走在哪条路上，站在哪栋房子前，你都可以看到各种各样的雕塑。形状有大的、小的，高的、矮的；材料有光滑的、粗糙的；风格有粗犷雄伟的，委婉细腻的……不得不提的人物雕塑就有很多，例如清华大学艺术博物馆前的“国学四大导师”、水木清华旁的闻一多雕像、荷塘边的朱自清雕像、西体旁的马约翰先生雕像，等等，这些都是清华的历史记忆，是清华精神和文化的体现。站在清华的人物雕像前，就仿佛是隔着时空和大师对话。晚上绕着荷塘散步，看到朱自清先生雕像，你是不是会情不自禁地想起来那篇《荷塘月色》？再走到近春园遗址里的孔子雕像前，是不是会更加深刻地感受到弦歌不辍的坚毅精神……清华大学里的这些人物雕塑，用一种艺术的方式纪念大师，激励后辈。

除了这些具有纪念意义的雕塑，清华园里还有很多纯粹为美而存在的雕塑。美术学院前的“生之欲”，运用丰富的颜色和生物中的双螺旋结构创造出了一个张扬、充满激情的作品，通过这个作品，我可以感受到生命的美好；艺术博物馆旁的“行者”，使用青铜材质，将一个人骑马的造型抽象化，在已经变形的人的手上和头上，一个苹果和一只鸟却十分写实，象征着发展中永恒的真理和自由的思想；近春路旁的“水木年华”，是两个身着长衫的学生坐在同一张长椅上，透过他们，我仿佛看到了老一代清华人的读书生活；紫荆雕塑苑里的“幸福之环”，银白色的海豚围成了一个大圈，给了我极其静谧幸福的感受……

清华园里的雕塑是讲不完的，不是说数目多得数不清，而是它们所蕴含的清华精神是无法度量的。我爱这个园子，这个地方，是多少人梦起航的地方！

清华园 雕塑园

肖 杭

在欣赏了清华园里大自然鬼斧神工打造的奇石之后，我们在这周又欣赏了各式各样巧夺天工的雕塑，让我不禁感叹清华园深深的魅力与底蕴。

清华园也被称作雕塑园，校内雕塑随处可见，足有百余座。其中在清华建校一百周年时建成的紫荆雕塑苑，汇集了来自国内外雕塑大师的约二十件作品，这些雕塑作品与其周围的花草树木相得益彰，使得紫荆雕塑苑成为游客驻足欣赏的一个热门景点。

在紫荆雕塑苑中，我最喜欢的便是《精神不倒海明威》。在这件雕塑作品中，身体被掏空却依然屹立的圣迪亚哥与他后面被吃得只剩鱼骨的大马哈鱼，完美地表现出了圣迪亚哥不向命运、困难屈服的精神与勇气，同时也象征着文学硬汉海明威与命运抗争到底的人生态度。海明威用自己的行动向我们阐释了他的名言："当挫折一步步地靠近时，我们能做的就是操起自信的矛与坚强的盾，勇敢迎上去。"

除紫荆雕塑苑外，还有许多雕塑，比如位于综合体育馆南边的"奋进"，雕刻的人物身体后仰、脚尖点地，借着矫健的身躯与结实的肌肉，似要来一记凌空抽射，作者以其精湛的雕刻技巧塑造了一个奋进者的形象，同时让人感受到作品中蕴含的积极、奋进的态度。与"奋进"相类似的还有位于艺术博物馆东侧的"后羿射日"，雕塑中的人物左手拿弓，右手拉箭，身体后仰，准备向太阳射去，这件作品同样让人感受到其中的积极奋进。

除了这些，清华园里还有许多的人物雕塑。神态、姿势各异的国学四大导师，面容和蔼、祥和的马约翰像与孔子像，坐在池塘边独自赏景的朱自清，亲切又刚毅的勇士闻一多……

清华园之大，雕塑之多，只言片语说不出她的魅力，我们只能在探索清华园的时候，慢慢感受，感受那份只存在于清华园的美丽。

雕光塑影，至臻至美

凌　睿

说来惭愧，虽然自己住在紫荆公寓，却不知道紫荆公寓附近还有个美丽的雕塑园。还好有清华学这门小班课，让我没有错失这独特的风景。

这个雕塑园，是为了纪念清华的百年校庆而建的，取名紫荆雕塑苑。几十件雕塑作品错落有致地分布在园中，与树木鲜花一起，构成清华园中一道亮丽的景致。初次进入这园子，就好像进入了一个寻宝天地，你总能在小路上走着走着，然后突然在两棵树之间发现一个无与伦比的雕塑。我喜欢静静地站在雕塑前，从整体到细节，慢慢地观看一个雕塑。面对一个十分抽象的雕塑，我往往会皱起眉头，思考这雕塑背后的内涵是什么；面对一个写实的雕塑，我喜欢观察雕塑的形态，发现雕塑的逼真之处。园中的雕塑出自各国名家之手，有的象形，有的抽象；有的是对青春的赞美，有的是对科学的讴歌，还有的是对世界、自然界和美丽事物的称颂。雕塑作品无一例外都充满着对清华明天的祝愿。绿树丛中的雕塑园，在初升的阳光下分外美丽，充满着生机和希望，似乎在告诉我们，这片神奇的校园里，一切的梦想都可以发芽、开花。

然而雕塑绝不仅仅分布在这雕塑园中，几乎清华的每一个建筑旁边，都会放置一些雕塑。另一个雕塑比较集中的地方，是艺术博物馆附近。我非常喜欢“国学四大导师”这件雕塑作品。这是一个非常写实的作品，雕塑中四位导师的穿着与表情各不相同，但都透露着才气。在西体育馆旁边，有一个马约翰先生的雕塑。马约翰先生微笑着坐在那里，看着西操上的同学们运动，好像十分满意的样子。如此看来，雕塑的摆放位置真的很重要，位置摆放得正确，不仅雕塑看起来更加生动，连景色都被点缀得更加美丽。

本次探访的清华园里的雕塑只是众多雕塑中的一部分，我相信在这个校园里，还有更多更有趣更美丽的雕塑等着我去发现。清华园，真是个无时无刻都会带给你惊喜的地方！

清华园里的雕塑

陶胤霖

清华园里的雕塑大抵可以分为两类。

一类是具体的，其创造具有明确纪念意义，诸如近春园的孔子、荷塘的朱自清、熙春园的吴晗等。这些雕塑，存在于校内，在大大小小的纪念日里被人们想起并且怀念。

还有一类则是艺术的体现，这类雕塑不局限于特定的时间地点，常常出现在每一个意想不到的角落。时常是下了晚课悠闲的十点钟，在园子里慢慢闲逛，突然道路尽头的拐角出现一座黑色的小山，定睛一看原来是一个从没有被自己注意到过的雕塑。无论是院馆的周围，抑或主干道的两旁，宿舍区的外围，园子里事实上布满了各式各样的雕塑，只不过受困于行色匆匆，我们时常忽视它们的存在。

我开始思考这些雕塑存在的意义。黑格尔有言：存在即合理。这些雕塑存在的意义难道就是在行色匆匆间被人们忘记？

或许并不是的。

周中的一个晚上，图书馆闭馆之后，我一个人抱着再回来转转看看的心态，来到艺术博物馆门前。不同于上课时一群人围着雕塑研讨的热闹，此刻的“后羿射日”和“行者”安静地矗立在夜晚的天空下。后羿手里的长弓弯曲着指向夜幕，似乎划破了静谧，搅动空气带来些激昂的气息。找到一个合适的地方安顿好自行车，我一个人沿着艺博周围的小径开始踱步。

我记得我在周四中午的讨论说，“后羿射日”是这些以艺术性为核心的艺术作品中我最喜欢的一个，因为它代表着一种力量的美感，我喜欢其浑身张裂的肌肉线条和极致的身材比例。这样的壮年张弓搭箭向天空，代表着力量的宣泄。那是阳光下我对“后羿射日”的感慨。可是到了夜间，我更希望说我看到了一种倔强，一种我命由我不由天的倔强。抛去了对雕塑本体的欣赏，我看到了他魁梧的背影，暴起的筋肉，这些都是抗争中的力量感——面对残酷的自然环境，力量再弱小也要坚决战斗到底。

想起课堂上同学对于后羿卷发的关注，在我眼里，这样的卷发让我想起了偷天火的普罗米修斯。类似于后羿，他们身上最大的共同点就是这样倔强而伟大的反抗精神——自然赋予我苦难，我必将奋起抗争，以双手造就明日海晏河清。进一步想，这样西化造型的后羿或许更是一种代表，不仅中国拥有后羿，整个人类历史上的各个时代各个地区都有着后羿一样的人，他们热衷于美好的事物，用自己的奋斗和反抗为时代带来光明。这里的后羿射日取材于传统神话，却又超出了神话的范畴。无论是远古的神话，还是现在乃至于未来的抗争，都可以在这样的雕塑中得到更普适意义的体现。雕塑家当然可以将后羿塑造成传统的中式形象，但这样一个部分西化的后羿无疑有着更强的象征意义。

想到这里，白天的困惑解开了，顿觉神清气爽。同时我也领会到了雕塑存在的另一个意义，它能够带给人想象的乐趣。在我散步的这段时间里，可能只有一两个行人途经，但相同的是，他们也和我一样看似有所思。这样的抽象艺术存在于校园的角落，势必在一定程度上带来对其意义的探讨，探讨中产生疑惑，疑惑带来思考与启发，而这样思考到启发的过程又能给人们带来最纯粹的快乐。我想之于我，这些雕塑带给我的这种思维的乐趣是我最偏爱的。

或许这种思维的乐趣，我只能有幸感受寥寥数次，或许在所有这些优秀的大脑中，只有寥寥数人能和我产生共鸣，但是这又何妨呢？正如朱光潜先生所说的：对美学追求的终极要义是“免俗”。而当一个问题为所有人思考并得出相同的答案时，无疑会流于滥俗。雕塑带给我们不同的思考，又让我们得到不同的启发，这正好就是一种免俗的过程。

用出世的精神追求免俗的态度，从而进一步回归入世的事业，朱光潜先生在美学研究中所奉行的逻辑正好与我在“后羿射日”面前思考的过程相类似，不胜欢欣，妙哉。

雕塑之美，灵趣盎然

朱洁松

朋友，如果你平时稍加留意的话，你就会发现清华园里散布着各种各样的雕塑。

雕塑分布在校园的各个角落。其中以紫荆雕塑苑和艺术博物馆一带居多，中央主楼及东北门沿路次之，运动场、广场、图书馆略有一二。有的是为了庆祝清华百年校庆，由国外友人赠送的，比如清华美院附近的“互动装置”和“黑洞与白洞”以及中央主楼草坪中的“星光旅行者”和“凝聚的风景”；有的是为了纪念在清华学习和工作过的名人，比如水木清华一带的“朱自清”和“王国维”雕像，西体育馆旁边的“马约翰”雕像以及艺术博物馆一带的“四大导师”雕像；有的则是为了传递和弘扬重要的精神，比如艺术博物馆附近的“后羿射日”，综合体育馆附近的“奋进”以及紫荆雕塑苑的“精神不倒海明威”。这些雕塑都有各自的美，在激发人们无限遐想的同时，也带来心灵的震撼。

雕塑之美不在于外形而在于启发。不同的人在欣赏同一个雕塑时，会有不同的感受，正如“一千个读者眼里有一千个哈姆雷特”。而同一个人从不同的角度去欣赏雕塑时，也会有不同的体会，就像“横看成岭侧成峰，远近高低各不同”。当然，在不同的时间点去欣赏同一个雕塑，也会有不同的感悟，好比“朝如青丝暮成雪”一样。

最令我感受深刻的雕塑是位于美术学院门前的“生之欲”。它的创意来自著名美术家吴冠中先生的一段话：“似舞蹈，狂草；是蛋白基因的真实构造，科学入微观世界揭示生命之始，艺术被激励，创造春之华丽，美孕育于生之欲，生命无涯，美无涯。”在我初次欣赏这座雕塑时，我首先被它夸张的线条所吸引。它的线条是那么与众不同，由红黄蓝三种基色构成，每个线条自动盘旋在一起，呈螺旋状，从中间向周围散开。这些线条看似杂乱无章，但是当你换一个角度观察时，它们就像一株株刚刚破土而出的小草，在顽强地与岩石对抗之后，迸发出了生的渴望。而当我走到雕塑的背面观察时，它俨然化身成了一只翩翩起舞的蝴蝶，它的脚下正是裂开的虫茧。蝴蝶在舞蹈的同时，也完成了自我的新生，这就是生命的美丽。当时，我并没有留意到雕塑下面的介绍，并不知道线条螺旋背后的深层含义，只是单纯地认为弯曲的线条比直的线条更加具有表现力和感染力。而在我知道吴冠中先生的那段话之后，我再一次来到了雕塑前，再一次被它所震撼，那螺旋状的线条，不正是蛋白质的空间结构吗？氨基酸先在核糖体内脱水缩合成为多肽链，然后进入内质网中弯曲折叠成为具有三维空间结构的蛋白质。正是这一空间结构保证了蛋白质正常行使功能，对于生命的生长发育繁殖有着重大的意义！这一次，我感受到了科学与艺术的完美融合，那些深奥难懂且枯燥的科学知识，经雕塑家的妙手，竟能如此生动形象地展现在观众眼前，真是匠心独运，别出心裁啊！而在我游览了清华园中的大部分雕塑之后，第三次过来欣赏“生之欲”时，竟发现它是唯一的以线条为主体的雕塑，而别的雕塑基本上都是由实心体构成的，我再一次领悟到了“生之欲”独特的魅力，那是一种用心才能感受到的简洁和轻盈之美。

在与其他同学交流的过程中，我发现并不是每个人的感受都和我一样。

有人对“生之欲”线条颜色的使用和搭配感到失望，有人对线条的排列方式感到困惑。当然，每个人眼中的“生之欲”都不一样，但是这并不妨碍我对“生之欲”美的理解。

每一座雕塑都有每一座雕塑的美，缺少的只是发现美的眼睛。其实，不仅仅是“生之欲”，清华园里还有更多的雕塑正等待着“慧眼”的我们去发现它们的美。朋友，让我们一起去探索雕塑之美吧！

凝固的风景

郝千越

在这校园里边，随处走上几步，就会看到路边的草地里面、建筑物的广场中间立着或形象或抽象的雕塑。有人物、有动物、有说不上来是什么的东西。雕塑家的艺术有时候太抽象了，看着这些雕塑久了，有时在路角看见一堆石头，甚至都要上去看看有没有标牌——是一堆随意堆放的建筑材料？还是新创作的雕塑作品？从中也看得出我对雕塑艺术的鉴赏水平还需要多多学习了，恰巧这次的清华学课程上，我们一起欣赏了校园各处的雕塑。

雕塑这种艺术形式，是绘画、篆刻等艺术大家族中平常的一员，也是完完全全不同于其他艺术的一种形式。雕塑常常摆放在室外，既不畏惧风吹雨打，也可以任参观者触碰——若是一个画家的作品，恐怕看画者触摸画面是他极不乐意的吧。同时，雕塑又是一种三维的艺术，尽管画作也可以通过高超的光影技法实现三维的错觉，但摆在那里的雕塑作品的的确确是有深度、有厚度的，正因为如此，雕塑往往能带来更多的想象、更多的可能。常规的艺术都是静态的、定格的——绘制一个画面、捕捉一个镜头……雕塑也不例外的是描绘了被描绘的物体一瞬间的定格状态——今天看、明天看，早上看、晚上看，它都是那个样子而不会动起来。然而，由于其三维性，空间的丰富也带来了更多时间上的可能，有好些雕塑作品在雕塑家的手里表现得如同动起来一般，观看者不禁会想象，之前它是什么姿态？之后他又会变成什么样子呢？如此这些，都共同组成了雕塑无限的欣赏与想象可能，共同组成了雕塑的无尽魅力。

紫荆雕塑苑的一角有一座名叫“惑鱼”的雕塑，尽管它的姿态不是众多雕塑中最优美的，甚至称不上是我最喜欢的，但是课堂上的讨论着实让我发现这座雕塑绝对称得上是最有意思的一处。不同于魏小明老师其他的几件作品有着明确无疑的意味，这个“惑鱼”着实“惑人”，描绘的究竟是什么让人迷惑不已。是渔夫对乏味生活的迷茫？是渔人在两条鱼之间难以选择？或是意指捕鱼者在鱼的力量下失去自我？所有这些，并无对错，仅仅是叠在一起，共同成为了这雕塑的可能性之一。纵使是魏小明老师来解释他创作的理念，这种原始创作理念仅仅是作为又一种重要的可能性融入其中，而无法从已经存在的可能中剥去任何一种，也即不能使得任何一个欣赏者失去其本身的想象与认识。

由此又想到关于雕塑正面与背面的问题，原先我以为雕塑是有一个正面的——如同画作挂在墙上一样——只有从这个角度看才是正确的欣赏方法。但经过这一方面关于可能性的思考，我发现，定义哪里是一座雕塑的正面是远远没有必要的。不同角度的欣赏、不同角度的想象同样作为可能性融入到雕塑的魅力之中去，这样看来，规定观察角度却是无端削去了众多可能性，削去了雕塑的魅力。

看这些雕塑、看这些凝固的风景啊，可能性是一种多么美好的东西！如同这世界、如同这人生，若是早已预知路将通向何处，若是一切都如同 1+1 一般确信无疑，世界恐怕要失去大半色彩了。雕塑如此，世界如此，正是这番凝固的风景的魅力所在。

室外雕塑赏析

覃健恒

如果说摄影是二维平面上的艺术，那雕塑就是三维空间的艺术。相比起摄影作品，雕塑可从任意方向欣赏，不同的方向、角度都能有全新的发现。因此对于雕塑的赏析，一千人眼中有一千个哈姆雷特，同一人也会在不同观赏角度产生截然相反的看法。

小班课中，我对魏小明老师的雕塑作品“惑鱼”尤其迷惑，相比起“后羿射日”“奋进”和“人间天使”的具体明确的意义，“惑鱼”从雕塑名字到雕塑给我的整体印象，给我一种云里雾里的感觉。“惑鱼”的整体形象是一人两鱼在海中浮游，人的运动方向和鱼相反，并用手抓住了其中一只鱼的尾部阻止其游动。雕塑人物形象生动，游鱼栩栩如生，就像是每个字都认识，但组合成一句话就读不懂它的意思。也许这个雕塑表达的就是“惑”这一概念，才会采用人们熟悉的人像和游鱼，但他们之间的关系又没有明确点出，才能让读者产生惑的效果，才能引发读者的多元解读。

雕塑是艺术创作的一种形式，既然是艺术，就不会拘泥于定式思维，而是采用多元化的表达方式。对于雕塑艺术家来说，把现实中已有的物品“复制”一遍，那只是无意义的重复。在创作自己的雕塑时，雕塑艺术家一定会倾注自己的思想、创造力、美学观点，使雕像拥有独特的灵魂，这也是雕塑能作为艺术赏析和美学研究的载体之一。

“惑鱼”雕塑借用了常见的人、鱼两种自然事物，将其巧妙组合创造出了惑的意象，也许是我用对待学术论文的观点来赏析雕塑，一定要弄明白雕塑各部件之间的内在逻辑联系，才会在疑惑的旋涡越陷越深。在赏析艺术类的雕塑时，不妨跳出学术的局限，用纯粹的艺术的多元化眼光来完成赏析这一步骤。就如同魏小明老师来解释他的创作理念，原始的创作理念仅仅是作为一种重要的可能性融入其中，而无法从已经存在的可能中剥去任何一种，也即不能使得任一个观赏者失去本身的想象和认识。“惑鱼”这一雕塑作品最大的特色便是创造了多元化的解读角度，没有完全正确，也没有完全唯一的解读，这是我悟出的一点点收获。

这节小班课给我的最大收获还是发现了校园各处的室外雕塑。这些雕塑隐藏在建筑的阴影、草木的间隙、日常的生活中，赏析室外雕塑是一种美的享受，至于美具体是什么，美学又是什么，待到下次小班课才能一探究竟了。

雕形，塑意

谭维熙

清华园里遍布着各式各样的雕塑，点缀着周遭的景色，抑或是成为了景观的主体，为清华园的环境增色不少。在这些雕塑中，有的写实、有的抽象，有的融入环境之中、有的跃然于其他景色之上，他们风格各异，其背后的故事也是丰富多彩。

看到这些雕塑，我们总是会问“这座雕塑是什么”，我们脑海中想到的每一个答案总是联系着一个我们所理解的作者通过构建这座雕塑来表达的主题：有的雕塑的主体和主题是明显的，大家对它的理解大同小异；而有的雕塑却是有着丰富的想象空间，每个人对它的理解各不相同，甚至一个人对它也有着多种解读方式。对于后者，我们经常难以达成一致的看法，这或许会让人感到遗憾：对这个雕塑主题的探索竟没有一个普适的解、没有一个“标准答案”，这或许也会让人心生“要不我们去问问雕塑作者”的想法，但是，作者的想法就是正确的答案吗？当观众的理解与作者的理解相背，是否能说观众“错”了呢？又或许这种“错误”才是艺术的魅力所在吧。

一件艺术作品首先诞生在作者脑海中，然后经由他的手将脑中的作品复现在现实世界，观众通过观看现实世界里的作品在自己的脑海里得到了他所认为的作品，这个过程依次产生了三种作品。当作品从作者脑中到现实世界，作者的创造过程或许会有些许意外，炼制青铜时的温度、冷却成型时间的把控，种种过程都可能会使成型的作品与作者脑海中的想法有所偏差，这些扰动让现实的作品带上了“上天的旨意”，有了不确定的美。而现实的作品到观众理解的作品，又添加了观众的个人经历、审美的区别，这一过程中甚至观众会进一步将作品美化，最终使得作品有了多样化的有个性的美感。有了这些意外与变化，或许艺术才成为艺术，否则毫无起伏的制作过程与千篇一律的审美造就的不能称其为雕塑，而应叫作工业制品了吧。

如此一想，或许曾引发我们讨论的“惑鱼”其魅力就在于其“惑人”吧，这让它有了一种捉摸不透的美丽，纵然它静静地伫立在紫荆雕塑苑，在时间流淌里静止不动，却依然有着千变万化的魔力，让我们久久思索。

让雕塑说话

齐志超

随着课程的推进，我越来越对清华园的神奇感到崇敬了。

园子里的雕塑也是园子里的风景之一。在此之前，我并不知道清华园里有这么多的雕塑，有些还是出于名家之手；也不知道紫荆雕塑苑的存在；更不知道雕塑的艺术以及欣赏雕塑会带给自己怎样的感受和体验。

这次的寻雕塑之旅，我发现了很多有意思的雕塑，有的是写实的，大部分是人物，每个雕塑都十分生动，就像和某位名人面对面交谈一样。有的是抽象派，比如“求胜欲”之类的雕塑，但只要愿意细细思考创作者创作雕塑时的想法，就能走进作者的精神世界，这种艺术上的共鸣是令人愉悦的。

在众多的雕塑作品中，令我印象最深刻的数曾成钢先生的《精神不倒海明威》了。曾先生是温州人，现任中国美术家协会副主席、中国雕塑学会会长、清华大学美术学院教授。他说：“我要让雕塑说话。”这座雕塑确实做到了这句话。

海明威是小说《老人与海》的作者，书中的主人公名叫圣迪亚哥，是个贫困的老渔夫，他年迈体衰但仍有年轻时坚韧、勇敢、好胜和自豪的性格。他已经 84 天没捕到鱼，第 85 天他又驾起独木舟只身到深海捕鱼，终于捕到一条比独木舟还长的马林鱼，这条鱼拖着船走了两昼夜，挣扎着要逃脱。老人忍着饥饿和伤痛全力搏斗，终于制服这个强大的对手。返回途中他与数条鲨鱼遭遇，与其展开殊死搏斗。最后回到家中，但却只剩下巨大的鱼骨了。虽然老人失败了，但是老人的精神却鼓舞了很多人。

这座雕塑之所以叫《精神不倒海明威》，而不叫精神不倒圣迪亚哥是因为作者海明威也是一位真正的勇士，曾在第一次世界大战期间被授予银制勇敢勋章，《老人与海》中的老人也是作者勇敢精神的化身。曾先生的这座雕塑将海明威先生的威武气场表现得淋漓尽致，身后巨大的鱼骨架也成了勇敢精神的象征。

除此之外，我喜欢这个雕塑是因为其中的一个设计让我很喜欢，那就是海明威中空的胸口。于我而言，这是这座雕塑最具灵魂的地方。中空象征着通透，老人正因为心中的那份通透和执念才会踏上不知归期的捕鱼之途。海明威正因为心中通透才能创作出如此惊世骇俗的作品。曾先生也正因心中通透才能让这座雕塑真正开口说话。通透，或许就是人之在世的至高之理了吧。

争议之下的雕塑美

王　山

在各种各样的艺术形式中，雕塑恐怕是最容易陷入争议的一种。这可能与雕塑本身的表现形式有密切关系。由于体量较大，一件雕塑品带给人的视觉冲击远比其他艺术强得多，所谓“仁者见仁，智者见智”，每个人对美的定义都不同，雕塑吸引的目光越多，就越容易产生争议。

所以魏小明先生感慨，作为雕塑家，他们从来体会不到作品完工时那种如释重负的感觉，因为从翻模到最终成型，还需要经过相当复杂的程序，其中任何一步出现差错，都可能导致最终的效果跟预期大相径庭。而且，作品公开展示后能否被大众接受还是未知数，有些争议甚至会在数年后，在某一偶然事件的触发下出现。

因此我认为，那些敢于将自己的作品公布于众的雕塑家都是真的勇士，他们明知会有人批评，有人反对，但还是选择把评判的权利交给大众，期待能够遇到理解作品内涵的知音。从这个角度说，对待那些负责任的雕塑家，即使我们不喜欢他们的作品，对他们的风格有意见，也应该首先表达出自己的敬意。

清华园里分布着近百件雕塑作品，历届校友捐献的和“纪念清华百年校庆雕塑展”后部分作者自愿永久留在清华校园内的占绝大部分。前者往往比较直观，容易理解作者的创意，后者则多为现代抽象派作品，每位观者都有自己的解读。

听了魏老师在雕塑方面的见解后，我开始留意起这些曾经习以为常的作品，也的确有了一些新的感悟。

在我看来，雕塑的美可以分为很多种，比如对称美，对称体现的是人类对完美的不懈追求，美在带给人们的视觉舒适感。然而，正如魏老师所言，自然界不存在完全对称的事物，因此许多经典雕塑故意追求不对称，通过变化刺激感官，形成视觉张力，即为不对称美，有的甚至追求刺激感更加强烈的残缺美。平衡也是雕塑中比较常用的表现形式，这类作品往往用几个点或者一条边支撑起整座雕塑，在巧妙之中体现出平衡美。除此之外，还有尚武民族钟爱的力量美，这类作品以男性形象为主，往往运用细致流畅的肌肉线条造成视觉冲击，展现出力量感。而对于一些抽象派作品（《地平线》《福寿禄》《骑士》《星光旅行者》），我就常常感到不解其意，猜不出雕塑本身与名字的联系。

虽然有的雕塑让人很难理解作者的创意，但我仍然认为，一位有责任感的雕塑家绝不会以很随便的态度对待他的作品，那里面一定融入了他的思想和情感。因此，我们不应该轻易否定他们的成果，而应该从了解他们的人生经历入手，揣摩他们的创作风格，探寻雕塑背后的故事，以期获得一种全新的感悟。当然，每座雕塑都不可能做到完美，对于它的不足之处，我们应该提出自己的看法和意见，前提是，我们尊重雕塑家，同样也尊重他们用心完成的作品。

造物，有灵且美

王昕睿

这周四的《清华学》，又是一堂让人在校园里东奔西走、寻寻觅觅的课，这十几座雕塑，或立于开阔的广场，或藏于偏僻的角落，转了一圈下来，除了手机里的数张相片，心里也颇有收获。

先谈谈人物雕塑。我最不喜欢的是“孔子”，在我这个外行看来，这座孔子雕像实在是平平无奇，全中国的孔子雕像大抵有八成都是这个模样，端着“至圣先师”的架子，看得多了很难不产生审美疲劳。而其他的几座我都很喜欢，手持烟斗的闻一多、荷塘边的朱自清、守望着西操场的马约翰、意气风发的国学院四大导师，当我站在那里看着这些雕塑，恍惚中似乎时空交错，百年前的人就出现在面前，雕像虽是死物，但它们表达的人是有神的、是灵动的。

其他雕塑里，《生之欲》和“人间天使”是我非常喜欢的，可以说是一见钟情。《生之欲》的创作理念是基于科学和艺术的结合，设计中化用了蛋白质的结构。第一眼看到，我就觉得这仿佛一只破茧而出、振翅欲飞的蝶，流畅的线条极具生命的张力，不需要了解雕塑的名字也能感受到创作者传达的蓬勃生机；至于“人间天使”，一位背生双翼的天使立于斩断巨蟒的利剑之上，昂首向天，仰头看向这座雕塑时，它恰好沐浴在金色的日光中，阳光为天使披上了圣洁的光辉，令人肃然起敬。

当然，还有一些雕塑看得我云里雾里，比如《互动装置》和《黑洞与白洞》，也许是我艺术素养不足，我着实是看不出艺术家的意图，而这就让我开始思考一些有趣的问题，雕塑是怎么向人们传递创作者希望表达的信息呢？不能让人理解创作者意图的雕塑是否就失败了呢？一千个人眼里有一千个哈姆雷特，那是否“一千个人能看出一千种不同理念”的雕塑就更优秀呢？这些问题自然不会有什么标准答案，但闲暇时胡乱想想倒也蛮有意思的。

从课上大家对自己喜欢或不喜欢雕塑的分享，就能看出审美确实是非常主观的事情。这个人喜欢的也许恰恰是下一个人讨厌的，有人欣赏简洁，就有人赞成繁复，而我一直觉得，审美确实是非常私人化的体验，很多时候自己觉得好看就足矣，不必过于在意他人的看法。至于“什么是美”是否或者说应该有一个大众标准等问题，就是下节课该讨论的了。

雕塑之思

唐天映

什么样的雕塑才是美的？这或许是一个没有标准答案的问题。审美的过程本身就是一个主观行为，是观众与这一艺术作品直接交流的过程。同学们对雕塑的喜好各执己见，也是理所应当的事。雕塑的色彩、形态、理解难度、与环境的契合程度等，都是影响观众评价的因素。有的人喜欢单一色调的雕塑带来的整体感，有的人喜欢多元色彩的雕塑带来的多样化；有人喜欢直观而拟真的雕塑，让人一眼明白作者的想法，有人喜欢抽象或反常的雕塑，给人一种神秘的感觉。艺术家在创作雕塑时，往往会将自己想表达的观点融入雕塑作品中。当这种观点被观众理解并产生共鸣，观众就能体会到“美”的感觉了。因此也可以说，审美的过程是观众与艺术家间接交流的过程。

我们课程所欣赏的雕塑，都是摆放于室外的大型雕塑，自然地我们便会将雕塑与环境结合起来。以朱自清先生的雕塑为例，先生悠闲的坐姿与荷塘的契合，很容易让人联想到名篇《荷塘月色》，进而将名篇中荷塘边宁静幽雅的感受更进一步地传达到观众的心里。这是单从一座先生的雕塑上所体会不到的。再说“后羿射日”，作者用粗犷的线条塑造了一个健壮的弓箭手形象，而其大弓面对东方向上，让观众一目了然这是神话故事中射下九个太阳的英雄人物后羿。试想若将这尊雕塑朝西摆放，沿着弓所指方向望去，视线在艺术博物馆的东面便会受阻停下，也就体现不出他是射日英雄了。

雕塑是否有正面？这个答案或许取决于作者本人，雕塑“人间天使”便有一个很好的正面，盘踞的蛇有一个正面（即蛇头）、竖立的剑有两个正面、坐立的天使有一个正面，因此可以很好地确认其南面为正面。而对于“生之欲”“黑洞与白洞”，其环形的结构就很难让人确定一个正面了。

惑鱼，惑人，明己

杨丹龙

周四中午天空灰蒙蒙的，不知是因为云还是因为霾。我们一群人来到艺术博物馆东边的“后羿射日”旁，以此作为起点去参观魏小明教授的作品。清华校园中有四座魏教授的雕塑作品，分别是“后羿射日”“人间天使”“惑鱼”和“奋进”。那天的光线还好，并不是很强烈，挺适合观赏雕塑的。

魏老师的作品基本都是靠想象完成的，想象基于现实。因此，魏老师的作品主要以写实为主，不是那种看得见的写实，而是那种看不见的写实。在写实的框架内又加入了一些夸张的元素。

“后羿射日”，后羿左手擎弓，右手开弦，全身之力凝聚于一支神箭之中。初见这个雕塑，我感受到了蓬勃的力量。后羿站立在山崖之上，身体后倾，全身肌肉线条丰满，箭指东方，或许太阳见了也会害怕。而脚底下的山崖基底棱角分明，同人体的曲线形成对比，自然的规律与人体的美感共入一景，相互抗争。或许，作者想体现的就是人与自然的对抗吧。

“人间天使”整个雕塑上部为一写意的白衣天使形象，用线条的流动性来表达白衣天使的崇高形象；下部分是一把剑和一条被斩断的蜿蜒盘旋的蛇，寓意着战胜病魔。整个雕塑十分柔美，白衣天使右手托起，抬头望着天空。从某个角度看，天使似乎托着太阳，这是否象征着她为人间带来了光明与希望，又或者她在缅怀已经逝去的生命。

“惑鱼”是最难懂的雕塑了。整个雕塑的内容是一个人与两条鱼，区分不清到底是人抓住了鱼，还是鱼困住了人。于我的理解，雕塑中的人脚踩着一条鱼，手抓着一条鱼，两条鱼反向游着，人似乎两条鱼都不想放弃，但又无法全都得到。这是否也表示着人在人生的十字路口面前会表现出疑惑和迷茫，会举棋不定。当然，一个能给观者以无限想象的作品才是一个好作品，而魏老师成功地做到了这一点。

在我的眼中，“惑鱼”无疑是一件好作品。现在的我仍无法理解这件雕塑的含义，可能是人生的阅历不够，惑鱼，更确切地说是惑人。在未来的某一天，站在惑鱼面前，或许就会理解其中的意蕴，明己才能不惑。

凝固的音乐

王浩宇

美学家将雕塑称作“凝固的音乐”，我认为这个比喻再恰当不过了。雕塑大多是雕塑家为了美化环境或者表达某种纪念以及寓意而创作的观赏艺术品，使用的一般是一些固体可塑的材料，常见的如石膏、木材、石头、金属等。从物理层面来说，雕塑自创作完成后便基本固定了下来，不会有太多形态上的变化。因此雕塑是一种“凝固”的艺术，有一种不变、永恒的意味在其中。但是作为艺术品的雕塑，在雕塑家完成其创作之后，其生命并不是结束，而是才刚刚开始。观者在不同的时间、不同的角度欣赏雕塑，从雕塑的线条、构型、光影等方面感受雕塑带来的艺术性，和雕塑创作者达到某种情感上的共鸣。观者感受到的艺术性往往是多样化、充满可能性的，这正是雕塑灵动性的体现，和音乐有着异曲同工之妙。因此不难得到雕塑是“凝固的音乐”，是动和静艺术的结合。

在课上，我们首先观赏了魏小明老师的“后羿射日”雕塑。后羿是我们熟知的中华神话人物，是力量和正义的化身，受到后人敬仰。鲁迅在《且介亭杂文》中写道：“凡是绘画，或者雕塑应该崇敬的人物时，一般是以大于常人为原则的。”“后羿射日”正是符合了这样的原则，其体型远大于正常人，在视觉上给人一种高大威猛之感，那种英雄般的形象便留在了我们的脑海之中。走进雕塑，能够明显看到后羿手臂肌肉上的青筋，刻画得十分细致。后羿左手紧紧握住大弓，右手用尽全力拉弓，双脚踏在一块巨石之上，目光朝向远方，颇有一种蓄势待发之感，仿佛屏息之间手中的弓箭便要脱弦而飞，直射太阳，气氛十分紧张。站在远处观望，阳光洒在了后羿的身上，千年前后羿射日的场景仿佛出现在我们眼前，后羿的英雄形象也显得更加高大。魏小明老师的“后羿射日”雕塑仿佛一首英雄史诗的交响乐，让我们感受到中国先民征服自然的力量与勇气。

“人间天使”也是魏小明老师一件杰出的作品，创作于 2003 年的“非典”时期。17 年过去了，在今天我们依然能够感受到雕塑所展现出来的白衣天使舍己为人、无私奉献的精神，在今年新冠疫情十分严峻的情况下更是如此。和“后羿射日”相比不同的是，“人间天使”以女性的形象来展现医护人员的伟大，而不是像“后羿射日”使用强壮的男性形象。雕塑中，一个柔美、纤细的女性坐在高高的铜柱之上，头上仰望向天空，右手指向远方，仿佛一位天使降临人间，给人们带来生的希望。在我看来，整个雕塑中最为巧妙的是铜柱，铜柱的出现让观者和天使在空间上增加距离感，使得天使更加神秘，神明的形象更加鲜活，也更能烘托出全国各地奋战在疫情一线的医护们如天使一般伟大、高尚。“人间天使”雕塑仿佛一首为全国各地奋战在疫情一线的医护所创作的圣乐，抒发与寄托了对医护们无私奉献精神的崇高敬意。

除了“后羿射日”和“人间天使”，魏小明老师创作的“惑鱼”同样给我留下了深刻的印象。在看了前两个雕塑之后，我们都能比较明确地感受到创作者所要表达的情感或是寓意。但是，在看了“惑鱼”之后却如它的名字一样，让人感到十分的困惑。究竟是人抓住了鱼，还是鱼拖着人走？同学们互相交流自己的看法，但是没有得出一个统一的结论。似乎我们并不能和作者通过这件雕塑产生情感上的共鸣，那么这意味着这件雕塑就是失败的作品吗？正如杨老师所说的那样，这显然不是一件失败的作品，反而这是一件十分成功的雕塑。因为雕塑艺术和科学不同，科学是建立在一系列确定性的结论上，而艺术则是充满了不确定性，会留给观者很大的思考空间，这正是艺术的独特魅力所在。

除了这三件雕塑以外，清华园里还有着大大小小的数十座雕塑散落在园子里，给整个园子增添了艺术的气息。苏轼在《记承天寺夜游》中写道：“何夜无月？何处无竹柏？但少闲人如吾二人者耳。”在风景如画的清华园里，我们应当偶尔停下繁忙的脚步，去品味那些隐藏在校园中的艺术与美。

理解雕塑

韩　策

伴着初冬的暖阳，骑车绕过半片园子，欣赏了魏小明先生留在清华的几座雕塑以及雕塑园中的其他一些雕塑作品。

文章的开篇自然要从“后羿射日”讲起。曾经对雕塑的印象，也就只是简简单单的观看，从来没有什么所谓的观赏甚至是欣赏，只将其视为风景，并未当作过艺术。今天自“后羿射日”起，才真真正正地体验了欣赏一件艺术作品的感觉。要远看，品读“后羿射日”的外形、动作以及了解它的背景。要细看，品味肢体、神情等细微处的精细雕琢，观摩材质、纹理、线条这样的匠心用处。正看，侧看，每一个角度，都有着其独有的味道。尤其是在拍照的过程中，老师提供的一个角度，让后羿的箭，对准天空的太阳，那种故事场景，那种雕塑的情怀，仿佛一下子活灵活现，这尊雕塑为何而存在，为何如此摆放，这一切的原因，仿佛也一下子呼之欲出。

可能欣赏一件艺术作品的魅力就在于此。当你有了自己的理解，认为自己看到了雕塑想要传达的东西，理解了雕塑的精神，那种欣喜的感觉，是无以复加的。

联想到课上的一个问题：假如一件雕塑作品，让大家都无法理解作者的意图，那他是不是一件失败的作品呢？写下这篇总结，忽然好像有了答案，可能艺术真正的魅力并不在于作者的表意究竟为何，真正的魅力，就是让欣赏作品的人，可以有自己的理解与看法，可以在某一个时间，忽然获得自己的欣喜与感悟。为什么这不是艺术真正的魅力呢？给人以启发，给人以思考，给人以欣喜，给人以感悟。所以，一件艺术作品究竟是成功与失败，也许不应该用它是否可以让人们理解作者的意图来评判，而应该用它能否给观赏者带来启迪来评判吧。

初窥雕塑艺术

闫子儒

伴随着清华学课程的深入，清华的形象在我眼中愈发立体了起来。我在上一篇文章中化用以前同学的比喻说，清华园就像一座城。如今游览了校园雕塑景观，这座大学作为城的特质似乎更丰富了起来。

从前的我，可以说基本与视觉艺术绝缘。除了偶尔闲暇之时会拍拍照片以外，像雕塑这样的艺术形式似乎与我完全没有交集，故而我对园子里的雕塑往往都是“好像是有这么一个，但我从来不会去看”的态度。但在课程前阅读了前人的感悟并实地浏览了一些雕塑作品后，我算是一只脚迈进了雕塑艺术的大门。学校中的雕塑虽不争鸣，却也掷地有声。人物雕塑如朱自清先生，于游园中清心寡欲；如闻一多先生，于教室旁振臂高呼。更有国学四大导师，走近前去，仿佛能听到来自百年前的谆谆教诲。作为一个门外汉，显然无法从专业的角度去评价这些作品的优劣，但用心去感受，还是可以看见老学长们似乎鲜活了起来，个性迥异的他们都在向我们诉说清华的精神。雕塑艺术也许就是这样，通过雕塑，创造跨越时空的联结。又很难不赞同一位同学提出的，朱自清先生的汉白玉雕塑与闻一多先生的花岗岩雕塑，材料的不同俨然透露出人物的不同性格，由此，雕塑艺术的那种严谨与多元就显而易见了。不同于绘画与摄影那几近静态的画面，雕塑天生就要“动”，动在与观众的互动，动在与环境的结合、与气象的结合。就像朱自清像置于荷塘边而“后羿射日”坐落在宽阔的草坪上，很难想象若将它们与环境剥离，会失掉多少魅力。而夜雨中的朱自清像，烈日下的“后羿射日”，显然又会赋予这些作品不一样的含义。

提及“后羿射日”，就要提及这次游览的重点：魏小明教授的作品。欣赏一个人的雕塑作品，显然与欣赏文学作品一样，知人论世，以意逆志。在课前阅读资料和一些网络访谈中，可以了解到魏小明教授的艺术求学经历，这对欣赏他的雕塑作品有着不小的帮助。“后羿射日”这件作品，充满了西方雕塑艺术的风格，那粗壮的线条和一头卷发，显然与我们认知中的后羿形象有些出入，但这却并不影响这件作品的完成性。后羿以一个夸张的姿势，拉开那夸张的弓。他的后背略弯，仰视天空，仿佛下一秒他的箭矢就会离弦绷出，射向遥远的太阳。他也许看起来不像弓箭手赫拉克勒斯那般孔武有力，但那高昂的头颅和不屈的身躯，显然诉说的是属于中国人自己的神话。那种昂扬奋进、不畏未知的精神，仿佛随着刻刀一笔一画地刻入了这件雕塑之中。同样作为魏老师作品的“人间天使”，一样具有浓厚的故事性。空中盘旋的天使张开轻柔却有力的双翼，她的脚下是一把坚韧的剑，斩断象征病魔的蛇。魏老师用雕塑作品诉说了一段中国乃至世界的艰辛故事，把对白衣天使的爱与憧憬刻进了原本冰冷无情的金属之中。这也许是雕塑艺术的特质。它们没有文字，没有声音，却又可以讲述一段故事，孕育一种精神。当观众站在雕塑面前静静观赏，这座雕塑仿佛就在时间和空间上展开了，把观众包裹进去，让人流连忘返。

但或许雕塑的艺术仍不仅仅局限于此。同样是魏小明老师的作品的“惑鱼”，好像让人有些摸不到头脑。看起来像一个人抓住了一条鱼，又好像这个人被一条鱼拖着滑行。不同的人对它会有迥乎不同的理解，这或许也是雕塑艺术的特质，抑或又是艺术的特质、美的特质。一千个人心里有一千个哈姆雷特，就像杨老师课上提出的，他认为可以创造出多样理解的作品才是佳作。当我们作为观众站在雕塑前时，我们也许也成了这件作品的一部分。只有当我们完成了对它美的审视后，这件作品才是真正意义上被完成了。

我在课前曾想过一个问题，清华园是一所大学，它为什么会有这么多的雕塑呢？阅读材料中一位同学的话我认为再好不过了。就像紫荆雕塑苑存在于清华中，它内含了风格大相径庭、讲述的故事也各有所重的雕塑作品，就像这座园子一样，包容又充满朝气。与雕塑对话，何尝不是与自己对话？漫步在雕塑园，金黄的落叶为石板路平添了几分秋色，让时间都放缓了下来。在清华这样一座城一样的园子里，一切皆有可能。

雕塑，让我们不再沉默

张鹤龄

每当我站在雕塑前，总会想起那句哲学的名言：“对无法言说之物应保持沉默。”也许正是雕塑，让我们不再沉默。

回想清华园里的雕塑，印象最深的是艺博前那座《莲》。奇异的外形全然不似真正的莲花，却灵动多变，富有生机，给人风中摇曳之感；莲上大大小小的半球形，在阳光下反射着奇异的光芒，与真正的水滴大相径庭，却又令人忍不住联想到夏日雨后初晴那带着水珠的荷花；更令人称奇的是别具匠心的水池，巨大雕塑映照其中，给人久久的艺术震撼……见过太多莲，但总觉得真正的莲，却是这人工的、不锈钢制的、最不像莲花的这一朵。它抛弃了莲的外形，却引导人们，让各自的莲花开放在想象之中。

魏小明老师的“惑鱼”亦让我感触颇深。如果说《莲》是形状的隐喻，那么“惑鱼”便是故事的隐喻：那个手擒一鱼、脚踏一鱼，似冲浪于海上的人，正在经历着什么？他擒住一鱼，是想获得什么？脚踏一鱼，又是想去向何处？我们人生中的鱼又是什么呢？我们是已经错过了它们，还是等待着与之相逢……站在雕塑前，忍不住便有了各式各样的疑问，而后有了万端思绪。恰似《老人与海》里的那条大马林鱼，它原本是什么并不重要，重要的是，它是读者脑海中的那条鱼，那个故事。

雕塑不是无法言说之物，恰恰相反，雕塑的存在是为了让我们表达。只有我们的想象被雕塑激活，我们才能想起表达原本远离日常生活的事物，表达原本不存在的事物——表达无法言说之物，从而真正拓宽我们认知的空间。

人心的艺术

黄世云

我们常说最伟大的艺术发生在自然的身上，但是在这最后一次的清华学课堂上，我却更加认可最高的艺术居于人心之中。无论是课上所学习的魏小明老师的三件雕塑作品还是与大家在这个移动课堂相遇相知的缘分，都是一种人心的艺术。

“远古十日并出，生灵涂炭，后羿上射九日，下斩妖魔，深受百姓爱戴”，魏小明老师的“后羿射日”将远古神话传说中的英雄用自己的想法表现了出来，流畅紧致的肌肉线条，箭在弦上的蓄势待发，力量的美感在这一件作品身上被表现得淋漓尽致，英雄主义的激荡使得后羿身上蕴含的民族传统文化基因展现在我们眼前。再到生于“非典”的“人间天使”，这座塑像不仅有女性的柔美正面展现天使，更有被利剑拦腰斩断的、象征着人间邪恶势力的巨蛇从反面展现天使守护人间凡民的心怀。如此一座意在记录抗击“非典”英雄事迹的塑像，在听涛园西侧矗立，其实也何尝不是矗立在我们的心间呢？新冠肆虐，无数医护人员英勇逆行，以凡人之躯行天神之作为，从死神手里夺回了一条又一条的生命，这不就是魏老师的“人间天使”的再次呈现吗？我们学习的最后一座雕塑是魏老师的“惑鱼”，乍一听这名字便有几分奇怪，如何惑鱼，谁来惑鱼，为何要惑鱼，一连串的问题便不由自主地蹦了出来，原以为见到雕塑，这一堆问题便会解决，但事实是雕塑非但没有给出答案，反而以其奇异的造型给我留下了更多的疑惑——这个人在做什么？这个塑像想表达什么？问题接二连三，但却不会有一个清晰的答案提供给我。但其实真正的艺术更在于没有标准答案的多元化理解与思考，这是一个思维自行流淌的过程。其实早在“母育子”的课堂上，我便对这一点深有体会，不规则的花纹与颜色变化，让人不禁想要寻找背后的变化规律，而对于艺术的欣赏便在这样的思想之旅之中逐步深入。私以为，对于未知的思考才是艺术作品的最高价值，单将自己的观点展现给观众的只是宣讲家，不是艺术家。

其实这堂课不仅是雕塑，更是结课的一个终点。感慨缘分的奇妙（其实早在“地质之角”那一课便有所感悟），忘不了开课那个下午淋的雨，忘不了在王国维纪念碑时头顶跳跃的小松鼠，忘不了校河一课上在水木清华对面的瀑布玩水时回忆起小时候在家常在河边溪边玩水的感慨，太多的忘不了，这个特别的课堂承载着太多关于我与园子刚开始的记忆，在极其不适应难挨的开始阶段，这堂课上的愉悦带给了我当真是心灵上的抚慰，也增进了我对园子的了解。

一段缘分，一寸思考，一座园子，一行人，这也许就是清华学。

雕塑：直撞心灵的个性之美

王　霞

我一直很喜欢雕塑。它们或具体，或抽象，或生动逼真，或寓意深远，无论是哪一种，都以独特的方式传递着一种直击心魄的美感。每次欣赏雕塑作品，都是带着迎接惊喜的心情寻找镶刻在细节里的闪光点，就像咬下一颗爆浆果糖，从果浆爆满舌尖到弥漫口腔，每一刻都满怀欣喜。这次跟着大家一起欣赏了清华校内的三座雕像，我更是感受到了一种直撞心灵的个性之美。

我们首先参观了位于美术博物馆外的“后羿射日”。这一片人并不多，空旷的草坪和雄伟的建筑让这里独具一种艺术的气息。“后羿射日”像就位于博物馆外右侧。初看，便有心头一惊之感：那昂扬傲立的姿势，那紧致结实的肌肉，那如炬如钩的目光，还有那把顶天立地的长弓，都让人怀疑下一刻后羿就要拉弓，把天上最后一轮太阳射下。我特别喜欢一位同学对后羿像的评价，后羿就像千千万万的英雄一样，永远顶天立地地站在前方，却把背影留给了后人。从这个角度看，魏小明老师以侧身形式放置雕塑，是否也独有深意呢？

接着，我们来到了听涛园西侧，参观“人间天使”雕塑。虽然同为魏小明老师的作品，但这件雕塑给人的感觉却完全不同。这是一件更加抽象、也更具深意的作品：高高耸立的长剑，寸寸斩断的毒蛇，还有在剑柄处坐着的天使，正演绎着一场全力以赴战胜病毒的生死之战，是用大爱为生命赢得的一束圣洁之光。尤其使人印象深刻的是，位于最高处的天使并没有以居高临下的姿态俯视世人，而是微微抬头，目视远方，仿佛在以一种轻盈之态昭告世人：苦难已经过去，胜利已经降临，只要满怀希望，前方仍然会一片光明。

最后，我们参观了紫荆公寓附近的一座雕塑“惑鱼”。前面的两座雕塑或抽象或具体，至少我们还能看出它们要表达的内涵，但这座“惑鱼”像，从名称到雕塑本身，都让人摸不着头绪。它展现的是一个呈仰躺态的人，只见他手中抓着一条鱼的尾巴，脚上还踩着一条鱼，伸手的动作似乎打算去抓。

正当我们迷惑于这座雕塑的内涵时，杨老师却告诉我们，这三座雕塑中，他最喜欢的正是这一座，而原因，正是因为这座雕塑让人“看不懂”。因为看不懂，所以没有标准答案，每个人都可以有自己的理解；因为看不懂，所以每个人都可以在欣赏时找到雕塑与自己心灵的契合点；也正因为看不懂，观赏者才能突破理性之羁绊，于朦胧中直触一种冲击心灵的精神震撼。我恍然大悟，原来除了理性之美，感觉上的个性之美也可以闪闪发光。

参观雕塑，欣赏雕塑，不只是在感受美，更是在塑造对美的认知，培养发现美、体悟美的能力。若是能擦亮双眼并时时保持一颗对美的敬畏之心，处处都有直撞心灵的个性之美。

凝固与灵动

陈颖思

凝固的雕塑，却迸发出灵动的韵律与节奏。这是我经过一节课的观察、欣赏与讨论得出的最大的感想。除了建筑外，雕塑是另外一个让我在静止中感受到动态的物品。

雕塑，穿越中西，跨越历史，让我又再次理解了“艺术不分国界”这句话。看魏小明教授的“后羿射日”，能感受到后羿身上勃发的英气与美感。看图片上的《弓箭手赫拉克勒斯》，也能感受到弓箭手身上蕴藏的勇气与力量。可细微观察，又发现了两者的不同。后羿的肌肉线条并不过分夸张明显，似乎藏了东方人的内敛与含蓄；赫拉克勒斯的肌肉线条却明显而流畅，好像也展现了西方人的热情奔放。艺术家的个人特质，在细枝末节中悄悄地透露。

一路走来，见过这么多的雕塑作品，最触动我的，还是那座矗立在听涛园广场的“人间天使”。那天我从图书馆出来，走到小广场上，抬头一看，就被这座雕塑吸引住了。走进一看介绍，不知为何，就有种热泪盈眶的感觉。

人类打开了潘多拉魔盒，病毒如毒蛇一般攀附着所有人的身躯，灾厄降临，可潘多拉魔盒最终出现的，还是希望。那是人间天使带来的希望，她手持利剑，斩断病魔，留给世人平安与静谧。想起如今肆虐的病毒，想起年初在家中等待时焦灼的心，想起每天关注着的疫情，想起为抗疫做出贡献的医护人员。天使生而有翼，却甘愿为地上的人们，归于大地。

来到紫荆雕塑苑，“惑鱼”又吸引了大家的关注。这座雕塑是魏小明教授几件作品中唯一一件不曾写明立意与意图的作品。于是众说纷纭，“惑”在哪里？为何是“惑鱼”？我看着它，却无端想起了鲲鹏，又想起了海明威。零碎的意象随即闪过又消失不见。雕塑艺术的具象固然美丽，抽象表现却留下了更多的空间，供人想象和肆意书写。如传统中国画中的留白，画三分，留七分，留下的白，才是艺术延伸的更多意义所在。

雕塑，具象化与抽象化，实体或精神，都不妨碍它在静止中透露出灵动。也许灵动于人物的预示动作，也许灵动于传达的未尽之语。创作者未曾说完的话，让观众接着延续下去吧！

镌刻心灵的艺术

石家豪

雕塑，从最初的祭祀，到纪念，再到抽象艺术的升华，雕塑变得越发富有想象力和欣赏价值，抽象的形状与线条似乎捉摸不透，却恰恰能够让每一个观赏者在其中看到自己的影子。就像文学作品一样，优秀的文字不是表达得多么清晰，而是能让每个读者产生共鸣，深入心灵，这才是文学作品真正的成功。雕塑也是一样，我们并不是为了表达雕塑师的什么意愿，而是真正在其中读出自己的解释，看到我们所希求看到的，这便算是雕塑的成功了。

这些道理是我在这次课程中才领悟到的，抽象的雕塑并不是莫名其妙的阳春白雪，当我们仔细端详思索它的细节、结构、线条，我们就会看出些什么，或许是你的简单联想，也可能是我们的一些期待，总之是我们自己的经历与思想给了我们答案。当我们在看“惑鱼”时，有人看到了选择，有人看到了挣扎，有人看到了欲望，有人看到了荒诞，艺术没有标准答案，我们每个人所读懂的内容，就是艺术所要传达的真谛。

艺术的内涵也缺少不了美。或许当我们浮光掠影般看过雕塑后，心中毫无波澜，但我们仔细去观察其硬朗或光滑的线条，观察其协调匀称的结构，慢慢就能体会到透过坚硬外壳流露的柔软的美，可以是强烈的视觉冲击，可以是柔美的丝滑体验，是震撼，也可以是静好，是沉思。透过雕塑的棱角，你甚至可以想见雕塑师创作的时候那种细致入微的润色，想见一点点碎屑落下，一个饱满而流畅的形象就从手下雕琢诞生，甚至你会与之共享这份喜悦，这份美的欣赏。

雕塑本身更多的意义在于传递，传递一份美，传递一份情，镌刻好的雕塑，带给每一个欣赏者一次次心灵的镌刻。这个艺术，和许多别的艺术一样，不在修工艺技巧，在修心。

六　争奇斗艳

——植物

导语：

清华园就是植物园，有七百多种植物，数量仅次于香山植物园。生物系王菁兰老师的专著《水木湛清华：清华大学校园植物》记载了植物普查和分布，图文并茂，是清华园植物的权威“导游图”。植物除了绿化功能，还能提供生物知识和视觉享受，让人长不少见识，增很多乐趣。

欣赏清华园的植物，最好的时间显然是春秋两季。春天来了，各种花卉次第开放，争芳斗艳，也为植物识别提供了机会，其中校花紫荆和丁香是当之无愧的公主。一夜秋风，树叶开始变红变黄，将整个校园装点成五颜六色。据说清华园位居京城“十大银杏观赏地”之列，金黄的银杏格外引人注目。事实上，爬墙虎也不甘落后，攀墙上树，展现着自己的风采，让路人惊叹。此外，夏季的荷花，冬季的腊梅，也在满目葱绿或万木凋零之中，彰显着独特的魅力。

校庆前后，学生社团植物协会的同学们会志愿讲解植物识别和花卉鉴赏。在花前，在树下，一个小老师认真讲着，几位新同学认真听着，是校园最为靓丽的风景线。

植物配置：

游园区突出其文化性　清华大学的游园主要有“近春园”“水木清华园”和“北院”，三个园要么依山，要么傍水，各具特色。但总体上讲，主要突出的还是其文化性。

园内的名人塑像及其周围的植物配置渲染了文化氛围。如“近春园”中的吴晗塑像被淡绿色的早园竹包围，背靠土山，高大的油松和圆柏作背景，右侧又有一棵挺拔的毛白杨（高 26 米，胸径 87 厘米）所覆盖。又如该园内的孔子塑像，由半圆形的紫叶小檗篱所环绕，山上的油松、圆柏和侧柏作背景，左前方与三角形种植的三棵银杏所呼应。这些雕塑和植物的应用具有丰富的文化内涵，使人顿然联想到相应的时代。

荷花池及四周的植物配置也很有文化气息。“近春园”中的荷塘内密植荷花，使人一走进就能联想到《荷塘月色》，给荷塘平添几分诗意。荷塘四周由绦柳相围，垂枝婆娑。岛南岸以蔷薇、紫薇、迎春等附在块石之旁，自然开展，大有“蔷薇未架，不妨凭石”的效果。“水木清华园”中的荷花池更是自然，山脚下铺装的大石块深入池内，与池中的荷花相连，顿时使人进入《诗经》中“山有扶苏，隰有荷花”的意境。

亭、阁、榭等周围的植物配置最典型的是“水木清华”建筑前的平台，它是观景的最佳点，其四周的植物配置为：平台西侧由一棵古拙的圆柏与沿河婀娜的古绦柳呼应，居于两棵树之间的是一丛花朵繁密的珍珠梅相点缀。

古建区突出其古朴性 清华的古建筑主要集中在“工字厅”“古月堂”到“甲、丙所”之间的一小片区域。这一区域的植物配置同该区的建筑风格相一致，显示出其古朴的特点。首先是植物配置的基调体现了这一特点。该区的南、东、西三面被土山包围，山上植物葱茏，与北面的古建筑围合出一片清静幽深的小环境。该区的基调树种以常绿树为主，使得景色四季常青。常绿树种中又以桧柏为主，间植以白皮松、油松，均为北京的乡土树种，与古建筑的风格取得高度协调。其次是入口处的植物配置也反映出这一特点。该区主要有西南、西北和东北三个出入口，三个出入口分别由两土山相夹而成，山上植以高大的常绿树。这种植物造景的方式明显反映出我国古典园林那种欲扬先抑的造景手法。在古建筑周围，也体现了古朴的格调。如“工字厅”门前对植两棵古银杏，与门口的两个石狮子配合，点出该建筑在全园中的主体位置。门口正前方的道路东侧是两株银杏，西侧是三株银杏与一株梧桐相配。这种造景方式从树种的选择上讲，银杏与梧桐都是我国北方古老的落叶树种，富有一定的远古性，适应全园的风格；从植物配置上讲，这些落叶树植于主要建筑门前开阔的广场两侧，利于在冬季扩大视野空间。

该区小游园内的植物配置也紧紧围绕这一主题。最明显的是游园南部的一棵古桑树，胸径达 1 米左右，主干已断，新萌发的小枝大有枯木逢春的意境。这棵古桑周围近 8 米处没配置其他乔灌木，只有铺地的草坪，使古桑之苍劲的姿态得以充分展现。

新建区突出其现代性 清华的新建区主要集中在东南门一带，由逸夫科学楼、明理楼、建筑馆、伟伦楼四大现代建筑做骨架，与北侧的主楼遥相呼应。在这些建筑群的周围，相应地搭配了一些现代气息很浓的植物景观。

规整式单纯草坪的应用：从东南门到主楼方向，有一条明显的中轴线，中轴线由道路和分开的单纯草坪组成，草坪草均选用北方表现较好的草地早熟禾。这些草坪主要起扩展空间的作用，保证了从主楼到门口这一中轴线视野的通透性。

疏林草坪的应用：该区的疏林草坪主要位于喷泉广场两侧，处理成缓坡地形式，植物以白皮松、油松为主，以红叶李、青松作点缀。这两个疏林草坪从形式上既打破了周围建筑的单调呆板，又简洁明快，同建筑的风格相统一；从内容上以油松作第一层植物，以云杉属青、白作第二层，保证了四季的常绿景观，同周围白色的建筑群形成鲜明的对比，增加了这两个草坪的可赏性。

旱喷泉广场及园林小品体现出现代性：旱喷泉广场居于中轴线上，全部由花岗岩铺成，平时广场可承担集散人群的作用，在节日或夏季可进行喷水，高低起伏的水柱正如现代都市的一首流畅的乐章。园林小品主要有花钵和园灯。花钵内种植时令性草花，突出色块，点缀在花岗岩路面和草坪上；园灯主要分散在草坪内，由高仅 1.2 米的毛玻璃黑方柱灯和紧贴草坪的彩色金属卤灯组成。这些小品无论从质地的选择上，还是从设计形式上，都体现出了现代园林简洁、明快、亲和的特点。

土山突出其自然性 清华土山主要集中在上述三个游园四周，植物配置多以自然式为主，充分显示其自然性。“水木清华”土山山势“有高有凹，有曲有深，有峻而峦，有平而坦，自成天然之趣”，常绿树以油松、圆柏、侧柏为主，阔叶树主要以枝干扭曲的山桃为主，灌木有荆条、鼠李、小叶鼠李、山皂荚等自然情趣很浓的树种作点缀。

“近春园”北面的土山上植物主要选用油松、圆柏、国槐、金雀儿、华桑等乡土树种。南面的“零零阁”土山上植物更具天然群落之感。群落上层的国槐、栾树、圆柏笼罩了整个土山，在郁闭度较小处有成片的火炬树林更显其自然性。

“北院”是由一系列起伏的小土山组成的小院，自然景观也很突出，在其最南端的几个假山上，分别由几棵高大的圆柏、榆树、小叶朴作上层树，下面配置不同的小乔木和灌木，最下层的草坪选用致密的草地早熟禾。

另外，这些土山与道路的交接处在植物配置上较好地起到了过渡的作用。如“水木清华”西侧的土山，东临“水木清华”的荷塘，西接校内一条较重要的干道，既要把“水木清华”闭锁成幽深的空间，又要与现代的交通道路相协调。因此在植物配置上适应了这一过渡性的需要，西侧上层植物配置较简单，基本上全是由稀疏的油松和侧柏共同组成骨干树，构成视线较开阔的现代造景风格。而在山东侧靠向水塘一侧的山坡上，除了松柏、油松等树种外，林下还有丁香、连翘、山桃等灌木丛群植，很好地起到分隔空间与遮挡视线的功能，与荷塘东北部山上自然式群落又统一在一起。

从以上内容可以看出，清华大学校园中，由于不同区域校园的建成年代不同，建筑形式不同，地形不同，加之不同区域的功能不同，从而形成不同的园林风格及植物景观特点，既有中国古典园林的自然式植物配置，又有以规则式为主的植物配置。就校园整体而言，植物配置的主流沿袭了其早期皇家园林的风格，宜山则山，需水则水；其间的池塘、假山、碎石在植物映衬之中虚实相间，与园内早期的建筑风格相辅相成。而随着校园的扩展，在新建的东南门一带，与现代化的建筑风格相适应，呈现的是一派现代风格的植物景观。这种配置方式以草坪和其他非植物的景观元素（如精美的铺装、花钵等）为主材，强调强烈的轴线及开阔的视觉效果，充分展现空间宽广、宏伟的气势，也很好地烘托了周围的建筑。如此不同风格的配置显示了植物景观类型的丰富，也成为校园历史内涵的体现。然而由于植物景观是环境景观的重要组成部分，在同一个校园中，截然不同的植物景观难免使人觉得突兀，需要一定的过渡和某些因素的统一，从而使得整体景观得到适当的调和。就清华大学校园而言，笔者认为，可以通过园林植物种类的合理规划解决这一矛盾。通过骨干树种和基调树种的合理应用，使得全园既具有丰富的植物景观类型，又在整体上具有统一的基调。（郑淮兵："清华大学校园植物配置"）

随笔：

花季清华

杨国华

春天是园子里赏花的季节。从三月初到四月底，各种各样的花次第绽放着，给人一个又一个的惊喜。

先是"忽如一夜春风来"。树丛中一朵小小的金色迎春（西门内校河畔），宣告着春的到来。紧接着，一簇簇迎春和连翘盛开了（广布，例如工字厅前广场西侧），一树树榆叶梅（广布，例如西南门外）和碧桃（广布，例如近春园招待所前）盛开了，给校园染上了金黄和艳红的色彩。不甘落后的玉兰（广布，例如西门内校河畔）也盛开了，白色、粉色，亭亭玉立。这些早春的花朵，总是在不经意间，当人们还蛰伏在严冬的寒冷和萧瑟中时，发出响亮的春的呼唤。于是人们惊喜地发现，不知不觉中，春已经回到身边。

随后，就是"乱花渐欲迷人眼"了。一株株的桃花、杏花、梨花、李花、樱花（广布，例如新清华学堂东侧）开了，一枝枝的紫荆（广布，例如新水利馆西侧和第五第四教学楼前）和丁香（广布，例如人文学院前）开了，大片的二月兰（广布，例如紫荆公寓附近）开了，满架的紫藤（情人坡东北和生物学馆南侧）开了。园子里不仅姹紫嫣红，令人目不暇接，而且花香阵阵，清淡的、浓烈的，让人心醉神迷。

还有红瑞木、毛泡桐、楸、黄栌、双盾木、金银忍冬、锦带花和山楂，还有海棠、棣棠、鸡爪槭、风信子和大花野豌豆，还有珍珠绣线菊、香荚蒾、地丁草和地黄，还有山茱萸、结香、元宝枫、抱茎小苦荬、斑种草、紫花地丁和独行菜，还有山桃、银芽柳、酢浆草、早开堇菜和阿拉伯婆婆纳……学生社团“植物协会”推出系列《花事播报》，图文并茂，有名称有特征有地点，以这些标题发布花开更迭的消息：“春风初送暗香来”（3 月 11 日）、“点破银花玉雪香”（3 月 17 日）、“莫待风雨花成泥”（3 月 26 日）、“云破日来花弄影”（4 月 9 日）、“落尽残红始吐芳”（4 月 22 日）。不仅如此，这个协会还组织植物识别活动。于是，人们经常会看到一些年轻人伫立在一棵树或一丛花前，听一位同学讲解科属、树形、花梗、花托、花萼、花瓣、花蕊、花丝、花药……此时，人们才恍然明白，园子里最美的花原来是他们！

本色

杨国华

园子的冬天，是赏树的季节。

校河两岸的柳树，不见了婀娜多姿，却用她细长的柳枝，在天空画出一幅幅素描，寥寥数笔而意境悠远。“水木清华”的古柳，用她的长发亲近着冰面，是那种不离不弃的情意。

在老图书馆前的那棵银杏前，人们早已忘却了秋季的辉煌，那满树满地的金光灿烂，是他用粗壮的树干、繁茂的枝条，静静地讲述岁月的故事。还有二校门前的片片银杏，也都在默默地倾听吧。

那么，大礼堂两侧的刺槐呢？还有北院坡顶的古树呢？他们是那么苍老，树皮深色，树干斑驳，树枝稀疏，有的弯腰驼背，有的拐杖支撑，即使是盛夏的季节，他们也是勉强变几片绿叶，以显示自己没有落伍。他们也在倾听吗？他们也在讲述吗？

他们的心境，与一年一度风姿绰约的柳树、年年岁岁灿烂辉煌的银杏，一定大为不同吧。他们的心境，与工字厅前的法桐，也大为不同吧。这些法桐，遮天蔽日的阔叶不在，顶天立地的雄姿犹存。粗壮，高大，连喜鹊也会选在他们高高的枝丫间筑巢，还叽叽喳喳，飞上飞下，唯恐路人不晓。

面对这一切，不知二校门内那两棵古柏作何感想。春夏秋冬，风霜雨雪，他们始终这样，静静地站立着，看花开花落，叶荣叶枯；默默地守卫着，守卫着这几代园林，百年学府。他们是园子里的最年长者，他们是那样淡然、忠诚。

学堂路和新民路的排排白杨，自然不会想这么多。他们高大挺拔，风华正茂，只知道一个劲地向上、向上，一如他们脚下那些从宿舍赶往教室的群群年轻人，只知道一个劲向前、向前。

面对这一切，遍布校园的小个子龙爪槐笑了。冬天是他们的季节。他们终于摆脱了枝繁叶茂的遮挡，用他们扭曲向上的一股股粗枝，悠然下垂的一根根细条，构成一幅幅龙飞凤舞的图画，笑纳着路人的赞叹。

各美其美，美美与共

隋　鑫

听静夜之钟声，唤醒梦中之梦。观澄潭之月影，窥见身外之身。独坐书斋，萧然无事。焚香一炷，烹茶两盏。思前前后后，不觉心雅神清。

赏花习俗由来已久，孕育于春秋战国，大盛于清。“赏花”既是文人雅士之闲趣，也是名媛贵妇之嗜好。凡俗庸常的日子里，你可曾看见那些璀璨的花，在尘埃中灼灼盛放？亘古的文字里，它已然绰约摇曳着浅吟低唱，轻音袅袅，不绝如缕。

野有蔓草，垂涎欲滴，有美人一人，蹁跹而来，婉约眉，清扬发，来付前世约；青青子衿，悠悠我心，俊朗少年，越陌度阡，白的衫，黑的眸，了却梦中愿。

人间少年四月天，浸渍了其中的细细碎碎，似乎干枯了沧海，荒芜了桑田，北馆前那盛开的花朵，至清至纯，却不足以润泽那近在咫尺的萋萋芳草。在生活里奔走，匆匆地开门关门，急急地离去归来，哭了笑了闹了，来不及盘点疼痛，不觉间放逐了这美妙的景色。

赏花的那天中午，才突然发觉，其实那些花一般的美好一直都在，而且就在眼前，没有隔着山高水远，也不隔云端，不隔温度，就在咫尺，恰如张爱玲所说的“古绸缎上的折枝花朵”那般美丽。那些花丛中的鲜妍饱满，原来自己早已拥有，只不过未察觉，笑语盈盈旧日红，那些花儿，在尘埃中绽开，带着簇新的欢喜！光阴的故事散淡如珠，将这些美景串成一个同心圆，长在这清华的园子里，挂在我们的胸前，停留在，离我们心灵最近的地方。

遇见，那些让我们怦然心动的欢喜与感动，在尘埃中开出花来，明媚了流光，惊艳了岁月！

走近那北馆，江水如蓝，繁花胜火，分明旧曾谙！让我们恍若看见一缕时间的光芒，跨越这悠悠的历史，百转千回，我们也依着唐诗宋词的韵律，映入神魂，让我们相信，这是属于我们的清华园。放眼，杏花舞，风动，紫荆香，在眼底，亦在心上。

最后，关于聚会，我绝无一丝恭维地说，我从未想过在大学里一门课程结束后会给我留下如此深刻的印象，在上学期课程结束后我曾在群里说，我一定会怀念这里的每个人的！直到今天，每次走到清华学堂109（化学学堂班在这里），我总是会想起上一个学期在这里度过的点点滴滴，那些发生在这里的足以改变一个地方温度的人和事，构成了我过往的人生和财富。我愿能与之相伴而生，时时刻刻。感谢我的青春遇见这些美妙的人，感谢我的幸福由你们填充！然而生活总是催促着我们向前看，如果你不往前走，就会被沙子掩埋。所以我们泪流满面步步回头，可是只能往前走。我们很难找到十全十美，甚至不能两全其美。所以最好的状态是各美其美，美美与共，就如清华里的植物一般，各有不同的景致，但遥遥呼应，相得益彰。祝愿敬爱的老师、助教姐姐、每一位同学生活顺利！常相聚！

园子正美，我们再聚

冯　尧

我想呀，去年最有意思的人，莫过于我们课上的同学们。大家通过讨论，更加了解了彼此。大家之间的关系更有那种“君子之交淡如水”的感觉，亲切却不流俗。

这次再聚，见到了我们亲爱的老师，我们美美的助教姐姐，当然，还有我们许久不见的同学们。大家还是老样子，都没有太大的变化，一切的感觉都那么让人亲切与熟悉，好像我仍然坐在理科楼前的下沉广场中，或是我坐在浓浓树荫下的自清亭中，或是我坐在静谧环绕的清华学堂中，而现在坐在电脑前，想起来那时，总有种鼻头一酸的感觉。是呀，都已经是去年的事情了，都已经过去了小半年，大家再次聚在一起，也是非常地不容易，非常地难得。

昨天在书店，看到了一本书《南开花事》。我就在想，为什么没有《清华花事》呢？清华的花朵不会比那里的少，不会比那里的差。在博物方面，我相信任何人都有一定的兴趣。看到以前的一些开在眼前但是迟迟叫不上名字、只能以花草总称的植物，一个个以更加明确的区别与名字出现在我的面前时，更多的是趣味与神奇吧，感觉这些植物似乎以一种全新的面貌再次来到了我的身边，与原来的感觉完全不同。植物构成了这个园子十分重要的一部分，装点着这个园子的建筑、水石，增加了更多的玩味。果然，知其者与不知其者的趣味相差甚远。虽是在这些东西之外起到装饰的作用，但是这些植物在一起，却是构成了一笔独立于建筑、水石的美丽与玩味。

植协的学长们非常专业，也非常亲切，讲解十分到位。心中隐隐有了种加入植协的冲动。后来去看了植协的公众号，里面就有清华花事的内容，分为好几期，摄影、排版都充满春天的气息。正如我的一个南方的舍友说的，只有在北方，才能体会到那种春回大地的畅快感觉。此话不假，学堂路上的一次次穿梭，两边树木的渐吐新芽，渐渐加深，都给人一种生机勃勃的愉悦感，令人一次又一次感受到春天的惬意。

这个园子果然还是这么美，我们果然还是这么亲切。古人秉烛夜游，我们自当乘春游园。春光乍现，自当不负春光。园子不衰，我们不散。

胜日寻芳

周心怡

前些日子，身在南方的高中同学寄来一张明信片，上面写道“江南无所有，聊赠一枝春”，以春色聊寄，大抵南方人的印象里北方的春色都要寡淡一些，不过在我看来，至少在清华可不是这样。

这不，在杨老师的提议和助教姐姐的精心策划之下，清华学小班同学小聚，齐赴一场春色之约。其实之前我就关注了植协的公众号，看着他们推送的一篇篇花事预报，自己也很想亲自去看看这些植物，之前小班课游理科楼时注意到了樱花园，但我去时却扑了个空，没有见到想象中花影重重的画面，这次，依然是清华学小班课提供了这样一个机会，让我们亲近校园中的植物。在植协学长学姐们的带领下，我们绕着图书馆观赏了各种植物，榆叶梅红得令人赏心悦目，碧桃、郁李、麦李、山桃总是让人傻傻分不清楚，鸡爪槭五个分叉的叶片引得同学们纷纷吐槽，连翘差点被我们认作迎春花，银杏富有特色的扇形叶片使它成为了我唯一能准确叫上名字的植物，比学名二球悬铃木更鼎鼎大名的是它的另一个名字法桐，大花野豌豆和早开堇菜构成了我们平时看到的草地上的小紫花，皱皮木瓜、西府海棠竟然同属海棠属，当然也少不了校花丁香、紫荆……清华校园里有如此多的植物，如此多生机勃勃的美景，而我们平时只是醉心于景色，止步于“探”，但清华学小班课却给予了我们“究”的机会。

这次再会，虽然时隔半年，但和同学们、助教姐姐还有杨老师见面，却异常自然和熟悉，仿佛在清华学堂里思辨提问、在清华校园里观奇石、游水木清华仍在昨天，但同时也产生了深深的怀念之感，上个学期身在其中还无所觉，这一学期才发觉，课程表里再也没有那么一节课有如此活跃的思辨氛围，再也没有这样一堂课能与班上所有同学之间建立起深厚的友谊，再也没有这样一节课能引发我们深刻的思考。清华学小班课给予我们的不仅是对清华风物历史和精神的了解，它也教会了我们如何思考、如何积极地表达自己的想法，如何发现生活中的美，而这些也教会了我们如何生活。我想我们小班同学的重逢不会止于此次，清华学课堂的教育也不会止于结课，我们的故事未完待续。

不负春光

傅　森

2017 年 4 月 11 日中午，在“清华学”小班课结束差不多五个月之后，我们又在李文正馆东侧的小树林相聚，以补上上学期课程大纲中的“植物”这一节。杨老师请我们吃了外卖，阳光下大家一边其乐融融地吃着汉堡鸡腿等食物，一边享受着难得的好天气和难得的再次相聚。

时间正值万花齐放的春季，园子里的春色正好，加上这一天雾霾散去，天空变得格外蔚蓝清爽。植协的学长带着大家从情人坡开始，一路辨认途经之处的各种花草树木。从情人坡西侧的麦李、郁李、紫荆、鸡爪槭、山楂、和迎春花长得很像让人傻傻分不清楚的黄色空心连翘，到北馆东侧墙边飘着香味的西府海棠，再到逸夫馆和老馆之间奇形怪状的龙爪槐、给花粉过敏人群带来不少不适的圆柏、低调的野豌豆、逸夫馆门前会滴松油树下长不出草的雪松、黄刺玫、贴梗海棠、白丁香、渐渐变绿的爬山虎，接着到北馆西北侧已经凋零的玉兰、紫色的紫叶矮樱、和菊花长得极其形似的菊花桃、郁金香、元宝槭、长得有点像紫叶矮樱但比紫叶矮樱高的紫叶李、名字很有诗意的明开夜合、会让猫上瘾的味道很迷的猫薄荷……一路上，学长的讲解让我们长了不少知识，甚至让我有一种“脑子里一时半会接受不了这么多新知识”的感觉。

一路上我们沐浴着温暖的阳光，享受着美好的时刻。学长也提到他吃过学校里的某些花结出来的果子，我们问：“这些果子会不会有毒？”学长答曰：“没有，我已经吃过很多了，你们看我还不是活得好好的。”阳光、花草、春风和欢笑伴随着绕北馆和逸夫馆前行的我们。

若是在平时，我们时常经过万紫千红的花丛，虽然偶尔会被花的香味和色彩所吸引而驻足拍照、陶醉其中，但这种欣赏总会给人一种层次很浅的感觉——不知道所见到的各种花的名字，不会辨认不同的花，不知道这些花背后动人的小故事。这难免是一种遗憾，更别提忙忙碌碌的我们有时可能连停下匆忙的脚步来欣赏这些花草的时间都不想抽出来或抽不出来了。

在十分忙碌的一个星期的一个中午和大家再次相聚，忙里偷闲地放慢脚步观赏园子里的春花，这种感觉很棒。感谢杨老师，感谢清华学。我想，我们已经深深地烙上了这门课的影子，带着对清华园中的美的欣赏和追求，一路往前走着。

重聚

余　标

去岁闲情今不复，无暇细赏满园花

或许是上学期过得太过惬意，这学期忙碌得有些让人难以承受。当春风又绿清华园的时候，作业、小论文、活动策划、实践社工、各种

deadline“迢迢不断如春水”。

虽然有时候也会为路旁千姿百态的花停下匆匆的脚步，也会驻足赞叹“千朵万朵压枝低”的盛景抑或“落英缤纷”的绚烂；虽然有时也会细细阅读植协会“清华花事”的推送，一边赞叹园子里的花卉繁多，一边辨认桃、李、樱、杏；虽然常常想在一个雨露清晨去细赏满园芬芳，用镜头或文字记录下这满园春色。但是，每当放缓脚步、多看两眼路旁的花，却又不得不被赶着上课的人流挟裹，匆匆赶去教室；每当前一天下定决心明日早起去看花，却又不得不因为赶工到深夜的现实放弃早起的计划。

就这样，时间被无止境的琐事一点点窃走了，园子里的花一波接一波开了又谢，谢了又开，丝毫不为我这样的“时间奴隶”停留片刻。

相逢不用忙归去，明日黄花蝶也愁

突然看到杨老师在群里说要补上“清华植物”一课时，忽然有些兴奋，终于可以在忙碌之中做一些有意思而且轻松的事。

早早到了情人坡旁，坐在长椅上，沐浴柔和的阳光，看着至善路来来往往的人，仿佛忘了自己刚刚还在强行睁开双眼听课，忘了昨晚赶工到12点，忘了还有一堆作业没有写。只是静静地等来了一张又一张熟悉的面孔，一群一样喜欢忙里偷闲的人。

一路辨认各种花花草草，一路上说说笑笑，从区别麦李、郁李、紫叶碧桃，到区分连翘、迎春，再到细赏既艳又香不带刺的西府海棠。逸夫馆前的各种柏树、杉树、松树也让人分不清楚，就连地上不起眼的紫色小花竟然也分早开堇菜和紫花地丁两种……这样惬意而又涨知识的活动总是让人愉悦，可是时间却过得快，花还没有看够，人群已愈走愈少。

虽然我们都生活在这个说大不大、说小不小的园子里，但是相聚却如此难得，很快地便结束了这场聚会，各自投入忙碌的琐碎之中。北馆前，告别助教和小伙伴们。多想挽留，多想说一句“相逢不用忙归去，明日黄花蝶也愁”。但是，现实总是无奈，不容我放纵；时间也总是不留余地，不容我挥霍。结束了，就该回到忙碌的轨迹之中。

万事到头都是梦，休休，明日黄花蝶也愁

这一次课走下来，不禁让人想起上学期游览水木清华、考察理学院、观赏母育子……这些情形何其相似，仿佛就在昨天。能在刚刚踏入清华园时，上一门这样的课，遇到一群这样的小伙伴，我是何其幸运。这样一门轻松活泼的课，调剂了乏味的课程，使生活变得鲜活了起来。

然而，如今的课表除了英语和体育，满满的基础课和专业课，每天似乎都千篇一律地忙碌，去年的丰富多彩、率性肆意仿佛都似梦境，结束了便不再重来，好像花谢了，只剩淡淡的哀愁与悠悠的怀念。

清华学与幸福

或许这样抱怨生活未免太过悲观，但是我竟这样过了两个月！直到清华学小班的聚会，听着植协学长的讲解，看到了他们对植物的热爱与执着。慢慢走，渐渐明白，品味感悟生活并不是在忙完学习与社工之后才能考虑的事（毕竟忙完是不可能的，这辈子都不可能的）。体会生活，可以是，在操场跑完步后，静静地看海棠开与落；也可以是，在去十四号楼取快递时，停下匆匆的脚步，细嗅花香…… 在忙碌琐碎生活的间隙，幸福就在那里，只是我以前没有去体悟、去细细品味而已；就像园子里花处处都是，只是我以前没有抽出一个中午，和一群志同道合的人去玩赏而已。或许，这就是杨老师要教给我们的东西——在这个充满竞争与压力的忙碌的清华园里，如何去发现美、把握幸福。

或许这是最后一次作业，十分感谢杨老师，教给我们的，不只是清华园的一草一木、点点滴滴，您对生活、对园子的态度也打动了我，终身受益。

四时有序，草木清嘉

陶胤霖

前几节课论及的历史与建筑至少我还在此前有所涉猎，也可谓小有了解，但本节课的植物于我而言，可就是完全陌生的领域了。一套套单叶复叶的理论，还有各种各样千奇百怪的分类法，还有不同的生存方式不同的生存特点，这些知识真是十分陌生。我不禁感慨，在文理分科之后，自己对于生物方面的认识就完全停滞了，现在这方面的造诣一定还不如一个普通的高一学生。尽管如此，我也在尝试进行我的思考——草木之于清华园，究竟代表着什么？

想到前些天有朋友在网络上吐槽北大：除了未名湖四处都是光秃秃的，完全没有一流大学的气质，教学楼四周萧瑟得可怕，冬天有霾的日子里更是压抑。不禁感慨身在清华园的幸运：可以从大礼堂沿着林荫一直走到情人坡，可以在六教周围探索白杨树的传说，可以在紫荆宿舍区门口看到一片郁郁葱葱的世纪林，可以在南区宿舍楼的窗口陪窗外的落叶乔木感受一年四季的变化。幸好园子里的这些草木装点着每一条上下学的道路，陪伴每一个早起或是晚睡的夜晚，原来是这些草木丰富着我们的生活。

一场秋雨一场凉，近日大约已经是今年的第三场秋雨了，日历上的立冬节气也提醒着我们，萧条冬日将至。昨天顶着寒风细雨从西门骑车入校，拐过招待处的小弯，忽然眼中闯进一片惊艳：遍地黄叶恣意铺洒，空中伴着风声还有叶子在飘荡着，树枝已经显得略微萧瑟，但仍挂着彩色的幕帘。路旁似乎有暗黄色的街灯，衬在黄叶上，反射出更为可爱的光影。拐弯前还是灰暗的道路在这里瞬间变得绚烂，对比之下尽是惊艳。本来在路上还思虑着期中考的得失，下周退课周来临的抉择问题，但当这一片美景闯入眼帘，我的心中只剩下愉悦，甚至想要歌唱，就唱孟凡明的那句“不说话就很甜”。萧瑟的秋冬之交，清华路上的这一片黄叶让我瞬间甩掉了心里的那些包袱。

想起北馆三楼落地窗下的草坪和绿叶，想起情人坡每个春天光影下鹅黄的嫩绿，想起校河畔春天的依依杨柳，想起宏盟楼一年四季爬满爬山虎的外墙，想起近春园的小山树林，想起熙春园夏日的接天莲叶，想起水木清华夜晚暗灯下的出水芙蓉，原来这些园子里的草木在一年的生活中，给我带来了如此之多的惊喜与慰藉，原来那些不好受的日子里，那些有话却不知向谁讲的日子里，是这些可爱的草木，消解着我们心中的每一寸坏情绪，让我们掸去尘灰保持纯粹，原来是这些草木用它们不遗余力的美，装点着我们有些单调的学习生活。

在宿舍写下这些字，抬头看窗外，叶子将枯而未落，阳光正好，微风吹过，叶子间杂着光影，沙沙作响。真是个美好又暖和的周末哪，面前的宪法学仿佛也可爱了起来。

草木清华

朱洁松

本周在生命学院林希颖同学的带领和讲解下，我们漫步在清华园中，欣赏了各类植物花卉，领略到了清华园深秋的美景。

都说“水木清华”，这次我们的主题是“草木清华”。清华园里植物众多，就像是一个植物园一样，里面种着各种各样的植物，非常具有观赏价值。谁也说不清这些植物在清华园中到底度过了几度春秋，它们当初是何人种下的，当初为什么种下，但是植物就是植物，它就待在那里，静静地看着往来的游人，自有人懂得欣赏它们的美。

我们的行程开始于情人坡。我们首先欣赏了搭在架子上的紫藤。正如它的名字一样，紫藤的花是紫色的，可惜的是它的花期已经结束了。林希颖同学介绍说，紫藤的叶子是复叶。当我们近距离观看时，的确能看到同一个枝梢上长出来多片叶子。紫藤属于豆科植物，它也具有豆科植物的一般属性，那就是它的种子是包在豆荚里的。我很好奇它的豆子吃起来是不是也和豌豆一个味道。

沿着情人坡一路向前，我们见到了许多杉树。杉树是典型的裸子植物，而且也是雌雄异株的植物。它的叶子是针状的，这种形状使得杉树叶片能够减少水分的蒸发，从而适应寒冷干燥的气候条件。一般这个时候，片状的树叶都会变黄或是变红，这是叶片中的色素含量差异导致的。叶黄素比叶绿素更能忍受寒冷，它的化学结构不易被破坏，因此冬天的叶片多呈黄色。杉树的雌株上结了球果，雄株则是有黄色的点状花，外观上很容易区别。当雄花成熟之后，花粉就会借助风力到达雌株上，从而完成受粉。接着我们来到了一处长着向日葵的草丛里。这里的向日葵经过杂交培育，已经不是能够结出瓜子的那种向日葵了。它的花很小，是景观植物。林希颖同学介绍说，向日葵属于菊科，它的花是舌状花，同时也是复花。我一开始并不能理解复花是什么，但是后来林希颖同学告诉我们，它的花其实是一个花盘，种子都是长在里面的，我再一联想到瓜子的形成，顿时豁然开朗。

告别情人坡，我们来到了北馆。在北馆我们重点欣赏了枫槭。它的叶子是红色的，就像枫叶一样，但是它们却属于不同的科。刚开始我以为“槭”字就是“柒”，随手捡起一张树叶来看，还正好伸出七个角来，不得不说是一个巧合。枫槭的果子是翼果，顾名思义就是长着翅膀的果子。这种果子能够借助风力飞到很远的地方。我们去的时候果子已经差不多都掉光了，但是还是有幸在树上发现了一颗还没成熟的翼果，很小，但是翅膀的特征很明显。北馆的四周还种着许多法国梧桐，在这个时候，它们的树皮就像一片片鳞片一样，开始脱落。北馆背面还有一棵大的木瓜树。这种木瓜树是中式木瓜，不可食用。我们平时吃的木瓜其实是番木瓜。

告别北馆，我们来到了大礼堂。大礼堂的草坪前面有一株巨大的法国梧桐，上面结满了果子。林希颖同学介绍说，这里的法国梧桐都是杂交的品种，血统都不纯。纯正的法国梧桐在一个枝梢上结的果子的数量都是一样的，要么是一个，要么是两个，要么是三个。而在这株法国梧桐上面，以一个果子居多，但是我们还看到了两个长在一起的果子。

告别大礼堂，我们来到了新水利馆。这是我们本次行程的最后一站。在新水利馆我们看到了核桃树，可惜核桃早已掉光了。在短暂的驻足之后，本次的导游就到此结束了。但是同学们并没有着急离开，而是沉浸在美妙的秋景之中，开始了对植物花卉的个人探索。

植间时物，自然之礼

史若松

自从选了清华学这门小班课以来，本来“两耳不闻窗外事”的我也渐渐开始对清华的景物有了兴趣。这一节课我又在王菁兰老师的带领下认识了清华园里各种各样的植物。

从西南联大纪念碑西侧校河边出发，我们首先认识了那一簇簇淡紫色的荷兰菊，与绿叶交相辉映间，显得煞是好看。校河上遍布的爬山虎，红红的叶子铺散开，阳光洒下就造就了一幅瑰丽的图画。走近细看，我才发现它有着五片小叶，难怪它有着一个美丽的名字——五叶地锦。

一路走，一路学。王老师给我们讲解了校园里的许多种植物，有常被当作玫瑰的月季，有作为清华校花的紫荆，有跨越亿年的孑遗植物银杏和水杉，有身穿“迷彩服”的白皮杉，有所谓凤凰栖于其上的梧桐……

王老师还给我们指出了一种神奇的植物——猫薄荷。乍看上去，它似乎没什么特殊的，闻起来也就有一点点奇怪的味道。可王老师告诉我们，别看人闻着没什么反应，但猫一闻这气味就很容易亢奋，所以许多喜猫人士都喜欢拿它来逗猫。

短短一个小时的课程里，我不断地被新认识的植物打动。每一种植物都是那么漂亮，纵然已经入秋，可风采依旧。或许是平时的自己太忙了，总是骑着车子穿行于宿舍与教室之间，从来都不曾停下来注意过这些路边的风景，直到现在我才第一次意识到原来在那些我不曾注意的角落里，美始终都在。

我期待着下堂课上继续探寻未知的美丽。

清华园里的草木

王艺如

当我对清华秋天的印象还局限于学堂路两旁耀眼的金黄色时，这一周的“清华游”让我更亲切、真实地感受到了清华的秋。跟着老师沿着校河旁的小路走一走，看看听涛园旁的小树林，讲讲花草藤树，很多平常忽略了的美仿佛在这短短的几十分钟里全部喷涌出来了。这些清华园里的花草藤树给了我一种平凡却又震撼的感受，此刻的我更有感于一句话：生活中不缺少美，而是缺少发现美的眼睛。

我们从校河旁的西南联大纪念碑开始，一路边走边看，边问边答，认识了一路上各种各样的花草藤树。校河两侧内壁上爬满了红色的爬山虎，她还有一个很美丽的名字——五叶地锦。红色校河的旁边是绿色的垂柳、黄色的太阳花、紫色的荷兰菊……无论是走在校河旁的小路上还是站在桥上，映入眼帘的都是一幅色彩丰富的画卷，这与印象中秋日的萧瑟似乎完全不同。当我跟着老师同学们一起走的时候，眼前的场景让我产生了一种错觉——这一定不是一个凋落的季节，而是一个生机盎然的季节，草木毫不吝啬地绽放她们最美的一面，她们合起伙来编织了一个春天的美梦。可是秋风出卖了她们，一阵风吹过，仿佛吹走了脸颊里的水分，吹乱了头发，高大银杏树上金黄的树叶纷飞，地上的落叶也被卷起来与风共舞。我才突然晃过神来，这是秋天！

我们继续走着，走到老馆旁的银杏水杉下，走到听涛园旁那片小树林中，走到紫荆前，走到月季下……我们站在悬铃木下讨论着它的来源，我们经过绿得让人畅快淋漓的情人坡，我们找到了绿色树皮的梧桐，我们讲到银杏的种子味道……一路上还有很多很多我还叫不上名字的植物，但能在这个动人的季节邂逅她们，这就是草木给我的缘分。我可以拍张图上传到网上搜索一下她们的名字，但转念想想又何必呢，这个园子里我不知道名字的植物多得数不过来，我和她们之间其实不用那么明白，我只需要记得她们在哪个季节是哪一种模样，那下次看到她们时，我就会记得我们之前见过。到那时我可能会像见到老朋友那样笑一笑，我想，这就够了。当然，如果我要去当“老师”向别人介绍她们时，我还是会记住她们的名字的吧。

我就这样跟着老师走了一圈，时间很短，收获却很大。不仅仅是增加了我对植物的认识，更多的是在接近植物、走进植物、感受植物的过程中，我有了很多新的体会：一是生活很简单，快乐很简单。能在学习之余走出宿舍在校园里散散步就是一种很简单的快乐。二是一句我一直很喜欢的诗：草木有本心，何求美人折？每每我看到植物生长得很美好却静默无言时，这句诗就会出现在我的大脑里，激励并告诫着我。

我可能没有机会记住清华园里所有的植物，但我一定会在以后某个空闲的时间，去寻找那些我还没见过的植物。同时，我也期待着与校河旁那幅五彩斑斓的画卷明年今天的重逢。

清华植物之美

贾自立

大学的紧张生活，压得我们抬不起头，每一天，我们骑着自行车，在校园的各个干道上匆匆而过，对于那些挺立着的树木，以及在风中摇摆的各种灌木草丛，却丝毫没有半点的留意。直到那一天，我们发现它们所蕴含的美丽的时候，才会为之而震惊。

第一次感觉到清华植物之美，是在我第一次前去科学馆的时候，那像台阶一样层层分布的普通小草，整齐的阵形以及随风舞动的时候形成的草上浪花，令我第一次感觉到了清华之中的草木之美。即使是小小的草，也能够包含着如此强烈的感染力，那么这满布绿色的清华园，岂不是一座活生生的艺术殿堂?

带着这样的心情，我们在王老师的带领之下，从西南联大纪念碑出发，经新水楼后侧，转至图书馆，到达西操，一路上，我们遇到了许许多多不同类型的植物。有遍布河道以及楼房外侧的“爬山虎”，因为几乎所有的叶片都分为五小片而得名“五叶地锦”。爬山虎的茎上面有着很多的吸盘，正是因为这些吸盘的存在，这些爬山虎才可以爬满整个墙壁，而不会倒在地上。现在是秋天，五叶地锦红黄绿相间，远远看去像一堆彩色的祥云，令人惊叹不已。

同样拥有着特殊之处的植物，大概就是杜仲了吧。无论从哪一个方向把叶子撕成两半，你都可以看到两片叶之中像藕一样的连丝。正是因为这种极为特殊的性质，使得杜仲在分类学中处于独目独科独属独种的特殊地位。

然后，我们又了解到了月季和玫瑰的区别，了解到现今的大部分用于赠礼的玫瑰，本质上都是月季花。同时，“玫”“瑰”二字在汉语中都是宝玉的意思，想必将之取名为“玫瑰”的那个人，也被玫瑰的奇幻之美所神魂颠倒吧。

行程的最后，我们看到了巨大的水杉和银杏树。水杉刚刚被修剪，显得有些萧戚，但是依然可以想象出它枝繁叶茂、高耸入云的景象。与之相对的银杏，扇形的黄色叶片挂满了枝头，在万物归于冷寂的秋季展现出了属于自己的生机，毕竟是见过数百万年大风大浪的“活化石”，对于它们来说，深秋之寒，的确不值一提。

从之前的石头，到现在的植物，每一次的上课，我都会被清华中的一切自然之物所打动，以后的课程中，我又会发现哪些奇异之美呢?

清华游记

杨自豪

俗话说：清华之美，美在夏日荷塘，美在金秋银杏。而这周的清华游，带给了我一个新的认识：清华甚至可以美到每一株小小的植物。

在这周的清华游中，从西南联大纪念碑开始，王老师向我们介绍了构成秋季里校河两岸最普通、也最为重要的植物——五叶地锦。“五叶地锦”与“地锦”（也就是我们常说的爬山虎）相似，所不同的是“五叶地锦”的叶子分裂为五小叶，而这也是它得名的原因，秋季里“五叶地锦”的金黄色叶子与其在水中的倒影相互辉映形成的美丽景色，吸引了一批批游人、师生驻足观赏、拍照留念。

沿着校河继续前进，王老师向我们介绍了被誉为“植物黄金”的杜仲，将它的叶子撕开，会发现有丝线相连，如藕断丝连一般，并且单目单科单属也显示出它的独特。了解完杜仲之后，王老师又依次向我们介绍了清华校花之一的紫荆花，紫荆花花色与校旗校色颜色一致，它的心形叶子似乎也寄托了清华对清华学子能够亲如一家的期许。

再继续，王老师向我们介绍了月季花以及月季与玫瑰的关系，再往前走，认识了有针形叶和鳞形叶两种叶子的圆柏、树皮白褐相间且会逐渐变白的白皮松、珍稀孑遗植物水杉以及悬铃木、梧桐、法国梧桐的特征与区别……

当然，最喜欢的依旧莫过于银杏。作为“植物界的活化石”以及唯一一种单纲单目单科单属的植物，银杏的价值自然不言而喻。秋天的银杏，黄灿的树叶挂满枝头，微风拂过，树叶随风舞动，在阳光的照耀下，将光芒撒向远方。

天空高远，木叶纷飞。清华园的秋天，“秋色如画，红树间疏黄”，银杏红枫扑扑簌簌，演奏着秋日的随想曲，秋日的清华园，到处都是梦幻的色彩，所以，选择一个安静的午后，漫步清华园，静静地享受秋季的清华园带来的无法言语的美丽，这将会成为你这一生中最美的记忆。

轻风凝露，秋韵芬芳

李子毅

“惠风荡繁囿，白云屯曾阿。景昃鸣禽集，水木湛清华。”秋高气爽的季节，我们相聚校河旁，共同观赏清华园里的植物。河道上满眼的五叶地锦渲染着片片红，路边的荷兰菊绽放着淡蓝紫色的小花。我们手持着《水木湛清华：清华大学校园植物》，探访着我们身边的生灵。

“青青园中葵，朝露待日晞。”一株株向日葵，立于河道边上。它们的花盘远不及我们想象的那么大，王老师说这些是本来的品种，而经过人工选择后的就为我们提供瓜子。理解着新的知识，我们来到一栋建筑旁边，只见“扑檐直破帘衣碧，上砌如欺地锦红”。火红火红的爬山虎，形成路上一道别样的屏帘。原来，是温度和光照影响了秋色。在阳光明媚的地方，在昼夜温差大的地方，譬如香山，便可见一夜间“万山红遍，层林尽染”之境。这恰好与我所学的生物化学知识结合了起来，又瞥见科学与艺术共荣之美。

“梦遮花下客，叶折思不断”，我们认识了浑身是宝的杜仲。其花果叶皮均可入药，其木材可做家具。最令我们惊讶的是，它的叶子撕开后有点点细丝，恰似藕断丝连。它是一个纲中的单独一个种，可见其在进化史上的独特地位。

在一个小角落里，生长着我们的校花——紫荆花。“杂英纷已积，含芳独暮春。”说的就是它在校庆的 4 月末绽开，装点着校园，姹紫嫣红。它更承载了清华人的校训：自强不息，厚德载物。看着这样一株其貌不扬的紫荆花，我的心中满是欣赏与敬意。

我们一路欣赏，见识甚广。“满地翻黄银杏叶，忽惊天地告成功。”活化石——银杏树，以及水杉树，带给我们一种庄重与古朴。带刺的月季，是心目中浪漫的化身。带着香味的荆芥，对于小猫咪有着什么样的作用呢？槭树，凌霄，凤尾丝兰……我们也收获了许多有关植物学的知识，草本木本的基本知识，银杏的雌雄株的区分方法，月季和玫瑰的区别，梧桐、法国梧桐、悬铃木、泡桐等之间的关系……更重要的是，我发现了一个广大的知识领域等待着我的探索，用大学精神之源流课上的话来说，就是知道了自己的无知。

“自古逢秋悲寂寥，我言秋日胜春朝。”清华园的秋天，有着五彩斑斓的世界，有着丰富多彩的植物，更有着怀揣着热情与爱戴，寻遍学校每一个角落来追求美的我们！

清秋霜叶红如火，晴波云柔净似眸

郝千越

春夏秋冬，一年四季，校园里的房屋、书架上的书本、空气中流淌的文化气息和记忆中大师的教导陪伴我们度过校园里的一天天的生活。除此之外，陪着我们的还有一群过于熟悉、过于平凡以至于往往被我们忽略的朋友——校园里的植物。若不是清华学课程领我们参观、认识了校园里的种种植物，我还真没注意到校园里的植物竟然是如此多样，如此饱含感情。

在这一个阳光明媚的中午，探寻校园里各种各样植物的旅途就从图书馆东北侧的紫藤花架开始了。随着生命学院同学的介绍，裸子植物、被子植物、根茎叶花果实种子……初中、高中生物课本上的词语又出现在了眼前。深秋时节，若是向着看花而去欣赏植物，那一定是要失望而归的——大红大紫的花是夏天的节目，秋天可看的却是那些火红的、金黄的秋叶。从九月入秋开始，每周都有人站在北馆的玻璃墙前面去望那“情人坡”一角的几棵银杏树、鸡爪槭，一点点眼见它们从绿油油的繁茂叶子变成或黄或红的样子。看了一整个春天、夏天的一片绿色的情人坡早就有些腻味了，这些渐渐浓郁的秋天的色彩来得恰到好处。有时突然会略带伤感地想那秋天的色彩不正是生命尽头的色彩吗？但是接着又立刻想到秋天、冬天便又是春天，生生不息，轮回不止，又何必悲伤呢？穿过老馆与逸夫馆的连廊，又见到好多之前似见过却又未曾细细注意过的植物，逸夫馆那里的草坪中间有一棵木瓜树——是不同于常吃的木瓜的另一品种——枝间真的挂着一颗颗硕大的木瓜，风吹之间，摇摇晃晃似乎要掉下来。校河两岸壁上爬满了的是五叶爬山虎，在不深的河水中倒映出红色的、斑驳的碎影；而墙壁上盖满了的是不同于这五叶爬山虎的另一种爬山虎，以前只从叶圣陶的文章里读到“蛟龙的爪子”，今天才第一次懂得爬山虎还有这些分别。

园子里的这些植物，有的是有几十年、上百年历史的古老树木，它们春天抽芽、秋天落叶，一年又一年地注视着这园子里、这树下走过的人，或许它们在的时候这里还不叫“清华园”吧。有些则如同过客一般只在这园子里待了几个月就要离去了，那些一年生的草本植物匆匆地发芽、长叶、开花、结种，还来不及多看这园子一眼就到了离去的时候。在短暂的时间给这园子留下了色彩，又何尝不值得我们对它有着深深的感情呢？

百年历史的清华园，这里的建筑大都是古朴而厚重的样式，这里的学生和老师每天都在一片片未知而深奥的领域里探索——这样子的气氛颇有几分过于严肃，严肃得有些压抑了。幸好啊，我们还有这些多姿多彩的植物，把这个古老的园子又装饰得生机勃勃了。现在都讲要建设“绿色校园”“生态校园”，我们的这园子不正是一个好典范吗？

园子里的人对这花花草草、枝枝叶叶，如同对这房屋建筑、书本学问一样，是有感情的。

秋日胜春朝

肖　杭

这是我在清华园里度过的第二个秋天，去年的这个时候，我想着枫叶正好，趁着周末跑去了香山看红叶，写生课又去植物园看花花草草，却没想身边就有这么一番美景。

夏天贪凉，骑车上课总要绕到河边，只知道头顶柳条摇曳。现如今树脚下的荷兰菊开得旺盛，“五叶地锦”瀑布般垂下河道，墙上也有，藤上的小吸盘紧紧扒牢了墙壁；或是绕着绳子横在小路上方，倾泻而下，好像是装上了一层薄薄的帘子。

杜仲作为行道树在校园里也不少见，这也确实是一种有意思的植物，单目单科，撕开它的叶子竟然和莲藕一样“藕断丝连”。再沿着河边走就能看到我们的校花紫荆，心形的叶片惹人喜爱，有一部分已经变黄了，树叶青绿色的脉络清晰地显现出来。没能在它开花的时候好好欣赏，还有点遗憾。

墙边的花圃里有嫁接的月季树。月季我不陌生，老家门前种了好些，小时候就掐了养在水瓶里，现在长得比人高得多了。这会儿花儿也开着，只是我没想到平时用来送礼的玫瑰基本都是月季，也没有想到玫瑰有这么好的寓意——两字都指“美玉”。树下面一片气味独特的猫薄荷，夹杂着紫色的荷兰菊，阳光斑驳地漏下来，也美不胜收。

河岸两边种了不少银杏，我也是第一次知道银杏有雌雄株之分，雌株大多比雄株的树冠大，更容易散播种子。我记得银杏树在清华路上栽种了好多，现在应该黄灿灿的一大片了，风一吹叶片铺了一地，骑车路过，总看见行人停下脚步互相拍照，都是眉眼带笑的样子。

图书馆后伫立着一棵“活化石”——水杉，修剪过后看起来有点萧条，叶片还都青绿，反倒添了一丝生机。

路旁还有松，一棵树上竟有两种形状不同的叶子，让我又不得不感叹自然的神奇。梧桐在紫荆公寓前就有一排，有时它的种子会掉到地上，圆圆的一个小球，我总会上去踩一脚，看它散开成毛茸茸的一丛。

一路绕道图书馆前，才看到一棵全变红的槭树，给绿草地添了一抹亮色。

我想哪里还有什么“自古逢秋悲寂寥”，这一路邂逅的形形色色、色彩斑斓的植物，可不就是在告诉我们“秋日胜春朝”吗？

秋光旖旎湛清辉

王昕睿

自古文人写秋天，大多透着一股深沉的哀恸寂寥，如“晓来谁染霜林醉，总是离人泪”，再如“菡萏香销翠叶残，西风愁起绿波间”，似乎秋天总携着肃杀的风，气势汹汹地来，蛮不讲理地掠走夏日的灼热，换以凄冷。可秋天又哪里是只有凄冷的呢？苏轼有言：“一年好景君须记，最是橙黄橘绿时”，而此时的清华，就正处秋日的胜景。

游园之旅从情人坡的紫藤花架开始，站在紫藤架下，学着辨认单叶和复叶，仰头观察豆荚，不禁遗憾没能在春日紫藤花开时前来观赏。说来也奇怪，明明不知经过情人坡多少次了，可我怎么只对枝叶繁茂、苍苍翠翠的紫藤有印象，却从没见过它绽芳吐妍的样子呢？明年的春天，我一定要记得来一次情人坡，亲自感受“紫藤萝瀑布”的魅力。

一路走，一路学习植物学的小知识，从脑海深处挖掘出初中生物的课本，虽然早就记得七零八落，倒也能和同学的讲解对上一二。若讲的是我了解的，心中的小人就欢呼雀跃洋洋得意，大呼“这题我会”；若讲的是我不曾知道的，小人就忙奋笔疾书，将新的知识点填入记忆库。圆柏的雌株和雄株、法国梧桐的单球双球和三球、何谓花序，都让我大开眼界，我多么希望，在清华能有一门博物学的通识课程啊！

如果说春日是百花争奇斗艳、万紫千红之美，那秋天就是叶子的战场，是另一种意义上的“万紫千红”。叶绿素的消散赋予了秋天绚烂的色彩，尚还绿着的、已然泛黄的、红得亮丽的、紫得厚重的，深深浅浅、层叠交融，远远看去，好似一幅浓墨重彩的油画，不负“层林尽染”之赞。哪怕是单一的色彩，亦是极美，如两侧遍植银杏的清华路，在落叶的点缀下已成了一条“黄金大道”，骑车行于其上时若有风拂面，则可沐浴于银杏雨中。再如图书馆前的那棵鸡爪槭，红得张扬肆意，看见它，方知“霜叶红于二月花”是如何贴切，这般明丽似火的红，在春天亦为罕见。

“秋日胜春朝”，这话说得不错，秋日之景在我心中确要胜过春景一筹，金秋自有可爱处，何羡春花满枝头。红枫黄梧交相映，晚霞写尽好风流。

恰是深秋

谭维熙

秋意渐浓，园中树木不同于夏日里相似的郁郁葱葱，各自呈现出不同的颜色与姿态，成为了园子里缤纷靓丽的一道风景。清华路上的银杏树纷纷变黄，开始落叶，在二校门前铺上一地的金黄色彩，引来众多游客拍照留念，捕捉秋意；校河两岸爬满了泛红的爬山虎，在河面荡漾着火红的色彩，某段河面上还有一座覆满了爬山虎的小桥，在两岸依旧翠绿的柳叶的映照下别有一番风味。大礼堂前金黄的梧桐树，情人坡边结果的木瓜树，也都千姿百态，各有风味。

正是这样的好时节，在清华学的小班课上，我们踏园识草木，在生命学院同学的讲解中，对清华园里的一花一木有了更深的了解。从情人坡到图书馆到大礼堂和新水利馆，小老师对沿路植物的名称特性一一道来，讲清了树木的学名、种属，有的还讲了其是单叶或复叶、花期在什么时候、与之近似的有什么易弄混的植物等，让人收获良多。

让我印象深刻的是校河边的爬山虎，原以为只是稀松平常的爬山虎，却没想到大有学问。生命学院的同学说它的学名叫地锦，因其五叶，因此得名五叶地锦。实际上，我们常称的爬山虎里，除五叶地锦外还有许多不同品种，都有其特点与习性。由于恰逢期中考试，我错过了部分讲解，感到十分遗憾，但短短的讲解中我还是收获很多，而且课后老师所分享的材料中，对校园整体的植物景观规划也做了较为详细的讲解，这些都让我对清华园的草木有了更深的了解。

这节课让我了解到了清华大学是在清朝皇家园林的基础上建立，虽然其后百年内新建了许多近现代建筑，整体风貌变化很大，但皇家园林的景观还是保留得较为完好，游园区内山石叠翠，建筑附近亦有风格相应的绿植花卉点缀，校园整体植物多样性较好，可以说较好地代表北方校园典型的植物造景风格。当了解到这些事实后，再漫步在这水木清华园，当真是心旷神怡、无比惬意了。

七　曲径通幽

——园林

导语：

“清华园”本身就是皇家园林的名称。现在的园林景观，主要集中在近春园和水木清华。此外，“情人坡”和工字厅南广场也很有特色。

近春园是一个岛，可以通过东南平坦的“莲桥”和北面拱形的玉带桥上岛。岛上宽敞平坦，满目苍翠，十几株参天白杨蔚为壮观。这里有“荷塘月色亭”，提醒人们这里就是散文名篇《荷塘月色》的诞生地。四周都是荷塘，夏季荷叶茂盛，荷花飘香，令人忍不住吟诵起文中名句：“叶子出水很高，像亭亭的舞女的裙。”“微风过处，送来缕缕清香。”这篇文章是清华园的一张名片。

“水木清华”是另外一片较小的湖面，水色清明，草木茂盛，湖光山色，景色宜人，工字厅后门三十四字长联“槛外山光历春夏秋冬万千变幻都非凡境，窗中云影任东西南北去来澹荡洵是仙居”准确地描绘了这里的风光。这里常被误认为“荷塘月色”，因为北岸有朱自清雕塑，东岸是“自清亭”，夏季也是满塘荷花。这里不是朱自清那个夏夜出门溜达的地方，曾经有专门的文章考证。

“情人坡”名字很浪漫，一听就知道是约定俗成的民间称呼。这里是大片沿坡而上的草坪，坡顶有一棵古树，还有弧形的紫藤长廊，风光无限，经常见到婚纱摄影。这里曾经是清华园最早的教授住宅“北院”，负责改造设计的建筑系老师将旧砖和旧梁用于长廊和矮墙，自然风光与人文历史融为一体，雅俗共赏。相比之下，工字厅南广场就显得正式庄重，主要是浓密的树林，高大的校歌碑位于西侧。这里夏季浓阴蔽日，秋季斑驳陆离，是能够产生思想的地方。

近春园：

北京西郊万泉河畔现在清华大学校园的西半部原有一处占地近三百亩的古园林——清代皇家赐园，康熙时名“熙春园”，至道光皇帝时被分割为东西两园，西园赐予其第四子奕詝（即后来的咸丰皇帝），易名“近春园”，1860

年英法联军火烧圆明园时被焚毁，渐被后人遗忘；东园赐予其第五子奕詝，初时仍袭用“熙春园”旧名，咸丰即位后改名“清华园”，是北京西郊唯一保存完好的皇家赐园。1911 年清华大学前身清华学堂在清华园建校，转年“近春园”旧址亦并入校园，统称清华园，学校也由此而得名。原来的“近春园”因与圆明园之长春园毗连，故名“近春”。该园四周清池环绕，建筑庄丽典雅，环境优异，有很高的传统文化艺术造诣。清人吴振域（乾隆时人，曾官至云贵总督）在其《养吉斋从录》里曾对“熙春园”的景物作了如下的记述：“熙春园在长春园东南，有复道相属，俗称东园，康熙时已有之。园有松篁馆、德生轩、对云楼、藻德居、竹净室诸榜额，有康熙御书者。”该书还记载：熙春园在嘉庆年间进行过一次大修，又增建了一些景物，如“省耕别墅”、“抱朴草堂”等。有一处叫作“草房”的地方，是仿照承德避暑山庄建造的。这里所说的熙春园主要是指后来的近春园。依前人记述，近春园实为圆明园周围诸属园中之佼佼者，被英法帝国主义焚毁后，沦为“荒岛”。在以后的一百二十余年中，一直是棘蔓丛生，碎石狼藉，夜眠蛇鼠，昼窜狸狌，一时良禽不栖，游人却步，一派阴森荒凉景象。并入清华校园后，虽然间或进行过一些整治，也只是添种了些树木，仍是一片荒凉。

现在清澈的湖水环绕着一座绿洲，青山茂木，蔚然深秀，亭榭曲廊、假山瀑布，文物建筑配置得宜，与东邻的清华园“水木清华”景区遥相辉映，正是“孤屿媚中川、兰沚壮繁囿”。每逢春夏季节，岛上绿草如茵，百花争艳，湖上繁荷密布，相映生辉，荒芜了一百二十余年的古园遗址又披上新装，以其宜人的姿容，迎接着校内外的游人。

近春园的正门在其西北角，当年从这里进入古园是一座平板木桥。这次修建，雕琢了一座汉白玉拱桥，造型古朴，玲珑剔透，宛如颐和园内昆明湖西岸的“玉带”。桥顶端两侧按照蛟龙治水的神话，设计雕刻了两具嬉水龙头，给人以满湖碧水源自龙口的浮想。步过石桥左顾，入口处有一座雕龙碑耸立。正面书刻着“迎春园遗址”苍劲有力的大字；背面书刻着古园简要历史沿革。

站在碑下放眼南望，全园景色尽收眼底。

园的四周绿树环抱，有形态各异的松柏，高耸挺直的白杨，与三组朱红彩画的古建筑互相映衬，每当冬雪之后，雪压青松，银装素裹，别有一番景象。到了春风送暖的季节，绿色草坪上各种花卉，千姿百态竞相开放，散发着馥郁的清香。

从碑下移步南行，园路旁摆放着一组石刻庭园拱券。这是遗址中搜集到的唯一完整的遗物。拱券上雕刻的牡丹花，虽经历了近二百年的风雨剥蚀，仍保持着当年的风采，栩栩如生，仅此一物，即可想见当年近春园的丰姿胜景，也不禁使人们回忆起近春园蒙受灾难屈辱的历史。

距这里不远的东侧是为了丰富园林景物而建的假山，长三十米，高六米，山石堆砌错落有致，气势雄伟，山顶有瀑布奔流而下，注入观赏鱼池，不时吸引着游人到此摄影留念。从山下右盼东阜，浓荫深处，翠嶂之间，掩映着为纪念朱自清名篇《荷塘月色》而建的凉亭。近春园四周清池环绕，池内荷花繁盛，庚申劫后，园林无人照料，繁荷渐形败落。后来农民进校开畦种藕，水面上又泛起了团团轮叶，嫣嫣白花。1927 年仲夏，朱自清教授月夜踏赏荷池，结合当时的环境和自己的思绪，写下了脍炙人口的《荷塘月色》，既为我国近代文学宝库增添了一颗晶莹的明珠，也赋予近春园古址以新的魅力。游人至此拾级而上，迎面六方亭内悬挂着用朱自清手迹影刻的《荷塘月色》墨金匾额，十分典雅。近来有人建议将《荷塘月色》全文或刻石，或书版，悬挂于亭内。果如此，将更为纪念亭增色。

古园的西南角筑有一榭，名“临漪榭”，系按近春古园内原有的同名建筑仿建的。这是遗址内唯一象征性的旧物恢复，有曲廊与“晗亭”连接，形成全园的主要景点。临漪榭临水而筑，按清宫法式营造，造型稳重端庄，歇山起脊，金线苏画，在朱红廊柱的烘托下，显得富丽堂皇，富有京城地区古园林建筑的风格。登临漪榭观鱼赏荷，美不胜收。俯视碧液清池，倒影生辉，景色富有诗情画意。风和日丽的假日，人们从这里登舟轻荡，则可尽情体味前人词句“无风水面琉璃滑，不觉船移，微动涟漪”的意境。

离开临漪榭步过蜿蜒曲折的朱廊，便是近水的“晗亭”，这是为纪念吴晗而建。吴晗是清华的优秀校友之一，是一位杰出的民主斗士和造诣高深的明史专家。邓小平同志题写的“晗亭”金字匾额悬挂在亭内，在湖光的映照中熠熠闪光。（郑宗和、黄延复：“古址新貌：清华大学修建近春园遗址公园”）

水木清华：

“水木清华”是清华大学经典景观之一，原为清朝道光皇帝第五个儿子的府邸，名为“熙春园”。道光第四个儿子奕䛖继位当上了咸丰皇帝以后，把“熙春园”改名为“清华园”。据说是因为康熙皇帝游览至此，题了“水木清华”的匾额，因而得名。园内主要建筑物有“工字厅”，其北有一座临水平台，平台边做成绿豆色石制栏杆。从平台上遥看对岸山峦起伏，松柏苍劲，野花遍山，一派水清木华的自然景象。清朝道光年间进士殷兆镛在工字厅后门题写：“槛外山光历春夏秋冬万千变幻都非凡境，窗中云影任东西南北去来澹荡洵是仙居。”

山石驳岸的设计思路。为了把“水木清华”山石驳岸设计得更有层次、更有诗意、更能与周边的环境融为一体，在清华大学建筑学院教授、两院院士吴良镛先生的指导下，由清华王丽芳教授、林业大学曾宏立老师和笔者一起进行了反复研究，最终得出了如下方案：以自然山水为蓝本，参考水木清华的历史背景，用我国的山水画原理“斧劈皴”和“折带皴”相结合的手法，把叠山技艺、人文景观充分融入“水木清华”自然景观中去。“山贵有脉，水贵有源”。设计首先考虑的是山脉的走向，从东往西设计成两山夹一涧，山套山、山连山，山脉此起彼伏、高低错落。然后考虑水的来源，把水源设计在最西北角上，做一跌水，让清水从山里自然流出。然后考虑的是对景，整个“水木清华”主要有三处古建，临东南侧水边有一工字厅平台，后有水木清华主体建筑，名叫“工字厅”。东侧离水边四米处有一四方亭，称“自清亭”。

距离自清亭东北向 30 米处有一六角亭，称“闻亭”。根据设计，工字厅的对景是一组山峰，山峰的西侧为山坳，再西侧为朱自清雕像平台。自清亭所对的景观即为跌水假山，它们均互相对景，真可谓遥相呼应、美景互补。南沿岸假山就以低矮的山脉形式布置。闻亭所对应的景观是山谷，亭在山谷的东侧上方，居高临下，好一派自然风光。

山石驳岸的选材。选材也就是选石料，这在叠山中有着非常重要的作用。选取不当，与周围环境不协调，便达不到预期的效果。不同的石料叠出的假山风格各异，用太湖石布景，会产生一种江南山水的风格。因为太湖石颜色灰白，有空洞，以曲线条为主要特征，造出来的景比较柔，而黄石所造的景，势必会产生一种直线条、棱角分明、像带子折过的一样，又像斧劈过的一般，所以黄石布景比较刚。还有一种是房山山皮石，它的特点在太湖石和黄石之间，既有曲线的一面又有直线的一面，属于刚柔结合型的叠山材料。山皮石长期暴露在山体表面，风化层有自然花纹，侧面又有自然的水纹，叠出的山石驳岸用“折带皴”（折带皴以及下文的披麻皴、云头皴、斧劈皴，都是我国国画画家在对大自然的观察和实践中，所总结的画山水画的技巧和方法。叠山也引用了大自然的规律，利用这种技法，使之更接近自然）手法来做，会显得很自然。因石料的水纹线和水平线成一平行线，故让人感觉这石头就仿佛自然长在河边的，有一种被水侵蚀的痕迹。“水木清华”驳岸就是选用房山山皮石作为材料。当清华 90 周年校庆之际，许多朋友反映山石驳岸就是原来的，看不出来是新建的。这全靠自然的风化石取胜，又与太湖石和黄石不同。

山石驳岸的手法与手段。在确定石材后，就要考虑叠山的手法。如果用太湖石来做驳岸，我们可以考虑用“披麻皴”“云头皴”等手法；如果用黄石来做驳岸，那必须确定用“折带皴”“斧劈皴”等手法。“水木清华”驳岸就是利用的“折带皴”和“斧劈皴”相结合的手法，让人觉得平缓时静如水，起伏时仿佛巨斧劈过一般，真可谓刚柔相济、变化无穷。与叠其他山一样，叠山石驳岸时也要考虑驳岸的造型、纹理、色泽等等。山的造型有山矶、山脉、平台、汀步、山坳、山涧、山壑、山峰、山峦、跌水、瀑布等等。这些千奇百怪的山形，是大自然的造化，我们要把这些景观精华融进人为的空间里，使之成为造景所需要的素材，并充分展示自然山水的魅力。“水木清华”整个河岸线长约 320 米，如果按一般的处理，就是把假山石沿着河边一块一块地堆砌，虽然有一些起伏，但进出不大，让人感到平淡无味。正如北京园林界的老前辈曾经将它比作“捏饺子边”。这种现象实际反映了设计思想和叠山人的手艺人工化太浓，与周边的环境不能有机地结合，而“水木清华”驳岸设计思路的不同，在于它把跌水平台、人文景观、山坳、山峰、山峦融进驳岸当中，让这些景观来充当驳岸。它既起到保护河岸的作用，又起到承前启后的造景作用，让人感觉这些石头就像是从土和水中长出来似的。

山石驳岸与环境的配合。“水木清华”北侧河岸线长约 110 米，贴近河岸以北是一座长约 150 米，高约 4~5 米的土丘。山上树木茂盛，野草丛生。孔子曰：“智者乐水，仁者乐山。”山水不但能代表美丽的自然风光，而且还能映现清华学子的高尚品质和渊博学识。在北侧沿线上，做了一处水源，即小体量山体、大水量跌水，使平静的山林顿生灵气。正如古人云：“山不在高，有仙则名；水不在深，有龙则灵。”在跌水的对面用山石围了一个约 10 平方米的平台，平台上放一副古琴桌椅，古琴边上长着一棵柏树，对面种 8 株碧桃，称为“桃源仙境”，真是别有洞天。距离“桃源仙境”东约 30 米处，建一接近水平线的大平台，长约 10 米，宽约 2 米，周边用低矮的山石包围。平台一端安详地放着爱国学者、伟大诗人朱自清的雕像。雕像边种上一株红梅，背景衬托古柏和苍松，表示对爱国诗人的敬仰之情。每遇学子和友人到清华，均要来此处观瞻，让人不禁回顾清华大学的悠久历史。山坳的做法是用山石做一个外口小内口大的山形，用山石把水包含在里面，让水绕着山转，在整个驳岸沿线上起到了承前启后的作用，在单调的沿岸线上，有了空前的变化。如此一来，原来平淡无奇的驳岸，忽然有了生机，有了更高的观赏性。人们置身其中，犹如进入了自然山水之间。接下来又运用山峦起伏的效果，在主峰和配峰之间做成山涧，使人走进山涧时，感觉进入了诗山画林一般。为避免对称造成呆板、不自然，主峰设在北沿岸中线偏东，为驳岸的高潮部分。

山石驳岸与绿化的配合。常言道：青山绿水。山石驳岸假如没有绿色植物的衬托，会让人感到枯燥无味。为此，在“水木清华”驳岸边的土山上，设计种植松柏之类的常绿乔木，辅植红枫、三角枫、火炬树等，土坡上种满丹麦草、紫花地丁等地被植物。水边间隔植杨柳、碧桃、山桃等。岸边上留出一些种植槽，里面可以种植箬竹，也可以栽植爬藤植物。在水里可种植一些水生植物，如水生鸢尾、蒲草等，为人工的驳岸赋予自然的生机。每到秋天，“水木清华”色彩斑斓，更具诗情画意。

山石驳岸与道路的配合。山石驳岸边上必须要有路，如果没有路的话，人们也会踩出一条路来的，因为人离不开水，一旦见到山石驳岸边上就是水，人们会自然而然地接近水面，久而久之便形成了路。为此，在设计山石驳岸时，最好要有路，过路人们可以在山石边驻足观水，也可以在水边安静地看书学习。每天清晨、傍晚，这里到处都是看书、锻炼、散步的人，是一个学习、健身、观赏大自然美景的好地方。

山石驳岸与水的配合。设计山石驳岸时，要考虑水平面的高度。为了省石料，通常用毛石或者钢筋混凝土做墙体，再在上面做山石驳岸。一般水平面需超出山石驳岸底线 20 厘米左右，即使水位线少量下降，也不至于露出池帮子。驳岸要高低错落有致，要前后进出有度，以达到更美的效果。有时需在水里放置一些石头，让山石因水而活，使山石驳岸更有生气。有人认为，做驳岸假山是最容易做的，只要把石头驳上即可。其实不然。明末画家、园艺家计成曾经说过“虽由人作，宛自天开”。当我们把山石驳岸同周边环境有机地合成一体时，我们的目的才算达到了。（韩建中：“水木清华山石驳岸设计、施工心得”）

情人坡：

清华大学的北院在清华大学老图书馆以北。北院曾是清华早期高级教授住宅区。著名学者梁启超、叶企孙、朱自清等都曾居住于此。但近几十年中北院逐渐衰败，成了一片荒草杂树丛生的废墟，立着几座破旧的危房。我们从 1999 年秋天接受设计任务，经过一年多时间，景园已基本建成。现在经过图书馆向北，就能看到一处绿意盎然的新园。

作为学生的景园，它应该不同于校园外的喧嚣，不同于课堂上的紧张，不同于运动场上的热烈，不同于图书馆里的肃静。它应该是恬静而优雅的，使人的心境与自然相融。作为清华大学的北院，这里的历史和前辈学者的足迹应该成为清华学生思想成长的养分。北院景园的设计由此展开。

荒丘的作用。散乱的土丘俨然成了蜿蜒行走的山脉。这山脉横在地段中部，形成屏障，把地段划分为南北两园。北部园以体现春天的活泼气息为主，使人心旷神怡，发人遐想；南部园以宁静为特点，使人心静神清，适于读书静思。我们用两条路径连通南园和北园，以不同的方式打破山的屏障，形成了两处幽静的山间环境。其中较长的路径配植了竹林，比较清丽；较短的路径以岩石围合，比较简洁。利用山脉来形成屏障，又加以穿通，形成空间的层，带来了幽深的效果。山脉的尾部我们设计了一个很阔大的“余脉”，像卧龙的尾巴从西北面弯回来一扫，渐渐平伏下去。这山脉铺上绿色的草坪，在宽阔空间的西部造成了生动的景象。草坪的景象，主要特点是非常均匀和单纯的绿色，特别适合广场这样简洁明快的空间。大面积用在园林中，应该与用在广场上有不同的处理。用蜿蜒起伏的地形，可以使草坪获得形态和光影的变化，使景观丰富。所以，起伏的草坪比较适宜园林。

音乐的引入。在观景的最佳位置我们设计了一个小广场，上植大树、摆设桌凳、安装立体声高级音响，形成一个浓荫下定时播放高雅音乐的音乐广场。广场东侧是错落的墙垣，西侧朝向绿化空间是一米高的矮墙，可以凭栏远眺，欣赏草坪绿意。美丽的景观感受可以在音乐欣赏中得以提炼和升华。

美的景色与美的音乐融合在一起，共同陶冶青年的情操。音乐广场题额“绕云”。取字于唐代诗人李白的诗：“清风吹歌入空去，歌曲自绕行云飞。”其意义有两重：一是音乐的高雅，二是志向的高远。

紫藤花架。我们在园东北角设计一个花架。将景园与混乱的人流车流和乱而不美的建筑有所隔离。花架的形态为弧形，与蜿蜒回转的西部山势远远地相对应，形成一个明显的围合的态势。花架的尺度很大，开间与进深都有 4 米多，挑出梁头加起来近 6 米，与它所面对的开阔的草坪，大的山坡、高大而古朴的树木合成一种大气。在这里如果用我们习以为常的 2 米多跨度的小巧玲珑的花架，就会反成负累。花架的柱子很粗，0.6 米 ×0.6 米的截面，远远超出了承载的基本需要。当周围环境这样空阔，花架的开间跨度这样大的情况下，用粗壮的列柱，才能对花架空间有较好的限定。同时，从东北角路口看去，在无序的环境中，粗壮的列柱有力地表现了韵律。

大空间的围合。空间是需要围合的。园林空间或追求“旷”或追求“奥”。我们体会到奥的空间容易围合，因其小，因为它幽密的效果与小范围的围合是不矛盾的。所以奥空间很容易用园林的元素围合起来。但是旷的空间追求开阔，与围合之间形成了矛盾。旷空间的围合是个不易处理的问题。最终的解决办法是两层围合。首先是内层，由三部分构成：西面利用了山坡的余脉围合。由于“余脉”的阔大，保持了空间开阔的感觉。东面利用音乐广场划出了边界。东北角，则以大尺度的紫藤花架围合。花架的弧形具有围合与向心的态势，这是平直或折角的形式所不能比的。山坡余脉的弧形与花架弧形的运用，相距较远，保持空间的开阔，同时利用向心的优势完成了园内的围合。但是北部景区仅有园内的这些围合仍然不足，人处在空旷的空间之中，视野会越过这些 3~4 米高的围合物向外散去。北部园区事实上还借助了园以西、以北隔路而建的图书馆、四号楼以及高高的杨树林和泡桐林等，在第二个层次上又一次加以围合。与北部园区的实际占地面积相比，这第二个层次所界定的空间在高度和宽广度上要扩大好几倍。正是借助这个景园之外的空间，才进一步获得了“旷”的效果。

山间小路。草坪最好没有路。小路的设计实出无奈。人们喜欢进入草地，但太多的踩踏又不能允许，大片的草坡中因此必须有纵横贯通的小路。草坪均匀单纯的整体景象很容易被纵横的石铺小路所割裂。为了使小路看起来与草坪相融合，我们又一次利用起伏的山坡，把小路的走向顺随着山坡的起伏。这样，小路与草坪的冲突被减弱了许多。小路的路线不是在图纸上设计，而是在现场直接放线，这样可以比较恰当地把线放到与地形地貌相呼应的位置上。景观设计与建筑设计不同的地方，在这里便有所体现。接下来的问题是路宽的设定。在北院景园中，除了花架设计运用了非常的尺度，在草坡上的小路也运用了非常的尺度。小路的宽度，常规供二人并行应为 1.2 米。但是很明显，路越宽，草坪山坡就显得越小。我们把小路设计为 0.8 米宽，这样，山坡被反衬得比较宽大深远。路面选用卵石，也避免了块材地砖尺度的比照。完工以后的实际情况是，在 0.8 米宽的小路上，青年人常常是并排行走。因为并行的空间虽然应为 1.2 米宽，但脚下的路面却可以收窄不少。青年学生身材相对瘦削，尺寸又可窄些。青年情侣并行时比较亲密，0.8 米还有点富余，一般同学并行，互相距离比在别处略近，或二人肩头略微前后错开，仍很自如。而且青年同学这样近地并肩行走时，显得兴致很高，更加谈笑风生，不知产生了怎样的微妙的心理影响。中老年夫妇如果来此，则常见前后地相随着。尺度问题可能是中国园林与世界上另外两大园林传统所不同的独有问题。因为中国园林要在不大的地段表现自然山水深远、平远、高远的延绵不绝的景象。它在造景上用层峦叠嶂的手法做山，用蜿蜒不绝的手法做水面，用秀丽疏朗的植物做点缀，可以实现做成一个“可观”的“景”。但园林又要“可游”，如此一来，与游人活动相关的路径、桥梁、亭台、塔榭和空间就必须出现在“景”中。如果按正常尺度去做，就把原本看似深远高大的山水比照得渺小可笑。所以要小心地控制尺度，以衬托出山水的深远。把小路做窄，于中国古典园林中常见。扬州个园黄石秋山的栈道就是这种做法。

老柳树的韵味。如前所述，景园的北部设想是一大片开阔的草坪，浅坡围合成一个向心的浅盆地，以其开阔与其他空间形成对比。但是在具体设计时遇到一个问题：在这浅盆地的中央地带，旧址上有好几株老柳树，从平面图上看，这些老柳树横在整片草坪当中，好像把空间从中堵住了，很不痛快。似乎应该去掉才好。但这是错觉。从平面图上做设计时容易产生一些误区。事实上，这些树形态虽然不算太美，有的已空了树心，但树冠相当高且大。在这个景区的各角度看，树冠以下都不会阻碍视野。相反，从上部似乎也给空间带来了少许围合。树冠不是壮年时那样浓密而体积感强，而是疏朗松散，随风摇曳，很有空气感。景园建成后，这些位于盆地中央的高大疏朗的树，不仅没有堵塞空间，反而给景园带来了多方面的丰富和变化的情趣。景园的草坪，如果不是这几棵老柳树造成的光影变化，虽然有山坡的起伏，仍难于摆脱单调的景象。不仅如此，在阳光直射的盛夏，柳树洒下宽松的阴影，给整个景园以凉爽的感觉。由早晨至黄昏，日复一日，它们用树影拂过草坪，仿佛是活着的日晷，含蓄地传达着“光阴”的意味。它们还能很好地表演“微风”的舞蹈。置身此处，人们不仅能感到，甚而能“看到”夏季的凉风。如果仅有修剪成“板寸”的草坪，何从体会风的韵味？新植的草坪赋予了老迈的柳树活泼的生气。设计时我们虽然存了“大树可贵”的心，保留了老树，但得到这样多姿多彩的回报却也是始料未及。

旧材料的蕴含。北院原来的建筑是砖木结构的。花架和音乐广场的墙垣我们也选择用老式的青砖和木材，以在新的景园中体现一点北院的历史风韵。北院拆除了三幢旧宅，旧宅中拆出的旧木料被大量地用在了梁架和坐凳上。花架用青砖的柱子和木的梁架。为了避免老式材料显得陈旧，我们用比较新的做法和形式，希望能旧材新貌。在宽梁肥柱的交接处，我们设计了特别轻巧挺拔的钢节点。有了夸张和对比，花架因此显得有趣。根据唐代白居易的诗“惆怅春归留不得，紫藤花下渐黄昏”，花架种植了紫藤，并且题名“留春”。

新建的园林很容易造成新得生硬的局面。这在国外也很常见。我们利用这些老旧的材料，加上园中苍老的树木，便给这个新建的景园注入了一些柔和温暖的情调。

与周围建筑的组合。北院的西南面是清华图书馆，图书馆第一期建于 1919 年，由庄俊先生设计。后经两次扩建，第一次扩建于 1931 年，由杨廷宝先生设计；第二次扩建于 1991 年，由关肇邺先生设计。三个部分浑然一体。北院北面是学生宿舍 1~4 号楼楼群，建于 1954 年，由汪国瑜先生、李道增先生和周维权先生设计。图书馆是西洋风格，宿舍楼是中国风格，都是建筑精品。景园建成以后，这些优秀建筑，使景园获得美好的外界环境。而景园绿色山坡和植被的掩映，也使这些建筑优雅的立面得到更好的展现。于是，整个这一部分的校园就构成了有机连续的美景。（王丽方等：“清华大学北院景园设计随笔”）

随笔：

清华园日历

杨国华

连续两天的绵绵细雨之后，清华园迎来了一个阳光和煦的晌午。我和“清华学”课程的二十名同学相会在“水木清华”“自清亭”。我请大家沿湖自由观赏，在班级微信群中分享图片和想法。一张张湖光山色的照片，一句句诗情画意的感想，呈现在手机屏幕上。有荷叶满塘与山石驳岸的全景图，配着这样的文字：“雨后晒太阳”、“阳光很好、很温暖”；有金黄透明荷叶的特写图，说明文字是“叶子还没有完全枯黄，带些黄色反而显得嫩绿一般”；有清水四溅的跌水，是这样的心情：“突然发现的小瀑布，很精致，很惊喜”；有阴森幽深的小路，“有种曲径通幽处的感觉”……当然，还有水边的朱自清汉白玉雕像，“水木清华”牌匾和长联，池中的小鱼，水边的石缝等照片，以及“留得残荷听雨声……林黛玉最喜欢这句”“小路的石块错落，分不清是路，还是无意为之”“可以看到很远的天空”“水的涟漪”等感想。甚至还有同学编辑了照片和文字，这样写道：“……天空很蓝，很清，还有棉花糖一样的云朵……看到荷塘就让我有一种童年的回忆，喜欢小时候下水采莲子，回家的时候抱着一捧的莲蓬，满满的都是快乐……”我也“跋山涉水”，分享了山上的古钟和岸边的小船等照片。

回到“自清亭”内，我们站成一圈，交流感想。我请一位同学解释微信群中“环绕荷塘两圈，走了不同路径，感觉景色大不相同”这句话的含义，又请一位同学澄清“风啊，你不要逗我”的所指。我请提到林黛玉的同学交代一下背景，他介绍了李商隐诗句的含义和林黛玉引用的场景。[①]我还请一位同学讲解昨天写的一首诗：“雨中荷塘：轻丝破镜起涟漪，湖底山光色愈奇。带雨秋荷衰色减，含烟弱柳更依依。”大家有一些讨论，基本上围绕“荷塘之美”这个主题，包括为什么晴天雨天都可以是美的？为什么荷叶绿色黄色都很好看？在“有垃圾”“乱刻字”和“荷叶太满”的情景下为什么还能够审美？还有同学说荷塘勾起了自己的思乡之情……最后，我们还讨论了湖边一块石头上镌刻的诗句“景昃鸣禽集，水木湛清华”两个相反的含义及其“水木清华”的新意。[②]我知道同学们仍然沉浸在校园内众多观赏石所引起的美学思考

---

① 李商隐：《宿骆氏亭寄怀崔雍崔兖》：“竹坞无尘水槛清，相思迢递隔重城。秋阴不散霜飞晚，留得枯荷听雨声。”

《红楼梦》四十回“史太君两宴大观园，金鸳鸯三宣牙牌令”：宝玉道：“这些破荷叶可恨，怎么还不叫人来拔去。”宝钗笑道：“今年这几日，何曾饶了这园子闲了一闲，天天逛，那里还有叫人来收拾的工夫呢？”黛玉道：“我最不喜欢李义山的诗，只喜他这一句‘留得残荷听雨声’。偏你们又不留着残荷了。”宝玉道：“果然好句，以后咱们就别叫人拔去了。”

② 据考证，“景昃鸣禽集，水木湛清华”出自南朝谢混《游西池》一诗，因“湛”字有“澄丽”或“沉没”的相反含义而产生歧义。见李飞跃：《“水木湛清华”与清华园关系考辨》，《信阳师范学院学报（哲学社会科学版）》，第 31 卷第 5 期 2011 年 9 月，第 98—104 页。

之中，[1] 知道他们已经开始阅读朱光潜的美学著作，[2] 知道他们阅读了课程资料中的文章，特别是“水木清华”园林设计者所写的文章。[3] 于是，在讨论感想之后，我鼓励他们提出问题，并且在此基础上一口气发布了十道思考题，大致内容是：园林的要素是什么？“水木清华”的优点是什么？有待改进的地方是什么？你能否设计出这样一个园林？“水木清华”的含义是什么？除清华园外，其他地方是否有“水木清华”这四个字？长联的含义和出处是什么？“水木清华”和长联的书法家是谁？[4] 最后，我在微信群中分享了我自己游览“水木清华”时碎片化的感想：清华园日历；万千变幻；丰富与联想（此时彼时）；春夏秋冬，晨昏晴雨，花开花落，草木枯荣；独自一人与游人如织；精致的皇家园林与浓厚的人文气息；园中之园与莘莘学子。当时我说，快下课了，没有时间解释。现在有时间了，我可以详细说说了。

清华园本身就是一个园林，而“水木清华”则可以称作园中之园，是游人必到之地，也是学子心爱之所。来清华两年了，这里也是我早晚最常光顾和微信最多晾晒的地方。“水木清华”牌匾不仅写出了这里湖水清澈、草木繁盛的景象，而且权威地解释着清华园的身世，这可能是最为吸引游人之处。

---

① 前两节课我们考察了校内地质公园“地质之角”和10块景观石，即前震旦纪闪云斜长花岗岩“三峡石”（西门内）、前寒武纪海底火山岩“桂韵”（西门内、清华路南）、前寒武纪海底火山岩五彩奇石“禹域瑶华”（六教北、土木水利学院前）、瘦漏皱透“太湖石”（观畴园食堂东广场）和太湖石（综合体育馆东北“世纪林”前）、独石成山“泰山石”（人文图书馆前）、蛇纹石花玉“母育子”（甲所前）、灵璧石“擎天柱”（综合体育馆南花园）、侏罗纪年石树“硅化木”（清华大学接待处前）、“牡丹石”（校医院对面牡丹园前），在“母育子”前进行了重点考察，并且专门讨论了景观石之美。

② 即朱光潜的《美学》和《文艺心理学》。

③ 韩建中：《“水木清华”山石驳岸设计、施工心得》，《中国园林》，2002/6，第54-55页。

④ “水木清华”牌匾题写者不明。“水木清华”四字属于通用名称，乾隆年代的圆明园、乐善园和清漪园都有此名。长联的书法家是殷兆镛［1806—1883，字补金，一字序伯，号谱经，江苏吴江人，晚清官员。道光二十年（1840年）进士。授编修，任大理寺少卿，充湖北、陕西、顺天考官，督直隶学政。历任礼、户、吏诸部侍郎。见百度百科“殷兆镛”］。作者是沈斌，乾隆年间题于扬州贺园的杏轩。以上资料见苗日新：《熙春园 清华园考——清华园三百年记忆》（增订本），清华大学出版社，2010年4月第1版，第290-298页。

事实上，生活在园子里，才能深刻地体会到，那三十四字长联“槛外山光历春夏秋冬万千变幻都非凡境，窗中云影任东西南北去来澹荡洵是仙居”，才是对这里的全景描述。我愿意称作“清华园日历”，因为在这里最能感受到清华园的四季变化。我喜爱深秋厚厚的荷叶，在正午阳光的照耀下金灿灿的。我喜爱严冬厚重的冰面，默默承载着年轻人的嬉戏欢笑。我喜爱初春嫩绿的柳枝，在微风中轻轻拂动着水面。我喜爱仲夏远远的蛙声，诉说着它们心中的故事。我喜欢清晨平静的水面映出的湖光山色；我喜欢黄昏绵绵的雨丝连接的圈圈涟漪。我喜欢那棵大柳树，身子倾倒，随柳枝感受湖水的冷暖；我喜欢那方跌水，潺潺淙淙，带动着一池荷塘的生机。

当然，我也喜欢庄重宏伟的皇家宫殿“工字厅”，喜欢它历经三百年风霜雨雪的历史底蕴。我也喜爱洁白静穆的汉白玉像朱自清，喜欢他无论春夏秋冬都在默默守望，还有他的名篇《荷塘月色》。[①] 这些都是“清华园日历”中不变的底色。还有，更为重要的是，我喜欢这个园子的真正主人，朝气蓬勃的年轻人。万里挑一，他们从四面八方汇聚在这个美丽的园子，度过成长快乐的人生时光，然后带着知识、能力和思想走向五湖四海，成为社会建设的栋梁。在这段时光，我亲眼看到了他们的变化，但是他们的青春却永远留在这里，成为最靓丽的风景线。

这节课的作业是：写一篇关于“水木清华”的散文，请参考课程资料汇编中的文章《试论园林艺术的美学特征》。[②] 那篇文章提到了园林艺术的“八性”：形象展现的连续时空性，在空间中展现的特殊性，审美内容的丰富性，反映生活的双重性（再现性兼表现性），审美者与艺术品在空间的共一性，表现内容的正面性，多种艺术的融合性，审美途径的多样性。这些都能适用于“水木清华”，但是那篇文章没有强调它区别于一般园林的特殊性，即莘莘学子徜

① 《荷塘月色》的地点是近春园，而不是“水木清华”。见黄延复、贾金悦：《清华园风物志》，清华大学出版社，2005 年 11 月第 1 版，第 87-90 页。

② 管宁生：《试论园林艺术的美学特征》，中国园林 / Vol.15，No.63/ 1999(3)，第 28-30 页。

徉其间的青春布景，以及师生老少在此相会的动人情景，而在“清华园日历”中，最美的恰恰是这些风景。

与水木清华的相遇

曹文潇

初次来到自清亭前的这片荷塘，还是在开学的那一天。尽管旅途奔波，十分疲惫，天公也不作美，但还是想要带父母去到那著名的荷塘月色，看一看朱自清先生笔下的荷叶是不是像亭亭的舞女的裙，那荷塘是不是有文章中写到的那么迷人。开着导航，却早已十分不耐烦，腿酸了，脚也很痛，不知道还要走多远。似乎是冥冥之中，我们放弃了导航，顺着一条小路，上了山，再往下走便是有着一片翠绿的荷叶和点点粉荷的荷塘——自清亭前的这片荷塘。惊喜之情无法言表。周围很静，我们坐在了荷塘边的长椅上，看雨滴在荷塘上泛起涟漪，看翠绿的荷叶在蒙蒙的水汽里静静立着，看那粉色的花朵在风中起舞。时间似乎静止在了那里。夏天已到了尾声，但那荷叶却长得茂盛浓郁，荷花依然亭亭玉立。杨柳垂在湖面上，形成了一张巨大的绿色瀑布，让人沉迷于这绿色的世界。烟雨中，真真似一幅水墨画，被人用墨笔渲染。这美，让人忘记了疲惫，而我也忘记了要去荷塘月色亭，也许这里，就是当年朱自清先生笔下的荷塘吧。

那天中午，再次来到这里，夏天也已经过去了。荷叶有些残败，但却是阳光明媚的好天气。天空蓝得似一块绸缎，阳光也为一切打上了绒毛。虽然天气转凉，但看这荷塘还是暖洋洋的。我相信一切万物皆有性格。无论是树木，还是野花，无论是大学，还是景象，都有自己的特色，自己独特的感觉。这片荷塘，无论春夏秋冬，无论风雨雪霜，始终静静地卧在校园的一角，任岁月轮回，风吹雨打。它的性格大概是静美与温和吧。它也许会被垃圾污染，我们曾经讨论过这个问题。但不可否认，它的存在，也是为了为这个世界提供美，为了展示它自己的美。“景昃鸣禽集，水木湛清华。”这句话立于荷塘边上，也是水木清华的由来。在我看来，水木清华的意思是水的澄澈与花木的葱茏繁茂。这繁茂的景象，亦是象征着清华同学们的活力朝气，也是对同学们的祝福与期望。

我喜欢水木清华的一草一木，喜欢这里的风，也喜欢这里的水。每一次来到这里，都能唤起许多美好的回忆，又能够发现许多新鲜的东西，心情不同，时间不同，景色也不同。越来越爱我们的清华园，越来越爱这荷塘。

“泡”在水木清华是一种怎样的体验

邓浩鑫

我大概是中午 12 点到达水木清华的。刚刚踏入这里，就看到一对母女坐在长椅上，似乎在谈论什么愉快的话题，我小心地从她们后面走过，看到女儿正指着自己的手机与母亲分享照片中的点点滴滴，我突然受了很大的触动，有点欣喜，不过更多的是对这种秀恩爱的羡慕嫉妒。淡淡地、却又是十分真实地，我有想去跌水平台的冲动。

未见流水，又闻水声，我到了跌水平台。说句实话，对于生在湖南、长在洞庭的我而言，什么山石流水、树林阴翳、垂柳荷花没见过，所以这里本该不能引起我什么触动，但我却深深地被这里吸引了。我在一旁的长椅上坐了下来，思绪回到了我来北京之前，我爸妈都十分担心我不能适应北方的环境，但进入清华以来，每天都可以看到翠绿的树，所以没有觉察到什么，还觉得北方也不过如此，直到我看到了水——原来北方没有的是江南的水啊！或许康熙当年是因为留恋于江南美景而建了这样一座园林，但对于我来说，仅是这一点点水都能勾起无数思念。

我们现在求学在外，以后也将漂泊在外。故乡，对某些人而言是到不了的远方，充满着无奈，充满着心酸，内心也被绵长的思绪所充斥。咱们的“江南水乡”，何时才能瞥见你芳容？

身心俱疲，我决定就在这地方小憩。说也奇怪，躁动的流水声在我听来却能使内心平静，带来一种十分安逸的感觉。

醒来时神清气爽，继续向前走去。刚从后山的小道出来，转角就有一白色画布和一个在捣鼓什么的学生模样的人映入眼帘，好像是一位画家。我在旁边的石头上坐了下来，细细观察。他坐在水木清华东北角，自清亭旁边的一个石头上。一开始还有点害怕他会赶我走，但看到他完全没有理我的趋势之后，我就放心地在他旁边看他画画。我到的时候他底稿已经画出来了，已经进入调色阶段了。在接下来的三个小时内，他在静静地画画，我在静静地看。揉、线、挫、拍、拉、擦、砌、跺……看着他一步一步由上及下，由远及近，将眼前的景色拓印在画布上。就这样，三个小时我们俩没有说一句话，但我感觉我已经透过眼前他这一幅画看到了他眼中的水木清华，看到了他所觉察到的美，就好像我们就眼前的景色谈论了三个小时一样。我们的精神就这样通过水木清华联结在一起。

在看他画画的同时，我还看到了许多其他人：他们或三三两两，或独自一人，拿着手机，拿着单反，给自己和周围的景色拍照。摆一个姿势，拍完就走。我没有一个一个去了解他们，所以不敢妄下结论地说他们每一个都没有认真欣赏眼前的景色，但我敢说其中的百分之九十是没有认真欣赏只是拍一个照证明自己来过这里。如果所谓踏遍大江南北只是这样随便一走，没有安安静静的欣赏，没有自己的体会，没有对这美景有所感悟，没有让自己的心灵得到净化，那即使你游遍宇宙又怎样，还不是没有任何意义，充其量就是在生物学上多消耗了一点卡路里。

朱光潜先生说，“适当的距离才能产生美”。倘若内心浮躁，只是像如此蜻蜓点水一般，没有让自己的内心充分与周围的景色接触，是不是距离太过大了一点？试想以一个局外人的身份又怎能理解景色中的内涵？偌大一个水木清华，像这位画家一样的人有多少，像这些游客一样的人又有多少？现代社会看样子是又多了几分浮躁，就连本该是放松身心的旅游都有层出不穷的“一日游”，我就想知道，一个著名景点，用一天能干些什么，跑来跑去难道不会累吗！“在世俗的生活中，宇宙、天堂、永恒、无限、神圣、天使……都是那么遥远，当一个人开始深深融入一粒沙、一朵花、一只百灵鸟，也就进入了生之秘境。”幸而还是有这样一位画家令我钦佩，令我欣喜，令我有希望。

这次可以说是我第二次来水木清华，只不过上次是参观，这次是“泡”。什么叫“泡”？在现代汉语中，“泡”是保持一种沉浸的状态，是把自己沉浸在一种环境、一种对象、一种氛围、一种感情之中。没有发自内心的喜欢与热爱是“泡”不下去的。今天我有幸若有若无地找到了这样一种感觉，颇有感触。

园中之园，水木清华

游　奎

走进水木清华，首先映入眼帘的就是荷塘。一排排荷叶像精致的地砖铺在水平如镜的湖面上。水里有许多水草，水不是很深，水草也很短。别看这只是一方小小的水域，它却是鱼儿的天堂，一群群鱼儿在里面来去自如地穿梭，或许是在捉迷藏吧。一些可能看起来毫不起眼的东西，也许就让有的人如痴如醉，小小的事物也能包含无穷的乐趣。

环绕荷塘的是一圈错落有致的石头，石头的形态千奇百怪，纹路各不相同，不知道是大自然的鬼斧神工，还是设计者的匠心独运。沿着荷塘走着，心里不断涌现的是对艺术家们的赞美，那几尊人的雕像或许正沉浸在这风景里吧。

临近荷塘的是一些古老的建筑，低矮的屋檐和五彩的图案给水木清华清丽的景色加入了一点绚丽的色彩。绕着荷塘走上一圈，一边听着林子里鸟儿的鸣叫，一边看着水里鱼儿的嬉戏和潺潺的流水，最后再看看水木清华的对联——“槛外山光历春夏秋冬万千变幻都非凡境，窗中云影任东西南北去来澹荡洵是仙居”，心里不禁有所感悟。

此时的天空水晶般湛蓝，白云悠悠，去来无意，我们的心也像白云一样飞出去了好远。

又见水木清华

冯　尧

从第一次发现水木清华，到第二次发现水木清华，我花费了一年多的时间。为什么说发现呢？因为我觉得只有这两次来，才有了不一样的感受。第一次是来清华参观，自己无意中地漫游走到了水木清华，发现清华竟然有秀丽与古朴和谐共存的地方。而第二次，也就是上一节课，我才比较充分地发现了这里的美丽。其间，自己也多次来过这里，但是又有哪一次是细心观察呢？不过是有名无实罢了。

国庆节时，杨老师告诉我们可以去看雨中的水木清华，很遗憾，当时自己正在火车上往学校赶，错过了这次雨中的邂逅。之后又看到了同学的诗，只能是“虽不能至，心向往之”。但这次，自己也算是见到了水木清华的另一个极端——晴空万里下的水木清华。

这一次与以往不同，从后山出发，参观水木清华：后山之中也有两条近乎平行的路，一条在山上，一条在水边。自己来回走了两次，希望能尽享这里的美，不要留下遗憾才是。山上之路，较为曲折，多在树木之中，对于那一天较为寒冷的天气，实在算不上暖和，那一泓水更是看不到。但是，也别有一番趣味，在树下是光影斑驳，一个个小小的光点照在身旁的树丛上，更是显得光的透亮与叶的青翠。路的拐角处更有一株小树，结着诱人的红果。走到尽头，本以为错过水边的我却听见了水的哗哗声，水从石缝间喷涌而出，一个跌水平台出现在我的眼前，令人眼前一亮。虽然规模不及瀑布，但是其中的意味与情趣却在这样的一方园景中，有过之而无不及。水边之路，更加亲近水，水就在离脚很近的地方，自然水中的翩翩荷叶，水下的条条小鱼，姿态一览无余。这里阳光也更加充足，连那略有衰败的荷叶也显得又有了生机。水边有故意放置的巨石，两块之间成一小径，穿梭其中，别有趣味。

令我羞愧的一点是，当在小路上看到有一块独立的石头时，自己走进去看，看到正面原来是英雄纪念牌时，才发现自己站在了这块纪念牌的旁边，站到了一个不应该站的位置，我急忙退回，低头默念了我的歉意。

从另一边回到自清亭，见到的则是古老的建筑与路边的依依柳树，右边是清华的文化，百年不变，依然屹立；左边是清华的美景，春华秋实，日日新颜。柳树微微接触水面，在风的吹动下，在水中画下一个又一个的涟漪。

其实，看到了这么多，这里给我的感受，我觉得两个字刚刚好，“精致”。小小园景，有山有水，有庭有泉，一泓泉水将两份截然不同的景色分割，又浑然一体收纳其中，有日日更新的自然美景，又有百年不变的古老建筑。总觉得这里应该会有在阳光下打太极拳的老人，但又觉得应该也会有坐在长椅上温情的情侣，更有清晨晨跑经过这里的年轻人，所有的这一切都自然而然地联系在一起。还没见到，但一定会看到，用我四年的时光来尽情发现你的美。

水木清华，灵秀静好

傅　森

对于“水木清华”，我在高中时早有耳闻与向往，中秋夜也曾带着北大的高中同学到水木清华牌匾下逆着月光看那幅“槛外山光历春夏秋冬万千变幻都非凡境，窗中云影任东西南北去来澹荡洵是仙居”的名联，但对于“水木清华”这四个字所承载的无尽美景与内涵，我却直到那天中午才真正领悟。

那天的天气很好，有蔚蓝的天，和煦的阳光，微微的风。中午穿过工字厅西边的小巷，来到荷塘西南角的岸边，那一片温柔垂下的柳条和水畔的木椅，最先给了我最直观的视觉冲击——平静的水面上有一半面积被荷叶填充，余下的水面倒映出让人心境瞬间平和无比的蓝天，岸边有坐在木椅上静静看书的女生，有安静地打着太极拳的老人……我突然不禁觉得：如果能在这么一个静美的地方度过一个下午，或看书，或沉思，或写一些文字，甚至只是单纯地发发呆，该是多么幸福美好的一件事。

踱步走过荷塘的南岸，看到东边有一个亭子，愈走愈近，看到亭子旁立的一块石碑，原来这就是我们所寻找的自清亭。斑驳的石碑上面镌刻着一个个饱含力量的字，记录着亭的由来和朱自清先生的生平。目光透过那空空荡荡的亭子，感受着那里特别的氛围，我感觉到：朱先生早已离这个世界而去，但他的文墨、他的情怀、他的风骨，却依旧潜移默化着一代代的清华人，潜移默化着一代代的中国人。今天的我们，即使在同样“淡淡”的月光下，在同样“曲曲折折”的荷塘边，恐怕是再难以完全体会到朱先生在那个特殊的年代所感的“心里颇不宁静”和一代知识分子的徘徊吧。望见北岸的朱自清先生的白色雕像，我的心中更加感慨万千。

在杨老师来到亭子后，大家开始绕着荷塘亲身体会这里的一草一木一水一石。踏上北岸曲折的小径，仿佛进入一个新的世界。一步步地走，两旁的草木和山石迎面“走”入我的眼中，让我想起了《试论园林艺术的美学特征》中的一段话：“整个园林的艺术形象——包括山水、道路、花木、亭廊等，原是固定静态的景物，都犹如一幅长长的山水画卷，在动观者的眼前由远而近，渐次移过。在这种情况下，园林中所有的静态景物都变成了动态的景观。”顿时对这段话有了更深的理解。仔细观察，慢慢地发现山石草木的布置真的是园林设计师和建筑师精心安排的，颇有山水园林的趣味 水岸的石头曲折中不失规整，和成一线的水面相映成趣，而跌水平台的跳动的水，在阳光下闪着清亮的光，让人眼前一亮；跌水平台的石头上的青苔和水声，更让人仿佛面对着一个人迹罕至的山洞。噫！韵味十足也！

按逆时针方向慢步经过水木清华平台前，再次品读那副对联，愈加觉得其气势磅礴而不失灵气。我思绪万千——究竟是充满灵气的清华园造就了一代代的学子栋梁，还是一代代的清华人让这个原本就秀丽的园子变得更加具有人文气息和灵气？这个问题，或许没有答案，也或许没有唯一的答案。环境能影响一群人的心境和志趣，而环境中的人或曾经在这个环境中生活过的那些人以及他们的精神之光，或许也早已是这个环境的一部分了吧。

想起朱光潜先生在《谈美》最后一章所讲的那句话——“慢慢走，欣赏啊”。我多么愿意，在一个祥和平静、日光和煦的下午，走过那片柳荫，坐在水木清华岸边的长椅上，陶醉于那一份灵秀氛围，那一份岁月静好。

重游水木清华

李凌峰

最早知道园子里还有这样一座美丽的园林还是在军训时，看到同学们发在微信朋友圈里的几张水木清华的照片，让我感慨清华这座理工气息如此浓厚的学府还有这个浪漫美丽的地方。然而初次来到这儿还是一次雨天的邂逅。彼时我正沿着文学大师朱自清曾经走过的小道在荷塘边游逛，突然抬首间发现隐藏在密林间的这座园林——座厅台傍水而建，清亭怪石交相辉映，河面上薄雾微笼，荷叶亭亭玉立，几滴露珠在上面摇摇晃晃，虽然没有朱自清先生笔下的月光粼粼，但却也别有一番味道。

后来又来过几次水木清华，只是每一次都有着不同的体验。到了国庆后的那个星期六，老师又组织大家一起游览水木清华。我开始打算再绕着林间小路游览一番，但后来偶然走过河岸边，不经意间瞥见荷塘里有一条泥鳅在游来游去，感到很奇妙，想起不久前去圆明园看到湖里面一群鱼在争抢着游人撒下的面包屑，还不时地跳出水面，原来园子里不仅鱼不怕人，连泥鳅这样胆小谨慎的生物也不怕人，想必也是习惯了我们这些游人。后来我便一直绕着河岸走，观察起了荷塘的水下“世界”，塘里的水虽然有些混浊，但一眼望去也能看见水底的水草，还有一群一群的小鱼，说是小鱼，因为鱼的确不大，如果不仔细看，在阳光底下，真的发现不了这一群隐形的精灵，这也不禁让我想起了《小石潭记》里面的“潭中鱼可百许头，皆若空游无所依，影布石上，佁然不动，俶尔远逝”。别有一种淡泊空灵的意境。可惜后来因为急于去上课没有机会聆听大家的一番见解，很是遗憾。

游水木清华，悟宁静之美

李旺奎

再循小道，我步入水木清华——一个向世人展现清华柔美一面的诗画般的园林。未入其境，清脆悦耳的鸟语已将我从午睡后的惺忪中唤醒；渐行渐近，涌水之声让我彻底放松，忘却了疲惫。当看到那高高低低的驳岸岩石，我不禁感叹建造者的精妙技艺，那一块块淡而无奇的冰冷石头竟能被堆叠得如此艺术：高低起伏、错落有致、严丝合缝、各具情态，每一块都经过建造者的精心挑选、细细安排，每一块都凝聚了他们的激情与热血，从而每一块都有了炽烈的心，每一块都让这里更有诗意。

行至工字厅后的入水平台，低头望向静静的水面，看着随风颤摆的芦苇，注视着左右摇曳的荷叶，聆听鸟鸣水泻，我感觉自己已不是站在平台上，而是站在水面上，我成为了它们中的一分子：我能感受到池水的默默流动，感受到芦苇聚会般的欢脱，感受到荷叶挺拔身姿的努力。闭眼遐思，我回到了家乡的湖边，那里也有青山，也有鸟鸣，也有芦苇，也有荷叶，但和这儿不同的，是那里还有钓鱼的老者向我招手，有熟悉的声音在呼喊，远处有熟悉的房屋矗立……原来家乡的湖早已被深深刻进了我的脑海，不知不觉间带我走近了乡愁。不知他日对着别样的水面，是否也能想起这悠然的水木清华……

不觉已来到跌水之台。石缝中清水平泻而出，砸水而下，周遭水雾缭绕，颇似仙境。此水一出，给荷塘增添了活力，荷塘便能永续不枯，正如清华这个大园子，每年都会新增一批主人，为园子注入新的活力，每年也会有一批人离去，然而他们从未离开——这个园子会永远包容他们，无论走到哪里，他们都是这个园子的主人，正如这里的荷塘，包容着永不间断的活水，却从不改变它的深沉。

一路走来发现这里游人不绝：有集体参观的，有朋友相邀的，有情侣漫步的，有家人陪伴的。不管是谁，应该都是带着美丽的心情，慕名来到水木清华的吧，在这里给自己一段完全放松的时光，留下一段永生难忘的回忆。忙碌城市中的这一片园林，不知给了多少人一个弥足珍贵的机会，去回归自然、贴近内心、感受灵魂。除了游人，还有坐在长椅上唠嗑的、睡在长椅上休憩的、独自驻足观赏的他们，都融入了这片景色，把身心都托付给了这片山水。我想，水木清华之所以这么有魅力，不光是因为她的秀美山水，也是因为自觉融入她的这群人：两者共一，游者自迷，亦迷于人与自然的和谐之景，而这样的和谐，又衍生出了如朱自清先生的《荷塘月色》这样的另外形式的美，如此往复，则其美程度愈深，面愈广，欣赏者在面对美时思考愈深，所得愈广，岂不妙哉！

独坐于池边石岸上久矣，正发呆之时，一条红鲤破水而出，我顿感惊喜万分。果然这池中是生机盎然的，纵使荷叶有所枯败，不能改活水之源，不能改池之朝气。又想到，鱼已不以我为异，岂不是我亦已融入其中？这样的猜想被景中之物所证实，又与自我之感觉大不相同，一种惊喜之情更油然而生。再想想自己所欣赏之景无不有人点缀，那我又是别人眼中之景吗？卞之琳曾说："你在楼下看风景，看风景的人在楼上看你。"不禁再次为这人与景的共一所感慨。

今日来此感慨颇多，想来也庆幸自己没有选择在前几天杂务缠身之时前来。第一次来此之时心境不佳，加之阴雨绵绵，带小伙伴匆匆掠过，不曾见其美；第二次于课堂之上虽天朗气清，心境亦宽松许多，然不免多了一丝匆忙，似是在任务驱动下留下足迹，故虽有所悟，还是没有今日感慨之丰。王安石曰："世之奇伟瑰怪非常之观，常在于鲜远，而人之所罕至焉。"我说，真正的美景存在于人的内心，那不易到达的空灵的灵魂深处。纵我今日有所获，终还是没有看到真正的美景，没有真正达到剖解自我的境界，而这样的境界，我将终我一生去追寻，去看看那里是否布满鲜花，天空是否湛蓝无尘，湖面是否清丽如镜……

水木清华，这个奇妙的地方，用她的美征服了我，用她的美告诉了我答案：当有一天我面对着别样的水面时，我定会想起这片园林——这块宁静的土地，想起我在这里的发现，想起我在这里的遐想，想起我在这里的思考，想起我在这里的邂逅，想起我在这里的点点滴滴。

木自清华

梁志龙

忘不了那天雨后与她的邂逅。

午后无事，正值骤雨初停，心想此时清华园或许较常日，应别有一番景致吧。于是踏着自行车，沿着清华的道路任意东西，不自觉已来到二校门。不妨进去吧，也好一见水木清华的风采。

来清华以前便对水木清华早有耳闻，"景昃鸣禽集，水木湛清华"。在照片中也曾见到过那副古朴的楹联。其时虽未至，然心向往之。如今来到美丽的清华园，怎能不去一睹其芳容？就着这雨后清新宁静的氛围，我便开始了这浪漫的寻觅。

从工字厅前出发，沿着小路漫步，轻轻地，生怕打扰了这清宁的一片天地。虽不下雨，我也撑着雨伞，聆听树叶露水掉下时的美丽和弦。这环境也因为它和湖面时而敲出的雨声而更显静谧。

此时，小河上漂荡着几片树叶，顺着河流沙石起伏打着旋儿，这条河将把它带向何处？在一瞬间，我仿佛在那叶子上看到了我自己。生命的河，载着我们缓缓流动，河里起伏不平，我也随之起伏，这条生命之河将通向哪里？谁也无法知道。

顺流而下，不久便豁然开朗，一片荷塘倾入眼帘。塘边杨柳依依，这时雨停不久，天色仍显暗淡。但却显山色空蒙雨亦奇的韵味，塘中，不少荷叶凋残，是自然的定数，但更多的荷叶仍绿油油地挺立在萧瑟的秋风中。对岸朱自清的雕像默默地注视着远方，我走进山中，一不小心抬起头，树上的水珠纷纷坠落，便想起《山水之间》的那一句“旅人停步折花淋湿了绸缎，满树玉瓣多傲然，江南烟雨却痴缠，花飞雨追一如情缘理还乱”。似乎置身于江南的故乡了，在这派山水之间，我已失去了寻找美的心思，也不想着拍几张美丽的照片了。我愿成为这幅淡雅的画卷中的一部分，享受这一天地，带给我的宁静悠然与幸福体验。这便足够。

我愿意，化莲花在湖心，只陪你，泛起岁月的涟漪。

我愿意，化流沙躺湖堤，只陪你，恭候冬夏的轮替。

你好，水木清华

张耀煌

“十一”做志愿者服务期间已经多次来过水木清华了，见过烟雨微蒙的水木清华，也见过艳阳高照的水木清华。但当时对水木清华我却只抱着对游客进行我所知之物的介绍的心态，似是带着一种匆忙感，因此很少有过机会能够仔细观察，只知有朱自清先生雕像、自清亭、工字厅后门等在南边即可看到的景物罢了，没有一览全景，自然没有这次中午一游来得愉快。

夏日已过，荷叶都耷拉着脑袋，一副沉闷的样子，有伤雅意。但隋鑫同学援引自《红楼梦》中一句："留得残荷听雨声"，似乎有一种"枯"的意蕴在其中。我从西面上了小土坡，映入眼帘的是跌水平台。水自上而下，或舒缓，或湍急，哗哗的水流声为北面山林的静景添了一丝动意。靠近了看，可以看到黑色外包的水管，北面就是校河，水的源流自然也就解释得通了，不得不说园林的设计者构思精巧。但却在心底平添一丝遗憾，是这人工雕琢的痕迹太过严重以致对于这看似是天然园林所造成的"破坏"，还是内心中对美景的过于追求而不满于人工建造的突兀？也许，这本是设计师开始留下的一丝残缺。

再向前走，便看到了朱自清先生像。朱自清先生呈坐姿，全身以大理石雕刻，是常见用于表现君子高风亮节的手法，底下一排小字由于沙石堆积已经逐渐模糊。我探出手拂去石子，才看清是"王克庆作　一九八七年四月"。从这个平台向工字厅方向望去，景色是与从自清亭望过来大不相同的。这边看去，更有园林的感觉。近处是荷塘，荷塘的四周种着几棵柳树，树则随意长着，有的似乎爱天，长得高高的，有的似乎更喜欢水一些，探下头去，想要与水面脸碰脸。工字厅只露出小半截，如同湖畔小居一般。望着岸边，驳岸确实像是从边缘长出来的。突然想到柳宗元所写"其岸势犬牙差互"，这驳岸虽不如犬牙差互，但也算是颇有参差。

再向前走，石块变得密集，到了假山阴面，西边有块似被人削过，拔地而起的石面。假山所包着的是一株极高的树，目测有上百年了。树自山中出，从外面看，愈有一种挺拔的精神在里头。假山的北面有一块烈士纪念碑，为这休闲的园林添了厚重的历史感。

从假山中穿出，便又回到了自清亭中。突然一个很有趣的想法在我脑海中冒出，若是各位先生真有灵魂存于世间，那么朱自清先生是否常常与吴晗、闻一多先生一起在此处畅谈文学呢。

水木清华，你是一个很奇妙的地方，你将与我共度这四年大学生活甚至更久，我愿意更多更多地了解你。你好，水木清华。

终见你，水木清华

青钰霖

知道今天上课的地方是水木清华，特意早到了一些，想趁着上课之前自己能有时间好好走一遭，好好拜访一下这个早已熟悉却一直没有遇见的故人。说来也惭愧，来清华这么久了，真没好好走走。第一次听见水木清华是因为一首歌，歌名现在也记不得了，只记得是“水木年华”这个组合唱的，因为那首歌，认识了李健，也知道了水木清华。来清华之后，其实一直想到水木清华来看看，但自己的确也不知道它究竟在哪里，想找同学一起来也不好意思开口，自己一个人来又觉得显得落寞了些，就这么一直拖着。现在，仿佛自己有了一个理由，一个来这认真看看的理由，便早到了一会儿，想要好好窥见一下它的庐山真面目。

站在自清亭外，望了一眼，荷塘里的荷叶有些已经凋敝了，但却并没有一种残败之感，因为远处的荷叶随着微风在那摇摆，生机盎然倒让我忽略了眼前的残叶之景。天空被前几天的雨水冲洗得很干净，天蓝色的晴空，还有几朵看着像棉花糖的云。顺着天空向下，是一座山，被洗得发亮，很绿，让我有了一种很想进入看看探索一番的欲望。于是，走吧，去看看。

沿着荷塘走着，四处张望着，仿佛看到了什么什么就属于自己的感觉，用眼睛不停地扫视着周围的一切，真有点像小学生春游的样子。走了几步，来到了两块大石头前，它们矗立在道路的两旁，中间留下了一条让人能过的小路，布局让人顿时有了一种皇家园林的感觉。又向前走了一会儿，潺潺的流水声很快抓住了我的耳朵，脚步变得快了些，心里也变得有了些期许。终于，看见了它，是一个跌水平台，有点小瀑布的感觉，忘记了周围的一切，我径直走向了它。走到它的出水口，看到很多清澈的水从地底下冒了出来，虽然知道这基本不可能是地下泉水，但还是忍不住把手臂伸了下去，水很凉，也很舒服，摊开手掌，让流水从指缝中穿过，流入荷塘。

走着走着突然有了些许伤感，因为美景总会让人回忆起什么，想着曾经和故人也是在家乡的水库旁，一起聊天，嬉笑，现在自己却在这一个人看着眼前的一切，景色虽美，却无人陪我一起欣赏。陷入自己的回忆中，不知不觉已来到了荷塘的另一边。人也多了起来，看见有一家人在拍照，一个小孩，一个老人，一个年轻人。小孩子在摆着姿势，家人在给他照相，欢笑从她们口中蹦出，看着她们开心的样子，我看得出了神，这才是我在水木清华看见的最美的景色，欢笑在荷塘的这一边传递，我的伤感也慢慢褪去，融入了这水清木华之中，融入了这欢笑之中。

不一会儿，该上课了，去上课吧。不过还好，终见了你，我从未谋面的故人。

我曾走过，水木清华

田润卉

午后，天朗气清，微风和煦，我与伙伴们一同来到水木清华。塘前山后，随性而行。似是不经意，却也盼望看到、听到，甚至嗅到美的感觉。

我看到，阳光洒向荷叶，将初秋淡淡枯萎的色彩笔笔抹去；我看到，朱自清先生的雕塑静立在某个角落，似是数十年间，这里一直一直那么安静，不曾改变；我看到，通往后山的小径上，错落相叠的石子，纵染纤尘，却有了岁月的味道。

我听到，不远处的瀑布溅出水花时清脆的声音；我听到，微风拂过芦苇、树叶和草地时沙沙的声响；我听到，树影婆娑里爽朗的笑声，配这样的阳光，极美。

我嗅到，水草漫过河岸水木的芳香；我嗅到，风中草木山石若有似无的清丽；我嗅到，水木清华里秋天的味道。

这样的味道，让我感到美好。这种美好是可以延续的，在下一个秋天，在下一个类似的午后，当我回想起这样的味道，就会想起曾在阳光下看到的美好，就会想起自清亭里与同伴们一同讨论时的场景，纵使时异人异，曾经历过的感觉，却不会改变。

我想，这是美的力量。我希望在这里，感受到更多的美。想象着，想象着……

想象某个春日的清晨，荷叶才刚刚泛绿，晶莹的露珠在温柔的朝阳里渐渐饱满，让那抹新绿愈加可爱；想象某个夏日的夜晚，我走过荷塘，伴着月色，走过秋实先生曾走过的路经，避开聒扰，独享一份清闲；想象某个冬日的黄昏，荷塘里寂寂无声，但在薄冰之下，某种生命的力量却在不断地生根发芽，等待着，属于自己的盛夏……

想象，细雨时，初雪后，独行，亦或结伴，走过这里，在水木清华独有的美好里，走过……景不相似，心境不一，变了很多，却也将更多美好的味道收藏于心底，待时光沉淀，慢慢品味。

游园小记

艾海林

秋天，大概就是文人悲天悯人的季节，是游子叹乡关何处的季节；是夏的衰零，冬的前奏。水木清华里的秋，大抵也不能逃脱吧，我在赶往自清亭的路上如是想道。

开始人尚稀疏，独徘徊于工字厅周围，心想，北国的秋到底来得快，来得凄凉。衰败的残荷，满阶的落叶，以及萧瑟的秋风。在这个祥和的园子里，心里还是有些许惆怅。

随后绕着荷塘以及小山漫步，在曲折而又幽谧的小路上，突然生了思乡的愁绪。这北国的园子里，竟然有江南的味道。自己的家乡，江西的一个恬静的小乡村，那个生于斯长于斯的故园，农闲之时的宁静，不也是如此吗？那伸向池塘的弯树，塘边的柳树，小山上的花草，让我对“村桥原树似吾乡”

有更深感触，也不免矫情地发出“又是凄凉时候在天涯”的感慨。

然而，微信群里的分享，自清亭里的讨论，我似乎看到了另外一幅景色。那是阴雨天后太阳升起的爽朗，是残荷犹在可听雨声的欣慰，是跌水平台欢跃的歌唱，是水渠内小鱼的嬉戏，是岩石间几抹绿色生命的悸动。心中也舒畅起来，想起郁达夫先生的《故都的秋》，开始赞叹这秋味十足的水木清华，开始明白这个园子也是一个起点。

有时候，我们为眼前的景色感伤，何不换一个角度去欣赏它的美？

水木清华 槛外风光

隋 鑫

景致

深秋，清华园的水塘里，碧荷已残了。水面上，鲜活的气息已透不出一丝半缕，坡上的亭子在晨光中显出它的孤峭影子，少了茂绿丛树映衬的它，像是受了冷落，只有对着空阔的苍天叹息了，虽然荷塘此时无花，只留一片挂着半枯黄叶的细茎在那里无处可去，而在初披着柳影池波的我这里，心上浮着的感觉还是新鲜的。

目光闲缓地放出去，收拢着暮秋衰颓的光景。临漪榭的木栏上坐了几个享闲的老人，神情被一池静水映得愈显柔和了。题着“水木清华”横匾的那建筑旁的椅子上，也有两三歇息的人，眼睛里的光落在从水面伸出的挂着白絮的芦苇上，和那片闪闪的金色融在一处了。转眼看，假山前平铺的一片浅草，绿色倒还养眼呢，略略感着些园林气味。

“水木清华”这个晋人传下的成语题在临波筑起的平屋的匾上，两侧柱上是殷兆镛所题“槛外山光历春夏秋冬万千变幻都非凡境，窗中云影任东西南北去来澹荡洵是仙居”的联语，青瓦檐的后面，刺桂、侧柏、西府海棠、君迁子的柔韧枝条正探出工字厅，后院灰色的砖墙“静静地弯垂在天底下”和池畔的杂树一起将薄荫遮在水上，春日里慕“清华园之菊”，盛名的朱自清曾经一天三四趟地到堂前花下徘徊，他有一节字句说：“我爱繁花老干的杏，临风婀娜的小红桃、贴梗累累如珠的紫荆，但最恋恋的是西府海棠，海棠的花繁得好，也淡得好，艳极了，却没有一丝荡意，疏疏的高杆子，英气隐隐逼人，可惜没有趁月色看过。”水光浮上深黄浅绿的叶片让我感到宁帖，我是寻到了清华园的根吗？把校园建在风景里，世间能有几家？这大约也是我要对清华偏一分心的理由，不消说它的学问，只这满坡的竹树、绕岸的芦苇、旧式的亭阁，就全是东方的、古典的。学子诵读于此，受教之益暂不去说，心神先已醉了。

人物

看风景的还有朱自清，这位清华学人以雕像的面目静伫在水木清华的绿丛中，仿佛在端详着清华的日新月异和沧桑的历史。

朱自清石像在岸边，风神宛然，先生坐眺一池着了寒的秋水，四时之景的变化不改他安静的容颜，朱先生在《细雨》中曾写：“东风里，掠过我脸边，星呀星的细雨，是春天的绒毛呢。”宗璞说未名湖：“比清华的荷花池大多了，要不然怎么一个叫池，一个叫湖呢。”可是这水面不广的池，是和朱先生的《荷塘月色》连着的呀，篇中有“浓浓的颜色，清清的音响”在，谁又能把它的幽韵看浅了呢？清华人的心上，终年不离荷似的，到了春暖的日子，岸畔柳色鲜翠，绵绵的雨丝从枝叶间落了满池，也拂上他的颊，如见先生在风里舒心地笑着，一个江南人，进了这北国的天地，情也水似的柔。自清亭是为他而建的，斜斜地在池水的东面对着他，有个女学生坐在亭前一块平石上埋头看书，又抬眼朝漾动的微波凝视，小月河——一个在岸柳下遛狗的男人说，就叫校河。西岸，有一溜灰砖平屋，那一晚，月光皎皎，朱先生许是从这里踱步出来，走过雕着简单线纹的白石河栏，肩头满披着银霜般的月光到塘畔沐起清凉荷风的吧，我又怎能说得准。有一回，我从荷园餐厅出来，转悠到被“藁居”之主吴宓称作“藤影荷声之馆”的古月堂前，门闭着，更显出小院的幽静，后来知道梁启超和朱自清也在这里住过，《荷塘月色》盈动的静美之气，似乎只有在这种宁谧的地方才能捉到纸面上。

历史

听课的地方是一个亭子，临着近春园遗址。近春园过去的繁盛早被英法联军劫掠的兵火焚尽，碑上数行记往的文字间尚留着模糊的史影，秃秃地剩下环着一汪水的土阜，像一个岛，白石拱桥的一端伸过去，可以踱到上面，一脚把沉眠的历史踏醒。桥边的芦苇黄了，尖梢染白，却还抬起头，不甘生命的衰朽，芦叶在水面漂了一层，竹丛却还留着一些绿意，半黄的是垂在岸边的眠柳，栽了一些树，山楂、紫荆、油松、玉兰、鹅掌楸，许是岛上散遗的刻着花纹的残额断础把心压得太重，铭证般地嵌入灵魂，屈辱的火又要在溯想中复燃起来，就要请来树和花，让自然的红翠给受过难的旧园添些生气。

自清亭北面的坡头，孪生似的立着闻亭，它是因闻一多而在的，亭内悬钟无声，待发的颤音像哽在喉头的诗。顺着石阶下到坡底就到了闻先生的像前。朱自清像用汉白玉雕成，质感的细润仿佛应对着他清丽的文风，闻先生的这一尊却是在一块赭石色的花岗岩落下錾凿的，况且刻痕的粗犷，直似从汉魏石雕那里来，和闻先生沉毅的性格融合到一处了。

《清华周刊》上印着的闻先生的那些诗，勃勃的意气镌在他的目光里。我对其中的一句话印象深刻，以此作结："你可听见枝头颂春的梅花雀，朋友们，请你也揩干眼泪，和我高歌！"

水木清华众秀钟

周　涛

曾带着北大的同学来参观清华校园，听他们提起清华"现代气息浓郁"，便毫不犹豫地带他们来到荷塘，走过杨柳岸，嗅过清风，赏过繁荷，走过石桥，吟过对联，友人不由感叹道——水木清华众秀钟（此处取“秀”为秀美风景意，为避免曲解校歌，注于此，结尾句同），果然一点儿不错。

这次，与清华学课程的同学来到荷塘——站在自清亭前，面对着荷塘，只见一抹抹各异的绿在眼前舒展：垂柳娉婷，细密的绿枝自然而然地垂下，仿佛树枝的每个尽头都挂着绿色的瀑布，飞流直下，枝长有限而绿意无穷；或者，不若说它们是柳树的秀发吧，一棵棵柳树乃是一位位女子，正要就着灵秀的荷塘梳洗打扮呢——有的已经梳毕，便立在荷塘边，有的则过于留恋那池水，便还弯着腰，任由发梢在水面漂荡着，偶来的清风梳过发间，水面便也拂起轻微的波纹；天光被发丝剪得细密，又碰上了那微漾清波，便有了柳荫下，水面上恣意的天蓝与浓绿交错的泼墨画。而并不只是水面——水下也生长着绿植，它们自水底向水面伸展，恰恰又与水面倒映的对岸树影相接，背景却是淡蓝天空（在北京的天气下偶尔可得的）的倒影，细细观赏，趣味良多。

清荷田田，虽是深秋时节，却也仍有大片的荷叶仍身着绿衣，抵抗秋的消息。有同学惊喜地感叹，荷叶也向着阳光呢！是啊，正是那阳光透过叶面增添的光辉，让那绿更加鲜亮明丽了。深绿，青绿，黄绿，不同色泽的叶片彼此交接着，各自展示着冬来前所余的生命时光。诚然，相当一部分的荷，在为水木清华增添了这一年盛夏与秋初的风韵后，褪下了绿袍，或换上黄衣仍擎于干结的茎秆，或漂荡于水面渐渐枯朽。终有一天，眼前的田田绿荷也将走向这样的宿命吧？留得枯荷听雨声，在一定的心境或际遇下确乎是一种孤凄与萧索吧？但我也愿意相信，客观上看，这一岁的枯荷实在是可以化作池底的堆肥，孕育来年的荷叶田田呀！

更不必说，后山里的株株绿植，在这钟灵毓秀之地于梢头生长出吐露清芬的绿叶。置身于大片叶子交叠成的绿帐下，整颗心都静了下来。

走在荷塘边沿，踏着青石路，只见驳岸的画卷在眼前徐徐展开：水木清华的建筑前，主路由齐整的青石铺就，左侧有青灰的低台，再往左便是从正门向两边延伸的青砖白墙了，颇有些江南水乡的建筑风韵；而右边，荷塘旁，便十分丰富了：地面的构成换成了长条青石与多边形浅红石铺成的方块，形似地砖而实非，韵味远在其上；往右便是形态各异的山石，不仅大小高低各异，而且纹路也相去甚远——有的表面便兼具“山峰”与“山谷”，各种凸起与凹陷配合那青灰交错的色泽，让它们本身就有群峰连绵之态；有的形态方正，表面平坦，却如同斧劈一般，满布直落落的粗细长短不一的线条；也有的是层层叠叠，由一层层薄薄的石片堆成，层次分明……行至西北，便得一跌水平台，自上而下，汩汩清流被山石击碎，碎开的水花反射出日光而更显晶莹。或许它有着颇为明显的人工痕迹，但也正是这源头活水，让这荷塘得以保持生机与活力吧。水流永是激荡，岁月永是流逝，此刻我所注目的依依柳枝，又会不会是朱自清前辈曾摩挲过的那一株呢？荷塘里沉淀的时光痕迹太过厚重，如今的我不过只能从中小取一瓢，沏成淡茶，略微品品而已，但这已足够——对景物的美的体验，实在不需繁重的观感，也不必求得重温前人的体会，而实在是来自心底小小的共鸣与随之产生的幸福呀。

山光水色俱秀，池中云影清平，水木清华，众秀所钟。

景昃鸣禽集，水木湛清华

余　标

从逸夫馆出来，已是五点多了，心里却还惦记着上节课的作业，便决定去水木清华再走一遭。

路上还想着谢混《游西池》中的“景昃鸣禽集，水木湛清华”。细想来又觉可笑：重阳已过，北京的秋风连我都冻得受不了，又如何能见“鸣禽集”呢？清华园后山草木葱郁，虽已深秋，杨柳犹盛，又如何会有清光华彩沉隐于水木之中的景象？怕只是校友牵强附会，见了“水木清华”字样，便将其刻在池边。

从东南角走近水木清华，便望见西边红晕一抹，卧于林梢。往北走几步，柳丝缝里便露出一轮红日，大而圆，红润而毫不刺眼。却又似个黄花闺女，见人害羞，时而看得见，时而又沉下一些。也确实“景昃”了。

立于自清亭西南角，听见熟悉而又陌生的声音此起彼伏。小时候听着鸟叫声起床，来了清华以后却许久未听得此天籁，又值此季，竟有些不能相信自己的耳朵，伫立许久，方才确定确实是鸟声，似乎鸟儿还不少。我忍不住向四周张望，却连一只鸟影都见不着。这才猛然醒悟，“景昃鸣禽集”呀！恐怕谢混当时也不曾见鸟飞回巢中，只听其鸣声清脆，此起彼伏，便知日暮鸟归了。不知何时，游人见多，游客的笑声打破了这祥和的乐音，我只好往后山走，避开嘈杂的人群。

站在后山的小土坡上，天边的红晕先浓而后转暗，光线逐渐黯淡，水面失去了白天耀眼的粼粼波光，北侧的林子仿佛静谧幽深了起来。直到这一刻才知道“水木‘湛’清华”之意，湖水草木似乎收敛了清华光彩，归于岑寂，融入了暮色之中。再衬依稀鸟鸣，此景便蒙上了一层淡淡的哀伤凄婉。

望一眼前几日雨中绿意依然的荷叶，一日不见，此荷竟憔悴若此，似乎一夜之间都转黄了，往日稠密的荷塘忽然萧疏不少。一些枯槁的荷叶卷了起来，东倒西歪。更有甚者，索性连茎也断了，无力浮在水面上。西北角的水声依然洪亮，杨柳却因无风做伴，懒得动了。原来钟灵毓秀的清华园也难敌四季轮回。清光华彩与其说沉隐于水木，不如说是沉隐于昼夜更替，四季轮回。时间悄然带走了清光华彩。

不知不觉又到了工字厅的后门。“槛外山光历春夏秋冬万千变幻都非凡境，窗中云影任东西南北去来澹荡洵是仙居。”是啊，无论是春夏的清光华彩，还是深秋静谧凄婉，水木清华的景“都非凡境”。枯荣各有其美，只看谁来品味。若有一颗“任东西南北”的心，不为秋暮之肃杀所感伤，“水木湛清华”中的“湛”解作“深、沈（沉）”又何尝不是符合清华园之情景，又何尝不是别有韵味呢？

荷花池畔，运思游意

刘 娟

依旧记得初次遇见这里时，一心只奔着朱自清先生雕塑，与它合影，完成任务——孩子式的天真。当时只觉得这里挺好玩的，但要是可以去采摘莲蓬就更好了，可惜当时这边在施工，路被阻断了，我们不能到它的后山去看看，不能去走走那些小道……终于，又是一次一群人赏玩水木清华。

或许是个人的成长经历，一见那满塘的荷叶，顿时就有了一种快乐的回忆，只觉心头暖暖的，笑容洋溢在脸上，耳边响起了一串串清脆爽朗的笑声……小时候，我们经常一群小孩子偷偷溜到田野里荷塘边，一起钓小塘鱼、抓蝌蚪、采莲蓬……各种嬉戏打闹，满满的都是快乐。

而此时的荷塘，虽已有些凋敝，但一眼望去，还是满塘青青的荷叶，给人一种青春活力。不得不说，荷这一植物，总是给人带来欢乐与生机。在秋天，它不会是最快衰残的，虽然荷花谢了，但叶子还是绿的；过了冬天，即使你不去打理，它依旧会自己生长，在夏天给你满塘红莲的惊喜，给你采摘莲蓬的欢乐——总之，它永远是富有生机与活力的，这种生机与活力还可以传递给爱它的人。

沿着荷塘周围的小路，我们走到了后山的丛林，树木不算太密，但是枝叶还算繁茂，遮挡着阳光，光线明显要暗些，若是夏天必会有一丝清凉。我们边聊边走，一直拐进了后面的烈士纪念碑，心情也就慢慢沉重起来了，欢乐之感慢慢散去……一直不太理解这边的布局设计，刚刚游完荷塘，走过清幽的林间小道就来到了烈士纪念碑前，还好，我还能够接受这种强烈的心理反差，但我们还是静静地离去，回到课堂主题……

时间还很充裕，于是我们又绕着荷塘走了一圈。没有太多的感慨，只是借着荷塘，慢慢地恢复自己的情绪。抬头一望却遇见 块如棉花糖的云朵，还有湛蓝的天空（毕竟下了几天雨）相衬，真的挺不错的，让你有种想吃棉花糖的感觉。

景昃鸣禽集，水木湛清华。虽未遇见鸣禽，也未赶上水木最是清华的季节，这里的一切还是挺好的，给你一种略带伤感而又欢乐的感受，可以说是美中不足吧，或许这样它会吸引你去一直关注它——直到遇见最美的它，然后爱上这里。

那晚，朱自清在哪儿溜达？

杨国华

《荷塘月色》是散文名篇，也是清华园的一张名片。然而，作者朱自清描写的荷塘究竟在何处，却是一个谜。

这个荷塘，一定不是“水木清华”那片荷塘，清华大学校史专家黄延复先生的《荷塘月色何处寻？》一文已经说得很清楚了。他根据《荷塘月色》的文字做出了六点推断，并且采访了朱自清夫人、冯友兰、王力和王瑶等“当事人”，得出了令人信服的结论。现在我们看到“水木清华”新塑的汉白玉朱自清坐像和改造的“自清亭”，不过是后人为了纪念朱自清而作。此处景色很美，水清木华，“景昃鸣禽集，水木湛清华”，“槛外山光，历春夏秋冬万千变幻都非凡境；窗中云影，任东西南北去来澹荡洵是仙居”。夏季满塘荷花，令人流连忘返。梁实秋读书时就“在这个地方不知消磨了多少黄昏”。还说有“风来荷气，人在木荫”之致。此处面积很小，也许称为“荷花池”更为恰当——梁实秋就是这么称呼的。

不仅如此，黄延复先生还认定，荷塘是近春园的荷塘。然而，治学严谨的黄先生不久又发表了一篇文章：《荷塘月色何处寻？》(续)，自认“存在着不少文景不符或曰文不对题的瑕疵”，原因是一位余小东先生“出示了他的《荷塘考证》一文和自制的两幅相关地形渲染图”。余先生自小在荷塘一带长大，根据儿时记忆和《荷塘月色》文字进行了详细考证，指出近春园一带共有七处荷塘，而朱自清的荷塘已经消失！

黄延复先生告诉我们荷塘的大概地点，而余小东先生告诉我们荷塘的具体方位。然而，《荷塘月色》中的荷塘已经不在了，是多么遗憾的事情啊！

作为读者，我们一定是心有不甘的！那晚，朱自清究竟在哪儿溜达了？荷塘消失了，那么荷塘处于现在的什么位置？余小东先生的文章虽然图文并茂，但是似乎对此语焉不详。那么，我们何不仔细研读《荷塘月色》，并且结合以上两位先生的考证，去实地看看呢？

《荷塘月色》作于 1927 年 7 月，这是文章的落款时间标明的。文章开篇就说："今晚在院子里坐着乘凉。"印证了这一时间。7 月，确是园子里荷花盛开的时节啊！

作者当初住在西院四十五号。西院就是西门进来左手边的那一片平房。现在是大杂院，有点城中村的杂乱。想当年可是非常气派啊！1924 年建成的时候，是一排排的四合院，院子宽敞，高大的正屋坐北朝南，是大牌教授们的居所，王国维、吴晗、邓以蛰、熊庆来、钱伟长和吴有训都曾住过这里。

西院四十五号的位置偏西，靠近马路，应该就是今天的"圆明园东路"。《荷塘月色》说"墙外马路上孩子们的欢笑，已经听不见了"。现在的四十五号，只有正屋和西厢房了，住了两家人，院子里是自己搭建的简易房，有些凌乱，但是掩不住当年的阔气。一位在此居住四十多年的大妈说入住的时候院子里有两棵海棠树。不知道这两棵树是否也陪伴过朱自清先生。

"月亮渐渐地升高了，墙外马路上孩子们的欢笑，已经听不见了。"这大概是八、九点钟的光景吧。朱自清先生开始夜游荷塘了！

他是从哪里过河的？《荷塘月色》没有写得这么琐碎，却是我们好奇的，因为西院的南面是校河，去荷塘必须穿过这条河。当年河道没有现在这么深，建桥比较容易，也许一个、两个木板桥就足以让西院的教授们过河去讲课了，不像现在要在近春园招待所边上建一座正经八百的石桥。但是有一点是可以肯定的：荷塘不远，离四十五号大概就是两三百米的距离，因为到达近春园湖心岛的直线距离也不过四百米而已。

“沿着荷塘，是一条曲折的小煤屑路。这是一条幽僻的路；白天也少人走，夜晚更加寂寞。”之所以用煤屑铺路，是因为当年大家都是烧煤取暖（现在西院还有住户是这样，因为平房没有通暖气，于是冬天一进西门就会闻到煤烟的味道），废物利用而已。

结合《荷塘月色》开头的介绍，这句描写给我们的推论提供了重要线索，也留下了很大疑问。开头提到“日日走过的荷塘”。作者何事，需要“日日走过”此处？那必定是从家里走向课堂或办公室，也就是从西院走向清华学堂附近。然而，“日日走过”，必定是很多教授都这么走的，怎么会“白天也少人走”呢？唯一的解释，只能是同一片荷塘，却有不同的路可以走过，一条是“日日走过”的大路，另一条是“白天也少人走”的小路。从实地情况看，从西院到清华学堂的大路，应该是现在牡丹园和玉带桥之间的路，因为这里是上下班的捷径。

那么“小煤屑路”呢？荷塘呢？

现在近春园招待所和绿园北部，应该还有一片荷塘。让我们想象一下：近春路当年是没有的，而校河到湖心岛之间，也就是现在的绿园，是荒芜的空地和土坡，北部是一个荷塘。这个荷塘很小，四周都是树，特别是垂杨柳。荷塘的南侧是一条小路，北侧是一条大路。这样，《荷塘月色》中描写的主要景致就都可以满足了：“荷塘四面，长着许多树，蓊蓊郁郁的。路的一旁，是些杨柳，和一些不知道名字的树。没有月光的晚上，这路上阴森森的，有些怕人。”“曲曲折折的荷塘上面，弥望的是田田的叶子。”“这时候叶子与花也有一丝的颤动，像闪电般，霎时传过荷塘的那边去了。”“月光是隔了树照过来的，高处丛生的灌木，落下参差的斑驳的黑影。”“荷塘的四面，远远近近，高高低低都是树，而杨柳最多。这些树将一片荷塘重重围住；只在小路一旁，漏着几段空隙，像是特为月光留下的。”“树梢上隐隐约约的是一带远山，只有些大意罢了。树缝里也漏着一两点路灯光。”只是有一点还是存疑的：“微风过处，送来缕缕清香，仿佛远处高楼上渺茫的歌声似的。”那个时候，哪来的“高楼”？校外不可能有，校内也只有科学馆和清华学堂是三层、两层的楼房，且相距荷塘四、五百米，中间还隔着工字厅一大片房子，如果的确有人唱歌让朱先生听到了，那么只能说明以下几种情况：夜里很安静，歌声很洪亮，朱先生听力好！否则只能算作文学家的想象了。

荷塘不在了，连可能作为见证人的柳树也不在了。柳树喜水，荷塘不在了，它们还在那里干什么呢？有天晚上，我路过这里，带着一丝惆怅。漫步向前走，在游泳池的北侧，看到一片小小的荷塘，四周都是树，以杨柳居多，甚至有一株老杨柳，粗大的树干向荷塘弯下了身子。南面是一个土坡，即零零阁所在的山丘，“高处丛生的灌木”能够“落下参差的斑驳的黑影”，而且向西能够看到山的脉络。这里多么像是朱自清那晚溜达的荷塘啊！连小路都是“阴森森的”，路灯也是“没精打采的，是渴睡人的眼”。这是初春，荷花还没长出水来。到了夏季的夜晚，这里一定很美的。事实上，环绕着湖心岛，是大片的荷塘，夏秋季节，月朗时分，微风阵阵，荷香飘飘，每个人心中都在吟诵着：“叶子出水很高，像亭亭的舞女的裙。层层的叶子中间，零星地点缀着些白花，有袅娜地开着的，有羞涩地打着朵儿的；正如一粒粒的明珠，又如碧天里的星星，又如刚出浴的美人。”“月光如流水一般，静静地泻在这一片叶子和花上。薄薄的青雾浮起在荷塘里。叶子和花仿佛在牛乳中洗过一样；又像笼着轻纱的梦。”就是“水木清华”那里的荷花池，也是夜游的好去处。想到这里，我心里不禁释然了。余小东先生在进行了“较真”的考证后说：“尽管《荷塘月色》中所描写的真实的荷塘——这个略具椭圆形的小湖，如今却已经消失多年了。但朱自清先生却用他的文笔将这美好的景色永远留在了我们的记忆当中，留在了清华园。”同意！

八　宏图华构

——建筑

导语：

清华园里的建筑丰富多样，中西合璧，古典现代，大有学问。

在西部“老区”，两三百年的“工字厅”和“古月堂”，大屋顶、四合院、大红门、曲走廊，是典型的中国古代建筑。工字厅前的“清华园”三字是咸丰御笔。毗邻而立的是百年大礼堂，红砖、穹顶、廊柱，是当时非常流行的古罗马神殿形状，成为清华的标志性建筑，为国内所仅见。旁边的二层清华学堂是欧洲风格，青砖坡顶，庄重典雅。图书馆建筑群蜿蜒曲折，跨越了一个世纪而协调实用。在东部“新区”，新清华学堂融“歌剧院”“校史馆”和“音乐厅”为一体，既有老清华的红砖色，又有现代建筑的线条和图形，宽敞大气，蔚为壮观。这里的音乐厅设施，位居京城前列。人文社科图书馆和艺术博物馆是当代建筑大师马里奥·博塔的作品，高大的空间，流畅的线条，新奇的造型，堪称建筑艺术的杰作。艺术博物馆，从建筑到展览，可能都是国内最好的。

建筑是看得见的历史。从西向东，我们看到了清华园的变迁，也看到了时代的演进。建筑学院前辈关肇邺教授曾说，建筑的重点在和谐，即与周围环境的协调一致。（关先生设计的校园西部理学院围合空间就是实例）正因为此，从西向东，建筑风格各异，但是我们却不觉突兀，而是仿佛翻看一本书，情节递进，章节相连。

大礼堂：

大礼堂是清华初期的“四大建筑之一”（大礼堂、科学馆、图书馆和体育馆），一直以来都是清华的标志性建筑。1914 年 6 月美国建筑师墨菲 (Henry Killam Murphy) 与时任清华的校长周诒春在北京会面，接受委托主持设计清华学校的扩建，这对清华核心区的规划、建筑产生了深远的影响。

作为受过鲍扎体系训练的工程师，墨菲认为意外接受的清华校园规划的委托，最为稳妥可靠的办法就是参用美国国内正大行其道的鲍扎式校园规划和杰斐逊式建筑（Jeffersonian architecture）。杰斐逊在19世纪初设计的弗吉尼亚大学校园那种大草坪的“空地广场”式(the mall)规划成为19世纪末美国城市和校园规划的原型，他设计的圆厅大楼(the rotunda)使用了爱奥尼柱廊，并以采光穹顶统率整幢建筑的构图，是美国的宪政和共和等政治制度的象征。因此，墨菲在大礼堂的设计中也采用了这一带有文艺复兴的样式。政治理想和教育理念二者在大草坪和大礼堂上合二为一，以物质空间的形式表达出来。

大礼堂实际建造时所采用的穹顶结构与原设计判然不同，既有建筑师的原因，也有当地建造传统的原因，但其所采用的钢筋混凝土薄壳结构仍是当时世界上最先进、施工要求最高的一种结构形式。清华大学大礼堂穹顶在我国近代建筑技术史上有其重要的地位，对其结构进行研究更可考察20世纪初建筑技术随建筑师执业范围的扩大如何在全球范围流转，而又如何受实际环境的影响被加以取舍，是中国近代建筑史上饶有趣味的题目。（刘亦师：“清华大学大礼堂穹顶结构形式及建造技术考析”）

从外部形式来看，大礼堂除了具有上述建筑的基本特征——穹顶、柱廊和集中式平面之外，同时也带有独特的不同母题处理手法。

首先是穹顶部分。大礼堂的穹顶直接模仿古罗马万神庙的外观轮廓，而不同之处在于大礼堂外部穹隆之下以龙骨吊挂、抹灰饰面制作了内层穹隆图。二层之间相距约6米。其次是三角山花部分。大礼堂穹顶之下四面以半圆拱券支撑，拱券继而再向四周伸出，分别以四座山墙收束，南北再向外伸出一部分作为入口和后台。这四座山墙连同其他墙体均使用红砖砌筑，只在顶部留出三角山花的轮廓。这是一种抽象的创作手法，三角山花简明地配合穹顶在各个立面上完整表达了罗马万神庙正立面的意象图。这种处理与万神庙、圆厅别墅、弗吉尼亚大学图书馆直接使用带山花的柱廊手法都是不同的。再有是礼堂入口处的柱廊部分。与罗氏纪念图书馆舍弃山花而使用十柱式宽廊作为正面核心部分不同，大礼堂的柱廊只有三间，在完整的柱式之上附加胸墙，形成典型的凯旋门形象，同时在材料上也选择白色大理石，突出表达凯旋门的视觉感受图。综合这三个手法，大礼堂所使用的三个主要建筑母题——万神庙穹顶、神庙山花和凯旋门，无一例外都是古罗马建筑的范例。

因此，简单从建筑形式上看，建筑师想要集中表达的是古罗马的建筑意象和精神内涵。（李倩怡等："墨菲的辅助线：清华大礼堂设计的比例与法式研究"）

清华学堂：

清华学堂是校园里最引人注目的早期建筑之一，留下了许多历史遗迹，具有较高的研究价值：例如清末监管学部和外务部的军机大臣那桐为清华学堂题写的"清华学堂"匾额，上下款分别签署的"宣统辛亥"和"那桐"及其印章；又如，清华学堂建造之初所使用清水砖，印有其出厂砖窑的字号"泰兴窑造"，传达出厚重的历史信息。

清华学堂体现出高度的建筑艺术，其建筑设计理念在当时较为先进。它的建筑风格是德国式风格，东南和西南角楼采用了法国"孟萨式"屋顶形式，设计的手法庄重大方，用材用料也极为考究，不失为中国近现代建筑里的精品之作。清华学堂体现出丰富的造型艺术，该建筑室内外有许多浮雕饰物和线脚勾勒，皆造型精致，具有较高的艺术价值。（清华学堂二楼展板"清华学堂的建筑艺术"）

新清华学堂：

新清华学堂，建于清华大学校园南北干道与东西干道交会处东北侧的显著位置，它实际上是个建筑群，主体建筑包括大讲堂（即大剧院）、音乐厅和校史馆三部分，大讲堂在东，校史馆在北，音乐厅在西北，三座建筑联成一体，相当于一个文化艺术中心。大讲堂的功能定位是"能演出高水平大中型歌舞剧、举办隆重仪典和国际会议”，一般的说法是“歌剧院式的礼堂”；校史馆要能展陈清华大学丰富的百年历史；音乐厅除演出音乐节目外，还要能演小型话剧和地方戏、开小型学术会议，所以也建有一个小舞台及同声传译设备。建筑群的建设用地总面积 2.09 公顷，总建筑面积 4.21 万平方米。其中，大讲堂有 2011 个座席，音乐厅有 520 个座席，校史馆 5200 平方米。建筑层数为地下2层、地上4层，建筑主体高度23.60米，台塔最高点32.60米。

剧场的功能设计是有科学标准可遵循的，而造型的外观好不好看是艺术问题，是一个见仁见智难于统一的永恒话题，也是在接受任务之初就一直困惑我们的难题。难点之一，这座百年一遇纪念性建筑的主体——大剧院的朝向，正如大多数人期盼的，最好面南，因为前面有较大草坪广场，但是给定的地段东西方向较长，南北方向深度不足，如果大剧院设计成面南，就使主入口大门前的台阶踏步紧贴东西干道红线，难以使用。用地北面有第三教学楼等老建筑、东面紧邻焊接馆、西面和南面为学校主干道穿过，这也就是我们在 2004 年方案设计中，将大剧院布置成东西向，用柱廊组合的原因。但 2008 年柱廊方案被校领导否定了，认为柱廊遮挡大剧院朝西的主入口，不利于群众在剧院主入口前合影留念的固有习俗。难点之二，是该地段仍属文保控建的二类地区，对建筑物的高度有着 22 米的限高要求，满足有两千座席剧场功能和造型要求均非易事。难点之三，是该地段处于校园的中心区，周围不可能拆出更大的空间，这样对建筑规模有影响，造型不易宏伟，其气势也会相对减弱。难点之四，是建设资金主要靠校友捐助，建筑外形和各种配置，只能在保证安全、实用、经济条件下尽量做到美观，尽可能做出一定的清华特色。不可能像许多省、市建的大剧院那样，成为以“新、奇、特”造型取胜的“形象工程”。据说那类大剧院建成后被老百姓评价为“盖得起、用不起”。这是值得我们吸取的教训，更是我们校园剧场力戒的。正因此，新清华学堂，成为了一个节地、节资、节材、低碳型的文化艺术中心。

最初一年多的设计过程中，我们一直设想大剧院要表现出典雅、庄重、大方、朴实无华的校园建筑风格，于是，采用石材、横竖线条的外饰面，强调与新老校园建筑和谐协调，连续做了20多个方案。我们也采用了斜墙方案，用工业化生产的陶板干挂在管状钢结构上的构造方式，大剧院整个弧形斜墙面采用有规律的等腰三角形格网划分，组合成韵律感很强的图案，在剧院第三层开一排较大的菱形玻璃窗，第二层开较小的倒三角形窗，首层则开矩形落地窗，窗间墙利用三角形可折叠的特性，做出有规则的折叠起伏，既增添光影变幻，又引导人们对皇冠、钻石等吉祥物的联想，有利于增添剧场的华贵气氛。

建筑师就得像裁缝一样，尽量考虑业主的意见与喜好，用我们的专业来实现大家的想法和意图。回想校领导为何能较快地接受这个方案，原因之一是我们在某种程度上满足了他们的愿望，突破了当今在建筑上“惯常化”地采用“横竖线条”“方形窗”，缺少与众不同的“创新亮点”的难关。横竖线条立面虽然很实用、经济，便于施工，也与周围的办公楼、教学楼、实验室等建筑相协调，但是过于“雷同”，缺少了这座纪念百年校庆建筑所应有的“标志性”和个性特征。

关于延续清华文脉问题，我们没有在形式上过多地求新求异，因为我们十分尊重清华的校园环境、建筑环境在历史发展进程中表现出的和谐之美。很多设计的灵感来自对广受认同的校园历史风貌进行提炼。在具体建筑手法上，我们着重在五个方面作了努力。一是充分遵守对校园历史文物保护的各项规定，我们反复核算剧院观众厅的各项参数，使之在保证观众视听和演出质量的前提下尽可能压缩建筑的高度和体量，以保证学校旧区能绿树成荫连绵不断。“清华园”处处都有“园”的气氛和特色。二是“新清华学堂”外立面色彩延续老校区“红砖墙”的老传统。清华大学师生通常将校园分为“红区”和“白区”。“红区”的建筑以大礼堂为中心，包括图书馆、科学馆、电机馆、体育馆、生物馆、化学馆，以及宿舍善斋、明斋、新斋等，都是以“红砖墙”为主。“红区”是清华大学的老校区，也是校园内历史最悠久、文化积淀最深厚的区域。在这个区域新建的图书馆、理学院、医学院等都遵循着采用“红砖墙”的风格。“新清华学堂”外立面沿用砖红色的陶板，就是为了延续校园已经形成的红砖墙特色之美，一种朴实、典雅、纯净之美。三是尽可能多创设一种非正规的交流空间。清华大学从诞生之始铸就的就是中西文化的交汇点，中西学术交流频仍，所以我们的校园建筑设计也要强调中西、古今文化的融合贯通，非正规的交流的空间无需做得奢华，但得有学术韵味、宜人亲切，要创造一种非正规交流的气氛。国外朋友参加学术会议时都很重视会议的非正规交流，因为相比正规交流更实在、开门见山、没有废话。我们在北侧设计的下沉广场就是非正规交流的好去处。四是建筑造型要有内在的美。我们设计新学堂的建筑风格，力求以人为本、质朴无华的大气，富于理性的含蓄与典雅，追求真理的内涵和神韵。五是要创造学术不受约束，鼓励创新、发挥想象力、思想自由驰骋及追求真理的环境。国学大师陈寅恪提出，不能太干预学术思想。要创造一个比较自由宽松的学术环境和气氛，百花齐放，百家争鸣，这样各种不同的意见才能充分发表。这样办的大学才能称得上是一个培养创造性拔尖人才的摇篮。（李道增：“新清华学堂，力求真善美统一”）

人文社科图书馆：

作为清华大学百年校庆的重点工程之一，人文社科图书馆于 2009 年 3 月由马里奥·博塔完成方案设计，在其首个在华建成的建筑中博塔继续探索和发展其独特的建筑语言——巧妙运用自然光线、把握体量重心的平衡、用简单对称的几何形体和厚重的墙体创造坚固的建筑外观和深厚的历史感、用风格独特的单体建筑赋予周边环境全新的个性。

体量与空间。图书馆的建筑形体和内部空间简洁、明确并充满力度。当人们穿过清华大学著名的大十字路口由南向北行进，图书馆庄重质朴的立面会逐渐从绿树的间隙中展现。由于基地南北有近 4 米高差，接临校园主路的建筑西北角设有梯形大台阶，最宽处约 18 米，衬托出建筑西立面实墙的干净与凝重，渐行渐窄的台阶对首层主入口形成强烈的引导性，而台阶自身与其贴临的三角形体量也在空间和构图上形成统一。在方圆体量的穿插处理上，博塔巧妙地利用“减法”使“圆”自然融入“方”中，矩形被三角形和圆台切割后形成的虚空间对建筑入口形成导向，整片玻璃幕墙强化了“虚”的处理手法，连接了两个“实”的体量，同时也为建筑引入更多自然光。人文社科图书馆采用藏阅合一的开放式管理。建筑师规划各种使用功能，以提供简单实用的空间：4 个垂直交通核整合了管井、卫生间等辅助用房，均布在平面内，希望提供合理的服务半径；除交通核周边不可避免的实墙外，研读小间和少量办公室均以玻璃隔断划分，在保证各部分使用功能独立性的前提下，为开放式管理和灵活的家具布置提供了开敞连通的空间。建筑师在设计中力图用实用的设计以符合高校图书馆的使用性质。图书馆室内装修为黑地、白墙、米色吊顶，其色调设计突出了空间的简洁高效。被称为第五立面的屋顶同样遵循简洁的设计原则，为避免水箱间、空调室外机等大体量设备突出在屋面上破坏建筑的整体效果，4 层平面北侧被作为集中的设备屋面，开敞的顶部和北侧立面上的通风百叶保证了设备正常的运转。

光。博塔非常重视光线的运用——进与退，接纳与约束，其设计并非简单追求东南外景立面上虚实和光影关系，而是美观和实用相结合的结果。内凹的窗口在厚重的石材外墙面上形成丰富的光影，倒圆台体量上的外窗宽度逐层加宽的原因是应对外立面的倒圆台与中庭的正圆台所形成的逐层加大的平面进深，保证室内空间获得更多的自然光，明亮并充满活力。首层外立面全部采用透明玻璃幕墙，引入大量光线和美丽的校园风光，使得首层空间没有地面层常有的阴暗感，而出挑的楼板又避免了阳光过度直射，保证了各层光照条件的均匀性。在夜晚，室内照明让底层轻盈通透，整个建筑仿佛悬浮在空中。方形平面中厚重石材墙面上狭窄的条窗和内凹处通透的幕墙同样也是对自然光线合理安排的结果。光影变化的高潮位于建筑中心的中庭，正圆台体量的虚空间贯穿倒圆台的建筑实体中心，构成对称关系。除环绕中庭疏密有致的木格栅外，没有其他装饰构件，光影成为中庭中唯一的华美装饰：从清晨到黄昏，阳光穿过屋顶天窗，将不断变幻的影子投射在木格栅和地面上，发散的木格栅强化了阳光的光束感，阳光又将格栅竹影般细长优雅的影子投射在地面上。穿过地面正中的天窗，阳光继续向下在地下一层地面绘出丰富多变的图案。建筑构件与阳光相互交汇，共同塑造出诗意的空间景象。

细部。设计中博塔始终关注节点与构造的条理性、艺术性及实际工程的可实施性。由于造价限制，倒圆台部分没有选用厚重石块层层搭接的方式解决垂直方向上的体量变化，而将25毫米厚的石材平行于立面的斜角，采用由下至上单块石材从窄到宽的尺寸变化来配合建筑体量的渐变。为利用石材间横向拼缝调整立面上每个标高处半径的变化，单块石材的尺寸确定非常重要，过大分块将使石材梯形竖缝和平面的折线感觉过于明显，而过小尺寸又增加石材加工的难度和造价，最终确定的单块石材尺寸为高度263毫米，宽度从490毫米至575毫米。横缝采用12毫米的开缝设计，以强调立面中的横向线条，但由于施工精度等原因建成效果并不理想。中庭木质格栅和地面天窗周边的坐凳是室内设计关注的焦点，从材料性能和价格的对比选择、节点的构造设计到1:1的样板制作。中庭格栅最初选用断面通长实木条，但价格较贵且干燥后变形大，业主方建议采用铝合金型材表面喷涂木纹，价格相对便宜、节点构造简单，但质感较差。在对材料进行大量比较研究后，最终采用断面50毫米×150毫米的空心通长木塑条，但仍存在壁厚薄、脆性大的缺点，施工中将两条通长方钢管贯穿在每根木塑条的空腔中，用螺栓将方钢管和拴接在层间预埋钢板上的U型槽钢连接在一起，增加方钢管的整体稳定性，沿格栅高度方向每隔2米用细长的射钉将两条方钢管钉在一起，建成视觉效果和稳定性还不错，但是由于木塑条的脆性，每层不锈钢圆环扶手贯穿在格栅中间的设计意图没能实现。（**万瑶等：“清华大学人文社科图书馆设计”**）

艺术博物馆：

清华大学艺术博物馆概况。清华大学艺术博物馆拟建于校园的东侧，位于清华大学主楼东西轴线的延长线上，南侧临近已建成的美术学院教学楼。本工程建设用地 1.595 万平方米，总建筑面积 2.5 万平方米，室外绿化面积 4500 平方米，建筑高度 28.6 米。结构采用现浇钢筋混凝土框架剪力墙结构体系，地下一层，地上四层，局部设有夹层。博塔将艺术博物馆的底层设计成一个巨大的入口门廊，其上部被位于顶层的美术馆的完整体量所覆盖。在这个体量之下聚集了所有不同的功能空间。这些空间面向外部绿地和石材铺砌的广场等环境景观。体量的组合清晰地表达了建筑内部三方面的功能：位于上部的美术馆、位于首层的博物馆和位于西侧的服务空间。顶层的美术馆设计成 8 米净高的单层大体量。这里也为安排临时展览提供了灵活的空间。所有的空间被设计成 8.1 米 ×8.1 米的方格网。在使用中将提供现代展览空间所需要的巨大的灵活性。展厅的屋顶被设计成一个巨大的自然光过滤器并且四边被绿化覆盖。由于自然光线与人工照明有机的结合，将为展出的作品提供技术上光线调整的可能性。博物馆以巨大的门廊作为入口。这个门廊也是室外展览场所，门廊引导人们进入首层的入口大厅。在这里可以看到不同的内部空间，使参观者对建筑的内部一目了然。主门厅与首层的博物馆有直接的联系，博物馆和美术馆都设计成为有顶部采光的模数空间。博物馆空间围合出一个室外的雕塑展览庭园。在建筑的后部共五层设计，有与博物馆和美术馆联系的服务空间、员工工作空间卸货区、安防控制中心、展品临时库房、文物研究机构、展览策划机构、行政空间以及屋顶夹层的设备用房等。所有这些空间都有独立的出入口，同时整座建筑内的不同空间又有比较紧密的联系，以保证人流和货流的有效区分及灵活性。在顶层（17 米标高），巨大的展厅作为一个延续直接面向入口大厅，通过这种方式入口大厅不仅是整个建筑的门厅，而且也成为博物馆和美术馆的休息厅。

与场地环境的完美结合。由于清华大学艺术博物馆的建设场地位于清华大学主楼东西轴线的延长线上。博塔顺其自然地将这条轴线作为设计的主轴。建筑体量沿轴线对称设置，主入口，通向二、三层的大台阶以及重要空间均安排在这条轴线上。同时，清华大学艺术博物馆项目用地的一个潜在特征是未来在场馆与其南侧的美术学院教学楼之间将开辟一条东西向的新城市规划道路，此道路在校园的最东端有可能再形成一个入口。博塔敏锐地察觉到了这一点并将它作为总图布局的一个重要影响因素。博塔特意将博物馆主入口设置在首层东西轴线中部偏东的位置。入口东侧底层全部架空，以同心不同直径的圆形柱子作为结构支撑，以减法创造出灰空间，从而形成建筑与环境的自然过渡。如此一来，面对东侧规划中的未来校园入口，博物馆呈现出一种欢迎的姿态。反之，在建筑西侧面对主楼的一面却呈现出一种低调与谦逊。不仅如此，考虑到博物馆与南侧美术学院之间的一大块空地未来将作为校园的入口广场，博塔将一个长方形的水池从博物馆底层引入广场，增加了建筑与环境的联系。同时博塔在建筑形象上使用了惯用的手法，即整个造型以石材体现建筑的厚重感，但沿东西轴线的中间部分赋予明快的玻璃材质。与之相呼应，位于轴线上的门廊部分也使用了透明玻璃，这样一来，无论是白天还是夜晚，华灯初上的时候，站在广场都能轻易发现博物馆的主入口。对景观绿化部分，博塔在博物馆的周边精心设计了树木及绿植并在建筑的西南侧停车场内设计了等间距的树木用以遮盖。博塔认为：每一项建筑作品都有它相对应的环境，在设计建筑时，其关键是考虑建筑所辖的领地。结合上述分析可以看出博塔在清华大学艺术博物馆设计中，忠实地贯彻着自己一贯的主张与思想。

对庄重感与纪念性的塑造。在笔者与博塔先生本人的对话中，博塔坦言自己尽管设计了许多不同类型的建筑，但是博物馆设计却是他最喜爱的一种类型。的确，他的平和气质以及深厚的艺术修养使得他在诠释博物馆建筑的庄重感及纪念性意义方面具有旁人难以逾越的高度。清华大学艺术博物馆在立面形式、符号上基本以矩形为主。建筑的空间结构表达了博塔一贯的设计思想和娴熟的设计技巧。屋顶女儿墙长而且平整，这些都使得建筑显得庄重且肃穆。尽管庄重，但由于南北两侧立面首层，博物馆部分顶部的三角形形体又让整个建筑不显得呆板。建筑顶层沿长向立面整齐排列的正方形体块，增加了建筑整体的秩序感。整个建筑外立面的大部分以石材为主。石材的天然特性以及建筑南北对称的布局赋予整个博物馆沉稳感和纪念感。

材料特性的发挥与光的有效组织。出于对红色石材和砖的偏爱，或许也因为清华大学内多个红砖建筑给博塔留下了深刻的印象，博塔在艺术博物馆立面选材上确定了红褐色调的天然石材。石材的尺寸经过精心的设计，部分石材增加了水平的条纹装饰处处体现出博塔对材料质地的考究和对节点的关注，使人不由得联想到卡洛·斯卡帕式的建筑细部。建筑在保证整体石材效果的同时，也充分考虑了保温通风构造以满足热工性能的需要。窗及玻璃幕墙为铝合金隔热窗框和隔热中空玻璃。透明的玻璃围护部分全部由建筑外轮廓后退以避免日光的直接进入。博塔将室内公共空间及各个展陈空间的装饰材料选用全部纳入自己的设计范围。为了达到统一的效果，博塔在入口门廊、门厅、公共空间及公共通道处的室外铺地均采用了天然石材，加上部分玻璃、木材及混凝土材料，博塔力求在整体协调的情况下提升每一种建材和装饰材料的表现力。[陈琦：“马里奥·博塔(Mario Botta)的建筑思想——清华大学艺术博物馆解读”]

理学院：

1994年春理学院新楼的方案设计。已选定地址为清华园西区的一块空地。此地的特点是，四周现有的建筑都是30年代初所建的，是带有一点装饰派（art deco）意味的旧楼。北面为“化学馆”，沈理源先生设计。西南部小山上为“气象台”（一座八角形塔楼），杨廷宝先生设计。南面隔河为“生物馆”，也是杨先生的作品。东面是“后体育馆”。因而，新老建筑的关系将是本设计的主要课题之一。

最初提出的任务，是在用地的北半部，建起为物理系、数学系使用的大楼，而把南半部之东侧（西侧已有“气象台”）留给生物系扩建之用。我们的思路自然地想到新楼采取三合形式，与北面的化学馆形成围合空间，并应保持住贯串化学、生物二馆中轴线的格局。这就形成了一个大体对称的布局形式。为了使空间完整些，物理、数学系联成一楼，而以中间拱门作二者分界。两边的转角处做成 45° 斜面，分别形成二系的主要入口。这种在 45° 斜面处做出入口的形式在清华的老建筑中有几次出现过。一是最老的“清华学堂”大楼，二是老学生宿舍“明斋”（杨廷宝设计），三是 1931 年对图书馆的扩建部分（也是杨先生设计）。以这种方式布置新楼，当然是有利于和环境的协调并强化“清华风格”。

为引进一些新形象，我们考虑了一个开辟以“气象台”为对景的斜路，并在路两旁分别安置大致为三角形的物理、数学二楼。这样便把被冷落了几十年的清华园西区“制高点”设在了一个醒目的重要地位。加上室外空间中绿化、道路、场地和小品等的配置，人们所要求的“新形象”将自然地产生。

在二三十年代的建筑近旁设计新建筑，经常碰到的麻烦之一是尺度问题。现在的建筑一般地要比 70 年前的大许多，体量大，层高大，门窗也大。在清华园中，老房子均在 2~4 层。那时常用的手法之一是首层做得很矮，其室内地坪又常较室外为低。正门设在二楼，全面为气派的大台阶。这样，三层的老房子的高度只及现在的二层多一点。新建筑若要和它们比肩而立，要狠动一番脑筋才行。那座作为“制高点”的气象台，连同小山在内，其高度不过二十六七米，不及公共建筑七层的高度。具有高耸的塔的外形而实际上并不高，在新建筑群中将出现尴尬的场面。比较好的办法只有令新建筑离它尽可能远一点，并且不要和它发生太紧密的构图联系。看来，以它为对景的想法恐怕得不到预期的效果。这是“新现象”方案之不利之处。此外，这方案需产生不少带有锐角的空间，不便于充分利用空间，可能带来不少浪费。所以我们放弃了这“新”的想法，仍然用了传统的布局方式。在此基础上，又做了一些完善、补充的工作。为了更好地形成围合空间，以加强领域感、亲切感和独特的建筑形象，我们加上了三合式拱廊。在夏天的傍晚，清华园中的年轻人最喜欢的活动之一是坐（或躺）在礼堂前草坪上听音乐和休闲交往。按环境心理，人们或小组之间需要有一定的距离。草坪虽大，在有些时候已达饱和的容纳量。理学院的围合空间正可以形成一个新的、作为补充的场所。由于校内一条主要车道从这空间的北端穿过，为了令休息的人们和道路间存在一定的分隔，我们将这空间的中部做成下沉台阶式场地并设置了简单的表演台，形成一个可供人们非正式的、自发的集会及欣赏或参与表演的场所。这就进一步加强、突出了场所的校园特征。同时将东边的旁院与西边的独立讲堂联成横的轴线，并把它与30年代所建的体育馆的对称重合起来，使这新的建筑在纵横两个方向都与老建筑群产生对位关系，令它固定在构图之中。

这时学校决定利用基地南半部的空地建一座“生命科学楼”。新楼的北端（靠近物理楼）和南端（接近河南侧的生物馆）都只做了三层：中部转折处形成入口并建了一个四层半高的八角形塔楼。这就在这个空间出现了三个八角形建筑物（连同老气象台和新建的独立讲堂），鼎足而立，互相呼应，于是新老建筑之间也有了进一步的联系。生命科学楼主立面朝西，为了避免西晒，以实墙为主，在这组建筑中形成了较为独特的形象。

这样，建筑群中的两个主要室外空间便很自然地形成不同风格：北面是四周建筑形成的围合空间，对称、工整、人工化，地面以硬质铺装为主，而穿过拱门南望，一片有山有水、有树丛草坪的自然景象便展现在面前。四周建筑也参差错落，两者形成有趣的对比。其他还有一些较小的半围合空间和庭院都用一些相应的绿地和小品点缀起来。车辆将严格绕行，保持这一块步行区的安宁。

和周围老建筑一样，新楼以清水红砖饰面，有少量石料做勒脚，基本上没有装饰，朴素平和。这里没有任何追求气派和新颖的意图，有的只是努力创造一种和谐安宁、适合大学校园性格的文化学术气氛。在物理和数学二楼的门厅中，分别镌刻着十多位代表着一个科学发展时代的物理学家和数学家的名字。这些闪光的名字激励着青年学子努力学习探索，勇攀科学高峰。（关肇邺：“大学校园中的围合空间——兼记清华大学理学院设计”）

随笔——大礼堂

大礼堂之美

吴绍轩　清华大学法学院2013级研究生

一个冬日的午后，阳光温和地照耀着清华园。学生数人随老师进行了一次颇有意义的小游。说是小游，是因为我们的观赏对象仅为大礼堂；小游虽短，其带给观赏者的启发和意义却不简单。

大礼堂是清华师生最熟悉又或许是相当陌生的地方。熟悉的是我们常常经过这里、走进这里，陌生的是我们又很少有时间、有心境驻足欣赏，玩味细品。毋庸置疑，大礼堂是美的。美在哪里？为何而美？即使是最熟悉她的人也不一定能给出完整的答案。我们以特意的心境去欣赏，或许有所感悟，但并不特意于追求唯一的答案，因为美的意义就在于个体独特的体验。美感因为特别而存在，我们所能做的不过是捕捉心灵悸动的瞬间，尝试凝固绝美的刹那。

大礼堂之美，美在形式典雅。大礼堂的美首先因其建筑结构之优雅、设计之精美而彰显。大礼堂位于清华西区早期建筑群的核心，与图书馆、科学馆和体育馆合称为清华大学四大建筑。从建筑审美的角度看，大礼堂具有很高的艺术价值。20世纪20年代前后，美国建筑师墨菲主持设计了大礼堂，其整体形式仿自美国弗吉尼亚大学时下最为流行的样式。大礼堂内分上下两层，外设穹顶、铜门，门廊矗立四柱，气势宏伟，意蕴典雅。其中，最引人注目的是古罗马帕提农式穹顶和古希腊爱奥尼式廊柱。这两处设计充满了典雅气质，壮观而不失柔美，庄重而不乏细腻。环绕一周，大礼堂的不同侧面皆呈现出不同景致，或因流水潺潺而尽显柔美，或因河柳扶风而优雅不凡，或因藤蔓盘绕而神秘诱人……欣赏风景，因季节交替而有所不同，即使是同一气候，也因光线、风候而异。审视大礼堂的建筑构造，其线条苍劲有力，平面图案简洁而不单调，立体纬度丰富开阔。仅观形式，大礼堂即以其精良之构造令人折服。

大礼堂之美，美在意境开阔。历史学家何柄棣曾与其所仿建筑进行对比，认为大礼堂还是更胜一筹，“清华大礼堂，因有南面无限的阳光和开阔草坪的‘扶持’，显得格外‘洵美且都’”（何柄棣，《读史阅世六十年》）。“洵美且都”取自《诗经》中《郑风》中一篇：“有女同车，颜如舜华。将翱将翔，佩玉琼琚。彼美孟姜，洵美且都。”此文讲述贵族男子与女友出游，赞美了女子容貌的美丽和品德的美好，热情洋溢又情感真挚。论及娴雅精美，大礼堂门廊采用古希腊爱奥尼式设计，其本身就寓意女子柔美静慧，彰显了世人对女性独特气质的推崇。而其南面草坪开阔齐整，整体风格舒展清雅，更衬托着建筑本身的风采。行至草坪前，游人无不驻足欣赏，由衷赞叹。四季更迭，草坪或盛或衰，但其视野之宽广、风格之清新，皆为礼堂之美锦上添花。

大礼堂之美，美在历史积淀。游美肄业馆自 1909 年开始筑围墙、建校门、修缮工字厅等，时任校长周诒春大张旗鼓进行校园建设，并倡导“要建设一个完全美国式的大学”。那时中国与世界接触日渐频繁，彼时之清华在欧风美雨的影响下，折射出时代气息。这样的历史积淀需要有心人发掘，史海拾珍固然辛苦，却有意义。唯有充分了解建筑的历史背景，才能以“同情”之姿态感同身受。大礼堂看起来美，她的故事听起来美，有历史的大礼堂更美。

大礼堂之美，美在人文底蕴。据说，19 世纪初杰弗逊总统在设计弗吉尼亚大学校园那种大草坪的“空地广场”式建筑时，以共和、宪政为寓意，将建筑之形式美赋予厚重的底蕴。他设计的圆厅大楼使用了爱奥尼式柱廊，以采光穹顶统率整栋建筑的构图，象征着美国人民对宪政共和等政治制度的推崇。这一意蕴传递到清华。白驹过隙，时间虽然冲淡了潮流，却浓重了底蕴。即使如今人们已不再联想起建筑所承载的寄托，但大礼堂本身所负载的人文情怀亦足以令人动容。大礼堂见证了百年清华的发展，静静注视着清华学子的成长，清华校园里的平凡每一天都为大礼堂沉淀了独有的人文气质。她谦和而优雅，令人如沐春风。

大礼堂之美，美在观者有心。美学上讲，审美体验的起点是进入审美状态，这是审美主体去功利化、非概念化的过程，也是美感得以发生的前提。我们随时可以接触到美的事物，却并不总能随时感受到美的瞬间，其间的断裂就在于彼时的主体尚未进入审美体验，还没有用心感受。“美”和“美感”看似简单，却是最难言说的概念，因为把握“美”“美感”首先就要求去除概念化的思维方式。大礼堂的美，不仅仅是她自有的气质、独特的底蕴，最必不可少的一环还在于驻足于大礼堂前的“我们”。这里的“我们”调动起全身感受，用心投入于审美过程，抛除世俗纷扰，才有机会在嘈杂的日常生活中观赏美。大礼堂，美也，而唯有心人方可得此美。行文至此，笔者不禁感慨，看似平常的校园建筑即蕴含了如此多的历史人文、体现了如此的典雅优美，奔波于世的你我，是否在庸碌中错过了太多“美”？

走近建筑学

王夔宇

这次“清华学”课程安排我们拜访了建筑学院的刘亦师老师，我们和刘老师一起探讨大礼堂的建筑设计和历史。这次与建筑专家面对面的交流使我受益匪浅。我不仅了解了大礼堂的建筑设计、施工方案和历史，更重要的是，这次交流让我走近了建筑学，让我得以揭开建筑学神秘的面纱，一窥其中的内涵。

大礼堂是清华大学的标志性建筑，从老校门进入，向前走数十米，在日晷的对面，视线跨越一片青草地，就可以看见圆顶红墙的大礼堂。在课堂上，刘老师耐心详细地为我们讲解了大礼堂的设计、建造过程，尤其重点讲述了大礼堂圆顶的设计建造。刘老师讲到，人类历史上，对穹顶式结构的解决方案是不断变化的。在古代，人们的解决办法是将巨石块切成特定的形状，利用石块之间的相互挤压和摩擦，来形成稳定的穹顶结构。但这种结构费工费力，且抗震性能较差。后来人们发明了利用黏性材料将石块黏合形成穹顶结构。而大礼堂的穹顶结构则采用了近代的解决方案，用混凝土浇筑成型，增加了结构的稳定性。在解决穹顶的问题上，世界各地的人民都发挥自己的聪明才智，想出了自己的解决方案。探究穹顶设计的变迁历史对了解建筑学的发展历史很有帮助。

刘老师还讲到穹顶存在的必要性。由于宗教仪式需要营造一种宏大庄严的氛围，并且需要比较大的开阔封闭式空间来达到一定的声学效果，所以穹顶这种结构就应运而生。这让我意识到，一种建筑结构的产生是与社会文化背景密切相关的。建筑并不是脱离社会凭空产生的奇思妙想，而是社会的一种产物。每一种建筑结构、建筑样式的产生都有一定的必然性，而建筑在根本上也是为社会服务的一种空间结构，每一座建筑都要承担相应的社会职能。脱离了社会的根基，建筑也就失去了社会的根基，建筑也就失去了存在的意义。所以我们研究建筑，不仅仅是研究建筑的结构，更要研究建筑里所蕴含的社会文化内涵。而研究建筑，有时候也能为我们研究一些社会、历史问题打开新的视角。

刘老师讲到的学生测绘大礼堂的事情也给我留下了很深的印象。这件事情让我认识到建筑学不是虚无缥缈的想象，而是十分严谨的、具有一套科学方法论的学科。这其实也是一件必然的事情，因为一座建筑在设计之初可能允许天马行空的想象，但一旦人们想要把这座建筑真正地呈现出来，就必然要经历一个从浪漫到精确的过程。建筑的设计可以是浪漫的，但如果付诸建设，那必然要将浪漫的设计变成精确的图纸，然后再进行严格的施工，一座建筑才能真正成型。如果没有精确的设计，那在施工过程中必然会产生偏差，一座建筑也就不可能真正地被建立起来。

在我看来，建筑学是一门神奇的学科，它可以把一个人脑中关于建筑的奇妙想法变成一座座真实可见的建筑，这些建筑又可以给人以各种不同的感觉，或是宏大，或是神圣庄严，或是精巧，等等。我十分想知道，一名建筑师，或者一群精通建筑学的人，是怎样从无到有地把一座建筑从脑海里抽离出来，并将其呈现给世人的。当我走进每一座令我惊叹的建筑，我觉得自己仿佛就像走进了一群建筑师的脑海中，走进了他们对这座建筑的巧妙设计之中。建筑是一项复杂的人类活动，每一座建筑的产生，都离不开建筑设计师的创意创新，离不开无数严谨的工程学论证，离不开人类几千年对建筑学的研究积淀，离不开人民的辛勤劳动。我所在的专业不是建筑学，但这次的课程让我对建筑学有了一定的了解。当我以后再走进一座建筑的时候，我就可以用这节课上所学到的更科学的视角来审视、欣赏这座建筑了。

清华凝固的历史

王浩宇

在清华园西部的老校园里有着著名的“四大建筑”：大礼堂、科学馆、图书馆和体育馆。这些老建筑大多建于清华建校之初，有着独特的历史气息。漫步在老校园中，看着老建筑西式的外形，红色的外墙，仿佛自己也置身于一百年前的清华校园之中，回到了那个欧风美雨的时代。

在四大建筑之中，我最为喜欢的是大礼堂。大礼堂建于 1917 年 9 月，如今已有了百年的历史。美国建筑师墨菲受时任清华大学校长周诒春之邀，主持设计了清华大礼堂。墨菲设计大礼堂仿照了美国弗吉尼亚大学的大礼堂设计，整个建筑呈现出一种古希腊罗马的风格，能够感受到建校初的美式教育所留下的种种痕迹。

站在大礼堂的台阶，首先映入眼帘的便是四根爱尼奥门柱。门柱通体洁白无瑕，经过百年的岁月依然如新。在门柱的上方，能看到雕刻精致的涡形装饰，展现出独特的建筑之美。走近大礼堂用手细细感受如艺术品般的门柱时，能感受到柱体使用的是典型的中式材料汉白玉，质感十分光滑。我想，大礼堂使用汉白玉而不是西方常用的大理石来制作的原因，一是因为取材较易，还有一个原因是希望当时在清华学习的同学们虽然接受美式教育，但是不能忘记中华文化的内核。

除了门柱，大礼堂的穹顶也十分引人注目，堪称大礼堂设计中的一绝。我认为穹顶之美美在三个方面，一是庄严肃穆之美，二是色彩观感之美，三是对称协调之美。在一般的西方式建筑中，穹顶多见于教堂，并会在穹顶的顶部开一个通光孔，使得阳光能够通过通光孔进入建筑内部，营造出一种神秘、庄重的氛围，这种设计也和西方的宗教思想所契合。穹顶虽然没有像西方的穹顶一样保留通光孔，但是从外形上依然能够感受到那种穹顶设计所带来的庄严感、肃穆感。和整体的砖红色形成鲜明的对比，大礼堂穹顶是暗青色。色彩的变化并没有使人感到突兀，反而给人一种清新、透明之感，如西方的玻璃穹顶一样。远望大礼堂，能够看到阳光洒在大礼堂的穹顶之上，经过反射整个大礼堂也显得光彩夺目，使这座具有历史的建筑也鲜活了起来。围绕大礼堂一周，能够从视觉上感受到穹顶以及穹顶之下的山花带来的对称、周期的美感，仿佛置身于一个几何图形的世界中。在阳光的斜射下，不同角度下的大礼堂有着不同的光影变幻。明暗交替、线条变换，正如苏轼诗中“远近高低各不同”一样，大礼堂也有着独特的建筑韵味与趣味。

有人说，建筑是一段凝固的历史。沿着清华路从西向东骑行，能够看到清华建筑从西边的美式校园建筑逐渐变为东边的新式现代化校园建筑。看着这些建筑，仿佛感受到了清华从百年前的留美预备学校逐渐发展成今天综合性大学的历史。大礼堂是古老的，它的一砖一瓦为我们显示了百年前的清华风貌。同时大礼堂也是年轻的，世界各地的优秀学者在此举办讲座，探讨学术。年轻的学生们在此举办学生节，散发着朝气与活力。在未来的日子里，大礼堂依然会矗立在校河边，注视着来来往往的学子们，诉说着清华的过去、现在与未来。

礼堂巍巍，浪漫依旧

冯　翔

秋意渐浓，日光倾城。大礼堂沐浴在金色的阳光中，愈发显得高大而神圣。

礼堂巍巍，糅合多种西方古典建筑形式，散发出庄严典雅的气息。一是穹顶部分，大礼堂的穹顶模仿古罗马万神庙的外观轮廓，横跨屋顶，穹顶之下四周的半圆拱券向四周伸出，结构严密而和谐。且穹顶采用了金黄的色调，在阳光的照射下，仿佛在吟唱古罗马时期的赞歌。二是三角山花部分，三角山花立在穹顶的下方，简明配合穹顶的形状，打破了单一的形状设计，使礼堂顶部具有了变幻的韵律感。三是礼堂入口处的凯旋门形象。大礼堂的设计仿照凯旋门设计了胸墙和廊柱，同时选用大理石作为建筑材料，突出凯旋门给人带来的庄严感。

整体而言，大礼堂采用中轴式的设计，圆形的穹顶与方形的主体相结合，让我不禁联想到中国古代“天圆地方”的理念，大礼堂中西合璧的特色再次将我震撼。除此之外，大礼堂的柱式结构赋予她浓厚的浪漫气质。

大礼堂采用古希腊经典柱式——爱奥尼柱式，成为一抹靓丽的色彩。一是柱头，柱头将垂直构件和水平构件、长方形和圆柱形构件相交接，采用涡卷和卵箭纹做装饰，处理得尤其精心。二是柱身，爱奥尼柱身纤巧，比例修长，且横断面有 24 道凹槽，直线装饰似衣裙褶纹的遗痕，使廊柱如同一位亭亭玉立的少女，安静地立在礼堂的廊檐下。三是柱础，爱奥尼柱式多采取复杂而富有弹性的柱础，柱础由数道圆盘堆叠组成，富有弹性且装饰效果较强，与其典雅轻盈的气质吻合，且柱础线脚由几何计算确定，将古希腊数字比例的理性精神贯彻其中。

大礼堂似一位历经沧桑的长者，她成长于烽火乱世，穿越欧风美雨的洗礼，厚重而博雅。但在今天，她矗立于清华园最宽阔的地方，与茵绿的草坪遥相呼应，不断焕发出新的生机与希望。是的，她的神圣让人不敢亵渎，但她的庄重与浪漫感染着每一个清华人，铭刻在清华人的气质里。

美在内外

黄世云

清华建筑之美贵在“多元化”，有以庄严敦厚的主楼为代表的苏联风建筑，有以典雅富丽的大礼堂为代表的西式建筑，有以工字厅为代表的中国传统建筑，多重风格，多种审美在清华的园子里和谐共处，这不正是与校歌里的“东西文化，荟萃一堂”所暗相呼应吗？其实这些园子里凝固的艺术，不仅美在外观上，更美在人文世界赋予它们的内涵上。

以大礼堂为例，其仿自美国弗吉尼亚大学图书馆建筑规划，由美著名设计师墨菲和达纳操刀，门前是一坪绿草，整个建筑体现了浓浓的古希腊古罗马气息——大厅门前的四根汉白玉爱奥尼柱柔美细腻，最高处的铜面穹顶气势恢宏，这些建筑的细节都不禁让人对这座清华红区的标志建筑产生美的感受。绿地带来的开阔意境，建筑结构的精美设计又带来了典雅大气而不失宏伟的气概，这样的大礼堂，不愧居于清华四大建筑之列。除了外观上的美，发生在大礼堂身上的清华故事也是一份动人的美。多年以来，大礼堂都承担着丰富师生课外生活的功能，平日举办各类讲座，周末放映电影。但在1918年前后，美国凶杀片风行一时，其在大礼堂的放映也引起了学生的不满。学生们自发开展了“改良清华电影”的讨论，这才扼杀了不良电影在清华的传播，维护了属于清华学子的一方文化净土。这只是大礼堂漫漫历史长河中的一朵小浪花，除此还有著名的泰戈尔演讲，一代著名剧作家曹禺在此开启话剧生涯，诸如此类的故事在大礼堂内属实不少，这样的文化积淀更是为大礼堂添上了浓厚的文化美。

大礼堂，美的不只是典雅不失宏伟的建筑，更是蕴含在这座地标建筑里的那一分清华文脉。

大礼堂前的思考

张云泽

大礼堂是清华园里极具标志性的建筑，也是一个具有双重内蕴的建筑。

一方面，它无疑是珍贵的历史遗产。它是由美国著名建筑设计师墨菲设计的，仿自弗吉尼亚大学。相似的“空地广场”式规划、使用爱奥尼柱廊的圆厅大楼以及采光穹顶不仅学来了弗吉尼亚的开阔壮丽，也同时学来了其中内蕴着的自由民主、宪政共和之精神。从技术上，大礼堂穹顶的钢筋混凝土薄壳结构代表了当时世界建筑的最高水平；从美感上，极具欧洲古典建筑特色的设计在相当长的时间内都是无出其右。建筑被誉为“石头的史诗”，大礼堂作为清华早期四大建筑之一，无论从其本身的价值还是从其经历的风风雨雨来看，它都无疑是非常宝贵的遗产。

但另一方面，我们不能忘记它是在国耻中诞生的。在一片土生土长的中国校园里，何以出现这样一座西方古典式的建筑？北大与清华一墙之隔，何以建筑风格竟有中式古典与西式古典如此差别？究其原因，是在于清华那“游美肄业馆”的历史，是在于“庚子赔款”“退款办学”的屈辱国耻。每次经过大礼堂时，我们所关注的不应只是清华园的东西合璧之美，更不能忘记“耻不如人”的精神和“自强不息”的斗志。

关于大礼堂，还有一段故事。墨菲起初设计的大礼堂回音现象非常严重，在大礼堂内演讲的效果受到很大的影响。后来，是梁思成先生亲自设计，对大礼堂进行了三次改建，才终于解决了回音问题。我每次进入大礼堂都会想起这个故事，都会对梁思成先生乃至他所处的那个大师云集的时代心生仰慕。

是的，以尼采的方法划分历史，大礼堂的历史既有对西方古典建筑“好古”的成分，也有值得我们“批判”的部分，但更多的其实还是令人心生仰慕的“纪念碑式”的存在。站在草坪前北望，以伟岸的大礼堂为中心，一种广阔感油然而生。大礼堂，这座古老的建筑，实际上正是天地间的一座纪念碑。

随笔——清华学堂

百年沧桑

傅　森

走在屹立百年的学堂的长廊里，思绪穿越一个世纪的风风雨雨，如同时光回溯。清华的历史不仅仅是记录在资料上的，更是铭刻在一个个如老人般静静地站立在园子里的老建筑上面，它们真真实实地呈现在那里，任由人们去凝视、去触摸、去用心感受。而经历百余年风雨的清华学堂，大约便是最具代表性的看得见的历史了。

青砖红瓦，坡顶陡起，颇具德国古典风格，这座学堂是时间洪流里见证清华百年历史的老者。

在一个多世纪前，清王朝风雨飘摇的时候，美国退回部分庚子赔款，这笔退款被用于建设留美预备学校。在皇家园林清华园的东侧，一个带有西式风格的“清华学堂”拔地而起，从那时起，它便开始了不平凡的岁月。或许，在某种程度上清华是带着民族的屈辱诞生的，但一百多年的历史已经证明，生于民族命运坎坷崎岖时期的清华，在风风雨雨之中成长、壮大，自强不息、厚德载物，培养出一代代的大师英才，是这个国家崛起的重要力量。清华学堂作为清华的建筑和文化象征之一，更是承载了无比厚重的历史。

回顾清华学堂跨越世纪的往事，多少名人大师科学巨匠曾与它结缘、在此生活！梁思成、梅贻琦、闻一多、竺可桢、侯德榜、茅以升、叶企孙、潘光旦、吴宓等都曾在此留下求学或研究的足迹。当你置身于这个古老的建筑中时，想想历史上曾经的某年某月某一天某位大师巨匠曾在同一个地方吟咏、写作或钻研，这种感觉是多么奇特和美妙！

清华学堂承载的最辉煌的历史之一，大约是国学研究院那短暂而无比绚丽的四年吧！1925 年，曾辉煌无比的国学研究院在清华建立，大多数国学课程在清华学堂讲授。王国维、梁启超、陈寅恪、赵元任四位著名学者被聘请担任清华国学院的“四大导师”，在国学院存在的短短四年里，清华学堂走出了一批国学专家，其中成就卓著为人们所熟知的包括姚明达、罗根泽、谢国桢等。研究院师生之间关系融洽，治学与为人并重，穆然有鹅湖、鹿洞之遗风。国学研究院实在是中国近代教育史上的一个奇迹。然而，1952 年全国院系调整，清华的文科被割离出去，很多人对国学院的记忆从此断层，如今当我身处清华学堂思索它的历史的时候，每每想起此事，总有淡淡的忧伤，淡淡的慨叹。

当初留美预备学校的学子们，从全国各地被选拔来到清华学堂，在这里接受留学美国的预备教育。今人恐怕是难以真正完全地体会他们那时候心中的想法了，但是，在那个民族命运飘摇黯淡的年代，清华学子心中必定是怀着对国耻的铭记、对振兴家国的渴望的。“莘莘学子来远方”，他们从四方来到清华，又从清华去往美国，学成之后很多人回到祖国，如同火种，将民族的希望之火播向中华大地。清华学堂作为学子们曾经的生活、求学之地，见证了多少年轻灵魂的成长、碰撞和绽放！

百年沧桑，清华学堂。它是看得见的历史，它的一砖一瓦、一形一式，何尝不是在默默地向今人展示中国高等教育和清华的紧密联系与世纪征程？何尝不是在向今人讲述一代代清华人的奋发、砥砺、求索与拼搏？何尝不是在鼓舞清华人继续传承自强不息、厚德载物的精神特质？我为清华园中有这样看得见的历史而感到深深的、厚重的、又带着自豪感的幸福。它让清华学子们真真切切地感受到历史，思索过去、现在与未来，继承代代相传的精神，这是多么美妙！

我愿继续品味清华看得见的历史，感受这个园子百年来的沧桑与辉煌。

青砖红瓦叙古今

王艺如

清华学堂于 1911 年 4 月 29 日在清华园开学，这就是清华历史的开端。清华的第一座楼就是坐落在大草坪旁的清华学堂。

清华学堂是一幢德式建筑，青砖红瓦，坡顶陡起，透着浓浓的欧式风格。据相关记载，清华学堂始建于 1909 年，当时清政府为能直接选派游美学生便成立了游美学务处，同时成立游美肄业馆，1909 年游美肄业馆改名为清华学堂，并于次年在清华园正式开课，清华大学的百年历史拉开序幕。这就是清华学堂的来源。

曾经看过一句话：建筑是有生命的。百年清华学堂可谓镌刻了屈辱和辉煌，这位百岁老人历经了庚子赔款的屈辱，也目睹了大师云集的盛况。百余年来，这个清华园里的长者，以其巍峨庄重的身影，立于校园之中，用其肃穆的目光，注视着清华一代代人的成长。

谈到清华学堂，庚子赔款不得不提。1901 年 9 月，中国和十一个国家达成了屈辱的《解决 1900 年动乱最后议定书》，即《辛丑条约》。条约中规定，中国从海关银等关税中拿出四亿五千万两白银赔偿各国，这笔钱就被称为“庚子赔款”。之后由于庚子赔款过多，各国退款。美国退还的半数赔款就用于中国的教育办学。关于美国为什么会退款？为什么退款被要求用于中国的教育？我一直都是很疑惑的，美国既然已经拿到了钱，又怎么会舍得退回给中国呢？美国真的有那么善良吗？据我查找的资料，关于美国退款这件事的源头是在1904年12月上旬，中国驻美公使梁诚就中国的赔款是用黄金还是白银一事，与美国国务卿海约翰据理力争。在谈话间，海约翰透露出一句："庚子赔款实属过多。"梁诚立刻就捕捉到了这个消息，这说明美国政府已经发现其有关部门在上报庚子之乱的损失中有"浮报冒报"的现象。于是梁诚选择"乘其一隙之明，籍归已失之利"，在美国国会及议员中四处游说退还不实赔款。1906年年初美国伊利诺大学的校长爱得蒙·詹姆士送呈总统西奥多·罗斯福一份备忘录，要求美国政府加速吸引中国留学生到美国去。同年的3月6日，美国的传教士明恩溥到白宫进谏罗斯福总统。他建议总统将清政府的赔款退还一部分，专门开办并补贴中国的学校。最终，在明恩溥等人的推动和鼓吹下，罗斯福给美国国会提出了一个咨文。1908年5月25日，美国国会通过罗斯福的咨文。同年7月11日，美国驻华公使柔克义向中国政府正式声明，将美国所得的赔款半数退还给中国，作为资助留学生之用。当然，这个原因的可靠性值得我们去推测。

关于为什么要用这笔钱来办学？我是难以相信美国政府所说的为了促进中国发展，加强中美关系。在詹姆士给罗斯福的那份备忘录中声称："哪一个国家能够做到教育这一代中国青年人，哪一个国家就能由于这方面所支付的努力，而在精神和商业上的影响取回最大的收获。""商业追随精神上的支配，比追随军旗更为可靠。"因此他敦促美国政府采取措施通过吸引中国留学生来造就一批为美国从知识和精神上支配中国的新的领袖。我认为，这才是美国的真正目的，或者说，真正的目的之一。

无论关于庚子赔款、退款的目的与缘由如何，我们必须承认，是庚子退款造就了清华学堂，成就了现在的清华大学。清华大学是一所成立在深刻的国耻上的大学，从一出生，就注定了他不同寻常的命运。一百年来，清华大学也没有辜负众人的期望，培养了一批批著名的专家、学者。天行健，君子以自强不息；地势坤，君子以厚德载物。清华学堂承载了竺可桢、金岳霖、闻一多等年轻人的梦想。如今，我们走进清华学堂，感受到的不仅仅是建筑的美感，更是清华的历史和传承下来的一份责任。

清华学堂与清华精神

贾自立

几年前，我曾经跟随着旅行团到清华大学来，那时候我就被学姐们带领到了清华学堂的外围，第一次见到了这栋举世闻名的建筑。当时还是个初中生的我，对于这栋建筑只有着极为浅显的认识，仅仅为其美观的外观赞叹不已。数年以后，我已经成为了清华大学的一员，在老师的带领之下故地重游，我才发现了蕴藏于这栋建筑之中的复杂的故事。

清华学堂的建立和清华大学的起源几乎处于同一时间。1901 年，在清政府与八国联军签订的《辛丑条约》中，清政府向美国等国支付了大量的赔款。在数年之后，为了对中国的青年进行思想上的改造来达到控制中国的目的，美国政府向清政府退还了部分款项，要求清政府成立游美肄业馆，向美国政府输送人才，游美肄业馆就是后来清华学堂的前身。可以说，清华学堂是在屈辱的国内环境之中所成立的。

但是，那个时候的清华学子们，并没有落入美国人的陷阱，不论是出国前，还是回乡归来之后，他们都保持了对于这个国家，对于这个民族的热爱。在留美的留学生中，以梅贻琦为代表的清华优秀学子，在学成归国之后，就立即投入到了中国的文学、教育事业之中，最终为中国的学术界带来了一片光明。

如果要问我，清华学堂中最触动我的东西是什么，我会回答，那是一张墙面上挂着的老照片。照片拍摄于 20 世纪 10 年代，也就是清华大学起源的时期。照片上是一间生物化学实验室的内部。从照片上可以看到，学生和老师们正专心致志地在使用显微镜观察生物的标本，但是这间实验室却破败不堪：一栋普通的房间内，摆了一张木桌，上面零零散散地摆了几个显微镜。整个房间相当昏暗，不同于现在的生物实验室用日光灯管照明，那时候的清华的学生们只能使用自然光来照明。并且，实验室并没有排风系统，只有小窗，安全隐患也不小。但即便是这样艰苦的环境，这些学子们依然为了自己学识的长进，不断地继续实验，这种精神，令我不由得肃然起敬。

清华学堂象征着清华大学的起源，是清华精神的载体，虽然它在 2010 年遭遇了一场巨大的火灾，使得原有的景观几乎被燃烧殆尽，但是清华学堂中所蕴含的精神，却从来没有断流过。

随笔——理学院

美得恰到好处

余　标

走到理科楼群，没有人会不被它的美所震撼，浓厚的学术风气从建筑风格中透露出来，给人一种历史的厚重感。单看它的建筑设计就美得无与伦比，美得自然，美得恰到好处。“多一分嫌肥，少一分嫌瘦”，似乎所有东西都配合得恰到好处。

围合与开放处理得恰到好处。站在至善路，背靠化学馆，望向理科楼，由于东西两侧是通途，丝毫不会觉得封闭。逐渐向理科楼走去，当至善路东西横亘的身影渐渐消失在眼底时，便忽然觉得自己进入了一个闭合空间。这种视觉效果就好像化学馆是一个盖子，当你走入理科楼这个盒子时，它突然盖了起来；当你走到至善路时，就感觉它又打开了。绕着理科楼走的过程中，这种开与合的视觉效果给人以不一样的震撼。此外，理科楼中间的拱门，让久处幽闭空间中的人仿佛看见了光明与希望，透过拱门所见的风景也就显得格外美妙。这个开口在此围合空间中真可谓是点睛之笔。

对称与不对称配合得恰到好处。如果仔细考量物理楼和数学楼，实际上它们是不对称的，可是站在广场中，你却丝毫感觉不到，因为它呈现给你的面是完全对称的，再加上历史悠久的化学馆本身左右对称，一条中轴线由此而生。这种对称给人以震撼，给人一种科学的严谨美。然而，如果过分对称，也会给人一种庄重的压抑感。于是，这些爬山虎就好像神来之笔，打破了这种完全对称。随意蔓延的爬山虎给原来对称的建筑左右两侧带来了区别。回廊拱券上下垂的爬山虎让每一个拱券都有不一样的美，因此走在回廊里，透过拱券看外面的景色，每走一步，都有不一样的风景。尤其是透过数理楼中间对称的拱门，看到不对称的风景，最能显出对称与不对称配合得恰到好处。一边是生命科学馆及其前面引人注目的类似天体的雕塑，另一边是浓密而富有生机的园林式树林，这种中西融合的不对称感让人感觉从这一小小的拱门中看到了万千世界，也让人在看完对称的理科楼后，紧张的视觉神经得到放松。

统一与差异也组合得恰到好处。理科楼的砖色、高度、风格都与 20 世纪 30 年代的建筑实现了统一，所以才使得我们从第一眼看到理科楼开始，就觉得这栋楼历史悠久，而实际上，此楼的岁数并不比我大（1999 年建成）。理科楼虽然要与化学馆合围，但却未采取与化学馆一致的装饰派风格，而采取了西洋古典主义的风格。再加上化学馆经过岁月风雨的洗礼，红砖早已褪去了往日的鲜艳光华，正是这种色彩的差异，使人第一眼总是被体量较大、颜色较鲜艳的理科楼吸引，不知不觉就想走入其中。走入其中后，才发现对面沧桑的化学馆连同理科楼将自己包围了。化学馆坐北朝南，上面的爬山虎也因光照过强而不如理科楼上的爬山虎茂盛。化学馆的老藤显出科学的渊源沧桑而久远；理科楼的爬山虎则显出科学的未来生机勃勃。

简明规则的整体规划与精致巧妙的局部设计搭配得恰到好处。化学馆的折中主义风格本就以线条和简单几何形为特征，而其用地与造型都是中规中矩的长方形，而数理楼也是以多边形为主体，显示出科学追求的简洁美。而

45 度的入口、回廊、亭子等精巧的局部设计使得理科楼的美又鲜活起来，让人应接不暇。此外，下沉广场虽然现在没有起到它的预定作用，但是增添了整个空间的层次感。

美绝不是单一因素造就的，也不是单方面因素造就的。中国人素来讲求中庸之道，理科楼群的美就在其配合得自然，美得恰到好处。

随笔——其他建筑

同方部的故事

邓浩鑫

很早就知道梁先生在清华做了一次题为“君子”的演讲。不过，当我听说地点是在同方部的时候我还是有一点震惊的，为什么要在同方部呢？怀着这样的疑惑，我开始走近同方部。

同方部是一栋安静的建筑。建于 1911 年的它，灰砖墙身，红瓦坡顶，欧式风格，是清华建校初期首批建筑物之一。其西部为单层建筑，占地面积较大，有一个朝南的正面门廊；东部为二层建筑，独自另有一个朝南开的门。也许为便于大家看到它的名字，“同方部”的匾额没放在正门，而是悬挂在西部朝向大礼堂草坪的西边大门上方。

其实，同方部一开始是清华的礼堂，直到 1920 年大礼堂建成之后，同方部作为礼堂的作用才慢慢消失，而梁思成做“君子”演讲的时间是 1914 年，那时候同方部作为礼堂用作演讲是十分正常的。在 1923 年，学校成立“德育指导部”才有了“同方部”的名字。“同方”两字源于《礼记·儒行》中：“儒有合志同方，营道同术，并立则乐，相下不厌……”“方”作“道义”“法则”解，“同方部”就是“志同道合者相聚的地方”。也确实如此，同方部吸引了许多有着相同理想的人：1936 年 10 月鲁迅先生逝世时，清华文学会在同方部举行追悼大会，闻一多、朱自清等出席并作了讲演；1948 年 7 月，清华学生自治会召开闻一多遇害两周年纪念会。会场挂着闻一多画像，长髯飘拂，口含烟斗，栩栩如生，气氛庄严肃穆……

同方部还是一栋饱含爱国热血的建筑。“九一八”之后，日本帝国主义步步逼近华北。清华师生为抗议日本暴行，特将同方部命名为“九一八纪念堂”，并有横额悬于门楣之上。数年后迫于日本人的压力，横额被迫摘下，但清华师生心中的抗日怒火是任何力量也扑灭不了的。就这样，同方部也被烙上了爱国的印记。

现在同方部已经是全国重点保护文物了，安静、古朴的同方部，见证了清华发展的风风雨雨，留下了众多清华学子的爱国热血。当我们经过同方部时，它以它那古老的声音向我们诉说着清华的故事。无论我们是否在意，它，就在那，影响着每一个清华人的骨血。

明斋

冯　尧

“大学之道，在明明德。”既是大学，又有明斋，可谓之全矣。

作为清华改办大学后的第一栋学生宿舍，明斋建于 1930 年，与当时杨先生设计的生物馆、气象台和图书馆二期被称为清华的“又一四大建筑”。

我一直在想：明斋之“明”，是“在明明德”中的前一个“明”，还是后一个“明”呢？从后面的新斋（“在新民”），我们可以看出，这里的“明”字也应该是动词，意为使其光彩，隽永。我自己来说，我也更喜欢这样的“明”字。

在这里，这一个动词，更突出了这是在要求这里的学生们自己行动起来，通过自己的行动而达到使这里“明”的结果，而并非简单依借这里原有的光辉。其实，我们的学长们对此早已了然于心。

而就在这里的 117 室，确实是一面旗帜，一个方向，一个不可磨灭的印记。北京解放的前夜，有十多位湖南籍的学生，在这里，慷慨激昂，振臂高呼："少年智则国智，少年强则国强。"他们以自己特有的青春与活力发出自己的声音，他们的血是火热的，他们的心是真挚的，他们的眼里是火，是光，是希望。他们自愿成立了一个"过共产主义生活"小组，开始了他们"新"的生活：学习马克思理论，主编报纸，传播思想。不得不说，这里成为了传播先进文化的阵地。而这个阵地，更在之后的清华解放之时，起到了很大的作用：全员突击三天，印出了大量的资料，来供全校学生学习，在思想上更一步解放了整个清华园。这里正是"明"的开始吧。

其实，这里的"明"字早已经发扬。明斋尚未建成，在 1919 年五四运动之后的第二天，闻一多先生便手写了一份《满江红》贴在这里。在那个思想混乱的年代，这一份《满江红》无疑是一盏明灯，指引着我们继续向前，这也是"明"的一种解释吧。

而今日的明斋已经成为新的社会科学学院的系院，在新的历史时期，在清华发扬文科的时候，发挥了新的作用。

大学之道，纷繁复杂，但是让人向往，惹人追求。无数人前仆后继，向着这个方向不断地努力，虽无法至化境，但亦可完善自身。在明明德之句，在"苟日新，日日新"的清华，被我们的学长学姐们发挥出更多的意义。我们还能看到现在的明斋，可以体会到原来在这里发生的一切。虽然暂不能看到明斋的未来，但是我们相信，在这里一定还会有更多的故事与传奇。

看得见的明斋，自然有看得见的历史，讲不完的故事。你看，无数的先人至今还在那里，对着我们微笑，看着行走在这个园子里的我们，看着我们成长。他们一定在笑，因为新的清华，有我们。

红色老馆

青钰霖

老馆，跟着清华园一同出生，他们就像亲兄弟一般，在历史中互相陪伴，互相支持，他们见证着彼此。如果说对老清华的故事知道最多的，应该就是他的这位兄弟了吧，那就让我们看看在这老馆之中的那些年那些事。

时间回到 1911 年，清华学堂成立，1912 年清华学堂改建为清华学校，正式建立了小规模的图书室，称清华学校图书室。1919 年 3 月图书室独立馆舍（现老馆东部）落成，建筑面积 2114 平方米，迁入新馆舍的同时，更名为清华学校图书馆。1928 年学校改为国立清华大学后，图书经费骤增，馆藏逐年大量增加。

在五四运动的影响下，致力于留美的清华学生，开始受到“民主”与“科学”新思潮的影响，关心校务，追求民主自治，在《清华周刊》上进行各种思潮的论辩。清华留美学生中最早的共产党员施滉曾经在图书馆当过学生助理，他组织了“唯真学会”，在学会中又成立了一个“超桃”的秘密核心组织（8 人中有 7 人后来加入了共产党），与李大钊联系密切，在留学生与华侨中积极开展反帝爱国的宣传活动。1926 年的“三一八”惨案进一步唤醒了清华学生。为哀悼韦杰三烈士，清华同学特地从圆明园废墟搬来一块断碑，朱自清先生著《哀韦杰三君》。在“碧血溅都门，丹心照清华”的白色恐怖中，清华大学的第一批共产党员开始成熟。

1926 年 11 月，燕京大学经济学毕业生王达成在清华大学图书馆找到一份工作，在图书馆购置股（相当于今天清华大学图书馆的资源建设部）任职员。王达成到清华后，中共北平市委的负责人陈为人召集王达成与清华的另外两名党员雷从敏、朱莽开会，把三个人组织起来，成立一个支部，并任命王达成为支部书记。这就是清华大学的第一个党支部。当时开会的地点在三院，即现在图书馆逸夫馆所在位置。1927 年 5 月，王达成赴绥远工作，支部书记由雷从敏接任。此后，党组织不断发展。党员有着坚实的群众基础，在白色恐怖的环境下，得到了广大群众与进步教授的保护，党组织的活动从来没有中断。

在校友朱理治（1926年入学，经济系）的印象中，当时校内“左”派势力很大，国民党左右两派的斗争也很尖锐，大家都争夺国民党的领导权。1927年“四一二”反革命政变之后，北京党组织遭到破坏，清华党组织一度与上级失去联系，但仍坚持斗争，并完全转入秘密活动。“这时很多人消极了，跑的跑了，退的退了，比较坚定的只剩几人，即冯仲云、李乐光、我，还有图书馆的两位工友（我离开清华时，他们还在坚持斗争，没有消极）。”可见图书馆职员在白色恐怖下艰苦而执着的斗争精神。1929年，自常州来清华上学的陈志安，留心寻找革命组织。他在那时“经常可以在图书馆里发现党的传单”，让他感觉到，“党组织在清华大学是存在的，并且有所活动”。于是，他找到了党组织，并于1929年下半年在清华园里加入中国共产党。

1935年“一二·九”学生运动爆发后不到三个月，北平发生了五千军警武装镇压学生的事件，军队包围清华大学，逮捕学生。当时大部分学生聚集在体育馆，还有少数学生躲进图书馆里，比如靳鹤年、何炳棣。图书馆在白色恐怖的对敌斗争时期，成为一个很好的隐蔽场所。

1937年“七七”事变后，学校被迫南迁。1938年4月，清华大学、北京大学和南开大学在昆明建立了国立西南联合大学。清华图书馆运抵昆明书刊2.3万余册。在运抵过程中，暂存重庆北碚的1万余册图书遭日军轰炸，损失惨重，仅烬余3000余册。抗日战争胜利后，清华大学迁回北京清华园。1946年复校时，图书馆已面目全非。抗战期间，日军以图书馆为外科病房，书库为手术室及药库。这期间馆藏损失达17.5万余册。到新中国成立前夕，馆藏仅有41万余册。

复员北上之后，图书馆在开明馆领导的主持下，进步力量发展更为迅猛，清华大学被称为“蒋管区里的解放区”。在此阶段，发展进步力量，团结大多数教职员工，保卫图书馆资产，为学生提供进步书籍的精神滋养，是中共地下党在清华大学图书馆的工作重点。

复员之后，潘光旦先生继续兼任清华大学图书馆主任。1947 年，他甘冒风险，接收了北平中共代表团捐赠的中文书 200 余册，这种胆识为图书馆的地下党活动提供了极大的便利。1948 年 2 月 14 日晚，从事地下工作的图书馆工作人员王志诚，在图书馆潘光旦主任的办公室里，在潘主任写字台前，在入党介绍人王松声和清华“南系”党组领导同志主持下，举行了他的入党仪式。王志诚肃立举手宣誓，加入中国共产党。

联大时期，中共地下党已经成立了许多进步的外围组织。复员北上之后，集学会读书会以清华图书馆部分青年职员为骨干，吸收了一些院系办公室和校行政办公室工作青年职员的社团。其核心组织，是在共产党的领导下，由没有打通组织关系的地下党员、党的外围组织“新文建”（全名“新中国文化建设协会”）成员，以及地下民盟组织成员组成。

集学会成员利用图书馆职务之便，购买进步书籍，“尽快买来，尽快编目”。他们还将解放区出版的图书，例如《论联合政府》《新民主主义论》等“禁书”取回，封面进行“化装”处理之后，塞进图书馆大阅览室的参考书架，供读者阅读。

据老图书馆员唐绍贞老师估计，不少同志是通过集学会入党的。1949 年 6 月 28 日，根据中共北平市委的指示，中共清华大学总支委员会在二校门张榜公布了清华大学中共地下党员名单，开始公开党组织活动。当时清华大学共有地下党员 189 名，只公布了 187 名（另有 2 人因工作需要未予公开），其中，图书馆职员吴人勉、陆祖德、涂铁仙都是地下党员。

1948 年冬，国民党飞机轰炸清华园，由地下党领导的学生自治会派中文系同学保卫图书馆。中文系同学自明斋搬到图书馆一楼居住，分成几组，分别守卫图书馆大门与馆内。大家每天学习进步资料。他们在受到联大、清华进步思想影响的基础上，更坚定了革命人生观，以实际行动走向革命。明斋 228 号的 4 名同学从图书馆一楼走向了光明大道，于 1949 年 3 月一起参加了四野南下工作团，投笔从戎，离开清华走向革命。图书馆成了他们参加革命的发祥地。

这就是红色老馆里的故事，清华园里的老故事。

风雨清华路

邓明鑫

1860 年，英法联军焚毁近春园，清华园幸免。后外务部为游美学务处上奏获得此地建设肄业馆，改名为清华学堂，1911 年开学。

欧风美雨（大礼堂、清华学堂）

四万万中国人带着被区区 3 万人组成的八国联军攻破首都的耻辱，走进了 20 世纪。风雨飘摇中的清政府，用丧权辱国的《辛丑条约》和 9.8 亿两白银，换得了苟延残喘。1904 年，经过在美国国会议员间的多年奔走游说，1908 年，美国政府终于同意归还虚报不实赔款，并规定退款必做办学之用。于是，中国诞生了“留美预备学校”。

清华的诞生就处在国家危亡，风雨飘摇的关键时期。

记得之前的课上讨论过大礼堂和清华学堂的建筑风格，大礼堂很有英美风格，而清华学堂则是很明显的德系建筑。有同学提出，清华大礼堂是仿造了弗吉尼亚大学的大礼堂，而不是完全的创新设计，至于是否原创我们不去考量，但肯定的是，大礼堂不是一个本土的东西，是“洋”的。作为当初的留美预备学校的清华就是这样诞生在欧风美雨中，一步步与国家民族的命运联系到了一起。

枪林弹雨（西南联大纪念碑）

站在西南联大纪念碑前，不由得想起那一段枪炮声中的历史。

1937年抗战爆发，国难当头民族危亡，梅贻琦校长、北大校长蒋梦麟、南开大学校长张伯苓决定南迁并在湖南长沙成立临时大学。1937年年底，战火直逼长沙，三校再次南迁至昆明，成立了西南联合大学。

梅贻琦校长曾说：“抗战期中的母校，虽失去了美轮美奂的校舍，虽颠沛流离地侷居在西南一隅，一切的教学研究，总算勉强照旧进行，从未间断。”

关于那段时期，众多校友的共同回忆便是一起泡茶馆。李政道先生曾描绘说，因为茶馆里晚上也是有灯的，每天只要花很少的钱就可以在茶馆中坐上一个晚上或者一天，那时很多学生都去茶馆里讨论问题。

尽职尽责的老师、奋发图强的学生共同造就了西南联大时期的辉煌。那里培养出2位诺贝尔奖获得者、78位中科院院士、12位工程院院士和一大批著名的文学家、哲学家、社会科学家、政治家和科技工作者。

风雨兼程（主楼）

新中国成立后，在百废待兴的黄土地上，清华更是与国家站在一起，风雨兼程。

周恩来总理将密云水库的设计工作交给了清华水利系，水利系的领导及广大师生响应国家号召，秉持蒋南翔校长“真刀真枪做毕业设计”的主张，毫不犹豫地承担起了这一光荣任务。

提起为两弹一星做出贡献的“三钱”，人们便会肃然起敬地想到中国导弹之父钱学森、中国力学之父钱伟长、中国原子弹之父钱三强。而“三钱”都与清华有着不解之缘。

就这样，清华大学成为了国家建设的支柱，“红色工程师的摇篮”。

我在清华大学国旗仪仗队的几周里，每个周日都在主楼前训练。雄伟的主楼就那样静静地矗立在那里，看着日出日落，人来人往，百年清华一点都没有倦意。还记得2002年布什总统在清华主楼作了演讲，清华正像是我们国家的一个缩影，一步步走向世界巅峰。

新时期，清华，我们，继续风雨兼程……

清华早期建筑及其历史

谭维熙

清华大学校址建立于小五爷园之上，保留着清代皇家园林的风光，并在此基础上修建了各式各样融汇了东西方风格的近现代建筑，是一部以校园形式存在的中国建筑史、美学史和近现代史。

清华大学缘起于 1909 年建立的游美肄业馆，在当时的历史背景下，清政府建立了专门的游美机构，其办公地址就选在了清华园，政府专员便在工字厅、怡春院、古月堂等中国传统建筑中办公，负责选派中国学生前往美国留学以学习其先进的思想文化、科学知识。

基于游学需要，清政府在游美肄业馆边建立了留美预科学校，为留学美国的学生教授留学所必需的语言、文化知识，此即于 1911 年正式开学的清华学堂。基于教学需要，这段时期清华新建了“二校门”、清华学堂、二院、同方部等早期建筑，建筑为符合留美学校特色的西方古典式风格，简约大气。

1913 年，有着耶鲁留学经历的周诒春担任清华校长，他聘请了同为耶鲁毕业的美国建筑师墨菲为清华大学设计校园规划，在此规划中，墨菲为清华留美预科学部设计了后来为人所熟知的“清华早期四大建筑”：大礼堂、科学馆、图书馆、体育馆。该阶段的清华建筑整体风格上选用了源自欧洲寺院建筑的美国包扎式校园规划，建筑风格多为美国的杰弗逊建筑。大礼堂采用了美国大学所流行的穹顶，覆盖有铜层，入口立有四根大理石廊柱，以红砖砌外墙、灰砖砌内饰；科学馆为红砖清水墙，加以坡屋顶；图书馆和体育馆也均为红墙外观，风格统一但细节丰富多彩。在房屋建筑之外也修建了大礼堂前的大草坪，宽阔气派。除了预科学部，墨菲也为清华的大学部设计了校园规划，规划基于近春园，在荷塘孤岛上设有图书馆，以此为中轴还在南端设有中国古典风格的大学部校门以及众多其他建筑，但由于周诒春的卸任，墨菲的规划仅完成了预科学部部分的修建。

1928 年，清华学堂改为国立清华大学，罗家伦“携北伐余威”出任校长，在他任上，清华重新做了校园规划，新修了生物馆、气象台等一批建筑，还扩建了图书馆、体育馆等原有建筑，清华院系建筑逐渐完备起来。1930年，政治局势变动，罗家伦卸任清华校长，清华建筑修建的节奏趋于平稳，人们统称在此之前的清华建筑为清华早期建筑。

清华建筑的历史不仅反映着当时人们的审美，也反映了当时的政治局势、文化生活，是人们了解清华历史乃至中国历史的一个绝佳窗口。

历史中的建筑，建筑里的历史

郝千越

广大而深厚的清华，广大于校园的广阔，而深厚于百年悠久的历史积淀。百年之间，由退还庚子赔款建设的留美预备学校到清华学校，到国立清华大学，再到今天的清华大学，一代代清华园的主人们在这片钟灵毓秀的土地上学习生活过，这片土地上也留下了跨越百年的建设者们对它的装点。

古老建筑红砖外墙与灰白色石柱承载的是百年的故事。百年之中，每个设计者心中都有一张自己规划的完整而宏伟的清华园版图，然而事不由人，未曾有一位的设想得以完全实现，清华园的样子也未曾全依着哪一位的想法变化。可以说，清华园是每一位设计者、每一位建设者创造的，又不是任何一位设计者、建设者建造的。过去的设计者大约都不会想到吧，他们每个人心中的版图都被取出小小一块，和之前的人、和之后的人的版图拼在一起了。这些设计者大约会不乐意了吧，但是今天的我看着这块如同剪贴画般的清华园版图却甚是庆幸，亏得当年没有一位完完全全建得了他的意图，不然这校园成了只由一个人设计的，历史的感觉、丰富的感觉便薄了许多——那样和一栋大楼、一座大桥不是没差别了吗？

清华的建筑好些都是百年之前、数十年之前建成的，尽管是当时相当气派、相当高级的建筑，但今天清华园的新主人们自然是不甘于只守着这些前辈的建筑的。一年四季，校园里大抵都有大大小小的建筑工地——新主人们也想要在这片土地上留下自己的痕迹。常常会有担心，新建的、钢筋混凝土的建筑和这古老的、砖瓦的建筑摆在一起，不会伤了这古老的韵味、缺了这厚重的历史吗？我看在这清华里，完全没有这样的担忧。拿百年清华图书馆来说，那最古老的“老馆”却是清华开放时间最长的图书馆，在老馆厚重的历史和温和的灯光下，先人的知识似乎也变得明了起来。与老馆相连的是20世纪七八十年代建成的逸夫馆，同样采用方正的外观和红褐色外墙，在和老馆融为一体的同时，内部的空间也更加宽敞。左图右史，邺架巍巍，更多的书籍文献也被纳入其中。新世纪建成的李文正馆则是更加现代化的建筑，外观与和它相连的逸夫馆有相似之处，但又设计了更加具有现代感的玻璃外墙，夜晚经过从外面看去，颇像童话里的水晶宫殿。

大礼堂的穹顶、西体育馆的前厅后厅、清华学堂、科学馆……一座座古老的建筑都有背后的故事，倘若行家来讲，恐怕要几天几夜也未必说得尽；艺术博物馆、新清华学堂……一座座新建筑又承载着今天清华的故事。新建筑、老建筑，不同的设计者、建设者、使用者素未谋面，许多甚至在这地球上生活的时间都未有交集，但是每一个清华园的主人心中都知道，这是清华的建筑，这是清华的历史。尽管外观或同或异、形制或此或彼，但是只要注入了一脉相承的历史与精神，就是这园子里的建筑，便可毫无违和感地摆在这园子里。

这建筑，是跨越历史的建筑；这历史，自流淌在这些建筑之中。

凝固的建筑，流淌的历史

覃健恒

第四次小班课，我们来到了建筑学院的新楼，听刘奕师老师给我们讲清华过去的故事。110年前，清华大学所在的清华园还是皇家贵族的度假胜地，

110 年后，教学楼、实验楼、宿舍楼、体育馆一应俱全，变成了设施齐全的现代化大学。建立之初，修建了工字厅、怡春院和古月堂的传统四合院建筑，以及二院、三院、校医院和德国古典建筑风格的清华学堂。1914 年，周诒春校长邀请美国设计师墨菲扩建了清华学堂，另外修建了图书馆、科学馆、体育馆和大礼堂这“四大建筑”。罗家伦校长在任期间，修建了西校门、气象台，还扩建了体育馆、图书馆等建筑。三个阶段建成的建筑形成了清华大学早期的建筑群，并保留至今。

其实来清华之前，这些建筑我都听说过，但实际走进校园，近距离地欣赏这些历经风雨的建筑后，才真正懂得了“建筑是凝固的艺术”这句话。虽然我没有学过建筑学的任何一门课程，但并不妨碍我站在大礼堂前，静静地欣赏大礼堂的美；即使不能系统地解释大礼堂美的来源，但我经历了一种美的体验，这种体验是在网络上的图片上、视频里都不能感受到的。

在清华校园里，还有很多不同时期的建筑，这些建筑由于年代久远，外观上已不如新建的大楼光鲜，那要不要对老建筑重新翻新呢？我个人的意见是翻新结构，保留外观。诚然建筑也需要保养，不然就会逐渐老化，甚至有崩塌的危险，翻新的对象最好是建筑的支撑结构，保证建筑的安全性，外观可以根据情况翻新，留住这些建筑经历的历史，如果校园内的建筑都是全新的，那这些建筑所代表的清华经历的历史就荡然无存了。

小班课之后，杨老师还建议我们继续去考察胜因院、文科图书馆、理学院下沉广场、艺术博物馆。其中我印象最深的是艺术博物馆。艺术博物馆是在 2016 年 9 月建成的，是清华园中新建筑的代表之一。整个艺术博物馆的外观是红色的长方体，给人一种对称、稳重的感觉。面向东侧的底层全部架空，以同心不同直径的圆柱作为支撑，面对东侧的未来校园的入口表现出欢迎的姿态，而面对主楼的一面又表现出低调与谦虚。虽然艺术博物馆建在主楼的东西轴线上，但在维持对称的同时强调了各向异性，在清华园中也难找到如此别具一格的建筑。

我们从清华园内的建筑中看到了清华百年的建筑风格变迁，也看到了和这些建筑联系的历史事件。除了鉴赏建筑本身的艺术价值之外，我们还能更进一步地挖掘其背后的历史给予的启发，联系过去，展望未来，加深对清华的理解。

清华的“历史书”

贾自立

来到清华大学以前，每当听人讲起“清华大学”四个字的时候，脑中浮现起的都是清华标志性的西门还有二校门。可以说，清华的各种各样的建筑物已经成为了清华的一种名片，对于那些不了解清华的人来说，清华给他们的第一印象就是这些不同时期建设起来的建筑物。

早期的清华大学是作为留美学生的预备学校而成立的，因此当时设计建造的时候都是按照高中的规模来进行修建，在时间进入民国之后，清华的规模逐渐扩大，占地面积逐渐增加，最终变成了国立大学。用于清华大学的不同区域是在不同的时期进行修建的，因此，理所应当的，这里的建筑物也有着不同的风格。有清末的木质古典的房屋，也有着民国时期西方特色的小洋楼，同样，有着苏联模式时期建设的高楼，也有着融合了各种科技元素的现代化建筑。各式各样的建筑按区块分布在不同的地方，如同有着不同光泽的宝石，并在一起构成了清华园这样的一个璀璨的王冠。

而这“王冠”上面的每一颗宝石，都有着其自己的故事。以我们最为熟知的二校门为例，透过老照片，我们可以看到当年的二校门的宽高比例和现在有些不同，原先的版本的宽高比脱离了黄金比例，使得看上去显得有些不协调，于是在重修的时候，又把原来的高度加高了半米。好的建筑需要不断地改进，人也是如此，我想这就是二校门所告诉我的事情。

具有标志性意义的建筑在清华还有不少，清华的图书馆，旧馆与老馆之间巧妙地连接，使得现代风格和民国风格巧妙地融合在一起，却没有分毫的突兀感，也体现出了几代建筑师们对于建筑设计的熟练。

当然，需要说明的是，建筑的美观不仅是建筑物本身的美，更重要的，是建筑物之间的联系。举个简单的例子，上海的东方明珠塔算得上是建筑史上的瑰宝，但是倘若把东方明珠塔立在故宫之中，恐怕它本身的美很难引起人们的共鸣，因为这个建筑物与周围相比，显得格格不入，令人不禁觉得相当奇怪。清华大学的建筑设计师们，在清华大学的多次扩建翻修之中，都充分考虑到了新建筑和新建筑、新建筑和老建筑之间的照应关系，使得尽管清华大学的建筑落成时间各不相同，但是放在一起的时候却能够浑然一体。这当中，建筑设计者们是功不可没的。

举个简单的例子，清华大学西侧的三栋建筑物——化学馆、理科楼、生物馆，这三者就在一条严格的中轴线上，站在生物馆的门前的台阶上，观察者们可以透过理科楼的大门直接看到化学馆的大门，建筑物间相互“配合”，使得观察者们不由得从中感受到奇特的美感。清华的大部分的建筑群中的建筑，基本都是相互“配合”着的。

当然也有例外，细心的人可以发现，清华的二校门与大礼堂并不在一条中轴线上，这显然和中国人崇尚对称的习惯所不符。原来，二校门与大礼堂修建于不同的时期，不同时期的不同的设计规划，如果强行把二校门与大礼堂对齐，就会导致科学馆无处可放，最终在建筑师们不断地研究和权衡以后，大礼堂的位置，还是被确定在了偏离了中轴线的位置上，这种结果，也是一种美感向现实的妥协吧。

清华有着许许多多举世闻名的建筑，但是这些地方，我都不常去，所以对这些地方我也没有较为充分的了解。但是，现在我明白了，每一栋建筑物都是一张清华在各个时期的名片，想要真正地去了解清华，我就需要走近这些建筑，走近这些清华的“历史书”。

清华园中的建筑温情

王艺如

在来到清华大学之前，我对清华建筑的了解还只是明信片上的图片和一些文字介绍。尽管如此，未曾谋面我就喜欢上了清华的老馆。红墙清水，高高的台阶，郁郁葱葱、挂了半壁的爬山虎，还有那拱形高窗……图片中的这座建筑宏伟又不失温暖，低调中藏着厚重，透过这张图片我就能体会到清华精神中行胜于言的谦逊品质。这就是清华建筑给我的第一印象。

很多人都爱清华的这座图书馆，我只是其中一个。我很认真地思考过这个问题，为什么一个建筑可以吸引几代清华人，甚至是吸引像当初的我一样，连它一面都没见过的“陌生人”？老一代清华人喜欢老馆，我还可以理解为这是他们对于已逝时光的追忆。毕竟曾经的他们就是坐在老馆的书桌前读书明理，学古探微。可是后来的人呢？清华里的新图书馆在后来的几十年中陆续建成，老馆也不再是清华园里的那个唯一了。我问过很多清华的学长学姐和刚入学的新生，他们最常去和最喜欢的图书馆分别是哪个？最常去的图书馆答案不尽相同，但最喜欢的图书馆他们的回答几乎都是老馆。我惊讶，但转念一想又觉得情有可原。老馆之所以被很多人喜欢，绝对不仅仅是因为它独特的设计和美观的外形，更多的应该是这所房子承载的厚重历史和人文底蕴。

清华园很大，建筑很多，老馆只是其中一个代表。我一直认为建筑是工科当中最文科的一门学科，是理性与感性的完美结合，所以在感叹清华众多建筑的美丽外观时，我总是想从这个建筑上挖掘和思考它的人文精神。在参观了“关肇邺院士校园营建哲思”展览后，我对清华园里的建筑人文有了更深的理解。2017 年《福布斯》全球最美十大校园评选，清华大学上榜。为什么清华能够被评为最美校园？除了得天独厚的自然景观，清华建筑与环境的融合与协调，以及建筑本身体现出来的独特清华文化与传统绝对是另外一个重要因素。

作为一校文脉之所系，大学的图书馆标示出一所大学的精神高度、思想深度与视野广度。而在清华大学的图书馆建筑中，清华大学主图书馆具有无可争议的标杆地位。时间跨度将近百年的四期建筑，被以令人惊叹的和谐手法精心组织成的整体群落，珠联璧合。新旧辉映，凸显清华学术传统的延绵承启与博大精深。而这些温情的建筑背后，是三位不同年代建筑大师匠心相惜、薪尽火传的动人故事，是清华人对清华传统与清华精神的坚守。一个好的建筑设计，不仅仅要有空间结构方面的外形设计，同样重要的是建筑中存在的一种温情与蕴含的精神。最打动我的建筑一定是那些充满人文关怀的、具有文化底蕴的建筑，老馆就是一座承载了清华人“集体记忆”的温情建筑。

来到清华后，我又看到了很多房子，要说清华建筑给我的第二印象，那就是理学院的理科楼了。不同于老馆，在暑期来到这座同样是红墙、同样有爬山虎的大楼前，我感受到的是庄严、严肃、优雅。就像关肇邺先生所追求的：兼济科学精神与人文魂魄，严谨沉稳而不失巧思灵动。下沉广场一片绿色，房子一片红色，和谐又得体，朴素又美妙。在参观关肇邺先生清华建筑展览后，才发现理科楼物理数学系之间的“孔”竟是那么温暖的一个设计——让理科楼前后两侧的生物楼和化学楼相望。这是对周围建筑的尊重，是理科楼的另一种温暖。

“假如不能生产意义，大学不过是一部加工知识的流水线车间；假如不能承载意义，校园不过是一堆秩序化、结构化的砖石瓦砾。每一个大学都有自己的独特记忆。清华之所以成为清华，是因为它的记忆叫作‘清华园’。”清华里的温情建筑还有很多，李文正馆和西北角的下沉广场、清华学堂、大礼堂、二校门……未来还会出现很多新的建筑，衷心地希望清华的人文记忆和建筑传统可以延续下去，传承清华园里的建筑温情。

清华园建筑之韵

杨自豪

清华园之美，美在建筑。

那在风雨中默默见证清华园的历史与发展的二校门，那激励着无数清华学子脚踏实地的日晷，那培养了许多大师名人的清华学堂，那位于清华中心有光荣历史的大礼堂，都在向人们展示着清华风骨，显示清华风韵。

清华标志性建筑二校门，这座独具风韵的大“牌坊”，向世人展示了清华的古典优雅，虽然在“文革”时期被红卫兵拆除，但在广大海内外校友的呼吁下，二校门得以重建，新建的二校门没有了以往扁平的缺点，它以挺拔的身姿，重新屹立于世人面前，继续诉说着清华的故事，见证清华人的勤奋求学。

清华日晷同样伴随着清华度过了那一段峥嵘岁月，也历经沧桑，经历了许多坎坷，日晷曾多次被移除、拆除，现在的日晷是修补、补做过的，但这只能增加它的传奇色彩，更加激励着清华学子行胜于言、脚踏实地、奋发图强。

最喜欢的建筑还属大礼堂，有着爱奥尼风格的大礼堂是国内唯一一个古希腊罗马建筑风格混合的建筑，门前四根汉白玉爱奥尼柱，白色的门廊与红色的砖墙形成鲜明的对比，整个建筑上圆下方，朴素端庄又庄严雄伟。大礼堂是清华最有光荣历史的建筑物之一，它见证了许多的反帝爱国运动。大礼堂内高悬着一块“人文日新”的牌匾，时刻激励着我们“苟日新，又日新，日日新”的精神。

而提起清华园的建筑，我们自然会想到建筑大师，我们最先想起的除了梁思成与林徽因，必定还有关肇邺先生。今天，清华园里的每一个人都要感谢关肇邺先生，是关肇邺先生留住了清华园的人文情怀与历史底蕴，是先生在许多关键性的历史节点力挽狂澜，保留住了清华园建筑的历史感。如今的清华园，之所以能被列入全球十四个最美丽校园中，很大原因是因为先生的呕心沥血，坚定地维护清华园建筑的历史感：理科楼与生物馆、化学馆完美融合；图书馆三期建筑甘当“最佳配角”，与中央主楼“缠绵”四十载……七十年时光的磨洗，不仅没有使先生的建筑黯然失色，相反，它对清华园建筑的贡献被时光擦拭得更加清晰。让“清华”更像“清华”，他做到了，“有师如此，有园如此，可谓清华之大幸，中国建筑之大幸”。

清华园的建筑是清华历史的凝聚，是清华精神的凝聚，它们见证了清华的发展与精神的形成，又向世人诉说着清华的发展与精神。能“看见”并“记住”这个叫清华园的风景，是历史的幸运，更是一个人的坚持。要想了解清华，必须了解清华建筑，深入地感受它们带有的清华风韵，更要了解关肇邺先生，了解先生的坚持，了解先生的精神，只有如此，才能了解清华园的建筑，才会感受到清华园无与伦比的魅力。

始于建筑，不止于建筑

史若松

漫步在清华园里，松柏、银杏等各种植物随处可见，奇石与雕塑遍布校园各个角落，但更不能忽视的是校园里的建筑。

这是一座具有鲜明的中国传统文化特色的“牌坊”式建筑，矗立在清华路上，古典优雅，风韵高洁。这就是清华园的标志——二校门，一座青砖基座、汉白玉石砌成的三拱石门，中间一道弧度完美的大拱门之上，镌刻着清末大学士那桐题写的“清华园”三个大字，在阳光的照射下，鲜明而有神采。破而后立的它改变了扁平的缺点，以更昂扬的姿态，凝视着一代代清华人。春夏秋冬，年年岁岁，时光荏苒，矗立在校园主干道上的二校门，在风雨中，默默见证着清华大学的历史与发展。它不仅仅是清华园的鲜明标志，更是长期以来清华人勤奋求实、宠辱不惊之品格的象征。

穿过二校门，我们将走近大礼堂，一座罗马式和希腊式的混合古典柱廊式建筑。大礼堂位于清华西区早期建筑群的核心，与图书馆、科学馆和体育馆合称为清华大学四大建筑。20 世纪 20 年代前后，美国建筑师墨菲主持设计了大礼堂，其整体形式仿自美国弗吉尼亚大学时下最为流行的样式。大礼堂内分上下两层，外设穹顶、铜门。走进黄铜色大门，开敞的大跨结构让人心胸为之一阔。整个建筑下方上圆，庄严雄伟，既寓含中国古代天圆地方的自然哲学观，也融入了清华人“坚定朴实、不屈不挠”的卓越品格。

绕过大礼堂，走过小桥，迎面来的就是图书馆。砖红色的外墙爬满了爬山虎，给人一种古朴静谧之感。四次建设跨越大半个世纪，却又水乳交融，浑然一体，让人不得不赞叹杨廷宝、关肇邺先生设计艺术的精湛。西北角的邺架轩掩藏在下沉广场里，仿佛与外界隔绝，于喧嚣的尘世中保持着一方净土，闲庭信步，让思想跨越岁月的匆匆。

一路向西，正对着化学馆的就是由关肇邺先生设计的理科楼。走近细看，化学馆、理科楼和远处的生物学馆处于一条中轴线上，中间的拱廊打通了化学馆与生物学馆之间的道路。红砖构筑的墙面使得理科楼具有了年代感，与化学馆和生物学馆达到了出乎意料的和谐。站在化学馆的平台上眺望，理科楼和透过连廊看到的生物学馆仿佛是同时修建的一般，没有丝毫突兀之感，非常自然。理科楼环抱着的下沉广场，似乎也是一个理想的舞台，周围的台阶就是最好的座位，一切都是那么融洽。关先生技艺之精妙由此可见一斑。

清华园内，每一栋建筑都是一座精美的艺术品，它们如粒粒明珠散落，又如星辰璀璨生辉。它们寄托着清华人最真挚的情怀，见证着清华园的变迁与发展，更象征着清华人自强不息、厚德载物的精神，在天地间浩然长存。

永恒的乐章

张鹤龄

与清华初识，便爱上了园子里的建筑。质朴而不事雕琢的红砖，古朴典雅的建筑风格，都透露出浓浓的学术气息，置身其中，有一种研学的安心感。在这统一的风格之中，每个建筑却又各异其趣，仿佛一首首风格迥异的乐曲，在观者的耳边徘徊。

资格最老的大礼堂像一首奏鸣曲。凯旋门式的门柱设计，三角形纯红的山花和青白色的穹顶，给礼堂赋予了古罗马式的神圣与庄严；门前的草坪更让大礼堂少了一份逼仄，多了一份宽广与悠游自如。这恰似奏鸣曲的旋律：庄严而优雅，同时又不失包容；既可承载欢乐，又能装下悲伤。钢琴独奏的奏鸣曲终了，另一首乐曲会响起；大礼堂的竣工，也为清华更多的建筑拉开了序幕。

近代的理科馆，更像一首交响曲。理科馆的设计，既有不失清华风格的出入口，更有传统与现代的融合。数学馆与理科馆贯通，两边又各自延伸出回廊，与旧化学馆形成合围之势，仿佛婉转高音与深沉低音的巧妙和弦；而穿过拱门的中轴线，则是清华理科不变的主旋律。至于那下沉的舞台，有人觉得是突兀的休止符，而在我看来，它是一节巧妙插入的复调，休闲的气氛与严谨的学术相映衬，不同，却又和谐。

穿过校园里的小路，与各式各样的建筑相遇，我仿佛邂逅着一首首乐曲。密林深处的小品，像古琴演奏出的段落；匠心独运的雕塑，仿佛一组组俏皮的装饰音。静静流淌的校河似自然的伴奏，而在那些石桥上穿行，又像一次次转调……不过，最让人印象深刻的，还是清华学堂的保留曲目——《清华大学校歌》，我们学校庄严的校歌。

乐曲是昙花一现的艺术，而建筑却为了永恒而存在。当建筑之美在眼前展现，仿佛演奏一首乐曲，便成了永恒的乐章。来到清华，又怎能不听呢？

凝结与沉淀之美

王　霞

清华园真是个好地方。这里处处可观，处处皆景。草木枯荣，流水潺潺，秋风一吹就韵味十足；而建筑群落，石林雕塑，又在静处默默酝酿着甘露。这次，我们就走近了清华园中的建筑，感受了别处难觅的凝结与沉淀之美。

我们首先来到了大礼堂。这座清华园极具代表性的建筑今天也和往常一样，静静伫立在阳光下。但当我们走近细观并分析其建筑之理，却实有“别有洞天”之感。那纤细优美的柱廊，名为爱奥尼柱式，24 条凹槽和向下的旋卷装饰是其典型特征；那简练干净的三角形墙体，叫做山花，在椭圆形穹顶的衬托下独显风情；还有大礼堂前一片延伸无际的绿泱泱的大草坪，竟蕴含着自由开阔的思想内涵。观其形，寻其理，这个过程其实也是一种享受。走近大礼堂，轻轻抚摸石柱及门窗的浮雕，仿佛有一股来自古希腊的咸咸的海风扑面而来，肆意在鼻尖的是历史沉淀下的古典之美。震撼，真的很震撼！为这精美绝伦的浮雕设计，更为其中西结合、兼容并包的气质品性。

接着，我们来到了开阔的理学院。当第一眼看到这座宏伟的建筑，我就迅速被它无与伦比的气派吸引了。层层下沉的台阶与广场，曲折有致的砖红色建筑，还有连贯东西的拱门与长廊，伫立两旁的气象台，都闪耀着一种威严之光。但真正走近，又立马被蜿蜒其上的爬山虎吸引。从拱门处向两侧望，呈现在眼前的是一派生机勃勃的景象，有红黄相间的秋叶，亦有连绵起伏的绿草，体现着独特的柔性之美。这份刚柔兼备的气质，又在这里完美地得到了体现。

清华处处是美景，自从进入这所校园以来，我已经不知多少次发出这样的感慨。这次我们走近清华的建筑，在这些我们每天打交道的庞大物体中观赏，寻找，随后惊叹，无论是其结果还是过程，都沉浸在一种美的光辉中。愿我们都能保持着这份独特的心情，在清华的探索之路上越走越开阔。

听来自它们的声音

闫子儒

历史总是给人一种厚重感，好像只存在于晦涩的古籍中，不佐以奇人异事似乎难以下咽。但园子中的建筑有如一本张开的大书，将历史种种全数收入囊中。它们风格迥异，却相得益彰；它们跨越百年，却又和谐为一。清华园的建筑历久弥新，就像总在阵阵低语，诉说着自己的故事，诉说着这个园子的故事。

来到大礼堂前，其实很难感受到沉重与肃穆。正如礼堂今日为数不多的应用中，大型晚会占了绝大部分一样，礼堂周围充满了快乐的氛围。光是在我们游览期间，就有三三两两的小朋友在礼堂面前嬉戏；而每次夜幕降临，又总能在礼堂前看到学习轮滑的人们。近百年前礼堂落成之时，墨菲还是照弗吉尼亚大学的图书馆的样式来建造的，而时至今日，它已经完全融入了园子中，没人会觉得它的存在是突兀的，孩子们可以在楼前欢快打闹，就好像熙熙攘攘的学子们平时甚至不会多留心它的样子一样。环顾礼堂四周，无处不见罗马与希腊建筑的那种典雅庄重的风格。绿色的圆顶与红色的山花气势恢宏，而合抱的爱奥尼柱和凯旋门式的门廊又充满了生机。让人感到惊喜的是，这样一座充满西式气息的建筑中却仍融进了汉白玉的门套和肃穆的铜门，就像礼堂内的“人文日新”牌匾一样，无处不透露出清华包容更新的精神。站在日晷前，似乎捏住了清华园的中轴线，往左是隐藏在树荫中的教室楼、科学楼和阶梯教室，往右是承载了百年风雨的清华学堂，礼堂则坐在阳光下，仿佛一块镇纸，让点缀在这座园子中的各种建筑沿着历史徐徐展开，无声地诉说着自己独特的故事。

我们沿着校河继续向西，又来到了理学院楼前。作为生命学院的一员，我原以为自己已对此处的环境了然于胸，不单是理学院楼，生物学馆、生命科学楼、化学馆、何添楼甚至各期医学楼，我都如数家珍似的一一回顾。但当我站在下沉广场的舞台上时，还是不由得心头一颤。从前在去实验室的路途上每每经过下沉广场，也只是会在脑子里快速闪过夏夜吉他蝉鸣这些意象，却好像从来没看见有人在此停留。站在舞台上方知关肇邺先生设计之用心良苦。背面的砖墙保证安全的同时隔绝了来自行道上的一切声音，就如下沉广场将舞台作包围之势一样，在忙碌的清华园中分割出了一块方圆。而正对理学院楼的轴线远眺，镂空拱门的设计又让我们可以将生命科学楼和远处的生物馆尽收眼底，在保有数学系与物理系各自系馆的功能的同时，又与其他的楼宇遥相呼应，构成了一个有机的理科楼群，实在让人无法不为这巧妙的设计叹服。而想到于九十年代落成的理学院，却与二三十年代的生物馆、化学馆没有半点违和感，又不由得佩服起设计师的匠心。沿着楼前铺满爬山虎的长廊漫步，走到拱门前时，又恰逢生物馆实验课合影，身着白色实验服的同学们站在门前的台阶上，一时间竟与红色的建筑遥相呼应，恍惚此刻我们跳出了时间的流逝，静静感受着建筑的魅力。

从西校门长驱直入，一路上人们可以看到前清时期小桥流水的中式园林，亦可以见到曾流行于美国的各式课室和礼堂。倘若继续向东前进，又有规整磅礴的苏式建筑清华主楼，和极具现代风格的宿舍楼群。清华园的建筑就是一部无声而有形的史书，纵然风格大相径庭却代表了各自历史时期的时代背景。站在每一座建筑前打开心扉细细感受，仿佛又能听见来自它们的声音在将它们的故事娓娓道来。就如《清华十二景》中的一篇文章写到的，清华园就像一座城，充满了太多无法割舍的记忆。而时过境迁，清华园仍然在日益变化。颇具现代艺术风格的第四教学楼翻新，以及正紧锣密鼓筹建的北京体育馆，也迫不及待地加入了这座城。清华的故事从未停止，而坐在这里让灵魂神游，我们似乎也能看见百年后的清华，那时的建筑也在低声诉说属于我们的故事。

游园有感

杨丹龙

又是一个冬日的中午，阳光明媚，驱散了早晨令人不适的寒气。在这个最舒适的时候，我们和老师出来逛逛校园，游览这个我们熟悉又陌生的校园。而这次我们的主题是参观校园著名建筑——大礼堂和理科楼。

大礼堂从清华建立初就存在，它一直在那儿，看着周围人来人往，看着一代代清华人来这里求学，又各奔天南地北。其地处人口流量最大的地段，但很少有驻足停留下来静心欣赏它的美的学生。说来惭愧，若非有这次机会，我对大礼堂的了解不会比普通学生多。

大礼堂建筑具有古罗马和古希腊的艺术风格。顶部的穹顶是模仿古罗马万神庙的；四面山花也有神庙山花的影子；正门前的四根爱奥尼柱属古希腊风格。我们没有进入大礼堂内部，只是在外面各个方位观看了一下。

从正面环绕大礼堂四周参观，首先映入眼帘的是正门的恢弘大气。凯旋门式的大拱门同四根爱奥尼柱一起，雄伟壮观又不失典雅高贵。来到侧面，大礼堂的层次感体现得淋漓尽致，山花也很明显地映入眼帘，配合古罗马式的穹顶将几何立体美尽显出来。而从后面观看大礼堂则比侧面更为全面深刻。大礼堂的所有梯度层次尽显而出，一层衬托一层，伴有流水潺潺，和风细柳，可谓柔美优雅至极。环绕一周后，我们来到了日晷处，这里是最佳观赏角度，不再是局部化、片面化的景观，而是大礼堂的全景。绿草、蓝天、日晷、游人，同大礼堂交织在一起，成为了一个定格。

在游览的过程中，一个令我震撼的景象是：一棵经年已久的大树，已经裂成了两半，仍顽强地活着。而大礼堂也在历史长河中经历了风风雨雨，但它不也依然屹立在那里吗？两者都已存在许多年，共同见证了许多历史时刻。或许，它们俩早已认识，并且已经熟识，在夜深人静的时候，会在那里有一茬没一茬地交流，像两个年迈的老者一样，更多地，还是一同享受着和风煦煦，微光暖暖。

离开大礼堂，又来到了理科楼。理科楼的设计是对称的，楼前有一个下沉广场，据说是用来演出和放松的。走在长廊中，因为有爬山虎的装饰，为这栋建筑增添了许多活力。长廊旁的圆拱形口也因为爬山虎而看起来更像是一扇窗，一扇向知识海洋开着的窗。而理科楼两侧两扇斜对开的门设计得也别具一格，能够获得最佳的视野和光线。光从爬山虎的空隙中进来，零零散散的，像闪耀的水晶。中间镂空的拱门，位于中轴线上，视线能够到尽头的生物学馆，落落大方。而小巧的下沉广场，绿草如茵，层次分明，给人以安静平和的氛围。

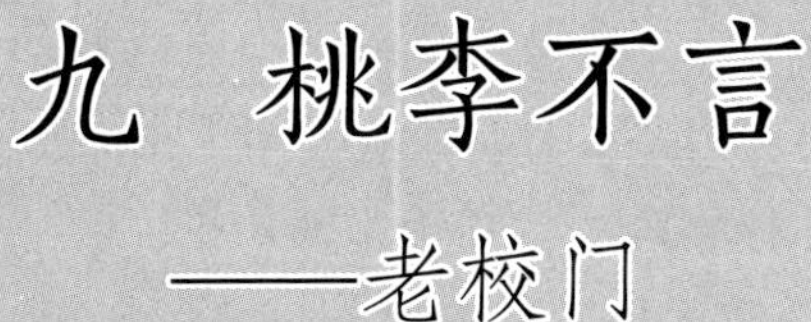

九　桃李不言

——老校门

导语：

老校门（“二校门”）是清华的标志。建筑学院的老师说：这个校门说不出是什么风格。的确，校门设计者已经不可考，但是这显然不是中式牌楼，也不是古代大门。廊柱和拱门的结合，是典型的西洋模式。也许在建筑专家眼中，此门乏善可陈，但是在清华校友心中，这里却是“家门”，来到这里就是回到了家。

老校门是一部浓缩的中国近代史。清末大臣那桐题写的“清华园”和“宣统辛亥”，是清华学校的“出生证”，让人回到了那个“三千年未有之大变局”的动荡年代。门后石基上，刻有“1991 年重建”字样，又让人回忆起 1966 年 8 月 24 日被推倒、砸毁的惊悚场面，以及 1987 年后的空空荡荡。人来人往，潮起潮落，如今的老校门依然洁白平静地矗立在校园中央，微笑着与学子游人合影留念。

“二校门”

此处原来是明朝就有的永恩寺，两棵古柏原植于永恩寺大殿前。宣统二年，建成门额为“清华园”的清华学堂校门。在 1933 年建成清华大学西门后，此校门改成“二校门”。美籍奥地利人埃米尔・斐士（S. Fischer）采用欧洲古典建筑形式建造的二校门，是青砖白柱三拱牌坊式建筑，中间大拱门的两侧各嵌建两根陶立克式圆柱，背面则为方柱。原为封闭式，即两翼伸以短墙，东连早年的邮局，西连当年的守卫处。20 世纪 50 年代后期，为了方便交通，把两面短墙拆去，只留中央主体部分，仍不减庄重肃美之姿。

端庄典雅、洁白如玉的二校门是“母校的容颜”。梁实秋在清华学校读书时写道：“清华的校门是青砖砌的，涂着洁白的釉质，一片缟素的颜色反映着两扇虽设而常开的黑栅栏门。目前站立着一名守卫的警察。门的弯弧上镶嵌着一块大理石，石上镌刻着清那桐写的清华园三个擘窠大字。”“门内左边有一棵状如华盖的老松，斜倚有态，门前小桥流水，桥头上经常系着几匹小毛驴。”

“二校门”1966 年 8 月 24 日被推倒，1967 年 5 月 4 日建起全国第一座 8.1 米高的毛泽东全身塑像，从而引发全国各地纷纷效仿的高潮。1987 年8月29日塑像移走。1991年依据照片复建，比原来高了15厘米以上。（苗日新：《导游清华园》；黄延复等：《清华园风物志》）

随笔

从材质角度看二校门之美

覃健恒

在我之前，一定有很多人写过文章赞美二校门之美。的确，不论是从二校门的设计，还是从二校门所包含的中西元素，都可以写一篇长文来发掘二校门之美。但这一次，我想发挥自己的专业优势，以一个化工系学生的角度，从建造二校门所用材质的角度来发掘二校门之美。

在解析二校门的材质之前，首先我想提出一个问题：如果二校门的材质是木材，是砂石，是钢铁，给人的感觉会和现在有什么不同？你可能已经在脑内勾画出了对应的图像了，是的，简单来说就是没那味了。

木材虽贴近自然，但若与周边的树木融合，又怎能在学子中留下深刻的印象？何况木质不耐腐蚀，若是不能长久保存，其作为建筑就失去了存在的基本，建筑只有作为被凝固的永恒的艺术才能被人们铭记。

那砂石呢？地质之角的岩石历经千年来到我们身边，对于人类短暂的生命来说已经是一种永恒了，但永远存在的石门也仅仅能作为一座雕塑，对于无生命的石门，又有多少人会赋予自己的思考和想象呢？你会对一块石头产生感情吗？

钢铁之躯如何？耐得住风雨，顶得了日晒，作为人工的造物，在树木的环绕中鹤立鸡群，学子们一定能记住它。但钢铁总是冰冷的，人总是不喜欢寒冷的东西，一座冰冷的铁门只是分隔了校内校外的环境而已，仅仅是作为校门，承载不了人们的想象和寄托。

读到这里你可能发现了，其实人们对各种材料是有自己的“偏见”的，这里的“偏见”并不是歧视，而是人们内心深处对材料的一种直观感受，想到玉，就想到“温润如玉”，想到石，就想到“坚如磐石”，人们在长期的生产实践中建立了对各种材料的理解，因此自然会将材料的特性联想到人的特性，例如“铁石心肠”“呆若木鸡”等，这就导致了人们在创作艺术品、建造建筑时，都会恰当地选取适合的材料，借助材料的特性来表达感情。

清华的二校门为何能成为清华的象征，为什么我们会对二校门有一种特殊的感情，为什么毕业后再回来看到二校门时会十分怀念校园的时光？也许我们能从二校门巧妙的选材和搭配中寻到端倪。

二校门上至少有三种材质，一是最底部的混凝土部分，二是构成了二校门整体的青砖，三是覆盖于二校门表面的一层白色油漆。混凝土是现代建筑不可或缺的成分，其主要成分是各种砂石（各种硅酸盐）、水泥和水。混凝土在二校门的构成中，担当了最基础的地基和连接青砖的工作。青砖的主要成分是黏土和硅酸盐矿物，烧制过程中加水冷却，使黏土中的铁不完全氧化则呈青色。一部分青砖没有被油漆覆盖，而是裸露在外，为我们展现了清晰整齐的搭接纹路。白色油漆的主要成分是高分子溶液、颜色填料和助剂。这三种材质构成了二校门的主色调，二校门整体呈灰色和白色的和谐搭配，配以各类纹路、图案的装饰，中西方元素的结合，形成了校园内一道靓丽的风景。

设计者为什么要选用这三种材质呢？原因其实很简单，就是人们对材料的“偏见”，也就是直观感受。首先是混凝土这种材料给人的是深沉的、基础的、坚固的印象，同样青砖也给人方正的、对称的、坚固的印象，而白色油漆则给人干净的、整洁的、纯洁的印象。由此我们是不是就可以反推出设计师所要传达的感情了呢？答案是肯定的。

这三种印象，恰恰寄托了设计师对大学生的期望，建设二校门的过程好比在大学四年的生活。作为刚入学的大学生，我们首先得在入学初期打好基础，扎稳马步，才能支撑后续的、专业的深入学习，就像混凝土稳稳地将二校门支持住一样。打好基础后，我们得把学到的专业课知识，用基础知识将其联系起来，不断地进步，就像将青砖通过混凝土的连接搭建起二校门的整体。毕业之前，面对保研、外推、出国的选择，我们要好好打造属于自己的简历，既有内在的四年来学到的理论和实践知识，又能向外界展现出光彩的一面，就像白色的油漆覆盖了二校门的表面，给人光亮的感觉。

不仅是古代的诗人会睹物思情，现代人也不例外。当你毕业之后在校庆那天回到校园，看到二校门，不免联想到自己当年在校时的种种回忆，这里面有刻苦学习、不断攀登科研高峰的回忆，也有和同学老友度过的不可替代的时光，还有恩师对自己的嘘寒问暖。入学时我们走过二校门，毕业时也走过二校门，回校时还会来二校门。二校门一直没变，变的只是那段已经远去的校园时光。这也许就是大家将二校门作为清华的象征的原因，也是二校门的美的底蕴，作为承载了人们在清华的回忆的一个象征。

二校门之美，美在材质。希望这个角度能为你对二校门的理解提供一个新的维度。

缟素静雅，风韵高洁

李凌峰

二校门是清华大学最早的主校门，是一座古典优雅的牌坊式建筑，始建于 1909 年，比清华大学建立还早两年。后来由于 1933 年校园扩建，院墙的整体外移而被圈在了新校区，因而被称为了二校门。然而虽然退居二线，却毫不影响它发挥余热。走进二校门，一眼望去，正对着的便是清华大礼堂，中间则隔着印刻着“行胜于言”清华校训的日晷，两边是几座清华最早时期的教学楼，不远处则是水木清华、荷塘等景点，可以说二校门一带就是老清华时的校园格局。

二校门位于清华路上，矗立在这条主干道上，春去冬来，岁岁年年。二校门像是一位德高望重的长者，在风雨中默默见证着清华大学的蓬勃发展，是大家所公认的清华园内最具有代表性的建筑。因为它不仅是清华园的鲜明标志，更是清华人长期以来勤奋务实、宠辱不惊之品格的象征。在二校门建立一个世纪以来，这座校门前留下了多少名家大师徘徊的身影，也留下了多少清华学子们勤奋学习的足迹和弥久不散的欢声笑语。就像一座丰碑，记录着辉煌与快乐，也镌刻着苦难与辛酸。

对于我们很多初入清华的同学来说，二校门就是我们对于清华的第一印象，也是我们对于清华的一个不可磨灭的印记。即便如今来到清华，看到了清华里的其他美好事物，但二校门仍然是我们最深的记忆。

了解清华历史的都知道今天的二校门并不是原建筑，而是后来重建的。最早的二校门遭遇了“文革”的劫难，在“文革”初期被清华的红卫兵们用汽车拉着绳子拖倒了，在废墟上树立起了一座毛泽东的雕像。当时有多少人目睹了二校门的这段惨痛的遭遇，然而即便愤慨，却也无可奈何，因为也许稍不注意，那套在校门青白石柱上的绳子下一刻便会落在自己的身上。而今二校门重建，通过老照片我们能发现，相比于昔日，二校门外观上几乎没有什么改变，但我们都知道，经历了“文革”的这段浩劫，早已有了一股更为沧桑沉重的气息附着其上。

对于二校门的复建，很多当年参与其中的那些“又红又专”的清华红卫兵们选择了遗忘和沉默。如今，还有多少清华人乃至中国人了解这段悲痛而又荒诞的历史呢？也许，二校门的重建也有着这样一番警示的意义吧！

如今岁月长河依旧长流，校门前的那条小河不知枯了几回，门前的游人也不知过去了多少波，变的是来来往往的事物，纵使光芒万丈，于这座丰碑来说也只是悠远历史中的匆匆过客。不变的是它一如既往地挺立与守护，默默地聆听，用石柱上的点点道痕记录着园子里的点点滴滴，不发出任何的声音。

溯回百年时光，聆听历史跫音

朱洁松

清华大学有很多校门：东南门、东北门、南门、西门、西北门，等等，它们是连接清华园与外界的主要通道。但是，清华园中还有一座与众不同的校门，它并不是进入清华大学的入口，也没有保安守在周围检查证件，而是一处许多游客都慕名而来的旅游景点。它就是清华大学的二校门。

二校门可以说是清华大学最古老的建筑了。它的历史最早可以追溯到1909年，甚至比清华学校成立的时间还要早。所以，它本身就是清华大学历史的见证者。当年，它还是清华学校的主校门，无数的名人大师就是在它的注视下，进入清华园，开始自己的校园生活。与此同时，也正是在它的目送下，一批批学子离开清华园，去实现自身的抱负。相信每一位清华的学子和清华的教员，都对它有着特殊的感情。一提到二校门，就能让人瞬间联想到清华大学，正如一提到长城人们就会联想到中国一样。

正是清华人对二校门的感情，才使得当初扩建校园时，周围的围墙都拆掉了，而唯独保留了它。当清华的种子在台湾落地生根时，新竹“清华大学”也按比例复制了它，以表两校一脉相承。而哪怕“文革”时期，红卫兵把原来的二校门推倒之后，清华大学也坚决在原址上重建二校门。由此可见，二校门已经深深扎根在了清华的文化基因里，成为了清华大学的象征。许多游客进入校园，都要争先恐后地和它合影。许多和清华有关的商品上面，都印着二校门的图案。在网络上搜索“清华大学”，出来最多的也是它的图片。就连翻开清华大学的录取通知书，也会赫然出现一座折纸的立体版二校门。

每个清华人心中，都有一座二校门。它矗立在那里，就像清华人心中不可摧毁的精神高地，激励着一代又一代的清华人牢记校训，不忘初心，砥砺前行。不论身在何方，都不要忘记清华对我们的教育，不要忘记最初进入清华大学的那一份赤诚之心。

百年二（老）校门

陶胤霖

确切地说，题目并不严谨。百年并不是一个准确的时间，二校门自建立至今已经有了超过百年的历史，而二校门的实际存在时间又不足百年。所以虽然不甚严谨，索性折中，称其为百年。除此之外，二校门称之为“二”实在不是一个好的选择，“二”这个汉字在汉语中被赋予了太多不好的含义，以此称呼清华人的精神寄托，实在不是最合理的选择。老校门这样的称呼明显更有意味。

老校门有着百年的历史，在时光中的傲然屹立，无愧于清华人心目中的精神寄托。

清华学校初建时，此处就是清华园的正门。国学研究院四大导师曾经走过这道门，两弹元勋们也曾走过这道门，有志青年们在世纪变换、风雨飘摇的年代带着梦想走进校门，在园子里交流思想、碰撞灵感，寻找救国良策。

随着战争的来临，华北之大已然容不下一张平静的书桌，学子与教员们又开始从这道门离开清华园，到更远的重庆、长沙乃至昆明寻找属于学术的“休战区”。清华人带着宝贵的科研学术资料离开了老校门。此去经年，愿归来还是中华朗朗乾坤。同是校门，此番别离，心中凄风苦雨更与何人说。

战争结束，校园复建，清华园成了科技人才的培养场所。从修路建桥，到飞机大炮，核心人才都从这座老校门间走进走出。逐渐消逝的文科专业，蒸蒸日上的工科发展，清华园在祖国最需要的时刻为国家的建设完成了转型。校门里走过的人一茬又一茬，唯一不变的是他们走向祖国建设远方的坚定步伐。

十年浩劫，“革命”小将带着不知天高地厚的放肆爬上了老校门，榔头锤子棍棒“万箭齐发”，曾经注视着校园数十年兴衰的老校门轰然倒塌。砖石砸在地上的声音是对于这段至暗时刻最深沉的叹息，大楼抑或大师，在这段艰难的岁月里都荡然无存。从此真正的老校门只能在博物馆里瞻仰。

浩劫过去，校门却不曾复建。

直至校庆八十周年前夕，在校友的倡议下，数代清华人的精神寄托老校门才在原址拥有了一个全新的复制品。一样的造型一样的规制，只有此前的风霜雨雪不曾承袭。新的“老校门”终究还是变成了一个纯粹的装饰品，虽然仍有学子在入学离校之时与它合影，但是之前从门间走进走出的庄重失去了就再难以重塑。唯有时间更丰厚的积淀才可以赋予“老校门”新的生命。

新世纪里，老校门前更多的是孩子们的笑语。他们欢脱地蹦来蹦去，在清华园这个著名的“景区”留下自己的身影，也在自己的心中种下一颗小小的、关乎清华园的种子。老校门像一位慈爱的长辈，看着他们来来往往。

老校门不只是一座门，它更是清华的一种象征。它见证着清华的历史，记挂着清华在过往百年间走过的风风雨雨；也展望着清华园的未来，站在清华路的中央看着学子游人各有各的行色匆匆。老校门之于清华人，更多的是一种精神上的寄托，只要老校门依然屹立，清华人“行胜于言”的作风就不会消减，清华人“自强不息”的精神就不会倒下。

希望有朝一日再回到校园，我还可以站在校门前，看着门内的日晷和大礼堂，感慨这个园子还在变得越来越好。

与二校门共温历史

唐天映

清华大学的一个特点，便是占地面积大，足足 400 公顷的地盘，让住在北边紫荆公寓的我每次去东南边的系教学楼时都要骑上足足 20 分钟的自行车。如果是周末，你还能在一路上见到许多游客，他们有慕名而来的学生和家长，有前来学习的成年人团队，也有被校园美景吸引的老年人。虽说不同的人们怀抱着不同的念头来到这里，他们或参观着不同的风景，或与不同的建筑合影，但总有一扇门是他们都会去驻足的，那便是二校门。

清华大学在建成的初期，就由菲仕先生设计并建造了二校门。那时的二校门作为清华留美预备学校的正门，采用古典优雅的青砖白柱三拱“牌坊”式设计，门额上刻有晚清军机大臣那桐题写的“清华园”大字。后来建成的大礼堂，其中轴线与二校门对齐，形成一个整体。春夏秋冬，年年岁岁，时光荏苒，矗立在校园主干道上的二校门，在风雨中，默默见证着清华大学的历史与发展。它不仅仅是清华园的鲜明标志，更是长期以来清华人勤奋求实、宠辱不惊之品格的象征。

然而在 1966 年 8 月 24 日下午，伴随着“只准左派造反，不许右派翻天”的口号和“拿起笔做刀枪，集中火力打黑帮”的歌声，二校门这座巴洛克风格的古典西洋砖石结构大门，在锤子的敲击下，在汽车拉绳的拖曳下轰然倒塌。

二校门倒塌后，清华园的入口显得空空荡荡，于是在 1967 年年初，清华大学建筑系美术教研组副主任程国英提出修建一个毛主席塑像。这尊毛主席像是按照他接见红卫兵时的形象设计的，毛主席穿军大衣、戴军帽，向群众挥手。当时的这一举措究竟是出于政治需求还是对毛主席的敬仰，如今我们不得而知，但这尊毛主席像建成后，引起了全国的热潮，各地的毛主席像拔地而起，直至 1980 年 7 月 30 日，中共中央发出《关于坚持“少宣传个人”的几个问题的指示》，才让这股“塑像热”退潮。

随着 1987 年 8 月 29 日清华大学毛主席像的一夜消失，二校门的重建工作也开始筹划。终于在 1991 年学校 80 周年纪念前夕，这座缺席了 25 年的二校门重见天日。这一次的二校门面对的，不再是“美国人的学校”，而是中国的未来。

十　群贤毕至

——故居

导语：

一百年来，曾有三百个学术大师在这里生活，至今仍能看到几十个故居。走到照澜院两户一排的洋房、新林院的独栋别墅、胜因院的小洋楼和西院的四合院，我们仿佛能够看到赵元任、陈寅恪、梅贻琦、梁思成、罗念生、王国维和朱自清等人的身影，想起他们的学术、他们的故事，以及他们那个特殊的时代。故居是一座座丰碑，睹物思人，源远流长。

参观故居，只能在外面看看，因为这里大多是大杂院，私搭乱建，状况堪忧。清华园至今没有一个整理开放的名人故居，令人遗憾。如果能够选择一些故居，开辟成纪念馆，由学生管理和讲解，一定会成为独特的人文景观。

名人故居：

清华园开始成为现代中国重要的高等教育中心，东西文化荟萃，教授名人云集之地。他们在这里居住，在这里从事科研、教学和各种文化活动，以及挽救中华民族于危难的爱国救亡运动，并由此走向世界，影响广及20世纪中国乃至世界的科学技术、思想文化、学术教育、政治外交等诸多领域。20世纪的清华园，形成名人荟萃，名人故居集中，名人、故居与皇家园林景致交融会通、内涵丰富的独特历史风貌。从建校初期到1946年（抗战八年除外），随着清华校园的几次整体规划，陆续建成学校高级领导居所和五片教员住宅区，即北院、甲乙丙三所、照澜院、西院、新林院、胜因院，清华园名人故居主要分布于这些区域。

北院。北院住宅区，位于清华大学图书馆以北，是1911年至1912年建校之初首批建造的高标准教员住宅，与清华学堂、二院、三院、同方部同期兴建，由墨菲（H. K. Murphy）等几位美国建筑师设计。包括8栋住宅与1座会所，共2752平方米，分布如“7”形，有南、西两种朝向。建筑砖木结构，每所住宅都有五个以上房间，客厅宽敞明亮，整面朝阳的玻璃窗，连接可摆花的廊窗，有整套的卫生设备，后院建附属用房。清华作为留美预备学校时期，北院住宅主要供美籍教师居住，“小租界”之称反映出本国教师与美籍教师间不平等的地位。随着清华教育走向独立，美籍教师逐渐被中国教师所取代。二十年代起，这里成为我国一批著名学者和早期清华创建者的居所，从梁启超到叶企孙、朱自清、陈岱孙、施嘉炀，先后成为这里的主人。北院的幽雅景致与文人意境，从当时“北院幽深”的佚名诗作中可见一斑：“酷暑初消北园深，小雨偶来草地淋。劲风古柏在歌晚，石堆山脚展现新。点点翠竹千般绿，几条小路尽文人。花台透露红珠落，彩蝶双飞护粉尘。”（北院已被拆除，仅留16号。北院旧址，目前是“情人坡”。）

甲、乙、丙三所。清华学校第一批校舍落成后，1917年建成甲、乙、丙三所，位于清华园内工字厅西南，树林掩映，作为学校高级行政领导的居所。甲所建筑面积523平方米，砖木结构，供校长居住，清华大学校长梅贻琦（1889—1962）曾居住于此。乙所建筑面积308平方米，砖木结构，供副校长居住，著名哲学家冯友兰从1930年4月至1952年全国院校调整前一直住在这里。丙所建筑面积647平方米，供校秘书长居住。如今，甲所已改建为专家招待所，乙所和丙所被拆除（丙所已复建）。

照澜院（旧南院）。照澜院，即南院，新林院建成后亦称“旧南院”，位于清华园二校门以南。随着1920年代清华学校“四大建筑”（即图书馆、体育馆、大礼堂、科学馆）的兴建，特别设立工程处，1914年中国第一代建筑师庄俊担任驻校建筑师，监理“四大建筑”的设计与施工，同时主持了甲乙丙三所、南院、西院等住宅建筑的设计与施工。南院住宅建于1920年至1921年，共计20栋，建筑面积3650平方米。其中西式住宅（甲种）十栋，中式三合院（乙种）十栋，是适应清华学校改办大学而建的教授住宅。建在高近1米的砌石台基上，坡屋顶出檐深远，檐廊宽敞，角柱健硕有力，水泥质仿木构，柱头做出明显的卷杀。青灰建筑与白色栏杆相间，中西建筑风格融入林木树草，意境清幽。据曾在旧南院居住的唐绍明先生回忆，“整个旧南院是个名副其实的大院，四周是四排房子，中间是一个广场，广场的东半边是球场——足球场、网球场，西半边地势较低，是一片树林。四周的房子分中西式两类：北排和东排是西式，前屋有回廊；南排和西排是中式，都是小院子。旧南院的西北角和东南角各有一个通向院外大路的门，从东南门可以走向校南门，从西北门可以走向二校门。经常进出的是西北门，东南门平时总是用铁锁锁住。”二十年代清华设立大学部，大批著名教授居住于此，梅贻琦、戴志骞、杨光弼、巢坤林、虞振镛、蔡竞平、徐志芗等教授首先入住甲种住宅，赵元任、陈寅恪、张子高、马约翰、俞平伯、张申府、袁复礼、王芳荃等教授也相继安居于此。如今仍是清华园中保存完整的名人故居群，从原工程测绘与设计蓝图到总体布局、单体建筑以及故居居住者的回忆皆得以保存，为全面研究与保护照澜院名人故居提供了珍贵的文献与实物史料。

西院。西院紧邻清华大学西校门，1923 年至 1924 年间建成北面五排中式建筑，作为教授住宅。共二十套，建筑面积 3131 平方米，造价 11 万元。一层砖木结构，当时为二合院，后增建为四合院。随着 1928 年国立清华大学正式成立，到 1932 年建成完备的文学院、理学院和工学院，清华在短时间内发展为国内重要的科学研究与教学中心，文、理、工科著名教授云集。1933 年，西院又扩建十套教授住宅，一层砖木结构，建筑面积 2312 平方米，即“新西院”，此前建成的名“旧西院”。新、旧西院统一编定门牌号，沿用至今。自“旧西院”住宅建成，先后有五十多位著名教授、学者在此居住，这里与中国现代一些著名的文化事件密切相关。王国维从此走出，走向昆明湖；朱自清由此漫步荷塘，著成名篇《荷塘月色》。清华大学工学院首任院长顾毓琇，机械工程系创始人庄前鼎，中国金鱼遗传学创始人生物学家陈桢，物理学家吴有训、钱伟长，土木工程学家蔡方荫，环境卫生工程学家陶葆楷，清华大学数学系的创建者郑之蕃、熊庆来、杨武之，以及陈省身都在此居住，杨振宁、熊秉明随父辈在这里度过美妙的童年。吴晗故居则是解放战争时期中共地下党组织开展秘密活动的地方。经历多年的拆改扩建，今日西院主要作为退休老职工的住宅和出租房。所幸老西院的整体布局尚未改变，建筑旧貌依稀，新西院最南面的 18 号、28 号被拆除，其余建筑多数尚存。

新林院（新南院）。20 世纪 30 年代初清华大学迅猛发展，新西院教授住宅的落成仍不敷清华教授群体扩大之需。1933 年至 1934 年间，在南院（照澜院）以南建成教授住宅，即新南院（1947 年命名“新林院”），由沈理源设计。作为当时清华园内最新设计的一层西式花园别墅住宅，新林院建筑标准高，质量好，功能齐全，可谓三十年代高级公寓的代表。设计 44 套，最终建成 30 套，总建筑面积 6677 平方米。新林院 72 号曾为闻一多故居（1934 年 11 月迁入），包括卧房、书房、客厅、餐厅、储藏室、仆役卧室、厨房、卫生间等 14 个房间，书房宽敞明亮，四壁镶以上顶天花板的书橱，书桌临窗。电话、电铃、冷热水俱全。房前甬道两侧有绿茵草坪，周围冬青矮柏围墙，草坪中央置大鱼缸。潘光旦、陈岱孙、俞平伯、萧公权、周培源、赵忠尧等教授住在这里，新林院 12 号先后走出吴有训、陈新民、冯新德三位院士，张荫麟、陶葆楷、金岳霖、侯祥麟、王逊等五位著名教授先后在新林院 71 号居住。中国现代文学家钱钟书、语言学家王力、清华大学校长蒋南翔等都曾是新林院的主人。新林院 8 号梁思成林徽因故居，与新中国的诞生结缘深厚。

胜因院。胜因院是抗日战争胜利后修建的教授住宅区，位于清华园二校门西南方。1946 年 5 月，西南联合大学结束，清华大学复员北平。清华园在被日军占领期间遭到严重破坏，加上复员后新聘教授增多，新建胜因院教授住宅区。1947 年，根据朱自清提议，为几处教员住宅正式命名，谐音与典雅兼顾，2 月 10 日校务会议公布“本校南区教职员住宅命名公告”，旧南院、新南院分别正式命名为“照澜院”“新林院”。为纪念西南联大期间租用云南昆明“胜因寺”房屋作为清华大学校舍，以及清华的一些研究所设在昆明郊外“大普吉村”，新建的教员住宅分别命名为“胜因院”和“普吉院”。胜因院共建住宅 40 套，总建筑面积 5103 平方米。其中楼房 12 套，为二层砖木混合结构，共 2380 平方米，户均使用面积 198.33 平方米；平房 28 套，砖木结构，共 2723 平方米，户均使用面积 97.25 平方米。新中国成立之初，又续建胜因院平房住宅 14 套，又称“十四所”。砖木结构，1109 平方米，户均使用面积 79.21 平方米。抗战胜利后到校的教授多在此居住，一些原来的清华教授也乔迁至此，包括我国著名的机械工程学家刘仙洲，植物生理学家汤佩松，社会学家吴景超、费孝通，哲学家金岳霖等教授。特别是长期担任清华大学工学院院长的施嘉炀教授，从 1947 年至 2001 年居住在胜因院 37 号五十余年，庭院青松挺立，花木繁盛，是胜因院管理得最好的庭院。（姚雅欣等：“清华园名人故居与新林院八号”）

随笔：

名人故居计划建议书（摘录）

杨国华

整体计划

名人故居在文化传承方面的作用不言而喻，而名人故居在激励青年学子勤奋努力、奋发向上方面的作用更是不可估量。

清华园曾经大师云集，数百位名师在这里居住生活、传道授业。他们的故居，是清华人举世无双、得天独厚的财富。

遗憾的是，目前园子里尚无一处故居对外开放。照澜院、新林院、西院，梅贻琦、赵元任、梁思成、林徽因、陈寅恪、王国维、朱自清曾经居住过的地方，现在要么是纪念品店和副食品店，没有一丝人文气息；要么是民宅和杂院，私搭乱建，混乱不堪。即使比较整洁的胜因院十几栋小洋楼，也只是用于各种研究所，与历史毫不相关。

为此建议实施“名人故居计划”。该计划可以分为两步。第一步，在照澜院、新林院和西院选取一到两处故居，进行拆迁整理工作，布置成名人故居展览馆，展出某位大师的生平事迹和学术贡献。展览馆对外开放，由学生兼职担任管理员和讲解员。第二步，逐渐将校内所有名人故居整理成名人故居园区，展示清华大学的人文风采。

“四大导师”纪念馆

我非常认同梅贻琦先生的观点：“所谓大学者，非谓有大楼之谓也，有大师之谓也。”清华园曾经是大师云集的地方，他们的故居是传承弘扬清华精神最为重要的载体之一。……可以选择重点，先做起来。例如，可以考虑先行开辟“清华四大导师”纪念馆，将现为民居的西院 42 号王国维故居、照澜院 2 号陈寅恪故居和照澜院 1 号赵元任故居整修成纪念馆。梁启超曾经居住的北院 1、2 号惜已拆除，可以考虑将现为办公用房的仅存的 16 号辟为纪念馆。

文化名人展览馆

根据我初步了解的情况，北院 16 号现为“物业管理中心”，属于办公用房。这里曾经是朱自清等文化名人居住的地方。……可以将此处辟为“清华大学文化名人展览馆”，展出历史上清华大学学术大师的生平和著作，以激励莘莘学子。展览馆可以考虑由学生兼职担任管理员和讲解员……

需要说明的是，图书馆和校史馆有零星内容涉及这些文化名人，但是北院 16 号依“山”傍水（背后为山坡，门前是校河），环境优美，展览馆将有不可替代的优势。

站在名人故居前

杨国华

清华园里有近百栋老房子，有两户一排的洋房（照澜院），有独门独院的四合院（照澜院、胜因院和西院），有片片别墅（新林院），有幢幢洋楼（胜因院）。这里的住户，曾经是大名鼎鼎的文学家、哲学家、历史学家和语言学家，政治学家、经济学家和社会学家，数学家、物理学家和化学家，地质学家、考古学家、建筑学家和电机工程学家。他们著作等身，成就非凡，教书育人，桃李天下。他们是闪耀的群星，在京郊的上空，在中国的上空，熠熠生辉，光芒永在。

故居是特殊的文化场所。在这里，沿着房边的校河走走，抚摸一下院子里的老槐树，甚至坐到谁家的客厅里喝杯咖啡，看到斑驳的灰砖墙上悬挂的老照片，想象着周围的邻居们，会有一种奇妙的感觉，仿佛时光倒流，名人大师从书本里走出来，如同常人，与我们交谈说笑。也就在此刻，他们与我们成了朋友，我们会读他们的书，关注他们的事迹。文化和精神的传承，就是这样悄无声息、自然而然地进行着。因此，故居是我们与这些名人亲近的场所。他们曾经在这里生活过，也许他们的气场一直留在这里，能够影响到每位参观者。这是传说、书本、图片和电影等路径所无法替代的。看了故居，特别是一次看了这么多故居，当夜幕降临，抬头西望，我们会发现那些群星更加明亮，我们的心中也跟着明亮起来。

于是，我在想：我们参观故居，心里在想些什么？

我们可能在想他们卓越的成就：有人写下了优美深刻的文字，令我们的精神世界更加丰富；有人从事了前无古人的研究，将学术推向前进；有人开创了某一学科，将中国引入了科学的道路；有人培养了众多学生，薪火相传，推陈出新……我们可能在想他们独特的品质：有人“不食周粟”、宁死不屈；有人“独立精神”“自由思想”；有人桀骜不驯，狂妄自负；有人宽厚包容，兼济天下。……我们还可能在想他们丰富的逸事：人物关系，风流韵事，社会动荡，战争和平……

我们想这些，心中充满了景仰、敬佩和感叹。他们是与众不同的人物，但他们并非完美的人。于是，我们见贤思齐，择善而从，在自己的平凡生活中，也开始注入一些精神的因素。于是，我们自己，我们的朋友，我们的孩子，都受到了感染，而他们也会感染更多人。于是，站在故居前，我们看到了房顶和地面的光亮，那是头顶璀璨群星的反射光。

故居里的旧时光

李子毅

秋高气爽，风和日丽，天上飘着微云，斑驳的光影跳跃在照澜院灰白的砖瓦上。追随着大师的脚步，我们探访清华名人故居。看着赵元任、陈寅恪和梅贻琦在照澜院的老房子，不由得心生一种敬佩。遥想赵元任对语言的精通，陈寅恪对历史的钻研，梅贻琦带给学校的精神，更是感受到了这看起来普通的民宅所承载的厚重。曾经，在这里，先生们埋头伏案，潜心树人，准备着语言音韵、历史、宗教等课程，也指导着学生们培养独立之精神，自由之思想；巧手操琴，莺歌唱谱，孕育着清华园内古朴端庄的历史积淀；携友畅谈，鸿儒谈笑，陈寅恪先生就常常来赵元任家蹭饭。

接下来看到了张申府、周培源和蒋南翔故居。张申府深感民族危在旦夕，在“一二 · 九”运动前的那一声吼啊，使得抗日救亡运动兴起于全国，更让人看见了一代大师们的民族担当。周培源是我校的物理系教授，与文科的教授们却交谈甚欢，同时也是北大的校长。蒋南翔，作为我们的老校长，提出了“又红又专”的要求，将社会主义的伟大旗帜在校园里弘扬。

一路向前，到了梁林故居。曾几何时，这里有着午后茶聚，每天下午，一群志同道合的人来到这里。沙龙之中知识和思想交融碰撞，源源不断的各种奇思妙想在热闹的谈话中生根发芽。这里不仅见证了清华建筑系的历史，见证了《中国建筑史》的诞生，更见证了国徽的构思，以及人民英雄纪念碑的设计方案的提出。如今这里已是一家沙龙咖啡厅，许多学生选择在里面进行着“微沙龙”，可谓“谈笑有鸿儒，往来无白丁”；如今，小屋子仍留存着岁月斑驳的模样，颇有几分情调。这小屋里那熟读西方的头脑中，该是对中华文明有着怎样更深刻的理解与坚持。

到了胜因院，满地落叶，雕塑伫立路旁。一栋栋屋子也是一个个研究中心，整个小区名也是有着纪念抗战胜利的意义。陈赛蒙斯楼里住着杨振宁老先生，令人景仰。

小院寻常处，曾有大师住。站在他们曾经学习工作生活的地方，犹如穿越时空，感受那点点古朴，让那清华的文化底蕴与历史的厚重深入心灵。小房子里的住客换了一波又一波，后来的人们的生活也与大师再无联系。但不变的是，那一栋屋的勤奋，那承载历史的厚重。

旧影何觅

王艺如

近来，天气渐凉，园子里的气氛也多了点清冷。在周四的午后，我们去探访了清华园里的名人故居，与大师们来了一场隔空对话。

我们从照澜院开始，一路走着，看着，聊着。这几间房屋已经有些老旧了，透过旁边老树的枝干，阳光照着这些灰色老房子，在墙上、地上、落叶上映出斑驳的影子。灰色、红色，岁月的痕迹折射出的是清华厚重的历史和文化底蕴。在这个地方，曾经聚集了多少清华大师！清华大学四大国学导师赵元任、陈寅恪、王国维和朱自清先生；中国核物理研究的开拓者赵忠尧院士；中国水利水电事业的主要开拓者之一张光斗先生；清华校长梅贻琦；体育教育家马约翰……一想到我站着的地方曾经有那么多的大师在此生活过，我不由心生敬畏。

继续走着，我们来到了新林院，走到了梁林故居前。现在它已经成为了一间咖啡屋。黑色的小铁门，红色的外墙砖，坡形的屋顶，墙上挂着的黑白照片，空气中散发出的淡淡咖啡清香……老北京的建筑特点都还在，大师的文化气息也都还在，不在的是往日时光里的梁思成和林徽因，消失的也是那些不复存在的岁月。

清华园很安静，安静得让人不免想象当年先生们伏案工作、谈笑风生的场景。在新林院八号院，梁思成和林徽因住了八年，而这八年，他们完成了国旗、国徽和人民英雄纪念碑的设计。来到新林院八号，梁家保留了抗战前住在北总布胡同时期的“午后茶聚”习惯。每天下午四点半开始，金岳霖、陈岱孙、张奚若夫妇等人都会相继前来。1945 年到 1946 年，这里不仅见证了清华建筑系的历史，见证了人民英雄纪念碑的设计方案的提出，还见证过梁林夫妇的沙龙之中知识和思想交融碰撞的故景。

下一站是胜因院。不同于照澜院和新林院，这里的房屋是别墅式的小洋房。灰瓦小坡顶，清水红砖墙，风格简单，予人一种时光未央，岁月静好之感。据学长介绍，由于这块地方地势是东南高，西北低，其间落差达到两米，以前大雨后，胜因院东部的积水无处排放，会造成内涝。所以在胜因院的修缮工程中，在院内修建了雨水花园，解决了内涝问题。如今的胜因院大部分房屋已经用作办公和接待，有老人在那里遛狗，金黄的落叶铺满了一地。

过去再好的房子，再令人徜徉的盛景都是过去。如今这些故居有的已不复存在，有的已经经过改造，有的还存留着与过去类似的面貌……凡此种种，或许因缘巧合。如今，我叩门而望，不变的，是传承的清华情结。

那片故居

郝千越

这校园里的同学们，每天都在忙碌，每天都穿梭于教室、食堂、图书馆之间，似乎在我们的心里，这园子里面就是一处处、一间间学习、工作之所，似乎这园子里的人们都在不停地学习、工作着而无停息。然而从那二校门对面过桥向前去，却到了一片充满着生活气息的地方——常常见到慢悠悠散步的老教授、挎着菜篮子的老奶奶、甚至也有偶尔光临这里的超市的学生……我们知道的，这里是清华的家属区之一照澜院；而我们或许不知道的，这里曾是一大批我们耳熟能详的名家大师的故居。

照澜院坐落在清华校园的南边，旧房都是一层的平房，屋顶使用中式覆盖瓦片的人字顶，而门廊前又结合了罗马式的圆立柱，显得既不失大气，又亲切地散发着生活的味道。院内二十座老房，今天都保存完好，大多都还在使用，有的住人，有的用作编辑部、纪念品商店，这些老屋子上现在都装上了空调、防盗大门，有的做了扩建加盖，尽管显得有些凌乱，但也给这古老的房子注入了今天人居住的气息，可谓是老宅新象。

那老房子之间的一棵棵古树，却都是没有挪动过的。在旧主人居住时，它们就立在这里，近百年过去了，它们看着这园子变了又变，看着这里的人换了又换，看着看着，在这园子里的气息中又浸润了近百年。看铭牌上的标记，树龄都在三五百年以上，在那些旧主人居住之时，它们就被称得上是古树了，在今天，它们仍被称作是古树；古人已变今人，古树仍是古树，何其有趣。

去看那些老房子的旧主人，照澜院一号——赵元任，照澜院二号——陈寅恪，照澜院三号……几乎每一位都是耳熟能详或至少是有所耳闻的名家，因此这照澜院想必也曾经是大师云集、谈笑风生之处。由此便想到那另一个曾经大师云集之处——清华学堂，都是大师走过的地面，都是大师住过的屋檐，想来应当是差不多的处所，亲临其中却又有截然不同的体验。

那清华学堂曾经是读书教学之处，大师们在那里所谈也定是学术之论；而这照澜院却是大师们旧时的家，纵使废寝忘食、一心向学，在这家中倒也一定有茶余饭后、把酒话桑麻之闲情逸致。因此，不同于清华学堂那安静而严谨的学术气息，这照澜院却多的是轻松愉悦些的生活气息。看罢这些老宅，我心中那些大师的样子也有几分改变——原来啊，大师之为人，不单单有其学术之精通，也有其生活之安乐——想来也是，之前想象中那些只有抱着书本不停钻研的大师之人，难道不只是薄薄的纸片人吗？看了这照澜院，大师的样子才从纸片上站了起来，走到我眼前了。

在二十座老房子之中，特别看了照澜院十一号，旧时古典文学家余冠英先生的故居，先生生前写道“清华园不是个读书的好地方”，足见其生活情志，足见其乐于欣赏风景草木之趣味。这老房子虽是灰砖灰瓦，想到先生这番情趣，这屋子也跟着鲜活起来了，曾住在这里的余冠英先生话虽“不是读书好去处”如此，其人却学术造诣与生活情志皆令人佩服。

那片园中故居，是大师曾经的住处，也是这清华园里给我们得以享受的生活气息之源泉啊。

照澜院：每一位清华学子的“家”

贾自立

清华大学，是在极为困难的历史条件中成长起来的。在清华的奋斗史中，无数的伟人为了清华的发展做出了不可磨灭的贡献，前不久，我们就在学长的带领之下，前去探访了那些伟人们在那个时代所居住的房屋。

我们主要探寻了处于二校门正南侧的照澜院。令我感到惊讶的是，这里的房屋平淡无奇，甚至有一些破旧，房屋与房屋一间一间地靠在一起，电线在离地面数米的地方纵横交错。若不是有着路边停靠着的现代轿车，我甚至怀疑自己进入了上个世纪的 90 年代。很难想象，这些破旧的房屋里面，当年居住着的都是一位又一位的大师或伟人。

几十年的时间过后，随着时代的发展以及清华大学的扩建，照澜院周围建起了一栋又一栋的现代化建筑。现代化宿舍楼和教室的落成使得照澜院逐渐淡出了人们的视线，但是即便如此，照澜院也没有被翻新或者拆迁，开始的时候我对于这个问题深感不解，直到学长讲解之后，我才意识到了原因：

时代的快速发展，使得人们急于前进，他们不断地抛弃过去的回忆，转而去追逐他们心目中的新事物。这样的话，当他们在追逐的过程中感到疲惫而回头的时候，就会发现他们其实一无所有。照澜院保持原样的一个原因，就是为了在清华学子们的心中，留下一个物理的记忆的载体，使得我们在陷入迷茫的时候，能够时刻被过去的伟人们的精神所感染，而不至于内心空洞，最终失去前进的动力。虽然我们没有在照澜院中居住过，但是我们可以说，照澜院，是我们每一位清华学子的“家”。

照澜院只是清华众多老建筑中的一处，清华园中的许多建筑，都有着属于自己以及它曾经的主人们的故事。我们或许应该试着去走近它们，了解它们，或许，我们可以在探寻这些建筑物的过程中，得到那些伟人们穿越时空的教导。

大师之院：照澜院

王昕睿

生活在清华园的近三年里，照澜院于我而言并不陌生，我来这里寄过信件，逛过这里的纪念品商店，但我从未注意过这里的一栋栋房子，没有好奇过它们的历史、它们的结构和曾经住在这里的人。

数着门牌号一栋栋走过去，灰砖灰瓦的老房子比邻而居。传统的中式房屋结构中巧妙地融入了来自西方的元素，房前一根根耸立的廊柱就是最好的例证。不同于中式房屋前粗细均匀的木质廊柱，照澜院的石质廊柱上细下粗，让人联想到庄严神圣的希腊神庙。灰色的砖瓦在色调上虽然单一，却显得格外简朴大方，也与这里的历史沧桑之感十分契合，每一块瓦片、每一块砖头都浸润着岁月的风霜，刻划着时光的痕迹。如果你来到这里，不妨在房前屋后走一走，畅想一下当年这里的群英荟萃、谈笑风生之景，与过往的大师来一场神交之旅。

照澜院的建筑大体上统一，但细节上各有不同，有的是一座开敞的房屋，有的则是一处小小的院落，各有千秋。然而美中不足的是，现在的照澜院里似乎有很多后搭建的砖房，不仅和原有的风格不统一，还挤占了本该宽敞的院子。这么多低矮的小房子堆在一起，破坏了照澜院大气疏朗的美感，实在令人心痛。多希望有一天，这里能被重新规划，还原照澜院的本来面目！

细数1号到20号，很多栋宅院在今天都各有用途，而我在想，这里应当有一座名人纪念馆，不需要再修建什么了，随便哪一栋房子都是极适宜的场所。在馆内放一些旧物、一些老照片、一些资料，游故地、赏旧景、忆往者，这儿是绝佳的去处。

名人故居今何在

凌　睿

历史上，清华出了许多赫赫有名的大师和名人，虽然他们生活的年代距离我们已然很遥远，但他们也曾在清华这个园子中学习、教书，也曾生活在这个可爱的园子里，我们和他们走过同样的路，看过同样的蓝天。探访清华园中的名人故居，好像那些离自己很远的名人，忽然变得亲切起来。

可惜的是，我们总是不能够静静地观望名人故居，感受其中蕴含的文化气息。站在赵元任的故居前，耳边喧闹着的是住在附近的两个大妈因为一些鸡毛蒜皮的小事而吵架的声音；走过梅贻琦校长的故居，看到的是张贴着出租信息的大门。好像这里并不是什么名人故居，而仅仅是北京城区里一些破败不堪的老房子。我不禁担忧起来，多少年之后，这些故居是否会面临被拆毁的命运呢？这些名人故居如一叶叶小舟般在风雨中飘摇，并行将湮没在滚滚的发展洪流之中，这些承载着重要历史研究价值及文化传播使命的历史建筑，将不复存在，尽管有的还会被复建，可却难以找寻到当年的影子了。

那么名人故居，是否需要被留存下来呢？我认为，对名人故居进行改造，而不是任由它在岁月中一天天地破败下去，是很有必要的。改造后的名人故居可以使人们更加清晰地了解到当年那些名人的生存状况、思想状况，进而可以看出一个时代变迁中的历史人文风貌及发展轨迹。从这个意义上讲，名人故居不单单是一间屋子那么简单了，而是一本厚重的历史书，这或许是名人故居之所以需要保护的最大意义所在。

在社会经济飞速发展的时代，对名人故居的态度问题，彰显着一个民族的文化意识与胸怀。文化传承的意义在于，对历史怀有怎样的一种情愫。名人故居留存事虽小，可却影响着文化的构建与传承。怀着一份虔诚与敬畏之心对待历史，在崇尚文明、追寻物质发展的道路上，我们将始终拥有一份清明的理性及力量之源。

游名人故居有感

齐志超

在此之前，作为在园子里已经生活了一年的老人，我很惭愧对清华园里的大师以及他们曾经或者如今的居所知之甚少。这次的名人故居之旅在了解曾经荟萃于清华的大师以外，还收获了一些惊喜和震撼，最重要的是它带给了我三点感受。

一感曾经在清华园里居住生活、传道授业的数百位名人大师们，他们或多或少地都为今天的清华乃至于今天的中华做出过贡献。有的大师闻名中外、名垂千秋，更多的则是那些默默奉献、在各自领域做出过贡献的老师教授们。在园子里漫步时路旁的小屋说不定就是哪位院系创始人的故居，这种体验确实很奇妙。

二感在当年艰苦的条件下，大师们专心学术、不求富贵的精神，那种乡亲邻里一起讨论学问的氛围实在令人向往。反观现如今优越的学习环境、先进的科研设施，却鲜有真正的大师出现，确实值得我们思考和反思。

三感学校应该对这些名人故居采取一定的整治措施，将其保护起来，修建名人纪念馆之类的馆所，也更能让全校师生对名人大师们产生缅怀之情和对自我的反思。而不是像如今这般破旧，以 100 元每月的租金租给一些可能会在大街上争吵的中年妇女们。此情此景，实在不该出现在这样的地方。所以希望未来这些名人居所可以不再蒙尘，大师们的事迹和精神也更广为人知。

保护名人故居之魂

杨自豪

在这周的清华行中，我们在学长的带领下参观了清华园里的名人故居，看到了清华园里的大师们曾经生活、居住的场所。

人们都说清华园的历史底蕴深厚，这句话一点不假，姑且不说清华最著名且广为人知的有着悠久历史的二校门、大礼堂与清华学堂等建筑，就单单是清华园里的名人故居就有数十处之多，在清华园，至今还能找到赵元任、梅贻琦、蒋南翔、闻一多、朱自清、王国维、梁思成、林徽因、钱钟书、杨绛等名人大师的故居，他们的故居散布在清华的不同地方，充分地展示了清华这个有着深厚人文底蕴的园子。

但是，以名人故居的数量来衡量一个地方的历史底蕴显然是比较片面的，名人故居真正重要的作用是参观者能够在这个故居中看到名人大师们以前的生活状态，能够通过这个故居充分了解他们以前的爱好情趣，并从中获得感悟与启发，这才是名人故居真正的意义所在，这才是名人故居能够在当今社会依然存在的必要条件。而在参观清华园里的名人故居的过程中，我却很少有这种感觉。这些名人故居大多已经住人，有的还改成了咖啡馆，这些后来的住户可能会按照自己的生活习惯对房子内部进行改造，这就使得名人故居的精神内涵有所丢失。名人故居的外表没变，但它们的灵魂可能会丧失，只有残留躯壳的名人故居是不会有太大价值的。

所以，如何处理好后来住户与名人故居的关系，应该是当下最先要解决的问题。后来住户在按照自己的生活习惯对房屋进行改造时，应考虑会不会使房屋原有的精神内涵有所损失及如何把这种损失降到最小，使得故居依旧能够展示名人大师们的情趣、精神，只有这样，名人故居才能不愧为名人故居，只有这样，名人大师们的精神才会得到最真实的写照。

且盼故居添新颜

陶胤霖

周四中午从法律图书馆出来，取道向西数百米，绕过充满诱惑力的澜园餐厅，在看到二校门的时刻右转向北，再走不到一百米，就到达了照澜院。

我此前从未留意校园的这个角落，可是这确实不是我第一次到达这片院子了。犹记当年假期在学校当讲解志愿者的时候，就带着慕名在二校门拍照的游人来到过照澜院十六号的纪念品商店，让年幼的孩子挑选一版喜欢的书签或是一盒好看的明信片；也在盛夏带着朋友在这里的树荫下避暑，等待一个能够单独与二校门留影的机会。是啊，照理来说，毗邻清华路，紧挨二校门的照澜院理当是一个热闹的院子，就像百米之隔的澜园生活区一样。

可是眼下的这片院子，这个曾经居住着清华学校三代大师的照澜院，竟然破落得有些凄凉。跟着老师走入其中，我首先想到的竟然是十多年前在甘肃渭源看到的将要倒塌的土屋。照澜院的建筑颇为别致，倘若放到五十年前，定然是首屈一指的豪宅。中式的青砖灰瓦间以西式的廊柱，很是典雅；高低错落的格局也很符合国人对于建筑的审美。但是积灰的窗台、过时的家具、崎岖的道路、鲜有的人迹，凡此种种都在提醒着我们：这里，照澜院，已经被遗忘许久了。

是啊，已经被遗忘许久了。在浩劫过后，照澜院就再也不是专门的教师住房。而原住民的后人们也慢慢搬离了这里，外面的房子更大更宽敞，地理位置也更加便捷。而深居校园内的照澜院缺乏扩建的空间，只能依旧保有旧制，渐渐失去了作为居所对于人们的吸引力。

于是现在的照澜院变成了人们的短租房。每年的开学季会有学生和家长拎着大包小包入住，希冀报到那日能少些奔波；每年的考试季会有学子带着书本和梦想入住，希冀有朝一日金榜题名，一如曾经的住客。单论客观条件，确实颇有一番寒窗苦读的意味。

可是我不喜欢这样的照澜院。我心目中的照澜院也应该像胜因院一样美丽，至少会让来往的行人为之驻足并且打开手机拍下一张照片，配上一句真美的赞叹或是一个龇牙的欢乐表情。胜因院是曾经的教授故居，照澜院亦然；如今的胜因院比往日更加具有吸引力，在我心中照澜院也应如此。更何况照澜院距离清华园的标志二校门不过百米，熙熙攘攘的清华路上每天走过的学子游人都有千千万。

我相信，若是稍加规划修葺，照澜院的状态一定会比那个冬日我们所看到的要更好一些，其自身所蕴含的文化与历史因子会让人们由内而外地喜欢上这一片建筑。

我希望有朝一日，清华学课程在照澜院又一次开讲时，选课的同学们可以这么说：“我好久以前就来照澜院探访过，这里和二校门一样有吸引力！”

莫让故居成“故居”

韩　策

早些时候，我认为，照澜院应该是一个院子，是一个像二校门一样的景观，后来才知道，那是曾经的教职工宿舍。

课前去了解照澜院的时候，知悉了曾经居住在其中的都是哪些人，曾一度对这名人故居充满了期待。但很快地，亲身到照澜院附近去走上一走后，才忽然间觉得这名人故居与想象中大相径庭。四处可见随意改建扩建的屋子、不知名住户散乱的物品，甚至连找到房子的牌号，都被加上了一种莫名的难度。

这让我们很难想象那些吸收了西式建筑风格的小洋房刚刚落成时候的样子。想必那时也是井然有序，让人流连忘返吧。那居住着一代大师的乐园中，与鸟语虫鸣相得益彰的，是书香和人声。平日少有人叨扰，那是给予清华的先辈们一片凝心静气、投身学术的良好环境的桃源。如果说，校河是清华精神与文化的源头，那这些故居不就是孕育这精神的土壤吗？

谁承想，而今这些房屋，只能让我们在那带脊的屋顶中感受到一点点并不多的特别，很多时候，甚至觉得这里很像乡村的普通房屋和院落，遑论从中感受到文化与精神的传承。

这应该吗？我明白在学校之中，这样的居所很难像所谓的孔子庙，或是其他名人故居一般，将其夸张化成旅游景点，我也明白漫长的岁月走过，这些地方的居住分配已经太过复杂而难以处理。可即便如此，我仍然为像我们一样，满怀期待想要走近这些大师，走近这片园子的过去，却只得到惊异与失望的人，感到惋惜。

这不应该，这些故居并非不可以容人居住，却是不应该如此毫无管治地任其这么徒自发展下去。首先，最起码，还原这些故居原本的样貌，将过去那种有序的美感、独特的环境从现在这农村一角中拯救出来；其次，可以将其中有代表性的几间故居，改造成咖啡厅等具有一定功能性的场所，并将曾经户主的文化气息布置其中，可以想象，喝着咖啡或是挑着图书，不经意间大家也会去在意，去谈论这间特殊屋子的过去、这里曾经主人的过去，如此，才能让这些故居不会就此失去其最宝贵的价值。

作为名人的故居，我们最希望看到的，就是它们可以将曾经的那些大师的精神品质、生活态度等宝贵的精神财富传递给后人，这样，名人故居，方才为故居，倘若我们正视这些故居，给予其文化价值应有的尊重，这些故居，又怎会仅仅被当作过去的几间房子，而沦为“故居”呢？

重识照澜院

王浩宇

照澜院对我来说算是一个熟悉的陌生之地。在清华的两年时间里，我曾来过照澜院数次，对这儿的印象便是这里和清华其他的地方大不相同。在建筑风格上，照澜院建筑大多比较低矮，看上去有了相当的年份。其次，照澜院里面有着很多居民生活设施，如邮局、菜市等，仿佛是清华园里面一个独立的单元，总体上给我一种生活化、市井化的感受。我过去对照澜院的印象大抵停留在这个层面，心中也始终存着一个疑惑，颇有年份的照澜院有着怎样的历史呢？

经过了这堂课的学习，我心中的疑惑便解开了。照澜院过去是清华教授们生活的地方。在这片不大的院子里生活着很多我们耳熟能详的教授们，如居住在照澜院一号的赵元任先生、居住在照澜院五号的梅贻琦先生、居住在照澜院十七号的冯友兰先生等。这些先生们著作等身，有着巨大的学术成就，为清华、为国家的发展都做出了巨大的贡献。他们是清华的脊梁，是清华百年历史上闪耀着的明星，激励着一代又一代的清华人。

走近照澜院，可以看到照澜院的街景从整体上和北京城里的胡同一样，几户人家的宅院排列在窄窄的道路两旁，充满了生活的气息。走到跟前，每一座房屋在色彩上都十分朴素，大多是灰褐色的，显示出照澜院的历史感。和北京其他胡同不一样的是，照澜院中的房屋并不是千篇一律的。在这里，有的故居是传统的中式房屋，例如马约翰教授居住的照澜院十六号。这些中式故居有着传统的四合院结构以及上翘的飞檐，视觉上给人一种古色古香之感。而有的故居则是西式的别墅，例如赵元任先生居住的照澜院一号，在房屋的门前有着西方典型的多立克柱式，并在房屋的外围修建了栅栏，有着不一样的美感。我想这是因为当时的清华教师很多是从国外学成归国，在生活习性上受到了西方一定的影响，因此修建了这些西式的别墅供教授们居住。中西式的建筑在空间上相辅相成，使得照澜院的建筑风格丰富了起来。

走在照澜院中的小路上，望着道路两旁的故居，仿佛自己也回到了九十年前的清华。透过故居布满灰尘的窗户，似乎能够看到当年清华的先生们在书桌前伏案研究的身影。在那个物质并不发达的年代，清华的老先生们在此淡泊明志，潜心学术，那种中国传统文人的治学精神至今仍然值得我们学习。

在我的想象中，过去的照澜院一定是一个十分安静的地方，是一个让人能够静得下心来研究学问的地方。然而九十年过去了，这样的静谧的光景已经不复存在了。在参观照澜院的途中，时不时能够听到在此居住的居民因为生活琐事叫嚷，使这个文化圣地变得市井化了，人文气息大打折扣。更令人遗憾的是，目前的照澜院私搭乱建的现象十分严重，不仅破坏了照澜院故居群的建筑美感，并且不利于故居建筑的保护。

在我看来，故居的意义在于提供一个环境让当下的人能够通过故居感受到当年在此居住的人的事迹与精神，实现人与人之间跨越时空的对话。然而今天照澜院已经没有过去的那种文化氛围，成为了一个市井之地。我们仅仅能够从故居的大致轮廓中猜测出过去的大师们在此生活的场景，这固然是一件憾事。拥挤的楼房、昏暗的街道，相信走到这儿的人们都很难将这里和大师故居联系到一起。因此，希望能够逐步将这些住房改造成纪念馆或是咖啡厅，让清华的师生们闲暇之余能够到此坐坐，感受大师们的生活与精神。这样既是对大师们的一种缅怀，也是对当下清华人的一种激励。

故居中的烟火味

杨丹龙

待在清华两年多，终于来到了隐于清华园中的照澜院。站在照澜院 1 号门前，空中落叶纷纷。仔细看去，墙上的青砖斑驳不已，屋顶的瓦片陈旧不已，到处都是岁月的痕迹。向里走去，看到了照澜院其他的屋子有些已经有人居住，有些则没有人迹，门上贴着出租广告或者屋内堆积着杂物。

在照澜院东边，设计时的空间感已荡然无存。北京这个地方寸土寸金，照澜院现有的住户在原有的基础上进行房屋改造，留下的只是拥挤的房屋和狭小的过道。进入其中，压抑感扑面而来，让人有些难以适应。或许，对我们来说是历史沉淀的宝贵财富的故居的年代感，对他们来说，只不过是阻碍其奔向更好生活的绊脚石。

从照澜院走出，来到了新林院。远离了照澜院的拥挤压抑，新林院显得更加开阔。新林院的屋子是一栋一栋单独的，颇有些别墅的味道。这些屋子随意地散布在这块地区，没有看出其中的规律。就好似那思想的种子，随处落下，遍地开花，体现着自由的气息。屋子内，都有或大或小的院子。在街道旁，有一栋房子与一棵银杏树相靠而立，房顶上尽是金黄色的银杏叶，动静结合，美不胜收。看着这幅画面，仿佛时间都缓慢了，缓慢到让其定格在我的脑海中。

在我眼中，故居最辉煌的时候便是那个大师辈出的年代，他们在故居的任何地方都留有痕迹。他们在桌前灯下奋笔疾书，皓首穷经；在闲暇之余相聚一起，谈笑风生……这里是他们生活的地方，有一股烟火的气息传来，这使得以前在我心中高高在上的形象突然变得亲近自然了。所谓名人故居者，非谓有好木之谓也，有大师之谓也。名人故居重要的不是外表，而是大师们在日常生活中潜移默化的感染和熏陶。正所谓大师造就了故居，成就了故居的韵味。

对待名人故居，每个人都有自己的观点。我认为，名人故居不一定要像艺术品一样保存着。大师们也是像我们一样的普通人，艺术封装只会将距离拉远，好似那不食人间烟火的圣人。让故居带有烟火味，才能够与大师们感同身受。故居故居，先有“居”才有“故”，体会故居之韵味，还是应该从日常生活出发。

故居虽不必像艺术品那样刻意保护，但也不能如现在这样遭受随意破坏。看着那些后来搭建的房子，风格样式格格不入，遮挡住了故居的全貌。故居之中随意搭建改造已然破坏了故居的内在，不再是故居蕴含着烟火味，而是烟火味充斥于故居。或许有一天，我们能够见到真正的照澜院，那蕴含着烟火味的照澜院。

故居的样子

闫子儒

故居应该是什么样子？我努力搜索脑海中关于故居的记忆，最后定格在了曾去过的鲁迅先生故居。鲁迅先生刻下“早”字的书桌，曾经嬉戏玩耍的百草园，全都呈现在了我的面前。而走在照澜院这样一处曾经星光璀璨的住宅园时，映入眼帘的却是另外一幅景象。

若非提前了解，走到照澜院的游人怕是无论如何也不会把这里和“名人故居”四字联系在一起。逼仄的巷子，随处可见的棚户，路边停靠的代步车……再加上沿路而建的照相馆、营业厅、纪念品商店，将照澜院变成了一番充满市井气息的商业住宅区景象。纵使如此，穿梭在这一座座院落间，我还是能感受到来自百年前的那股热浪。从 1 号开始游览，沿着号码的不断增加，遍历了整个照澜院，一个个熟悉的名字在脑海中响起，不禁让人畅想，百年前的大师们，是否也曾如此一样在这条巷子里穿梭？是否也会抬头望到与我们一样的这片天空？虽然不能进入内部，但单单走在巷子中，一种超越时间与空间的历史感便扑面而来，仿佛那些印在纸上的大师站了起来，与我们并肩行走。

遗憾的是，故居原有的样貌已然荡然无存，取而代之的是私搭乱建的棚顶和砖房，高高竖起的围栏与砖墙，仿佛将我们与历史也分割开来。赵元任先生的故居，与照澜院北侧的十座院落一样，原应是大方磊落的西式小楼，多立克柱修饰的门廊应该无时无刻不透露出气定神闲、包罗万象的气质，可如今为了小小的一点空间，大多数住户都将门廊封闭起来，使得故居远远失去了其原有的风采，不由让人捶胸顿足。随着我们行进至位于新林院的梁、林故居处这种感觉变得更加强烈。曾经在中华民族历史上留下传奇色彩的一对夫妇的故居，现今却被公共厕所环绕！这实在是些许有辱斯文。在课后，我也尝试搜索过照澜院的旧照，试图在脑中重建往日的风采，但可惜未能找到比较可信的结果，只找到了一幅看起来是近几年摄制的赵元任故居，庆幸的是，那时的门廊还在。我并不是一个坚决反对市井气息的人，我也从未将故居的现状完全归咎于现在的居民。毕竟，故居对他们来说，是“现居”，是他们生活的地方。但站在这里，我还是不由得对先前的想法产生了一丝动摇。

我不由得开始思索，故居应该是什么样的？我这时才想到了曾去过的鲁迅先生的故居。我在心里问自己，照澜院现在这样的故居，好吗？我无法给出一个决绝的回答，毕竟似乎这种烟火气息已然成为一种历史遗留，并随着时代的变迁逐渐被封锁在了这里。但即使这样，谁又不想真正走入这些故居中，对着其中的几把家具若有所思：原来他当年就曾在此伏案？

但我又问自己，如果把如今的照澜院，改为和鲁迅故居一样的样貌，好吗？我同样无法给出自己的答案。强行把这种烟火气从中剥离出来，似乎也并不是一个好的选择；更何况，现如今照澜院已经是许多居民的居所，甚至还成为了考研人的落脚点。

思来想去，我查阅了一些资料，照澜院的前后历史，算是在我的脑中有了比较清晰的脉络了。照澜院建成于 1921 年，是清华大学中历史最悠久的教职员工宿舍之一。最初，照澜院被称为南院，1934 年新南院建成后便被称为旧南院。抗战胜利复校后，朱自清提议将“旧南院”按谐音改称字面文雅的“照澜院”。照澜院最初设计有中西式住宅各 10 栋，中间是一个广场，先后成为了包括梅贻琦、赵元任、陈寅恪、张子高、马约翰、张申府等大师的住所。1952 年，经院系调整，清华的人员发生了很大变动，教授们也先后搬入了居民楼，新进学习的教师则被分进了照澜院，只是限于人数，原本的独栋别墅被分割为三四家，供大家合住。后来清华再次兴建住宅，教师们陆续搬离，照澜院成为了学校退休职工的住处。随着考研热的席卷，这里的住户们将住所出租给“考研党”，“赚点小钱”，于是隔断间与板房陆续出现在了园子里。现如今，房屋产权归学校所有，但租金低廉且管理混乱，住户也没有积极地对房屋进行维护和修缮，造成了照澜院现在有些令人痛心的现状。

照澜院是如何一步步走到现在的？原因很多，可能包括了我国房产权、住房制度的变迁，文物保护不力，居民意识不足等等。如何解决这一问题，恐怕有些迫在眉睫。短短几十年的时间，故居的样貌就遭到了巨大的破坏，很难想象，若再不采取措施，是不是会有一天这些曾经的繁华都会灰飞烟灭！考虑到照澜院复杂的现状，它究竟应该成为什么样子，似乎有待人们商榷。但当听说了有一批学长学姐为保护梁、林故居而租赁建设咖啡馆（虽然现在已经不在）后，我若有所思。是否照澜院也可以这样，循序渐进地改为这种“商住结合”的模式？首先通过条条框框的限制，避免住户对故宅进一步随意改建，然后再逐步改造成有些商业气息的小院？这样，既不会与照澜院现有的气质有过多的冲突，又可以最大限度地保障故居的复原与维护。想到未来清华学子可以在赵元任故居内喝茶畅谈，可以在梅贻琦故居内学习功课，这样的故居，一定充满了乐趣。

十一　庭院深深

——胜因院

导语：

胜因院是教师住宅区，建于抗战复校之后，名字来自昆明郊区西南联大旧址“胜因寺”，也有纪念抗战胜利之意。这里有十几栋小洋楼，美式乡村风格，姿态优雅，是唯一经过整体修缮的故居群，目前多数为办公用房。

来到胜因院，除了感受优美的环境，想想以前的故事，还可以走进 22 号看看。这里曾经是历史学家周一良故居。他是很有故事的人，学术承前启后，人生跌宕起伏，是一个时代知识分子的缩影。不仅如此，他和夫人邓懿曾被称为“泰山情侣”，风风雨雨六十载，说不尽的美丽与哀愁。在二楼朝南的房间，能看到他们俩的老照片。

设计与环境

胜因院位于清华大学大礼堂传统中轴线南段西侧，始建于 1946 年，先后共建成 54 座住宅，以质朴、亲切和富含生活气息为特色，是中国近代住宅的重要实例。

“抗战”时期西南联大曾租用昆明“胜因寺”房屋为校舍，又因其建于“抗战”胜利之后，因此具双重纪念意义。胜因院由中国近代著名建筑事务所基泰工程司设计，由建筑师张镈具体负责。清华大学建筑系教授林徽因也曾亲笔指导住宅设计。曾有多位清华大学知名教授在胜因院居住过，包括梁思成和林徽因夫妇、张维和陆士嘉夫妇、金岳霖、费孝通、邓以蛰、施嘉炀、李丕济、马约翰、刘仙洲、汤佩松、吴景超、陶葆楷、李广田、美籍教授温德 (Robert Winter) 等。从曾居住于此的居民及来访者的回忆录中，可以依稀寻见不同时期的胜因院建筑、环境风貌：红砖住宅规整布局、风格统一；独家小院，矮墙围合，大树环绕，氛围幽静；原有地形南高北低，北为清华校河，东边也曾有河道，成为儿童喜爱的游戏场所；典型植物包括桃、槐、梨、柳、泡桐等乔木，丁香、紫荆等灌木，以及葡萄、草莓、玉米、向日葵等自种作物。时至今日，胜因院林木繁茂，生机盎然，以参天大树掩映下的双坡红砖建筑成为清华园一处特色景观。

中心花园场地现有呈阵列排布的柳树，形成林下空间，对于强化场地的历史感颇有价值，予以保留。花园底部铺衬小砾石，具强透水性，并与简洁的花岗岩条石坐凳搭配，力求塑造平和、静谧的纪念空间感受。花园尽端以密植早园竹为背景，前设景墙，以 2 个白色纪念柱寓意胜因院得名的两个缘由：“西南联大”和“抗战”胜利。

胜因院近现代住宅建筑与作为清华历史文化符号的大礼堂、学堂等各公共建筑相比，其个体形象并不突出。但其“灰瓦两坡顶，清水红砖墙”的简约建筑风格及群体意象已成为清华校园令人印象颇深的形象要素。通过挖掘提取这一建筑特征并加以创意设计，可形成反映场地历史特征并具丰富形象意义的文化符号，以体现场地文脉，强化纪念性氛围。这一符号也在场地入口标志、地面浮雕、门牌等元素上予以体现。如中轴线地面雨水浮雕中，带胜因院历史简介及建造年份 (1946 年) 的浮雕纹样从水中浮现，传达出场地的沧桑之感。（刘海龙等：“景观水文与历史场所的融合——清华大学胜因院景观环境改造设计”）

随笔：

胜因院之美

杨国华

清晨路过胜因院，看到很多学生在写生。我好奇地走上前去，问一个学生：你们为什么要到这里写生？这些房子有什么美的？学生笑着摇头，说是建筑系的，老师让他们来的，老师就在那边。

我顺着学生手指的方向，走到树荫下的老师身边。老师很客气，指指点点地告诉我：你看，这里有自然和人文，有直线和曲线，有光和影……

三言两语之下，我豁然开朗！原来，胜因院之美就在这里啊！

这里枝繁叶茂，古树参天，配上一栋栋老建筑、小洋楼，这是怎样的意境啊！这里房屋的坡顶和墙壁直线，与曲曲弯弯的树枝，是多么美妙的几何图案组合啊！这里灿烂明媚的阳光与斑驳陆离的树荫，是怎样的虚幻飘逸啊！

事实上，胜因院之美还不仅如此。这里还有宁静之美，房子静静的，草木静静的，学生静静的。这里还有历史之美，我们会想到西南联大，会想到抗战胜利。这里还有名师之美，我们仿佛看到了邓以蛰（美学家）、周一良（历史学家）、梁思成（建筑学家），看到了罗念生（古希腊文学家）、金岳霖（哲学家）、费孝通（社会学家）。这里甚至有名称之美，“胜因院”，多美的名字啊！当然，这里最美的，是静静写生的同学们。他们坐在台阶上，站在草坪前，三三两两，全神贯注地看着这些建筑，在葱翠的草木间，在蓝天白云下，不是一幅最美的图画吗？

我收回思绪，谢过老师，悄悄地离开了，但是美丽的胜因院却在我脑中形成了定格。

清华园里的“泰山情侣”居

杨国华

1947年夏天，一对年轻夫妇来到清华园，住进胜因院22号。这是位于校园西南部新建别墅区的一栋二层小楼。从外面看，“灰瓦两坡顶，清水红砖墙”；灰瓦红墙，色彩协调；坡顶繁复，错落有致。这是具有“美国南方乡村风格”的乡间别墅。走进楼内，客厅和书房布置合理；窄窄的楼梯通向二楼，层高和采光设计精巧。

男主人是哈佛大学博士，新聘清华教授，意气风发。女主人是燕京大学小师妹，才貌双全。求学燕京时，二人曾同游定情于泰山，燕京同学戏称“泰山情侣”。据说，“师妹”喜爱京剧和文学；“师妹”时尚美貌，照片常与明星蝴蝶和阮玲玉等同登《北洋画报》。

关于二人的恋爱，“师兄”曾深情回忆：“有一天晚上，我陪她从图书馆回到女生宿舍二院门口，就在我们即将分手时，我毅然决然地用动作明确表达了我的爱情。我的这种冲动对她来说大概有些意外，又似乎是在意料之中。恰好这时钟亭的钟敲了三下，是九点半（此系采用西方海上报时方法）。当时我们都在学法语，因此事后常常用法语‘neufheure et demi’（九点半）提起这个时间。”“师妹”曾词寄相思：“秋风秋雨，织就销魂赋。绕砌蛩螀声声诉，何必更吟愁句？料得孤馆灯青，无聊静数更深。愿作今宵阶草，低低诉尽衷情。”“寂寞蛾眉蝉鬓，惆怅心期归讯。窗外雨声声，应是绿残红褪。离恨，离恨，湖水又添三寸。”“师兄”用篆书写在扇子上，留作纪念。“师妹”还曾寄一张穿着红衣裳的相片，上题：“春衫闲却一肩红。”后来同学便戏称她“一肩红”词人！

他们就是周一良和邓懿夫妇。二人相随相伴，风风雨雨六十二载，成“钻石婚”，“泰山”二字当之无愧！晚年周一良回忆说：“在清华的5年，我的住房问题解决得最好，房内日照充足，每天都沐浴在阳光中。”现在，这栋沐浴在阳光中的小楼已经整修完成，不久就能展现“泰山情侣”旧时身影。

时光未央，岁月静好

鲍抒　清华大学法学院2013级研究生

算起来，我去了那儿五次，每一次去都会有不同的心情，看到的是不一样的风景。王国维先生的《人间词话》说，“一切景语皆情语”，我终于在胜因院得以亲身感受。

我曾不止一次向我的朋友们提起这个地方，而我最后一次去胜因院正是跟一位分别许久的朋友。

重逢的喜悦让人看任何情境都是美好的，此刻的胜因院充满生机。我们穿梭在中心花园的树影下，脚踩在下沉广场雪白的砾石上，发出沙沙的声响。我们在长椅上坐下，谈论着过去的时光，未来也充满希望。

有群小孩正在玩耍，嬉闹的声音在小屋的墙面间回荡，他们一定不知道这块土地的故事，但看得出来他们也热爱这个地方。时不时有老人牵着小狗从长椅前走过，脸上的表情安然而慈祥，他们或许也并不知道这些房子存在什么建筑理念，但它们已然成为了生活的一部分。或许这些小屋在当年守住了作为大学教授的尊严，但它们在现在不过就是一座座普通的房子。它们的美并非来源于它们精湛的工艺，而是来自这穿越了时间的坚持。

突然间，我终于发现了自己究竟喜欢胜因院什么，我也突然能够明白是怎样的时刻让我爱上这里。当我带着沉重的包袱来到屋前，我看到的就是一幢毫无特色的房子，没有精细的雕琢，没有可以标示风格的特征。而我的眼中也没有微风，没有虫鸣，没有孩童的嬉笑，没有斑驳的树影。而当我只是去散步的时候，我却可以张开自己的毛孔去感受它的安宁；当我与朋友一同来到这里，我们可以在红墙底下享受整个下午的闲谈；而当我仅仅是经过，我也止不住侧目，感受它散发出的异于周遭的气场。

发现美，总是在不经意间的；感受美，是不能背负厚重包袱的。

冷处偏佳

陈颖思

与其他曾经或游访过清华或参与过清华暑校的同学们相比，我无疑是这座园子里新得不能再新的新人，是英语老师口中真真切切的“freshman”。园子里的一切对我而言都是陌生的，只是，以为自己在新生教育的几天中已游遍了清华园的大体建筑，却未曾发现胜因院 22 号这座掩藏在时光里中西合璧的名人故居。

来到胜因院 22 号的过程无疑是狼狈的，我不曾来过北京，却也耳闻北京天气干燥，少在夏末出现暴雨。“幸运”的是，前往胜因院 22 号的路上雨越下越大，撑着伞骑车的我更是倍感艰辛。“屋漏偏逢连夜雨”的是，我的手机也快没电了。终于找到这座小楼时，心中更多的其实是疲惫。

但我又不曾想到，真切幸运的是，我能在这座周一良先生的故居里，与各位同学一起，第一次对一个我们也许都不曾非常熟悉的历史名人，对他的功过进行讨论与评判。大家短时间内搜集资料之充分，头脑风暴之迅速，发表观点之新颖，都大大超出了我的想象。我不断听着大家的发言，不断去完善、打磨自己的观点，去将周一良先生从一个单薄的纸片真正充实成一个有血有肉的形象。他也许是出身优渥的富家少爷，是学识渊博的历史学家，是误入歧途的知识分子，但无论如何，他是立体的、全面的、可感的。

我不知道百年前周一良先生是否也曾像这样与他的同窗一同激烈探讨过历史人物的得失，但在这场讨论中，我确实从知识层面上感受到了陈寅恪先生“独立之精神，自由之思想”的实践，我拿出我的笔，记录下大家思想精彩的闪光瞬间。

雨过天晴，到了下课的时间了。我再次回望这座小楼，红砖灰瓦，静静地矗立于那里，静默不语。我忽然又想起有一日我从校医院体检出来，转头看见荷塘，很高兴地向我的同学说了一声：“看！荷塘！”这时有位坐着的老大爷看着我爽朗地笑出声，像是在鼓励我，勇敢地去探寻园子里无意中发现的美丽瞬间。

胜因院 22 号与二校门、日晷、大礼堂、紫荆宿舍等地方相比，无疑是“冷处”，可我却认为“冷处偏佳”。她与时间一同洗炼尘土，芳华如故。

胜因已往，今人犹驻

冯 翔

在雨雾缭绕中遇见灰瓦红墙的旧屋，推开那扇棕色大门，聆听诸位同侪与老师侃侃而谈，我的心底渐有回响。

“胜因”取自昆明郊区西南联大旧址“胜因寺”，有纪念抗战胜利之意。矗立于斯，见证风风雨雨，而真正使之扬名后世的，多是因为周一良先生与邓懿女士伉俪情深，并驾齐驱，为学术研究及教育做出的莫大贡献。

周一良先生出身世家，师从名门，学业有成，婚姻美满，本是顺遂的人生。可能也就是这样的经历，使他书生意气，性格纯善而妥协。在浩浩荡荡的政治运动中，他渐渐失去了“独立之精神”，一腔学术热情喷洒于错误的地方，造成不可弥补的伤害。在他当年居住的别致小屋中，我们或惋惜他的学术道路之坎坷，或评判当年“梁效”写作的过失，但我们回顾那段历史，更觉保持“独立之精神，自由之思想”的可贵。

学术研究的成功，不能说明人格的完整。我们孜孜不倦，勤恳求学，更加不能忘记常常反思，使自己的人格不断完善。

常怀温情与敬意，是后人对前人应持有的尊重。“往者不可谏，来者犹可追”，在历史的熏陶中，在不断的求索中，我们更想获得的是感悟，是启迪，是正确的做法。每个人都会面临一些选择甚至抉择，在这些时刻到来之时，是追随他人，跟随时代，还是独立研判，保持初心？我们在周一良先生这里可以得到一点启示。

让我记忆深刻的是大家围坐一起的模样。屋外细雨霏霏，渐有阳光投射，屋内青年眼里有光，查询思索，交流学习，间有老师的提问引导。这可能是最使人舒适的一种学习状态，也是最启迪人心的一次交流会。也许多年之后，我们记不起交流的主题、同学的名字，却依然能够回想起青涩的脸庞、洪亮的声音。

胜因的故事属于昨天，我们依旧在庭院中驻足，思考今日的启迪，探求明日的方向。

这只是一场大雨

叶 静

第一堂新生导引课，好巧不巧，碰上一场大雨。雨幕中的胜因院笼罩着一股迷蒙的气息，你穿过它，就仿佛穿过了一段漫长的历史，去往了风雨飘摇的中国。雨天是阴沉的，昏暗的天，刺骨的寒意，仿若一段扭曲的时代。我们坐在小院里，共同窥视那个时代的缩影。

身处胜因院，我们探讨的自然是它的主人周一良先生。关于他，我们由着简单的了解进行了对他行为的评判，关于他是对是错，是否值得原谅。同学们基本都认为他是错的，却没有就他是否值得原谅持坚定观点。

对错从来都是相对的。在我们现在这个时代，就我们现在所形成的价值观而言，批斗别人肯定是错的，然而在他所处的时期，就他的价值观来说，跟随党的指引，所执行的是一项光荣的任务。在我所查到的资料中，我看到了一个颇具讽刺性的事情——“当时的老师被领导找去（写有关批林批孔的材料）的时候，心里都很高兴”。就像现在我们如果被领导委托办什么事，我们肯定也感到光荣。只是在现在开放的风气中，我们的自我判断力得到了提高；而在那个时代下，个人崇拜仍算盛行，人们就更加不会思考行为的对错，或者说坚定自己的判断了。

其实关于周一良先生，除了“文革”批判，除了历史研究，他还有很多面，如他与妻子的伉俪情深，或是其他生活。但这些我们并没有深入了解，从课中短短十几分钟的网络搜索，信息纷繁复杂，我们无法看到一个人完整的一生。

单个人在宇宙中，或者缩小说，单是在一个时代中，都是无比渺小的。很少有人能够跨越自我、本我，去看整个世界的是非，并做出正确的选择。

每个人都在历史中，可在历史上留下痕迹的又有多少？我们坐在温暖的屋子里看窗外的大雨，就像处在现在这个相对先进的时代看中国历史上的大雨——“文革”一样。所以我们在看待历史的时候，才会需要对历史给予“同情之理解”，怀抱“温情与敬意”吧。

一个时代的雨季过后，胜因院的雨也停了。阳光落在被雨浸湿的地上，落在灰瓦红砖的胜因小院上，就像拨开云雾见日明，感触都在心里。

这只是一场大雨。

又不只是一场大雨。

雨至淋漓处，意境入杯来

王　霞

窗外的雨下得正紧。

这凉凉秋雨，像猝不及防般闯入，又似应约般翩翩而至，抚尽大地上的一草一木。胜因院 22 号的木制小屋，在浓浓湿意下更显韵味。

这座小屋是著名学者周一良先生的故居。周一良先生是一位学贯中西的著名历史学家，不但对魏晋南北朝史、敦煌学等研究有突出贡献，更是精通日语、英语等多国语言，可谓是学术泰斗级的人物。可人们对他的评价却褒贬不一，众说纷纭，只因他在错误的年代做了错误的事。他错了吗？他应该被原谅吗？我们仿佛回到了那个年代，在历史的巨石上反复跳跃，寻找着时间的答案。时代特征，个人素养，自我代入，这些因素频频碰撞，迸溅出思想的火花。与他人讨论交流的感觉真的很棒，就像是给了大脑一次美味的盛宴，回味过来仍然唇口留香。

雨依然在下。密密的雨线，也把我的思绪拉得很远很远。我在想，先生是否曾在一个雨夜伏案书桌，细心钻研史事资料；是否曾挽着妻子漫步雨幕，驻足观赏荷叶点点；是否曾在暴雨中遭到过批斗，心中泛起无奈与不甘；又是否在雨天来到老师墓前，发出最真挚的忏悔与愧意……这淋漓的秋雨，仿佛越过先生，越过历史，越过无数清华人头顶。我爱屋内热烈的讨论氛围，也爱屋外散发着浓浓历史气息的清华园。

当走出那间温暖的小屋，雨已经停了。阳光从树缝间斜斜照下，空气中泛着一层层白光。我的心情很愉悦，这是一种心灵与头脑都经过洗礼之后的愉悦。跟着老师在院子里四处逛逛，目之所及皆是被雨水洗涤一新的绿意，叶尖上残留的水珠，仿佛也滴在了我的心上。一场淋漓的秋雨过后，我也收获了思想的升华，更认识了清华园的深层面，还真是雨到淋漓处，意境入杯来啊！

满满的收获，期待下次相会。

自史而终

韩　策

胜因院是一个有情怀有意境的地方，经历了照澜院的参观，清华的故居本来已经给我留下了一个散乱而又普通的印象，也正因如此，胜因院又一次给了我惊异与意想不到。

刚到胜因院，便不得不感慨，整齐划一的排布，宽敞大气的格局，绿树芳草的映衬，还有精致富有美感的小楼，怎么看都那样让人喜欢，和之前在照澜院的观感截然不同。

走进屋内去，房间的装修精美而别致，布局也能够让人感受到几何的美感和意蕴，甚至还有不知道哪个房间的某件家具散发着的淡淡木香，让我们体验到的是全感官的舒适体验。

分明这才是名人故居该有的样子吧，先不论其中的历史痕迹与文化氛围，单单就这外观与屋内的布置，就已经让人印象深刻了。

在那之后，老师和同学们坐在一起探讨关于周一良先生的生前事，这次讨论，带给了我太多的感悟。

大家的观点听了一圈下来，大体上都是对周一良先生抱有原谅的态度的，虽然理由不尽相同，有些我认可，有些我也反对。就比如因为其学术成就而认为那些故事不应该总被拿上台面的观点，我就不敢苟同。我曾经认为我对历史的理解已经相当深刻，我原本认为，无论周一良先生曾经做过什么，而今对于我们来说，都应该当作一个历史解读，我们可以品悟是正确还是错误，却没有必要对那些人是否应该被原谅进行过分的探究，因为历史对于我们的意义，更多的是让我们从中吸取教训，总结经验，从而不会重蹈覆辙，犯相同的错误。

而恰恰杨老师的观点，让我认识到我曾经的历史观的局限性。如若是普通人，那如此说法自然没错，在时代的洪流面前，被裹挟着前行自然是无可厚非的。可周一良是能够读懂历史的，他是应该在洪流到来的时候站出来的人，而且他的影响力是十分巨大的，一旦周一良站错队，那样所造成的影响远远不是一个普通人能够相比的。

我才猛然发现，没错，历史是需要带着公正客观的态度去解读，但那不意味着是一概而论的。原谅的态度也未尝不是值得肯定的，但那也同样不是可以滥用的。评价一段历史，还需要它的背景、社会的背景、人物的背景，就像周一良先生和普通人，我们自然是不能将周一良先生当作普通人去评价他的所作所为，那样显然是有失妥当的。

同样，原谅也一定是对的吗？就像中日之间的历史，我们可以原谅日本这个民族，但是我们不能原谅当时的侵略者，不能原谅战争和战犯，不能原谅那一段民族的血泪史。就像在《雪豹》中所演绎的，周卫国在离开德国的时候与竹下俊划地绝交时所说的话：只要你身穿军装站在中国的土地上，那你就是侵略者，就是我的敌人。不是所有的历史都可以被原谅，我们希望公正地对待每一段历史的同时也应该明白，原谅不能够被滥用。

比起老师的观点说服了我，我觉得其实更应该是老师的观点启发了我，让我明白了自己历史观的缺陷与片面。这次胜因院的行程，到此，可以说是自史而终了。

胜因院中的历史

杨丹龙

又是一周的小班讨论课，时值中午，仍有冷风吹过，阳光也没有一丝暖意。从上课地点骑车飞奔而来，提前赶到了这次的课程地点，来到了至今仍然保存较好的胜因院。同往常的课程形式有些不同，这次我们有幸能够进入胜因院 22 号内部进行参观。

胜因院这块区域的房屋错落有致，稀稀疏疏地静立着，几乎每个小房子都环绕着花园，或者一块闲来品茶的小空地，让人感觉格外舒适，悠闲。小房子有点类似小别墅样式，看起来小巧精致，局部风格各不相同，但整体风格却是一样的。内部由于装修，早期的装饰风格已经荡然无存了，但房屋的布局格式没有变。房屋占地面积不算大，内部布局样式井井有条，恰到好处，显得既不空旷又不拥挤。抬头望去，能看到原装木质横梁，这样的设计或许是在向参观者传递“胜因院”依然存在这一含义。不得不说，胜因院的内部设计十分高明，将房屋空间与外界恰当地联系与独立起来，待在里面颇有“躲进小楼，管他冬夏与春秋”之感。

来到胜因院 22 号，话题自然离不开周一良先生这个人，我们也开始对他的功过进行讨论与评判。周一良一生的学术生涯可谓十分顺利且绚丽多彩，这近乎传奇的学术生涯本该让他名留青史，但在后半生他却与政治结下了不解之缘，逐渐丧失学者之独立精神，为人所诟病。我一直认为，通过历史去看待去评判某个人，无关原谅与否。每个时代都有不同的是非价值观，看待历史不能脱离时代的背景，不能陷入虚无主义。我们并未经历周一良先生所处的时代，也不是周一良先生所做事情的背后受害者，一切离我们是那么遥远，因而无关“原谅”一词。但一切离我们又是那么近，作为历史的看客，以史明鉴，才能有所得。明晰历史，在以后的岁月里，许多事情都有了前车之鉴，判断对错也就有了自己的标准。从周一良先生经历的历史中，我看到一个学者后半生独立精神的丧失。果然，学者还是应该专心于学术研究，远离那处于沼泽深处的政治风云。

思维的多元化与看待问题的角度造就了激烈的思想碰撞。每个人都是历史独特的看客，每个人又都将成为独特的历史。或许我们在历史上留不下多少痕迹，我们能做的只是遵从本心，用心去判断是非对错。不求名垂青史，但求一生无过。

看着有关周一良先生的书籍，与同学们讨论评判，转眼间课程就接近尾声。离开时，看着周一良先生的故居，一如多年前的样子，没有多少变化，这何尝不是一种历史呢?

历史的哲思

王浩宇

和上周稍显破败的照澜院相比，胜因院便给我一种耳目一新之感。走到胜因院跟前，一座典雅温馨的西式别墅建筑便映入眼帘，让我十分惊喜，原来在园子南面深处还藏着这样让人赏心悦目的建筑。可见清华校园确实是一个宝藏，只要用心去观察总能发现美的存在。天气正好，阳光透过树叶照在了胜因院的屋顶上。屋檐上的光影变换让人在初冬的北京也有了温暖之感，心情便愉悦了起来，想必胜因院曾经的主人也有过这样的感受吧。

怀着这样的心情，我们走进了胜因院。胜因院建于抗战胜利之际，其名称来源于西南联大旧址处的“胜因寺”，同时也有纪念抗战胜利的意味。历经了 70 多年岁月，胜因院至今依然保存得十分完善，建筑内部干净整洁。沿着楼梯向上走，能够看到墙上挂着许许多多的清华老照片，仿佛行走在一条历史的长廊之中，清华的百年历史便呈现在了眼前。

走到二楼茶室，里面布置十分典雅精致。一张长长的传统茶桌摆放在房间中央，茶桌后的书架上整整齐齐摆放着各式书籍，我想在这里读书再适合不过了。在一个温暖的午后，在此泡上一杯清茶，细细品读书籍、思考历史，是一种多么惬意的享受呀。而在今天，这样的想象变成了现实。我们小班一起在此讨论胜因院曾经的主人周一良先生，讨论如何看待这一位充满复杂性的历史人物。

在小班课之前，我对周一良先生主要还是抱着一种同情的态度。在我看来，周一良先生有着卓越的史学成就，为我国的亚洲史以及魏晋南北朝史研究做出了贡献，但是也在晚年时担任"梁效"写作小组顾问，犯了严重的政治错误。我之前是将周一良先生的功和过分开来讨论，认为我们既要记住他的贡献，同时不能忘记他所犯下的错误。经过了和同学们的讨论，我认识到"文革"这段历史具有特殊性，身处那个时代的人很容易就受到"时代意见"所裹挟，从而失去了自我。我们应当从周一良先生的事迹中吸取经验教训，在时代的洪流中也要依然保持"独立之精神，自由之思想"的品质。

当谈到是否能够原谅周一良时，大家大多还是持一种原谅的态度，认为周一良先生在那个特殊的历史时期可能是身不由己，不得不去做这样的事情。这种观点比较中庸，是以同情的角度看待那段历史，我之前也对这种观点比较赞同。但听了杨老师的一番讲述之后，我认识到这样的看法有很大的局限性。作为一个历史学者，周一良一定深知自己处在一个十分不正常的年代，处于一个当局者清的状态。但是即便如此，他仍然选择成为这场错误运动的排头兵，已经完全背离了一个治史学者应有的态度。时代的特殊性并不能为周一良开脱，因为和他同处一个时代的恩师陈寅恪始终保持了一个学者应有的气节，不参与到政治之中。"文革"的确是一个特殊的时代，但是时代中的人物是不同的。理解历史人物时不能脱离时代背景，同样也不能脱离人物自身的特点与经历。因此对于周一良，“原谅”一词不能如此轻易说出。

培根说过这样一句话，读史使人明智，读诗使人聪慧，数学使人精密，哲理使人深刻，伦理学使人有修养，逻辑修辞使人善辩。认识历史，读懂历史能够帮助人了解过去，同时更重要的是启迪当下，从历史中吸取经验和教训。经过了和老师同学们的讨论交流，我的历史思维得到了开拓，同时也认识到自己存在很多不足，需要阅读更多的史书启迪自己的心智。

时间过得很快，小班讨论课转眼间便结束了。离开之际，我再次回头望了望胜因院。在阳光的照耀下，这座 70 多年的老建筑至今仍然焕然如新，而屋主周一良的一生仍然值得我们深思。

胜因院中的故事

姜 锴

上周我们刚参观过名人故居，这周我们又来到了一个特殊的名人故居——胜因院，这里是“泰山情侣居”，是周一良先生，一个拥有传奇经历的学者的一个短暂的栖身之所。

来到胜因院 22 号，就能发现它与我们上周参观的名人故居大不相同，相比于上周那些破败不堪的房屋，这座胜因院 22 号明显是经过了重新装修。走到内部，才发现里面的设施基本上都很新，一点也看不出老房子的模样。但是，作为周一良夫妇的故居，里面的装修也是很用心的。走廊上挂满了周一良夫妇的照片，书房中放满了周先生的著作，甚至还特意将旧房梁裸露出来供我们参考，可见装修的用心。

大家在书房中围成一圈，一起交流了对于周一良先生的看法。在交流中，我实际上是有不少的收获的。交流的同学们虽然观点稍有相异，但是基本上都是一致同意周一良先生的文学造诣是很高的，以及他在“文革”

时所做的错事实际上并不是出于自己的意愿，是由于时代所迫。但是，我的观点却有所不同。我认为，周一良先生在“文革”中所犯下的错误是决不能忽视的，他即便有再高的文学成就，再高的学术造诣也无法掩盖他所犯下的过错。实际上对于我们来说，周一良先生早已逝去，他也听不到后人对于他的评价了，因此，我们在看待周一良先生时，就像是一个个的旁观者，用自己的眼睛去确认历史，去确认当年所发生的事，并从中汲取经验教训，来帮助我们更好地把握当下。我认为，这才是周一良先生所希望我们从他的身上学到的，而不是去讨论他到底是一个好人还是一个坏人。以史为鉴，可以明得失，这才是我们在这个风和日丽的午后，来到胜因院的最大的意义啊。

然后，杨老师提出了一个十分耐人寻味的观点——周一良先生不能被原谅。理由是作为一个研究历史的人，他应该是与常人不同的，他应该是了解历史、了解当下的，但是他在明知当下形势的情况下，却依然犯下了错误，所以是不可原谅的。但是在我看来，其实不然，人非圣贤，孰能无过？其实了解一下周一良先生在“文革”时的思想就能发现，他当时其实并没有认清当下的形势，因为他一心追求“改造”的执念，深陷了盲从的深沼。就像我们如果一旦有了什么执念，可能就很难去考虑其他的事情了，这其实是人之常情，并不是一种明知故犯。试想如果当时的周一良先生能冷静思考一下，未尝不能发现自己所做之事的愚昧之处，或许也就不会犯下这样的错误了。看一个人，并不是只关注他个人，更要关注他的家庭，他的经历，他所处的社会。人是社会性的动物，他的一切实际上都离不开社会对他的影响，因此，如果实在要我去原谅或者批判周一良先生的话，我宁愿秉持一颗悲悯之心。我愿意相信，他是时代的牺牲者，是一个不走运的人罢了。

走出胜因院，看着光秃秃的柿子树，我仿佛看到了周一良先生夫妇在此处驻足观看满树柿子时眼中透露出的笑意。希望周一良先生能永远被人铭记，希望还有更多的人能来到这里，来认识这个可怜又可敬的学者，来碰撞出更多思维的火花。

访周一良故居所感

陈弘一

一个冬日，午后的阳光暖暖照在人的身上，我和老师同学们一起，拜访了胜因院 22 号——周一良和邓懿夫妇故居。

胜因院建于抗战胜利之后，名称来自胜因寺，也有纪念抗战胜利的意思。胜因院是一片整齐排列的小洋房，红砖黑顶，少有人至，却显得格外庄重安谧。胜因院 22 号现在是“英华学者之家”，一个属于全球胜任力中心的场所。篱笆在屋前圈出了小小的一片院落，铺上了草坪。房屋外观虽显古旧，但内部也是修缮一新了。房屋内部按照原有的大致布局，划分成一个个的小室，虽不够宽敞，但显得非常小巧精致。沿着楼梯向上走，会发现楼梯道的墙上挂满了周一良和邓懿夫妇的照片，以为纪念。上至二楼，有一茶室，茶室书架上摆着周一良先生和邓懿女士所编著的书籍。周一良先生是我国著名的亚洲史和魏晋南北史的专家，著作颇丰，然而，周一良先生在“文革”期间曾帮助四人帮撰写材料，也曾批评恩师陈寅恪，这两件事算是周一良一生的污点。

对于如何看待周一良先生的“污点”，尽管不同的人可能有着不同的看法，但大家的观点还是有很多的相同之处的。周一良先生是我国著名的历史学家，对我国的历史研究做出了巨大贡献，这一点不会因为他本人有些“污点”而改变，我们评价周一良时要记住他的贡献，要更加客观地看待周一良。身处在那样的一种环境之中，当周围的人几乎都这样认为，自己也很难不被影响。一个人对于整个时代而言，终究是渺小的，个人的想法很容易被“时代潮流”所裹挟，或许身不由己，或许不由自主，说到底，周一良先生做错事的原因，很大程度上归结于那个时代。另外，尽管周一良本人可以原谅，但他在“文革”期间所做的事是绝对不能原谅的，他所做的事，终究是对他的恩师友人，对这个国家民族造成了伤害，“雪崩时没有一朵雪花是无辜的”。尽管他或不由自主，或身不由己，但他做的事终究是错的，其人可以原谅，其事不可原谅。

当然，评价、反思历史的最大意义是以史为鉴，从历史中吸取经验和教训，用于指导当下，毕竟我们能把握的只有现在。我们身处另一个时代，有时也会做些不由自主的事，这些事到底是对是错呢？对错的标准可能不止一个，但“独立之精神”对我们是很重要的，这个“独立”应当是独立于时代的。

十二　生生不息

——校河

导语：

海淀万泉河从西门流入，经西院、理学院、西操场、大礼堂、图书馆、西南联大纪念碑、情人坡、听涛园和学生公寓，蜿蜒曲折穿过校园，约两公里，称为校河。这是清华园里一道流动的风景线，夏季杨柳依依，秋季红叶满岸，冬季冰封雪冻，春季鲜花盛开。尤其是深秋季节，情人坡附近的铁桥上爬满了红叶，成了名副其实的“红桥”。桥下缓慢的流水，带来上游一片片彩叶，正是“流水落花”的美丽景象。顺着校河漫步，仿佛穿越在历史的长河中，恍惚之间，一时不知身置何处，今夕何年。

在图书馆东面，校河的支流从地下向南穿过地质之角，然后沿着清华路向西，经过银杏大道、老校门和海底火山岩“桂韵”，在西门内与主流汇合。两条河组成了汤勺的形状，勺内是清华“发祥地”，有荷塘月色、水木清华、工字厅、古月堂、大礼堂、清华学堂、王国维纪念碑和老校门。从校园地图上看，清华园好像一锅老汤，除了勺内的精华，“锅里”还有故居、建筑、雕塑、植物和景观石等“真材实料”。

经常有人建议我在“清华学”课程中增加“清华美食”，因为清华食堂好吃的东西很多。现在看来，清华园本身又何尝不是一道大餐呢？

万泉河：

万泉河位于海淀区境内。始于万泉庄，流经海淀镇西部，与西颐路平行，经北京大学、圆明园，沿清华西路入清华校园，再向北，穿京包铁路汇入清河。河道全长 8.5 公里，宽 15 米，流域面积 26 平方公里。属清河水系。历史上万泉庄一带多泉，泉水汇聚成河，称万泉河。后因地下水开采过量，泉水中断。1981 年对 8.5 公里长的河道疏挖、衬砌，修建 13.7 公里的污水截流管线，建 3 座节制闸，26 座桥涵，62 处排灌口，并修建 13 公里滨河路。（百度百科）

随笔：

校河的传说

杨国华

（一）

初冬的午后，阳光明媚，我带着几位年轻的朋友游览校河。我们来到西门，看着清水缓缓流进校园。两岸汉白玉雕砌的护栏，是凸起的莲花和镂刻的祥云。远远望去，在杨柳依依之间，有莲花朵朵，祥云片片。

我们在欢声笑语中步过小桥，向北走。左面是“西院”，原来朱自清、王国维、陈寅恪等居住的宅院。一座座四合院，灰砖青瓦，人虽不在，其物犹存。右边是一片小树林，枝繁叶茂，曲径通幽，是新开辟的“绿园”。向前走，我们路过理科区，数学、物理、化学、生物、生命科学等红色砖楼在大片绿地的映衬下熠熠生辉。我喜欢把这里叫作“新美式校园”，因为这里是新教学区，尽管它被20世纪30年代所建设“生物学馆”“气象台”和“化学馆”以及1919年建成的“体育馆”所环绕。

“新美式校园”，当然是针对“老美式校园”所言。向东走，望过右岸，郁郁葱葱的小山后面，是“槛外山光……万千变幻……窗中云影……去来澹荡……”的“水木清华”，荷花池、垂杨柳、“工字厅”，这皇家园林三百年来不知迷倒了多少人！而“老美式校园”一百年来就与它毗邻而居，图书馆、大礼堂、科学馆，还有日晷、清华学堂、二校门，环绕着一大片绿草坪，是那样庄严、厚重、开阔。

再向东走，拐个弯，“北院”曾有的梁启超宅院和现存的朱自清故居，恐怕在“情人坡”读书闲坐，在竹林间喁喁私语，尽情享受冬日暖阳的年轻人鲜有知晓，倒是桥头的学生食堂“听涛园”有些应景，仿佛是说这里能听到潺潺水声。

向北走，过一个水闸的玻璃房子，河水满满的。汉白玉栏杆倒映在绿水之中，被柳枝轻轻地拂动，莲花摇了起来，祥云飘了起来。我们的心，也摇了起来，飘了起来。

恍恍惚惚之间，我们仿佛走过一座汉白玉的桥，白的，很漂亮。我们仿佛看到一座木板桥，是拱形的“断桥”，中间隔离了不能通行。我们还仿佛看到一座铁桥，锈迹斑斑，年代很久了。

恍恍惚惚之间，我们好像看到河有一个分叉，顺着走上去，河上横跨着一座小洋楼，白色的墙上爬满了枝蔓，拱形的窗户高大宽敞，在柳梢、“莲花”、“祥云”的陪衬下仿佛一幅油画。楼的名字很没有诗意，“岩土工程研究所地质室”，房子很老，门儿紧锁，扒着窗户窥视，里面黑黑乎乎的，桌子上似乎有石头标本。我们没有注意脚下，已经有很多奇异的石头。这里有个水池，拾阶而上，是一个小亭子，周围更是石头遍地，大大小小、奇形怪状、五颜六色，它们是“内碎屑石灰岩”“硅质沉凝灰岩”“燧石砾岩”……在一些巨大的石柱间，竟然镌刻着爱因斯坦的手稿，是一些“努力”“贡献”之类励志的词句。原来，这里是“地质之角”，由水电专家、百岁老人张光斗题写。

恍恍惚惚之间，我们没有注意到，校河已经在脚下消失。它从此进入地下，向南暗行，几百米后才从荒野杂草间悄悄流出，向西转弯，流经照澜院（相传是“旧南园”谐音，想必也有“观涛”之意）、二校门，在西校门与主流汇合。

据说，我们的校河就是万泉河，发源于万泉庄，“因历史上容纳众多的清澈泉水而得名”。万泉河全长不足十公里，“中途流经海淀公园、稻香园、芙蓉里、圆明园等名胜和北大、清华，最终汇入海淀区清河”。“历史上曾是万泉汇流、稻花飘香、芙蓉绽放”。如今，出西门溯源，沿着北大朗润园北墙，过颐和园路小桥，左侧是畅春园，右侧是圆明园。沿河左转，是承泽园、芙蓉里、稻香园等。再往前走，就看到了一个水闸的玻璃房子。河水潜入地下右行，迎接昆玉河的源流。这源流来自昆明湖，来自燕山山脉千山万壑的汩汩清泉。

万泉河流经清华园，酝酿了荷塘月色和水木清华。那清水，那杨柳，那“莲花”，那“祥云”，引无数人流连忘返，让我们恍恍惚惚。缓缓地，它向北流出校园，流向清河。在山坡前，凉亭下，它停下脚步，凭栏回望：它流过了多少春夏秋冬，多少风霜雨雪；它是如何宠辱不惊，一如既往，就这样缓缓地，默默地，向前，向前，入清河，入温榆河，入大运河，流向南方，流向大海……

（二）

如今万泉河水源来自京密引水渠的昆玉河段。可见的源头，在万泉河路稻香园桥西北侧的海淀妇幼保健站粉红色院墙外，河水从水闸的玻璃房子下面涌出，恰如真泉一般。向北流经稻香园、芙蓉里、承泽园、畅春园、朗润园，从西门南侧进入清华园，又从北部荷清园与紫荆公寓之间出校园。穿过荷清路，向北经过城铁 13 号线、京包线、京新高速和五环路所组成的错综复杂的箭亭桥，最终汇入宽阔的清河。

在荷清路与城铁之间，是一个公园，树木茂盛，绿草茵茵。山坡上有荷清亭，河岸边还有一小亭，里面高树一块奇石。河岸用石头堆砌，高低错落，颇有情趣，与校内最后一段百米景观遥相呼应。小亭附近，是几组汉白玉栏杆，在阳光下冰清玉洁，蔚为壮观。

据海淀区河道管理所万泉河站（承泽园附近）工作人员介绍，万泉河的护栏是 2002 年加设的。资料显示，“历史上万泉庄一带多泉，泉水汇聚成河，称万泉河。后因连年干旱、水资源匮乏、地下水开采过量等原因，泉水中断。淤泥满塞、河水枯竭、恶臭难闻。1981 年开始对河道疏挖、衬砌。目前主要功能是汛期泄洪和风景观赏。”

河中时光流淌

郝千越

清华园之间，一条蜿蜒的小河，或许称之为小溪更为贴切，静悄悄地流淌着穿过。从学校最北面溜进校园，直到那西门边又流淌出去，小河几乎流过同学们日常能够去到的每一个地方，因而也失去了其本来的名字，被亲切地称为“校河”。

这校河其实是有它本来的名字的，在清朝年间，此河名曰万泉河，是沟通紫禁城周围水系和皇家度假山庄——颐和园的通路。当年的盛夏时节，颐和园的荷花开得正好，想必那些皇亲国戚，都曾乘着游船由这万泉河去往颐和园。这样一看啊，我们清华园的这片土地也曾是名副其实的皇家园林，有多少皇帝曾在此路过、停留。如今的听涛园食堂名字就取自这万泉河，若是不信，有碑文为证——“听涛园坐落于万泉河之东，西侧有杨柳百株，西南侧又有草坪逶迤，竹林丛丛。清风徐来之际，师生进餐之余，在此遥听林涛、坐观水波，意兴悠远。”

后来随着北京城的发展，万泉河地上的水路渐渐断开了，外面道路上的水多走了地下的管道，而这清华园中的一段还始终保留着。由此想到这校河是完完全全看着这片校园一点点变成现在的样子的，看着看着，也更多地被容纳进了校园之间——别忘了早先二校门是校园的边界，西门附近的河段是后来才包进来的。那么近百年前，大礼堂建起来的时候，设计师是否也听过这校河的潺潺流水？那些多年前在老馆学习、读书的学生是否也曾见过这校河的波光？曹禺先生在老馆写作《雷雨》，是否闲暇之时也到这河边散步？那四大导师是不是也自清华学堂走到河边，一边欣赏这景色，一边探讨着学术之道？那是逝去的时光啊，旧时的人不在了；旧时的水流走了，但这河沿上冲过的时光的印记却一直在这园子里留着。

这校河尽管平时只有浅浅一层流水，倘若不顾及这甚至没有涛声的流水，河边的景色还是十分值得欣赏的。特别是在秋天的时候，河边上长的爬山虎全都红透了，河岸上的柳树和其他草木或是黄了，或是透着最后的绿意，再加上蓝的天空，几种色彩混合倒映在水中，这番景色便不言而喻了。来清华参观的游客看罢大礼堂绕道后边，自然是在河边留恋不舍，纷纷掏出相机拍下这校河的秋色；甚至是每周都要沿着河边去到一教、西阶的我们，在过那座小桥时也忍不住驻足观赏、拍照。沿着这河边走时仿佛路途就变短了——每次要去到西门地铁站，我都会沿着这弯弯曲曲的河边走，而将笔直的大路抛弃了。这是我们的时光啊，沿着河边或是匆匆赶去上课，或是闲下来散步谈天，不都是在这园子里的记忆吗？

河水会流出校河奔向大海，我们将来也会从这里离开，但这流过的时光总会留下印记，如百年前逝去的，如今天走过的，因为那都是这河水中流过的记忆。

校河中的清水华年

谭维熙

自万泉庄发源的万泉河位于海淀区西北侧，全长 8.5 千米，流经海淀公园、芙蓉里、稻香园、圆明园等名胜和北大、清华，最终汇入北京海淀区清河。万泉河由西门流入清华，在校内分两支又汇流后一路向北，从校园东北角的荷清苑附近流出，其间河段虽仅为万泉河在清华校园内流过的一段支流，却是清华地理与文化双重认同的产物，被清华师生亲切地称作校河。

提起校河，清华人的脑海中总是会浮现出许许多多的画面：西门外宽阔的河道、清华路边校河里的喷泉、二校门前的桥边人来人往、大礼堂后的柳树和地锦将绿色铺满、地质之角处的水闸、两河交汇处的一群绿头鸭、秋天里覆满红叶的铁桥、河道里的青藻缓缓漂流……校河贯穿着清华校园，滋养着熙春园的园林风景，联系着清华园内的种种景色。

校河不仅在地理上贯穿着清华校园，也贯穿了大家在清华园的生活。每日清晨，学堂路上堵满了往来的自行车流，此时便有同学绕道穿过南区宿舍区，沿着校河边的小道骑车赶往教学楼，河边的垂柳和松林见证着清华学生忙碌一天的开始。饭后也常有人在河边散步，看着河边垂柳和周边景色，偶尔还能看见松鼠等小动物，让人心情大好。清华校河边还曾是同学们晚课后的消夜之地，南宿舍区的小桥边曾开有一家烧烤店，每到晚上便有同学在此排队买消夜，填补劳累一天后空荡荡的肚子。在小桥烧烤店拆迁的前一天晚上，得知消息的同学们沿着校河排起长龙买自己能吃到的最后一份“小桥烧烤”，直至深夜两点仍有百米长队在校河边等待……

正因如此，尽管清华校河只是短短一段河道，却承载着清华师生对清华热烈浓郁的情感，绵绵不绝，流淌至今。

校河韶光相伴

尤恺杰

清华的校河，相比隔壁的未名湖，似乎并不那么出名，也未有那么多文人为其添上些诗意的色彩。相较之下，反而水木清华后的那一片水洼，由于朱自清的《荷塘月色》而闻名天下（虽然我也不知道那片荷塘是不是朱自清的荷塘）。但是每当国庆或是校庆之时，校内学生乃至校友们，都会开始说起关于校河买水的段子来。校河成了清华学生的共同记忆。

初来清华之时，我只被清华的庞大所震撼。我也没想过大学里面居然可以容纳下一条河（和其支流），并隐隐约约将其划入与北大未名湖相等的存在。初次相见是在定向越野之时，那时候匆匆走过，未曾仔细欣赏她的风景。直到之后空闲时，才在开学前沿校河边上走了一次。校河从北部紫荆公寓区开始，一路南下都有砖头与塑料铺成的步道与自行车道。一直走到地质之角附近，可以看到另一条支流与其相汇。紧接着，经过大礼堂与图书馆后，在王国维纪念碑后再次找到了她的影踪，慢慢在树林中看着她流向深处。她像一条细长的纽带，由西向北，穿过近春园遗址，流经土木工程系的实验室，流经学生宿舍楼，将这座园子的过去、现在和未来联系在了一起。

身为环境学院的学生，我对于校河有着更深一层的体会。我们的环境大实验室正好位于老馆的旁边，就在校河弯道之处。这也方便了我们实验课时去校河采集水样。我们了解到的校河不只是一个景观，更是包括水里面有机污染物浓度等一系列指标的河水。校河的治理权实际上不在学校的手上，而是在市政府的手上。因此，每年国庆与校庆，学校都只能从外面买水来供给校河，换得暂时的清澈。

平时上下课，只要去往新水方向的，大多都会抄一条校河旁边的小道，避开主干道的拥堵。那条小道旁边就是大名鼎鼎的西南联大纪念碑。经过之时，偶尔会看到有那么几个旅客或者行人，在那边静静地看着碑文。在校河的另外一边，也有一条直通老馆后面的小路。从这条路走去，可以看到原来情人坡建设前的老房子，到今天好像就剩下那一栋。校河旁边的爬墙虎在夏天的时候长得格外茂盛，但是到了秋天就纷纷凋零，只剩黑秃秃的枝丫在风中飘扬。值得一提的是在爬墙虎上，校河两道种植的柳树。到了适当的季节，黄灿灿的一排，煞是迷人。

校河是一个适合跑步的地方，特别是傍晚或者清晨。太阳在一个倾斜的角度，橙色的阳光通过校河两旁的树叶间柔和地照在身上。无人时，整条河安静地流淌，烦恼跟随着河水慢慢地在远处消散。校方似乎也为此做了不少工程，在校河的两旁修建了很多可以坐下来静静休息的小园林。跑得累了，在一处亭前静静驻留，看看随着夜深越来越暗的天空。此时，心里面平时隐藏着的情绪会慢慢地浮现，在这方天地间展现。

杨老师安排的那一次摄影，恰逢大雪，整条校河旁铺上了雪白的衣裳。由于阳光的反射，看起来格外亮堂。我沿着老馆旁边的那条小路，慢慢地沿着校河向西边走去。在桥上看见了由于雪融化的注水而充盈起来的河道。校河带着一股稳重静静流淌，看着她旁边的学生们神色匆忙地来去。在王国维纪念碑后的树林中，看到了此生最美的景色。一条小溪，缓缓地在雪白色的树林中流淌，流入黑暗的深处，像极了童话世界里面的黑森林。树木的黑与雪地的白相映成趣。一小座石桥静静地坐落在这片白色之中，点缀了一点韵味与静雅。我本来想看看河里面有没有鱼，可惜最后没发现。

比起荷塘，我们更常见到的是校河。四季变换，校河旁边的景色与人也随之不同，只有那条河，依然如往日静静地流淌。

万泉河水

张云泽

早期人类因生存所需，往往逐水而居，故举凡兴盛之地必有河流。河流润泽大地，给土地上的人们以肉体和灵魂的双重滋养，成为“母亲”式的存在，正如长江黄河之于中国、密西西比河之于北美、幼发拉底河和底格里斯河之于美索不达米亚。而万泉河之于清华园，则显然是精神作用更为显著。

从西门进入，万泉河水兵分两路，主流北上，支流西进，成合围之势，将二校门、清华学堂、大礼堂、水木清华、荷塘等诸多清华盛景囊括其中，仿若一条忠心耿耿的护城河，为古老的清华园提供着护佑。而后主流继续北上，将北部的清华分成东西两半，让清华成了一座“河水穿城”的美丽校园。虽然校河水位已降，几乎已经失去了流动性，但当学子每每骑车过桥，横跨校河的时候，河流所提供的精神归属感和依赖感并不会因此而有所减损。

除了精神润泽以外，万泉河还为清华提供了另一种重要的资源——美丽。清华无疑是美的，但这种美极具复合性，除了古典与现代建筑彰显的时空之美、名家大师杏坛讲学带来的智慧之美等以外，校河及其周边的树木、花卉、爬山虎等植物以及翔集的水鸟等动物共同提供了重要的自然之美。秋天将树叶染成了黄色，将挂满爬山虎的墙壁涂成了红色，像炽烈的火焰般照耀着平静无波的墨绿色校河水，色彩的冲击产生了别样的美感。而这种冲击一直随着万泉河的河道而不断向远方延伸，在视觉上产生了时空无尽之感，更是增添了几分幻想的浪漫色彩。在这曲宏大的自然交响乐之中，校河是指挥，也是主奏，是乐曲的线索与灵魂。

我必须说，万泉河水亟须治理。水华遍布与垃圾漂浮，任何一项都可以毁了一条河流，更何况是两项齐备。虽然是低水位期，但治理绝不应因此而废。如果说万泉河是清华的母亲河，那万泉河水就是汩汩乳汁，无论它是否丰沛，都必须洁净。此为底线，不可破也。

愿万泉河永葆健康!

沿溯万泉河

周令惟

始于西门，横贯校园，蜿蜒曲折，绵延不断。校河潺潺，环绕校园，虽无数次经过，但从未驻足停留。今日有幸能从源头起随校河的水流用脚步丈量校园。北京的秋天不同于南方的秋，它是带有颜色变换的，即使是在雾气沉沉的天气，也不妨碍校河两岸火红的爬山虎、碧绿的垂柳在下车的瞬间映入眼帘。校河沿路之景变幻多姿，娇艳的月季、茂盛的狗尾巴草、怒放的百日菊令人目不暇接。

河与桥是天生的伴侣，没有桥的河是没有灵魂的。桥上的风景让人有种置身河流的错觉，绵延流水淌过，仿佛也把思绪带到无限深处。有感于杨老师上课所发的合影，瞬间联想到卞之琳《断章》中“你在桥上看风景，看风景的人在楼上看你”的语句，一堂与自然相近的课仿佛也带有了些哲理的趣味。桥上的人看风景，十二个人有十二张秋景。同一座桥，同样的景色，不同人的镜头里却是风景各异，在十二张照片中，不仅是秋景一角的彰显，更是多样视角、不同审美的相互探讨。

校河流淌的不仅是流水，更是历史。校河流过了古老巍峨的生物馆，也流过了荷塘跌水相映成趣的水木清华，还流过了万河泉旁的烈士纪念碑，四十三位为民族独立与国家解放的英烈名字清晰地镌刻在石碑之上。最令我有感触的是“三一八”烈士韦三杰的纪念碑，虽是一块断碑，却铭记了韦三杰不屈不挠的烈士精神。校河的流水带走了时间，却带不走这一座座碑铭的肃穆、威严的历史感。

顺校河脚步而行，虽半途而终，但受益匪浅。这不仅是一条绕校园而行的“母亲河”，也是承载数载历史的年代河，它还是一条会不停地流淌的时间河。

沿河赏秋

王　霞

清华之秋天，醉意浓浓。

秋天之清华，美不胜收。

作为一个典型的南方人，这几日算是饱尝了秋天的味道。骑车或独步在校园里，映入眼帘的是各种似被打翻的颜色：红的，黄的，绿的，紫的，都赶趟儿般装饰着这个美丽的校园。在这五彩缤纷的世界，所有想法似乎都变得明亮且轻快，连心也被一种愉悦装得满满当当。

沿着校河寻秋赏秋，这是一次浪漫又新奇的旅程。这蜿蜒而行的河流，才看一眼便让人有心动的感觉：笔直陡峭的河岸上，长满了火红的爬山虎，藤蔓蜿蜒而下，带着一簇簇烈火轻抚着清澈的水面；水并不深，不过薄薄的一层在轻轻地蹿动，但这一汪幽绿绿的河水仍然清如明镜，倒映着蓝天绿影，引得人无尽遐思；两岸是杨柳依依，野花灿烂，各种颜色相遇相撞，把原本空荡的天空都映得更加明媚。我们从美出发，又在一路上偶遇着新的美。沿着河岸徐行，我们看到了一丛月季花，映着红墙开得正茂；我们看到路旁金黄或火红的树，在一片绿影中自成一局；我们看到历史悠久的古楼，感叹着时间留下的痕迹；我们还偶遇了一处未曾发现的露天舞台，那里有浓浓的草香和独特的树木，飘逸的英文又独添艺术的气息。又一次，我为这个园子的美深深折服。我越来越喜欢这种无意间发现美的感觉，越来越不愿意停下探索的脚步。

我们一路走着，看着，欢笑声也未曾停下。我微微眯眼，心里却浮起一个会心的笑。经过几周的交流，大家之间也渐渐熟悉起来了，原来拘束的距离感慢慢消失了，取而代之的是亲切的交谈和心照不宣的愉悦。当我们经过一座纪念碑时，有同学耐心地作出介绍与讲解；当我们想弄清一块碑文的内容时，有同学细心地擦去碑上的泥污；当我们偶遇一处瀑布，大家都孩子般地聚在水旁，听着水声阵阵，感受着扑面而来的清凉。我真的很喜欢这种感觉，在轻松愉悦的氛围中感情之花也在悄然生长。秋天真是个收获的季节，在这里我们不仅收获了视觉上的美，更收获了慢慢靠近彼此的心灵之美。

水会一直流，四季会一直变，但心灵是永恒的。我愿怀着这份惊喜与触动，继续走过风花雪月，春夏秋冬。

红妆万泉，闲拾秋趣

黄世云

秋日的调色板在校园里被打翻，给银杏树溅上了金黄，小路边花圃里的小花染上了或浅或深的粉紫，橘红饱满的柿子像胖乎乎的娃娃一样在枝头笑着往下看，校河两旁的爬山虎也沾上了火红的颜色……虽是秋日，却不见半分寂寥萧瑟，入眼的竟是万物在冬日来临前的生命绽放，让人不禁由心底升起对那“我言秋日胜春朝”名句的强烈认同。

南方的秋，从未有过如此热烈的盛放，或许，与这园子里热情的秋比起来，南方根本就没有秋。园子里的秋，黄叶耀眼，红叶动心，就连秋叶自枝头飘落也是带着静美优雅的，根本找不到一丝印象中秋的颓败。沿着万泉河走走停停，看到花圃里大朵大朵的月季傲然于枝头，听到小小的一挂瀑布竟能发出隔着山坡都被人听到的欢快乐音，看到水底柔软的水草顺着水波在舒展身姿，其中趣味，是靠言说和照片所无法传达的，唯有亲入其中才可体会。秋日给万泉河披上了一袭红装，河道两旁是红，河水倒影依旧是红，使秋日的万泉更展现出了别样的风情，惹人心动。

毫无心虚地说，我是真的喜欢这一次的课，一行人在校园里走走停停，看到好看的、有意思的就停下来一起讨论，讨论随兴而起，谁想说便多说几句，谁觉得这个有意思便又提一嘴，也许在刚上课时听到老师说要一路走到紫荆公寓，心里不禁想天哪走这么远脚都要废了，但奇怪的是，一路走下来，却并不觉得累，只觉得仍是兴致盎然。曾在一位同学的朋友圈中看到过这样一句话“疾驰的车轮会杀死很多诗心浮现的瞬间”，深有感触，其实于我而言，在园子里，最能让我感受到与清华有真真切切联系的就是，骑着车不慌不忙，优哉游哉地在园里到处乱逛，看到这有一点新奇就停下来瞅两眼，不需要一定用语言说出自己的感受，没有利益目的，没有刚性动机，光这样，就很舒服。

游校河，拾秋趣，于不匆不忙之中，寻找久违的心灵诗意。

我爱这校河之秋

冯　翔

秋风渐起，浓浓的秋意在校园里肆意流淌。沿校河漫步，不经意间将校园的一份份美景收藏在心底。

“一年好景君须记，最是橙黄橘绿时”——雾蒙蒙的天色，并不影响色彩的轻重点染。流金的银杏叶在枝头恣意翻飞，火红欲燃的爬山虎在墙壁上蜿蜒，油绿的垂柳懒懒地在河岸舒展身姿，将秋季饱满的热情释放。这样的秋季，塑造出一种明丽娇艳而又浪漫醇厚的气质，让人不禁感叹，果真是“一年好景”。

绝妙的是那条可爱的校河。已入深秋，河水渐少，她也消减了奔流的兴趣，只是默默地在窄窄的河床中静流，仿佛一个不再贪玩的小孩子，多几分羞涩，少几分张扬，偶有几片飘落河面的黄叶才让她泛起涟漪。此为可爱之一。河底布满绿油油的苔泥，浅浅的河水清澈见底，在夕阳的抚摸下，像极了《再别康桥》中“软泥上的青荇，油油的在水底招摇；在康河的柔波里，我甘心做一条水草”的唯美意境，叫人沉醉其中。此为可爱之二。

校河美矣，却不止于此。河岸两侧黄叶飞扬，绿杨轻垂，红藤茂密，倒影映在波纹细密的河面上，竟分外和谐。以油绿的河面为背景板，不同的颜色如油画颜料层层叠加，像极了《再别康桥》中“那河畔的金柳，是夕阳中的新娘；波光里的艳影，在我的心头荡漾”。校河与周围环境融为一体，将不同色彩纳入自己的怀抱，构造出一幅和谐美丽的深秋油画，展示出宽阔的胸襟，仿佛教诲我们要兼容并包，要融入集体，创造出更加精彩的成就。此为可爱之三。校河蜿蜒曲折，时隐时现，贯穿清华园，润泽一方土地，哺育一方生命。她却从不声张，只是潺潺而流，默默奉献，甚至波纹都是那样轻微。大多数的清华人，可能只知清华园里有条河，而并不了解她从何而来，沿什么路线流淌，将流向哪里。但这不正是清华精神的体现吗？“行胜于言”——清华人始终铭记埋头苦干、默默耕耘，在不同领域中无私奉献、不问西东，他们留给后人最宝贵的财富，便是那最美的“马兰花开”，便是如校河一般，在无声中坚守着一份初心的美好。此为可爱之四。

校河，流淌于清华园，也流淌于我的心间。她的美丽，她的浪漫，她美好的品质，她隽永的气质，深深驻在我的心底，让我在清华园的第一个秋天，邂逅了最可爱的一份珍宝。衷心感谢她。

小河静淌，两岸花开

石家豪

斑驳的石栏上刻着不为人知的花纹；红叶爬满的河道两壁，错落得随意又别致；翠绿而透明的浅水似流非流，静静安抚着沉寂的河床。这样一条默默的小河就在清华园里静卧着，四季更迭，两岸月季常开。

这次课程是在路途中体会校河之美，领略校河两旁被校河所“滋养”的地方。一路上走走停停，遇见了精巧可爱的荷兰菊，细嫩的花瓣被微风摇动，饱和的紫色浸满了秋的生机；遇见了艳丽而娇媚的月季，红色浸染得酣畅淋漓，活像一个个雍容的贵妇，也为河岸增添了几分高贵的馨香；遇见了金色纱帐一般的暂且认定为千金子的草丛，朦胧地错落着，凑近了看，小小的穗又是那么饱满而可爱……

岸边的一花一草都自成一道风景，河道的一曲一折却勾勒出意味深长。一眼望去，河道的尽头总是一个弯，而那一端究竟在何处，勾引人们的无限遐思，顺延着蜿蜒的河流，淌进无穷的远方。

半路走进荷塘，跌水湍急地涌动着白色的水花，一汪汪清澈的山泉流进荷塘，空气中都弥散着湿漉而干净的气味。静静地望着这小小的瀑布，心中的一切浮躁之火，急功近利之念，全被浇熄冲走了。这洁净无瑕的水流，轻轻抚摸着我的心灵，唤醒最自然最纯真的那个我自己，最爱这水流的心。

校河悠悠，悠悠百年。和这个院子里的建筑们一样，她承载的历史厚重而深沉，见证着清华的沧海桑田。不同于老楼们，总有新一代年轻的血液，活力不曾削减，校河默默流着水，时而会干涸，时而会溢满，用那些小花小草给她活力与生机。如今，这河的水已经泛起绿意，混浊得看不见生灵了，也希望能够有一天，当我们有能力将她治理好的时候，还校河一颗干净的心，一个不依赖于花草就有生命力的秋天。

秋与校河

陈颖思

我见过校河的夏与秋。在刚刚踏入这个园子的时候，我还不知道那条河是校河，也不知道它的名字叫万泉河，更不知道这条河走向如何，有几条支流。在第二周寻找奇石的过程中，我在傍晚骑车来到校园的西侧，那天北京是晴天，傍晚出现了难得的晚霞，垂柳和爬山虎都还是碧绿碧绿的，我拿出手机拍摄下这一瞬间。那一瞬间我想起徐志摩的诗：“那河畔的金柳，是夕阳中的新娘。”这是校河的夏，垂柳与爬山虎绿意盎然，水面碧波微漾，泛起一圈圈涟漪。

接着，我见到了校河的秋。秋天仿佛是一瞬间到来的，又自有其到来的规律。我仍记得那天拜谒完西南联大纪念碑，老师给我们指出校河上的铁桥，让我们看那上面缠绕不断的爬山虎。下课后，我骑车来到了新闻学院前，因为那一片红色的爬山虎与红砖十分相衬，让我一瞥就忘不掉，我几乎一下子就爱上了这幅景象，爱上了爬山虎与校舍共存的岁月静好的景象。后来来到校河边，才发现垂柳与红叶也相得益彰。从来没有所谓“红配绿”的颜色不相称与怪异，只有绿柳依依与红叶纷飞的美感充斥心间。

校河蜿蜒穿过校园，由南流向北。我从西门前的第一座桥开始走起，随着校河向远方延伸，我也探索起这片园子里我不熟悉的、甚至完全陌生的区域。理科馆总是充满着历史的气息，两边的行道树叶子金灿灿的，风一吹掉落一地黄叶。走着走着，探索到一处神奇的跌水，大家围绕着水讨论玩耍，一路上还有许多“惊艳四座”的花儿……走着走着，对园子的爱更加深了几分，对园子的美的领悟，也更深刻了几分。

没有在课上走完全程，我课下又骑着车沿着校河完完整整地走了一遍。校河也带着我，从西边充满古韵与精致的校舍，走向北边现代而便捷的生活区，仿佛将清华的历史也走了一遍。我喜爱明理楼与法图的时尚现代，也许还有法学院学生这一身份加权。但我喜爱校河的蜿蜒曲折，喜爱爬山虎的生机勃勃，喜爱老旧却富有文化的旧校舍，喜爱温柔不语的垂柳，真真切切，发自内心。

校河流长 时光微漾

王佳乐

如果让我回答在清华的校园日常生活中，留下印象最深的是什么，不是川流不息的人潮，也不是优美各异的建筑，而是独自流淌、静静地承载时光的校河。每当我因课前往新水楼，又或是往图书馆寻一处安静自习地，我都习惯了从主干道默默驶入河边小径。行在河边，看那阳光下写意的爬山虎，总有一种莫名温暖舒适的感觉，宛若阳光洒进心底，河水沁入灵魂。而更令我在意的，是河边人流的稀少。我时常会在空荡无人的河边小道，放开双手，全身放松地骑上一段，没有车流催促我前进，也不会有行人横插在我路前，这确实是除了夜晚之外，难得能享受到的宁静的时光。

毫无疑问，我爱校河，不单单是因为她是我所爱的清华的一部分。在正式去了解她之前，我一直对校河只有着朦胧的认识，恍若隔了一层面纱。我对校河的历史、源流和分汇所知不多，但我却在灵魂中对校河感到亲近，那种亲近，换言之，仿佛从我成为清华人的那刻起，校河就融入了我的生活，与我不可分割。我相信，对于大部分同学来说，校河似乎只是路上的一景，也许不少人在途经过程中会感慨一声环境真美，但很少人会在忙碌的生活中停下脚步去了解校河的过往，不过这并不妨碍校河在清华人心中那种天然的地位。对于住在清华生活的人们，校河可能最给人留下印象，也可能最不起眼。

校河从西入，在清华里绕啊绕，最后又从北边悄悄地溜走。不同的景观，不同的建筑，在河流的串联之下，似乎衍成了一体，浑然自成，可以说构成了清华的地理风貌。校河所经之地，几乎是人们最常经过的地方，穿插在平凡的生活中，让人们的日常也像流水一样，自然和谐。这样的校河，静静地流淌，从始，至今，未来亦如此，不起眼的背后，独自承载着时光。在我眼中，校河之于清华，就像是一直看着孩子长大的母亲，所以我们对校河有着天然的亲近与爱。时间会溜走，我们会改变，但是校河会承载着时光的记忆，永远流淌下去。

河水中共同的记忆

王浩宇

古人云：“仁者乐山，智者乐水。”水在中华文化中占据一席独特的地位。从长江、黄河，再到洞庭湖、鄱阳湖，总有那么一片水让人魂牵梦萦，不能割舍。对于我而言，清华园里最让我向往的那一片水便是校河。

校河本名万泉河，发源于海淀区西北侧，是清河水系的重要一支。万泉河全长 8.5 千米，流经了北京大学、清华大学、圆明园等名胜，最终在京包铁路汇入清河。万泉河从西门处进入校园，经过了校医院、大礼堂、听涛园多地，最后在紫荆公寓处流出校园。正因为万泉河在清华校园穿过了大半个清华校园，仿佛与学校融为一体，因此被亲切地称作校河。和隔壁的未名湖相比，校河显得名气就要小得多了，或许只有园子里的人才对校河比较熟悉。即便如此，也不能撼动校河在清华人心中的地位。就像未名湖之于北大一样，校河也是所有清华学子共同的记忆。

秋天的校河仿佛一幅多彩的画卷一般，在我们面前徐徐展开。从西门出发，沿着校河河边行走，能够将校河的风光尽收眼底。在河边，紫色的小菊花依然盛开着，给河道装点了一片明亮的紫色。树木上的叶子像是火焰一般，在阳光下显得格外热烈。河岸边的护栏上雕刻着生动的祥云，给校河增添了几分艺术气息。校河穿过了大礼堂、老馆、新水等老建筑，一路北上，经过了紫荆公寓等新的建筑，就像一条纽带一样，将园子里的古老、传统与年轻、活力串联起来，让清华成为了一个有机的整体。

在 20 年后，如果有人问我，对清华印象最深刻的景色是什么？我想我的回答一定是校河。在如同风景名胜一般的园子里，有许许多多令人赏心悦目的美景。从水波粼粼的水木清华，到庄严肃穆的大礼堂，这样的美景让人目不暇接。但它们都处于清华的老校区，平时较少前往，再加上紫荆公寓和老校区有着较远的距离，因此没有那么熟悉。校河与它们相比似乎少了不少美感与艺术气息，但是它却陪伴着清华学子度过了在园子里的每一个日子，像一个朋友一般一直在我们身边。有时上课快要迟到了，便会骑车走校河边的小道，躲过拥挤的学堂路。有时在忙完了一天的学业后，便会和好友一起在校河边漫步，畅谈我们的人生、理想。这样一天天的陪伴，我和校河也愈加熟悉。时不时我会停下自行车，到校河边驻足欣赏校河的景色。春天时，校河边杨柳依依，充满生机。夏天时，校河水波粼粼，河边绿树成荫。秋天时，校河两岸染上了红色，蔚为壮观。冬天时，校河边的树木都秃了枝丫，校河的河面也变成了厚厚的冰层，一片肃杀的氛围。

孔子曾经说过："逝者如斯夫，不舍昼夜。"校河就这样缓缓地流淌着，时光也在慢慢地流逝着。有一天，我会从园子里离开，但是那段和校河有关的清华记忆将永远留存在我的心头，让我一生铭记。

校河

余发涛

校河一直以来都是清华不可或缺的一部分，始自西门，于西院东侧分流，一路向东后北折，一路向北后东折，又于新水利馆东侧桥处汇合，再沿北直流，偏东后于东北角的荷清苑流出清华园，流入清河。校河的河道贯穿整个清华，以“勺子”的形状印在清华里。

校河是清华里较为安静的存在。最夺人瞩目还是在秋冬季节，地锦艳丽的红和银杏绚丽的黄将校河装扮得体体面面，在阳光的映射下更是绝美，加上河道旁柳树的映衬，随手一拍，稍加修饰就可以直接当壁纸了。这次从西门到新水的校河之旅，时间在中午，阳光正好，一路都是美景，有时微风拂起，将柳树的枝条挑起，在风中飘荡，徜徉在其中，很容易让人心旷神怡。河两侧的建筑，大多都是见证过历史的，西院、校医院、生物学馆、蒙民伟楼、大礼堂等，作为早期就存在于清华的建筑，更有一定的底蕴。

校河的建筑很有特色，断崖式的水泥墙壁将校河与我们分离，现代化的特征很容易让人认为这是近几十年才开始的存在。起初我也是这样认为，也没有尝试深入了解，直到此次游览，才通过调研大概了解了校河的历史。校河很早就存在，作为原来皇家游览消遣的娱乐场所，清华园继承了明代园林的特色，借与万泉河紧密相连的优势，才有了校河的前身。原来的校河是如同现实生活中的自然河流，有流水，有水草，有鱼虾，有俯身伸手就能碰到河水的草地，还有周围嬉戏欢笑的人群，河为人提供了场所，人为河增添了生气。而由于 1978 年到 1985 年的治河行动，校河一改往日的面貌，成为功能性的防洪河道，混凝土的涌入与化曲为直的改造还有远高于河面的河堤最终造就了今日的校河。河床的硬化，排洪的要求等因素，使得校河无法满足生态系统的要求，终落得少水无草、无鱼仅藻的现状。

其实要真说起来，我还是对当初的校河更有期待，但并不会因此否定现在的校河。今天的校河虽然少了昔日的生机，但担上了沉重的责任，像清华的学生，担着建设祖国的责任。况如前文所述，在地锦、垂柳、银杏和一些不知名的绿草鲜花的点缀下，校河别有一番风味，也是绝色美景。在历史的长河里，校河始终见证着清华园里的一分一秒，沉默，但存在，寂静，但唯美。

校河

韩　策

对校河的第一印象，还是在初中的时候，一次到清华参观。那时候，见到的校河，水是基本干涸的，甚至远远地还可以闻到一股令人不喜的味道。可能是因为这与我对于清华应该有的想象反差较大吧，因此印象十分深刻。

不过等我住进这个园子里的时候，这条河已然不似从前那幅光景。沿岸有奇花异草，柳绿花红，有古树，有老楼，有桥有水有故事，有欢有笑有人情。

那日沿河一路从西门走到老馆，从河流分流之处走到交汇之点，也终于让我有了机会，走近来，仔细端详我们的校河。抛开平日的烦恼与琐事，去赏那一隅光景，读那过去的故事。沿途所过之处，皆有历史有故事，那依河而建的一幢幢建筑，赫然都是上世纪早些时候的老楼。同时，又何尝不是清华的历史呢。

都说黄河是母亲河，是华夏文明的发源地。是一方河水，养育一方人，养育一方文明。走过校河，这种说法之道理也是可见一斑。这依河而建的诸多建筑、石碑、景观，又何尝不是清华的文化与历史的源头呢？我们的课程是大学精神之源流，而到今日，在我心里，也是将这校河视为了清华精神、文明、历史的源头了。沿河走过，见到的显然不仅仅是一片片风景，更多的是读到了一段段历史，是仿佛见到了学校从上世纪一步步走来的脚印。

在那回程的最后一段，见到两位老人在河边钓鱼，不禁莞尔。但细想来，才发现也许这才是此行的点睛之笔。当我没有足够了解校河之于清华的意义的时候，通过这一堂课，我明白了校河可谓是清华文化与精神的源头。而在我心中伟大化这条并不宽阔的校河之时，此般场景又让我明白，这条河之所以能够成为清华的精神之源，不正是因为她承载着园子里的人与事吗？她与每个人的情感紧密联结，她不应该是和每个个体最疏远的，而应该是最亲近的那个。

清华园的桥

杨国华

清华园有二十一座桥：校河十三座，支流五座，近春园三座。

校河上的桥，从西门开始，随着蜿蜒曲折的河水，大大小小，高高低低，连接着近两公里的校园。最浪漫的桥，是紫荆公寓的木桥，从桥身到护栏都为木质，浅红的拱形，远望像一条彩虹横跨水上。走在桥上很有感觉，脚下软软的，透过长条板之间的缝隙，能够看到下面的清清河水。我觉得同学们应该经常来这里走一走。最奇特的桥，是校广播站附近的铁桥。此桥已不能通行，桥上挤满了爬墙虎，到了深秋，通体红色，彩色枝蔓还悬到下面，亲近着潺潺流水。我觉得同学们路过这里，应该慢下脚步，让眼睛享受一下艳丽的秋色。其他桥多为钢混结构，形状平常，但有些护栏也装饰了金属部件或几何图案，增加了一点变幻，而北门附近一座桥，汉白玉护栏，雕栏玉砌，有些讲究。我觉得同学们可以留心一下细部变化，多问几个“为什么”。

校河支流上的桥，主要沿着清华路展开。位于银杏大道与梧桐大道连接处的，是校内最宽大的桥，两头有开阔的空间，两侧有略高的人行道，走到此处总是让人昂首阔步。老校门前的桥非常朴素，护栏是普通大理石，没有雕饰，只有简单的线条，桥头是略有起伏的圆形。但是这座桥应该是校内最老的桥。有名人逸事记载，20 世纪 20 年代，赵元任夫人杨步伟就在附近开过一家小餐馆，名为“小桥食社”。其他桥中，也有护栏石雕颇为考究的，荷花祥云，呼之欲出。

近春园是几片湖水围绕一块陆地，三座桥最有特色。“望桥”极为简约，只是几块大石板铺成“S”形，平时贴着水面，暴雨时水就会漫上来，可以称为“水漫桥”。岸边有块石头上写着“望桥 施士升教授捐赠”。他是土木专家，现在好像不太有人提及。“莲桥”别具一格，护栏只有一侧，石雕颇为精细；另一侧是走向荷花池的台阶。桥很低，夏天就会在莲花丛中若隐若现，真可以称为“半莲桥”。校内这么多桥，只有这两座桥“有名有姓”。当然，另外一座桥，整体石头构造，单孔，拱形，我们可以轻易地称为“玉带桥”。这是校内最精致的桥，雕饰繁复，镂空均匀，拱顶两边还各有一个蚣蝮探出脑袋，贪婪地望着湖水。这里水面开阔，玉带卧波，赏心悦目。

二十一座桥装点、服务着清华园，记录着每一个走过这里的人。但是它们却似乎未受到关注，没有群体规划，质量参差不齐，有些甚至“简单粗暴”，乏善可陈。也许我们应该关心它们，给它们装饰，给它们命名，让它们给每日匆匆而过的同学们留下美好的印象和动人的故事。

附录一

作者（“清华学”选课学生）名单

（以姓氏拼音为序）

姓名	学院	年级
艾海林	社科学院	2016 级
陈弘一	工物系	2018 级
陈颖思	法学院	2020 级
曹文潇	法学院	2016 级
陈　岳	热能系	2017 级
次仁顿珠	水利系	2016 级
邓浩鑫	水利系	2016 级
邓明鑫	水利系	2016 级
冯　尧	电机系	2016 级
冯　翔	法学院	2020 级
傅　森	土木系	2016 级
高翔天	能动系	2017 级
韩　策	机械系	2018 级
郝千越	电子系	2018 级
何若兰	数学系	2017 级
黄世云	法学院	2020 级
贾自立	土木系	2018 级
江永澎	建筑学院	2014 级
姜　锴	工物系	2018 级
李凌峰	精仪系	2016 级
李旺奎	水利系	2016 级

续表

姓名	学院	年级
李在梦	航院	2017 级
李子毅	化学系	2018 级
李曙瑶	经管学院	2020 级
梁志龙	材料学院	2016 级
凌　睿	数学系	2018 级
刘　娟	社科学院	2016 级
齐志超	核工程系	2017 级
青钰霖	机械学院	2016 级
史若松	材料学院	2018 级
石家豪	致理学院	2020 级
沈文萱	法学院	2020 级
隋　鑫	化学系	2016 级
覃健恒	化工系	2016 级
谭维熙	数学系	2016 级
唐天映	计算机系	2017 级
陶胤霖	法学院	2018 级
田润卉	社科学院	2016 级
王夔宇	物理系	2017 级
王　山	汽车系	2017 级
王昕睿	数学系	2017 级
王艺如	土木系	2018 级
王　霞	法学院	2020 级
王浩宇	电子系	2018 级
王佳乐	机械系	2019 级
肖　杭	美术学院	2017 级

续表

姓名	学院	年级
闫子儒	生命学院	2018 级
杨自豪	无线电系	2018 级
杨丹龙	化工系	2018 级
姚　园	水利系	2017 级
叶　静	法学院	2020 级
尤恺杰	环境学院	2017 级
游　奎	化工系	2016 级
余　标	化学系	2016 级
余发涛	工物系	2019 级
张梦妍	生物系	2016 级
张耀煌	化学系	2016 级
张鹤龄	电子系	2020 级
张云泽	法学院	2020 级
周　涛	数学系	2016 级
周心怡	土木系	2016 级
周令惟	法学院	2020 级
朱洁松	航院	2017 级
邹恬圆	计算机系	2018 级

附录二

论“清华学”

也许这是第一次有人提出并论证“清华学”。

清华学之目标：博学多识；发现身边的美。

——杨国华

摘要：清华大学风景优美、历史悠久，以其丰富的自然景观和人文底蕴，足以成为一门学科。从“清华概况”看，清华是大学校和小社会；从“清华校史”看，清华是中国近代史；从“清华院系”看，清华是百科全书；从“清华校园”，特别是从设计、园林、建筑、奇石、植物和雕塑等方面看，清华是皇家园林和现代大学；从“清华大师”看，清华曾经大师云集；从“清华名篇”看，清华美文传诵百年。“清华学”的研究对象是清华园内的风物，研究目标是博学多识和发现身边的美，研究方法是文献阅读、交流讨论、实地考察和四季体验。没有足够的内涵不足以支撑一门学科，而“清华学”如能带动其他校园“学”之研究，则影响更加深远。

关键词：清华大学　清华学　学科　知识体系

一、缘起

清华曾是我多次造访的地方。当年从家乡来北京旅游，参观过清华。后来在北京读书，到清华听过讲座。再后来客居京城，到清华开过会、讲过课。然而，当八个月前，我来到清华工作，却发现此前对清华的了解几乎为零！[①] 皇家园林“清华园”竟然有那么悠久的历史，“庚子赔款”清华学堂竟然有那么复杂的开端；校园内竟然有那么多中西合璧的建筑，学校竟然曾经有那么多学贯中西的大师；“水木清华”人间胜景，“荷塘月色”意味悠长；奇花异草，奇石美玉，“长河观柳”，[②]“学堂”车潮，[③] 令人目不暇接。很快，我就如痴如醉地爱上了清华。

我买了很多书，了解清华的历史和景观。不仅如此，我还一遍遍来到书中介绍之处，实地查看对照。“工字厅”三百年前派什么用场？建校时“永恩寺”古井位于何方？美国为何退款中国？“留美预科”如何变成大学模样？“大礼堂”是什么建筑风格？设计师墨菲（Henry Murphy）为何来到东方？梁启超在哪里演讲？朱自清从哪里路过荷塘？王国维为何“自沉”？陈寅恪学问凝聚何方？校园设计最初如何？园林布局艺术何在？什么是紫荆？什么是丁香？“桂韵”火山岩是何来历？“母育子”花玉美在何处？“万泉河”从哪里发端、流向何方？梁思成、林徽因当时住在哪里？这里的孩子们为何如此高智商？……

---

① 本人于 2014 年 8 月从商务部条约法律司调入清华大学法学院工作。

② 指校河两岸杨柳飘飘的景观。

③ 指学生沿学堂路骑车上课、下课的景观。

我邀请很多朋友来观光。他们都来过清华。令人惊讶的是，他们对以上问题几乎一无所知。也就是说，他们对清华的了解，也是几乎为零，任我“炫耀”现炒现卖的点点心得。我渐渐胆子大了起来，甚至敢于邀请清华毕业生加入我的“旅游团”。他们在清华园生活过若干年，当然对历史掌故、人文景观等有所见闻，但是面对我这个新来的人提出的问题，常常不知所措，或者以讹传讹。后来，我又与在校生和在职老师交流，发现他们对清华的了解也大多支离破碎、浅尝辄止。当我给他们讲清华的历史、人物、景观的时候，他们也是听得津津有味。我不禁感慨：清华这座宝藏，没有得到有效开发啊！

于是，我与一些学生开始有意识地研究清华。我们围着“大礼堂”走了一圈，被这座国内唯一的古希腊、古罗马神庙风格的建筑所震撼，有同学从美学的角度写下了“大礼堂之美”。我们站在甲所“母育子”蛇纹石花玉前，赞叹大自然的鬼斧神工，感到它超过了所有山水画的内涵。我们穿行在“胜因院”一栋栋小洋楼间，畅想着大师们的学识与生活，感到一种激励和向往。我们还将研究“水木清华”的园林设计，“地质之角”块块奇石，四季花开的种种植物，王国维纪念碑碑文，西南联大纪念碑文字，校歌的含义，梁启超“君子”演讲的意义……我们要将清华作为一门学问来研究！

于是，就有了附录“清华学概论”这门课的设想。我想让我的学生，以至于整个清华的学生，都来开掘这座宝藏，因为“清华园是清华人得天独厚的财富。相信‘清华学’这门以研究清华为内容的学科，能够为同学们的校园生活、职业发展和人生幸福，作出些许贡献”。

二、论证

提出“清华学”这个概念，是因为对清华的研究，可以成为一门单独的学科。根据《中华人民共和国学科分类与代码国家标准（GB/T 13745-2009）》，“学科是相对独立的知识体系”。[①]“本标准依据学科研究对象，研究特征，研究方法，学科的派生来源，研究目的，目标等五方面进行划分”。

且让我参照这个标准，论证一下“清华学”的内容。此处首先需要说明的是，参照，并非一一对照。机械、枯燥地对一个知识体系进行切割、分类，并不能全面反映该体系的特征。具体而言，该标准所列五个方面，并不一定是完全独立的。例如，“研究对象”和“研究特征”就需要明确界定，而“研究特征”和“研究方法”也需要明确区分。“学科的派生来源”，对于“交叉学科”而言，与“研究对象”是不可分的。因此，以下论证，基本上是以研究内容为核心，综合参照以上五个方面进行。此外，论证试图采用归纳法，即先行阐述学科

---

①《中华人民共和国学科分类与代码国家标准（GB/T 13745-2009）》前言：“人类的活动产生经验，经验的积累和消化形成认识，认识通过思考、归纳、理解、抽象而上升为知识，知识在经过运用并得到验证后进一步发展到科学层面上形成知识体系，处于不断发展和演进的知识体系根据某些共性特征进行划分而成学科。”“学科是相对独立的知识体系，这里‘相对’、‘独立’和‘知识体系’三个概念是本标准定义学科的基础。‘相对’强调了学科分类具有不同的角度和侧面，‘独立’则使某个具体学科不可被其他学科所替代，‘知识体系’使‘学科’区别于具体的‘业务体系’或‘产品’。本标准中出现了一些学科与专业、行业、产品名称相同的情况，是出于使学科名称简明的目的，其内在含义是不同的。”

内容，然后总结学科特征，以求生动、完整和有说服力之功效。

我初步将《清华学》分为六个部分：（一）清华概况：清华作为一个大学校和小社会。（二）清华校史：清华作为一部中国近代史。（三）清华院系：清华作为一部百科全书。（四）清华校园：清华作为皇家园林和现代大学。（五）清华大师：清华作为大师云集之地。（六）清华名篇：清华的那些美文。以下就按照这个顺序略加阐述。

（一）清华概况：清华作为一个大学校和小社会

清华是所大学校，占地广，人口多。作为一个社会组织，清华是如何设置机构，安排资源，为教学和科研的中心任务服务的？此外，清华还是一个小社会，“麻雀虽小，五脏俱全”。清华承载了哪些社会职能？最后，在这个改革的年代，清华又在酝酿和实施哪些改革措施？

以一位同学从入学到毕业的过程为例。在学校里，是谁负责招生考试，是谁负责入学注册；校长是干什么的，“工字厅”里各个办公室的职能是什么；是谁负责学籍管理，是谁负责课程安排；是谁负责考试评价，是谁负责奖学勤工；是谁负责宿舍后勤，是谁负责食堂超市；是谁负责出国留学，是谁负责毕业典礼……以及以上这一切，如何构成网络，如何进行运转。学校管理，肯定是一个专门的学问。同学们通过亲身体会，刻意地研究一下这个组织，能够增长很多知识。

此外，同学们还会发现，清华园内社会功能齐全，医院、邮政局和银行，菜场、商店和租房，幼儿园、小学和中学……注意观察这些地方，了解它们的状况，能够增加对社会的了解。不仅如此，行走在校园里，看到懵懵懂懂的儿童坐在自行车后座上去幼儿园，看到身穿校服的中小学生匆匆忙忙地赶着上学，看到成群结队的大学生从“学堂路”奔向各个教室，看到老师们坐在办公室备课研究的身影，看到行动迟缓的老年人搭乘超市的免费班车购物，还有看到校园信息网上时常发布的讣告……这个校园，浓缩了人的一生，能够引发同学们的诸多思考。

还有，同学们可能自然而然地会想到，清华作为一个大学校和小社会，是如何与周围的大社会进行互动的？看似大学是在向社会输送人才和科研成果，但是大学与社会之间的相互影响，恐怕不是如此简单。

当然，我希望通过以上观察与思考，同学们能够提出改革的建议。也就是说，清华给同学们研究学校和社会提供了一个很好的样本，但是清华肯定是不完美的。那么清华应该如何改变，才能使得清华更好，对社会作出更大的贡献？众所周知，作为社会组成部分的大学，清华不仅有自己的特色，而且应该起到引领作用。同学们也许已经在思考这个问题，因为同学们来到大学，接受高等教育，不仅是为了适应社会、自己找个好工作，而且要改造社会、让更多人找到好工作。

（二）清华校史：清华作为一部中国近代史

清华百年校史，就是一部活生生的中国近代史，而这部历史，都记载在校园各个时期的建筑上。

“二校门”上的“宣统辛亥”，明确记载着这所学校的开端，而这座老校门的西洋建筑风格，在向我们诉说着清华与西方的关联。从早期的“四大建筑”（大礼堂、科学馆、体育馆、图书馆）中可以看到美国对我们的影响。“清华学堂”是欧洲风格的（英法德），“同方部”之取名却是儒家的传统。三十年代的“土木工程馆”、“水利实验室”和“机械工程馆”，让我们看到了清华成为大学之后的气魄。“中央主楼”反映了五十年代的背景，而建在“生物学馆”、“化学馆”、“气象台”和“体育馆”等老建筑之间的理科楼群（数学、物理、生命科学），特别是新世纪的“新清华学堂”，标志着一个新时代的开端。

事实上，漫步校园，这里的历史还可以向前推进。让我们想象一下，“二校门”后的两株古柏的后面，曾经是清华园“永恩寺”的大殿。向西走，三百年的“工字厅”和二百年的“古月堂”就一直在那里。

因此，站在“二校门”前，在更远的历史背景衬托下，中国近代史的画卷就展现在我们眼前：“庚子赔款”“留美预科”“清华学堂”“清华学校”“国立清华大学”“清华大学”；“二校门”的初建，六十年代摧毁，九十年代重建；从这个门出入的前清遗老，民国政要，学者大师，风云人物。能够把清华校史研究清楚，中国近代史也就有个大概了，因为那个时代的很多事件、很多人物，都与清华有过关联。承接前一部分“清华概述”的论证，清华与社会、与时代，是密切相关的。同样承接前一部分论证的思路，研究清华校史，不仅仅是要增加关于清华的知识，而且是要思考清华在历史上的作用。当然，研究历史，就是研究现在和关注未来，研究清华校史也不例外。

（三）清华院系：清华作为一部百科全书

目前，清华大学设有 19 个学院，55 个系，已成为一所具有理学、工学、文学、艺术学、历史学、哲学、经济学、管理学、法学、教育学和医学等学科的综合性、研究型、开放式大学。[①]

简单浏览一下学校网站院系设置的“树状图”，看看那些专业名称，就会感到自己知识的贫困匮乏。在这个校园里，有那么多人，在从事那么多的研究，从人文社科到自然科学，几乎包括了人类知识的所有主要门类，而相比之下，我们自己所从事的学习和研究，不过是其中的一个极小部分而已。学海无涯，学无止境啊！

一个人不能满足于自己那一点专业知识。作为一个人，人类所有知识都是与我们相关的，都应该引起我们的了解和关注。法律与我们无关吗？政治与我们无关吗？历史只是过去的事情吗？文学只是虚幻的吗？数学能够让我们怎样思考？材料学怎样改变我们的生活？人类为什么要航空航天？科学家为什么要做泥沙实验……培养求知的热情，思考人类的未来，也许这是清华能够给我们的极大财富。

（四）清华校园：清华作为皇家园林和现代大学

这里曾经是京城西郊皇家园林荟萃之地，这里曾经是近代美式大学校园示范之所。那么，我们今天看到的校园，经历了从设计图纸到实际效果怎样的变迁？当初的皇家园林，又是怎样的布局？与毗邻的

---

① 清华大学网站：http://www.tsinghua.edu.cn/publish/newthu/newthu_cnt/faculties/index.html。访问日期：2015 年 5 月 13 日。

圆明园和颐和园是怎样的关系？还有，随处可见的花草、奇石和雕塑，又有怎样的讲究？

校园规划、园林布局、建筑设计、奇石布置、植物分配和艺术雕塑，都是专门的学问啊！而清华园给我们的观察和研究提供了极好的条件。早春的迎春花、榆叶梅、玉兰花、紫荆花、紫丁香、白丁香，姹紫嫣红，花枝招展，呼唤着我们走近她们、认识她们；三峡石、海底火山岩、硅化木、蛇纹石花玉、牡丹石、太湖石、泰山石、灵璧石、“地质之角”的众多奇石，吸引着我们欣赏他们、研究他们；西洋建筑、中式建筑、小洋楼、四合院，让我们思考建筑美学；“清华”的荷花春柳、近春园的湖光彩亭，让我们琢磨中式园林；还有，集中在“紫荆雕塑苑”、艺术博物馆和美术学院周边以及在其他地方时常遇见的雕塑，从材质到风格展现不同的风采；以“大礼堂”为中心的老校园，与理科楼群组成的新校园，同为美式校园，却有不同的时代特征。

研究这一切，好像“不务正业”啊！然而，这是生活情趣，是闲情逸致。人生的乐趣，恰恰是我们所追求的啊！同学们今天的勤奋求学，未来的实现理想，不都是为了获得人生的乐趣吗？何况享受人生，发现身边的美，是一种生活习惯。如果在清华如此美丽的校园里都不能感到享受，那么走出校园，走向社会，哪里还能感受得到呢？

（五）清华大师：清华作为大师云集之地

这里是三百位学贯中西、博古通今的大师曾经生活和工作的地方。每念及此，我都心潮澎湃。每当走过“同方部”，梁启超 1914 年作“君子”演讲的情景就会浮现在眼前。每当走过王国维纪念碑，王国维、陈寅恪等大师的身影就会浮现在眼前。每当走过西院16号，我就仿佛看到朱自清奋笔疾书的情景。每当走过照澜院，我就仿佛看到梅贻琦勤奋工作的样子。还有，每当走过新林院8号，我就会想起梁思成和林徽因的传奇往事。这里还有“两弹一星”元勋，著名科学家、工程师……

每一位学术大师，都是一个独立的精神世界。对每一位大师的研究，不仅是学识的增加，而且是精神的升华。人生在世，每个人都有几十年光阴，但是有些人竟然可以如此精彩，可以给后人留下如此丰厚的遗产。是什么让他们超凡脱俗？我们能够从他们那里学到什么？哪位大师比较适合我自己的道路？我相信，每一位同学，对任何一位大师的研究，都会激发奋发向上的力量。何况，在清华园，大师们群星璀璨，就在我们身边闪闪发光！

（六）清华名篇：清华的那些美文

每当朗诵梁启超的这段演讲：

乾象曰：“天行健，君子以自强不息。”坤象曰：“地势坤，君子以厚德载物。”……纵观四万万同胞，得安居乐业，教养其子若弟者几何人？读书子弟能得良师益友之熏陶者几何人？清华学子，荟中西之鸿儒，集四方之俊秀，为师为友，相蹉相磨，他年遨游海外，吸收新文明，改良我社会，促进我政治，所谓君子人者，非清华学子，行将焉属?！虽然，君子之德风，小人之德草，今日之清华学子，将来即为社会之表率，语、默、作、止，皆为国民所仿效。设或不慎坏习，惯之传行，急如暴雨，则大事偾矣。深愿及此时机，崇德修学，勉为真君子，异日出膺大任，足以挽既倒之狂澜，作中流之柢柱，则民国幸甚矣。①

每当高唱校歌的这段歌词：

西山苍苍，东海茫茫，吾校庄严，岿然中央。东西文化，荟萃一堂，大同爰跻，祖国以光。莘莘学子来远方，莘莘学子来远方。春风化雨乐未央，行健不息须自强。自强，自强，行健不息须自强！自强，自强，行健不息须自强！②

每当路过王国维纪念碑，默读这一段碑文：

士之读书治学，盖将以脱心志于俗谛之桎梏，真理因得以发扬。思想而不自由，毋宁死耳。斯古今仁圣所同殉之精义，夫岂庸鄙之敢望。先生以一死见其独立自由之意志，非所论于一人之恩怨，一姓之兴亡。呜呼！树兹石于讲舍，系哀思而不忘；表哲人之奇节，诉真宰之茫茫，来世不可知也。先生之著述，或有时而不彰；先生之学说，或有时而可商。惟此独立之精神，自由之思想，历千万祀，与天壤而同久，共三光而永光。③

---

① 梁启超演讲：《君子》，清华学校，1914 年 11 月 5 日。

②《清华大学校歌》第一段。

③ 陈寅恪：王国维纪念碑碑文。

每当前往西南联大纪念碑，细品这一段碑铭：

痛南渡，辞官阙。驻衡湘，又离别。更长征，经河泽。望中原，遍洒血。抵绝徼，继讲说。诗书丧，犹有舌。尽笳吹，情弥切。千秋耻，终已雪。见倭寇，如烟灭。起朔北，迄南越，视金瓯，已无缺。大一统，无倾折。中兴业，继往烈。罗三校，兄弟列，为一体，如胶结。同艰难，共欢悦。联合竟，使命彻。神京复，还燕碣。以此石，象坚节。纪嘉庆，告来哲。①

每当重读这些文字，你是否会激情豪迈、壮志凌云？每当你漫步近春园，想起朱自清的这段描写：

曲曲折折的荷塘上面，弥望的是田田的叶子。叶子出水很高，像亭亭的舞女的裙。层层的叶子中间，零星地点缀着些白花，有袅娜地开着的，有羞涩地打着朵儿的；正如一粒粒的明珠，又如碧天里的星星，又如刚出浴的美人。微风过处，送来缕缕清香，仿佛远处高楼上渺茫的歌声似的。这时候叶子与花也有一丝的颤动，像闪电般，霎时传过荷塘的那边去了。叶子本是肩并肩密密地挨着，这便宛然有了一道凝碧的波痕。叶子底下是脉脉的流水，遮住了，不能见一些颜色；而叶子却更见风致了。②

---

① 冯友兰：西南联大纪念碑碑文。

② 朱自清：《荷塘月色》。

每当你来到图书馆，记起杨绛的这段心情：

我的中学旧友蒋恩钿不无卖弄地对我说：“我带你去看看我们的图书馆！墙是大理石的！地是软木的！楼上书库的地是厚玻璃！透亮！望得见楼下的光！”……她拉开沉重的铜门，我跟她走入图书馆。地，是木头铺的，没有漆，因为是软木吧？我真想摸摸软木有多软，可是怕人笑话：捺下心伺得机会，乘人不见，蹲下去摸摸地板，轻轻用指甲掐掐，原来是掐不动的木头，不是做瓶塞的软木。据说，用软木铺地，人来人往，没有脚步声。我跟她上楼，楼梯是什么样儿，我全忘了，只记得我上楼只敢轻轻走，因为走在玻璃上。后来一想，一排排的书架子该多沉呀，我光着脚走也无妨。我放心跟她转了几个来回。下楼临走，她说：“还带你去看个厕所。”厕所是不登大雅的，可是清华图书馆的女厕所却不同一般。我们走进一间屋子，四壁是大理石，隔出两个小间的矮墙是整块的大理石，洗手池前壁上，横悬一面椭圆形的大镜子，镶着一圈精致而简单的边，忘了什么颜色，什么质料，镜子里可照见全身。室内洁净明亮，无垢无尘无臭，高贵朴质，不显豪华，称得上一个雅字。[1]

当你找到梁实秋的这段回忆：

园里谈不到什么景致，不过非常整洁，绿草如茵，校舍十分简朴但是一尘不染。原来的一点点中国式的园林点缀保存在“工字厅”“古

---

① 杨绛：《我爱清华图书馆》。

月堂”，尤其是工字厅后面的荷花池，徘徊池畔，有“风来荷气，人在木阴”之致。塘坳有亭翼然，旁有巨钟为报时之用。池畔松柏参天，厅后匾额上的“水木清华”四字确是当之无愧。又有长联一副：“槛外山光历春夏秋冬万千变幻都非凡境；窗中云影任东西南北去来澹荡洵是仙居。”我在这个地方不知消磨了多少黄昏。[①]

当你偶然看到一篇文章，题为“清华不是个读书的好地方”：

“清华不是读书的好地方”理由不和“春天不是读书天”一般简单吗？春天有比读书更有趣的事让你做，清华有比读书更有趣的事叫你不得不做。……你如曾有一次整个钟头耐心耐意地坐在教室里笔记，那才是奇迹呢！你有眼看得见黑板上的白字，当然也有眼看得见窗外那些轻摇慢舞的鹅黄细柳，那些笑靥迎人的碧桃，那些像有胭脂要滴下枝来的朱梅，那些火似的、像有一种要扑到你身上来的热情的不知名的花，那些，那些……迷人的东西，真的没有把你的心从 a、b、c、d 中勾走么？就算你是道学家，有“目不窥园”的修养，还有玫瑰呢，丁香呢，它们会放香！熏风从那里钻进窗户，又在你鼻端打了一个回旋，你心不动么？就算你受了春寒，鼻子不通，还有云雀呢，杜鹃呢，远远地唱起来了，蜜蜂又团在窗外哼，甚至一双燕子索性坐在窗槛上说起情话来了，你又待怎样防御呢？总之，一切都引得你的心往外飞，这时的心，固然教授们的什么论，什么史，什么法，什么问

① 梁实秋：《清华八年》。

题，什么公式抓它不住，便是你书中的颜如玉也照样不行。……这叫做“地灵人杰”，据说山水明秀的地方，灵气所钟，人物自然也会明秀，所以“水木清华”的清华园，人物也一样非常之“清华”了。[①]

当你看到这些文字，你是否会心有灵犀、莞尔一笑？

当你读了以上这些文字，还有更多的清华美文，你是否会赞同吴宓的这段感叹：

……水木千年长清华，云是先朝故侯家。……崇楼新仿欧西制，转步曲廊回清丽。……名师人人华顶松，诸生个个春前柳。……但使弦歌无绝响，水木清华自千年。[②]

这就是清华园，我们的精神家园！

三、结论

从以上简要论证，我们可以看出“清华学”作为一个相对独立的知识体系，具有以下特征：

（一）“清华学”是以清华为研究对象的

清华历史悠久，内涵丰富，博大精深，古今中外鲜有其匹者。从学科的派生来源看，“清华学”属于交叉学科，人文社科和自然科学

① 余冠英：《清华不是个读书的好地方》。

② 吴宓：《清华园词》。

中的很多一、二级学科，例如管理学、文学、艺术学、美学、历史学、政治学、法学、社会学、教育学、地理学、地质学、植物学、园艺学和园林学等皆可为其上一级学科。[①]

（二）“清华学”的研究方法是独特的

我们当然要通过阅读资料来研究清华，但是更多的时候，我们是通过参观名人故居，分析古典建筑，欣赏园林奇石，体验花开花落等直观的方式研究清华，因为这一切就在我们身边，连历史都是看得见的。不仅如此，我们还要通过集体讨论的方式研究清华，因为清华是我们共同的家园。“清华学”的研究方法，充满着对清华的热爱。

（三）“清华学”的研究目的是特殊的

以我在国内外多年生活和工作的经验看，[②]坚信“清华学”的研究，有益于同学们的校园生活、职业发展和人生幸福。研究“清华学”，现在的校园生活必定是丰富多彩的，因为发现了身边很多的美；将来的职业发展必定是蓬勃向上的，因为有综合的素质；未来的人生幸福必定是可以预期的，因为有对生活的热爱。

这样说也许显得夸大其词、盲目乐观。其实我想表达的仅仅是：

---

① 以上学科分类参见《中华人民共和国学科分类与代码国家标准（GB/T 13745-2009）》。

② 本人1996年北京大学法律系博士毕业后，进入对外贸易经济合作部（后改为商务部）工作，先后担任处长和副司长等职务，曾经访问过几十个国家和地区，并且曾经在中国驻美国大使馆担任知识产权专员。

清华是清华人得天独厚的财富，我们应该好好珍惜。

（四）“清华学”之辩

还有几点说明如下：

“清华学”不仅仅是一门课，而是一门学问，一门大学问。

“清华学”不仅仅是学生应该研究的，所有清华人都有必要研究。

“清华学”不仅仅是清华人才可以研究的，但是清华人研究“清华学”，可能会有独特的便利条件和特殊的感情。

“清华学”不仅仅是一本旅游手册，因为它致知穷理、学古探微；它不是浮光掠影、泛泛而谈，而是全面深入、严肃认真。

或曰：有“清华学”，亦有“北大学”“××学”乎？答曰：“清华学”之提出与研究，如能促进其他学之研究，形成系列“××学”及各学间之比较研究，则本学科可升格为“学科群”矣，[①] 于大学教育善莫大焉！

最后我要说的是，也许提出“清华学”过于天真，也许“清华学”有这样那样的缺陷，但是不管别人怎么说，别人怎么做，我是一定要研究“清华学”的，我也会建议我的学生研究“清华学”，因为在短短八个月时间里，我已经初尝这个学科的甜头，我的学生也感到了欣喜、表达了支持。同时，我也坚信，会有更多人加入我们的行列。

---

① “学科群（discipline group），具有某一共同属性的一组学科。每个学科群包含了若干个分支学科。”见前引标准。

2015 年 4 月 19 日，识于清华园。

2015 年 6 月 15 日第二稿，增加“（六）清华名篇”。

2018 年 1 月 16 日第三稿，增加“四、清华校园（六）雕塑”。

2018 年 6 月 29 日第四稿，在“四、清华校园（二）园林”中增加图书馆李文正馆西北下沉花园及郊架轩内枯山水；“（三）建筑”中增加人文社科图书馆和艺术博物馆等建筑；在“五、清华大师（二）人文社科、（三）自然科学”中增加名师人数和现存故居信息。

杨国华

附录三

“清华学”课程大纲

杨国华

课程说明：

清华是研究学问的地方，而清华本身就是一门学问，一门大学问。它的组织，它的历史，它的学科，它的景观，它的大师，构成了跨越人文社科和自然科学的一门综合、独立的学问，其内涵之丰富，意义之深远，鲜有其匹。

同学们都在钻研某门专业，然而人生却是百科全书。清华园就是一部浓缩的百科全书，为我们提供了社会组织、近代历史、知识结构、设计规划、园林建筑、植物地质等方面的知识。不仅如此，清华曾经大师云集，他们无时无刻不在激励我们勤奋努力、奋发向上。

清华园是清华人得天独厚的财富。相信“清华学”这门以研究清华为内容的学科，能够为同学们的校园生活、职业发展和人生幸福，作出些许贡献。

课程方法：

上课采用讨论式。请同学们课前阅读资料和实地考察，以便充分参与课堂讨论。

课程考核：

课程结束后，在规定时间内完成一篇论文。

课程考核分为两个部分：课堂讨论的表现，课程论文的质量。

课程大纲

一、清华概况

清华作为一个大学校和小社会。

课程内容：

1. 学校概况：历史沿革、组织机构；院系设置（树状图）；师资队伍；教育教学；科学研究；招生就业；清华生活：学习与生活（校园地图）；清华大学章程。

2. 清华作为一所大学和社会组织：功能，组织，管理。

3. 清华作为一个小社会：校园布局（教学科研、师生生活、园林景观）；从幼儿园、小学、中学、大学、继续教育到老年大学。

4. 清华与北大之比较。

5. 清华与国外著名大学之比较（例如哈佛、耶鲁、剑桥、牛津）。

阅读资料：

1. 清华及有关学校官方网站。

2. 清华大学章程。

3. 张应强等：《大学管理思想现代化研究》，《高等教育研究》，2001 年 7 月，第 22 卷，第 4 期，第 40 页。

4.《清华大学关于全面深化教育教学改革的若干意见》（清校发【2014】29号）。

5. 方惠坚、张思敬主编：《清华大学志》（上下），清华大学出版社，2001年4月第一版。

实地考察：

工字厅，古月堂；紫荆学生公寓，照澜院；洁华幼儿园，清华附中，老年活动中心；教学楼，食堂，操场；近春园，水木清华。

二、清华校史

清华作为一部中国近代史。

课程内容：

清华学堂，清华学校，国立清华大学，清华大学。

阅读资料：

1. 苏云峰：《从清华学堂到清华大学：1911—1929 近代中国高等教育研究》（中央研究院近代史研究所，1996年）和《抗战前的清华大学：1928—1937 近代中国高等教育研究》（中央研究院近代史研究所，2000年）。

2. 清华大学校史研究室：《清华大学史料选编》（第一卷至第六卷），清华大学出版社1991—2009年出版。

实地考察：

清华大学校史馆。

校园各个时期的建筑（看得见的历史）：

皇家园林时期：工字厅、古月堂；清华学校早期：二校门、四大建筑（大礼堂、图书馆、科学馆、体育馆）、清华学堂、同方部；三十年代：西校门、机械工程馆、土木工程馆、生物馆、化学馆、气象台、学生“四斋”（明斋、新斋、善斋、平斋）；现代建筑：中央主楼、新清华学堂、人文社科图书馆。

教师住宅区：照澜院、新林院、胜因院、普吉院、西院、北院（16号）。

三、清华院系

清华作为一部百科全书。

课程内容：

1. 概况。

2. 院系设置所涉专业名词（见附件“院系设置”）。

阅读资料：

1. 学校网站“院系设置”栏目。

2. 查找所有专业名词的含义

实地考察：

人文学院，法学院（明理楼正面廊柱设计及独角兽），建筑馆（大厅内的爱奥尼克式石柱、雷峰塔及其他建筑样式），“地质之角”（五教东北、水利工程系泥沙研究室后），航空航天学院（东侧飞机），泥沙实验室，美术学院（办公楼内布置及展览，A楼后雕塑“黑洞与白洞”，A楼西墙大型战争场面青铜浮雕），焊接馆，汽车碰撞实验室，环境学院（“中意清华环境节能楼”之设计）。

四、清华校园

清华作为皇家园林和现代大学。

（一）设计

课程内容：

1. 清华校园设计：从图纸到现实。

2. 与北大校园设计之比较。

3. 与美国校园设计之比较：弗吉尼亚大学、哥伦比亚大学、斯坦福大学。

阅读资料：

1. 罗森：《清华大学校园建筑规划沿革（1911—1981）》，《新建筑》，1984 年第 4 期，第 2 页。

2. 雷蕾：《清华大学校园规划与建筑研究》，北京林业大学硕士论文，2008 年 6 月。

3. 刘亦师：《清华大学校园的早期规划思想来源研究》，《城市时代，协同规划——2013 中国城市规划年会论文集》（08—城市规划历史与理论）。

4. 刘亦师：《从名园到名校：清华早期校园景观之形成及其特征》。

5. 关肇邺：《大学校园中的围合空间：兼记清华大学理学院设

计》,《世界建筑》，1999 年第 9 期，第 54 页。

6. 唐克扬:《从废园到燕园》，三联书店，2009 年 8 月第一版。

实地考察:

大礼堂“老区”和理科楼群“新区”；北京大学未名湖区。

（二）园林

课程内容:

1. 园林学基础。

2. 作为皇家园林的清华园。

3. 与圆明园和颐和园之比较。

4. 中西园林设计之比较。

阅读资料:

1. 苗日新:《熙春园 清华园考：清华园三百年记忆》，清华大学出版社，2010 年 4 月第一版。

2. 孙筱祥:《园林艺术及园林设计》，中国建筑工业出版社，2011 年 6 月第一版。

3.〔美〕里德:《园林景观设计：从概念到形式》，中国建筑工业出版社，2010 年 6 月第一版。

4. 张加勉:《解读颐和园：一座园林的历史和建筑》，黄山书社，2013 年 1 月第一版。

5. 何重义、曾昭奋:《圆明园园林艺术》，中国大百科全书出版社，2010 年 9 月第一版。

6. 韩建中：《“水木清华”山石驳岸设计、施工心得》，《中国园林》，2002年第6期，第54页。

7. 杨元高：《环境设计在清华园中的运用》，《大舞台》，2013年第1期，第131页。

8. 杨国华：《校河的传说》。

实地考察：

水木清华、近春园、图书馆李文正馆西北下沉花园及郦架轩内枯山水、圆明园、颐和园。

（三）建筑

课程内容：

1. 建筑学基础。

2. 校园的中国古典建筑，欧式古典建筑，现代建筑。

阅读资料：

1.〔英〕斯克鲁顿：《建筑美学》，中国建筑工业出版社，2003年12月第一版。

2.〔英〕霍普金斯：《解读建筑》，北京美术摄影出版社，2014年5月第一版。

3. 李倩怡、刘畅：《墨菲的辅助线：清华大礼堂设计的比例与法式研究》，《建筑史》（第28辑），第156页。

4. 吴绍轩：《大礼堂之美》，清华大学校史馆网站。

5. 鲍抒：《胜因院札记》，清华大学校史馆网站。

6. 万瑶：《清华大学人文社科图书馆设计》。

7. 陈琦：《马里奥·博塔建筑思想——清华大学艺术博物馆解读》。

实地考察：

工字厅、古月堂、大礼堂、清华学堂、人文社科图书馆、艺术博物馆。

（四）奇石

课程内容：

1. 地质矿物与观赏石基础。

2. 校园观赏石的特色。

阅读资料：

1. 卢保奇：《观赏石基础》，上海大学出版社，2011 年 7 月第一版。

2. 孟祥振、赵梅芳：《观赏石鉴赏与文化》，上海大学出版社，2006 年 5 月第一版。

3. 杨国华：《石意》。

实地考察：

前震旦纪闪云斜长花岗岩“三峡石”（西门内）；前寒武纪海底火山岩“桂韵”（西门内、清华路南）；前寒武纪海底火山岩五彩奇石“禹域瑶华”（六教北、土木水利学院前）；瘦漏皱透“太湖石”（观畴园食堂东广场）和太湖石（综合体育馆东北“世纪林”前）；独石成山“泰山石”（人文图书馆前）；蛇纹石花玉“母育子”（甲所前）；灵璧石“擎天柱”（综合体育馆南花园）；全国唯一的大型室外地质博物园“地质之角”（五教东北、水利工程系泥沙研究室后）；侏罗纪年石树“硅化木”（清华大学接待处前）；“牡丹石”（校医院对面牡丹园前和四教西侧牡丹园）。

（五）植物

课程内容：

1. 植物学基础。

2. 校园古树。

3. 校园植物大观。

阅读资料：

1. 北京市公园管理中心：《公园植物造景》，中国建筑工业出版社，2012 年 1 月第一版。

2. 王菁兰、张彤、张贵友：《水木湛清华：清华大学校园植物》，北京大学出版社，2014 年 7 月第一版。

3. 郑淮兵：《继承发扬 营造优美的校园环境：以清华园为例剖析高校植物配置特色》，《风景园林》，2004 年第 54 期，第 35 页。

4. 杨国华：《本色》。

实地考察：

紫荆（广布）、丁香（广布）、杜仲（广布）、龙爪槐（广布）、古柏（二校门内）；早园竹、油松、圆柏、毛白杨（近春园吴晗像）；紫叶小檗、油松、圆柏、侧柏、银杏（近春园孔子像）；荷花、绦柳、蔷薇、紫薇、迎春（近春园荷塘）；油松、圆柏、国槐、金雀儿、华桑（近春园北土山）；国槐、栾树、圆柏（近春园南零零阁）；绦柳、油松、圆柏、侧柏、珍珠梅（水木清华）；桧柏、白皮松、油松、银杏、梧桐、古桑树（工字厅、古月堂、甲所、丙所）；圆柏、榆树、小叶朴、腊梅（北院）。

（六）雕塑

课程内容：

1. 雕塑欣赏。

2. 校园雕塑特色。

阅读资料：

1.【英】考西：《西方当代雕塑》，上海人民出版社，2014 年 9 月第一版。

2. 刘文清：《从现代雕塑美学理念看造型艺术美学的发展》，《浙江广播电视大学学报》，2003 年第 3 期第 34 页。

3. 翁剑青：《内在真实与超然之“然”——魏小明雕塑艺术之略感》，《雕塑》，2006 年第 3 期第 56 页。

实地考察：

紫荆雕塑苑、艺术博物馆和美术学院周边及其他区域：“精神不倒海明威”和“惑鱼”（紫荆雕塑苑）；“行者”、“后羿射日”和“国学四大导师”（艺术博物馆周边）；魏小明作品［“惑鱼”“后羿射日”“奋进”（综合体育馆南）和“人间天使”（听涛园食堂西广场）］；“互动装置”、“生之欲”和“黑洞与白洞”（美术学院周边）；“源”（环境节能楼）；“凝聚的风景”和“星光旅行者”（中央主楼南广场东侧）；“朱自清”和“闻一多”（水木清华）；“马约翰”（西体育馆南侧）；“孔子”（近春园）。

五、清华大师

清华作为大师云集之地。

（一）梁启超

课程内容：

1. 生平。

2. 作为思想家、政治家、社会活动家、学者和教育家的梁启超。

阅读资料：

1. 丁文江、赵丰田：《梁启超年谱长编》，上海人民出版社，2009年4月第一版。

2. 齐全：《梁启超著述及学术活动系年纲目》，中国社会科学出版社，2011年5月第一版。

3. 陈晨：《梁启超轶事》，人民日报出版社，2014年3月第一版。

4. 穆卓：《宝贝，你们好吗？梁启超爱的教育，给孩子们的400余封家书》，山西人民出版社，2012年5月第一版。

5. 王德峰：《梁启超文选》，上海远东出版社，2011年5月第一版。

6. 张朋园：《梁启超与清季革命》，吉林出版集团，2007年12月第一版。

7. 张朋园：《梁启超与民国政治》，吉林出版集团，2007年8月第一版。

实地考察：

北京植物园梁启超墓园，北京东城区北沟沿胡同23号梁启超旧居，天津“饮冰室”故居，广东新会梁启超纪念馆，梁启超《君子》演讲碑（经管学院北）。

（二）人文社科：

课程内容：

王国维、陈寅恪和赵元任等生平与学术。

阅读资料：

1. 邵盈午：《清华四大导师》，东方出版社，2009年4月第一版。

2. 陈鸿祥：《王国维传》，江苏文艺出版社，2010年1月第一版。

3. 汪荣祖：《史家陈寅恪传》，北京大学出版社，2005年3月第一版。

4. 苏金智：《赵元任传：科学、语言、艺术与人生》，江苏文艺出版社，2012年11月第一版。

5. 郭樑：《清风华影》，清华大学出版社，2011年4月第二版。

6. 姚雅欣、董兵：《识庐：清华园最后的近代住宅与名人故居》，中国建筑工业出版社，2009年3月第一版。

7. 邓卫：《清华史苑》（清华园名人故居），清华大学出版社，

2011 年 4 月第一版。

实地考察（19 处）：

王国维纪念碑（一教北侧）

王国维故居（西院 42 号、43 号）

赵元任（语言学家，照澜院 1 号）

陈寅恪故居（照澜院 2 号、西院 36 号、新林院 52 号）

赵元任故居（照澜院 1 号）

冯友兰（哲学家，照澜院 17 号）

吴晗（历史学家，西院 12 号）

陈达（社会学家，西院 35 号）

朱自清（文学家，西院 45 号，北院 16 号）

闻一多（文学家，西院 46 号）

陈岱孙（经济学家，新林院 3 号）

萧公权（政治学家，新林院 5 号）

钱锺书（文学家，新林院 7 号）

潘光旦（社会学家，新林院 11 号）

雷海宗（历史学家，新林院 41 号）

张岱年（哲学家，新林院 41 号）

王力（语言学家，新林院 43 号）

罗念生（文学家，胜因院 27 号）

金岳霖（哲学家，胜因院 36 号）

（三）自然科学

课程内容：

顾毓琇、杨武之和周培源等生平与建树。

阅读资料：

郭樑：《清风华影》，清华大学出版社，2011 年 4 月第二版。

实地考察（14 处）：

梅贻琦（物理学家，校长，照澜院 5 号）

张子高（化学家，照澜院 5 号）

虞振镛（农学家，照澜院 10 号）

袁复礼（地质学家，照澜院 10 号）

马约翰（体育学家，照澜院 16 号）

冯景兰（地质学家，照澜院 17 号）

杨武之（数学家，西院 11 号）

熊庆来（数学家，西院 31 号）

郑之蕃（数学家，西院 34 号）

王遵明（铸工学家，西院 35 号）

顾毓琇（电机工程学家，西院 16 号）

周培源（物理学家、新林院 2 号）

梁思成（建筑学家，新林院 8 号）

吴有训（物理学家，新林院 12 号）

六、清华名篇

清华的那些美文

课程内容：

梁启超“君子”演说；王国维纪念碑碑文；西南联大纪念碑碑文；清华大学校歌；朱自清《荷塘月色》；吴宓《清华园词》；杨绛《我爱清华图书馆》；余冠英《清华不是个读书的好地方》。

参考资料：

1. 李光荣、宣淑君：《国立西南联合大学纪念碑碑文评注》，云南师范大学学报，2002 年 9 月，第 96 页。

2. 汪鸾翔：《清华中文校歌之真义》，载黄延复、贾金悦：《清华园风物志》，清华大学出版社，2005 年 11 月第三版，第 11 页。

3. 孙茂新：《清华大学校歌歌词释义》。

4. 吴宓：《吴宓诗集》，商务印书馆，2004 年 11 月第一版。

5. 王存诚：《韵藻清华：清华百年诗词辑录》，清华大学出版社，2011 年 4 月第一版。

6. 陈永正：《王国维诗词笺注》，上海古籍出版社，2011 年 4 月第一版。

7. 胡文辉：《陈寅恪诗笺释》，广东人民出版社，2013 年 4 月第二版。

实地考察：

王国维纪念碑（一教北侧）

西南联大纪念碑（北院校河对岸绿地）

近春园荷塘

图书馆（一期）

总参考资料：

1. 黄延复、贾金悦：《清华园风物志》，清华大学出版社，2005年11月第三版。

2. 苗日新：《导游清华园》，清华大学出版社，2012年7月第一版。

3.《清华风物》系列电视片，清华电视台网站。

4. 朱光潜：《谈美 文艺心理学》，中华书局，2012年9月第一版。

附件：院系设置

按学校网站“组织机构”树状图顺序排列，专业名词来自院系或研究院所名称。

一、理工科：

1. 建筑学院：建筑、城市规划、景观学、建筑技术科学

2. 土木水利学院：土木工程、水利水电工程、工程管理

3. 环境学院：环境工程、环境科学、环境管理、市政工程、辐射防护与环境保护、生态学

4. 机械工程学院：机械工程、精密仪器、热能工程、汽车工程、工业工程、基础工业

5. 航天航空学院：航空宇航工程、工程力学和航空技术

6. 信息科学技术学院：电子工程、计算机科学与技术、自动化、微电子与纳电子

7. 理学院：数学、物理、化学、地球系统科学

8. 材料学院：材料物理与化学、材料加工工程、无机非金属材料、金属材料、复合材料。

9. 生命科学学院：生物物理与结构生物学，生物化学与分子生物学，细胞与发育生物学，生物技术，植物生物学，海洋生物技术，生物学

10. 医学院：基础医学系、生物医学工程系、药学系和公共健康

11. 医学中心：临床医学，心血管，脑神经疾病，泌尿，肿瘤，急重症及灾害

12. 电机工程与应用电子技术系：电力系统、柔性输配电系统、高电压及绝缘技术、电力电子与电机系统、电气新技术、电工学、计算机硬件及应用

13. 工程物理系：工程物理，核工程与核技术

14. 化学工程系：化学工程与工业生物工程、高分子，材料与工程，具体方向：化学工程（含反应工程、分离工程、化工热力学）、过程与系统工程、生物化工、应用化学、高分子材料与化工

15. 核能与新能源技术研究院：反应堆运行，反应堆物理、热工与系统模拟，反应堆结构，反应堆装备，氦透平与氦风机，热工水力学，反应堆安全，新材料，计算机与控制，磁轴承技术，高温堆，低温堆，概算，核化学工艺，新型能源及材料化学，资源化工，精细陶瓷，功率电子器件，核技术，辐射仪器，环境技术，生物质能，能源系统分析

16. 高等研究院：统计物理、凝聚态理论、数学物理、基础数学、

理论生物学、理论计算机科学

17. 交叉信息研究院：理论计算机科学，量子信息，机器智能，安全计算

18. 周培源应用数学研究中心：理论生物学（蛋白质折叠、系统生物学、计算神经科学）、应用数学方法（应用偏微分方程、科学计算、概率统计、非线性波动理论）

19. 燃烧能源中心：燃烧能源和燃烧科学

20. 数学科学中心：数学科学

二、社科人文

1. 经济管理学院：会计、经济、金融、创新创业与战略、领导力与组织管理、管理科学与工程、市场营销

2. 公共管理学院：公共政策、非政府、国情、国际战略与发展、政府、台湾

3. 马克思主义学院：思想道德修养与法律基础，中国近代史纲要，马克思主义基本原理，毛泽东思想和中国特色社会主义理论体系，中国特色社会主义理论与实践，中国马克思主义与当代

4. 人文学院：中国语言文学，历史系/思想文化，对外汉语教学，外国语言文学，哲学

5. 社会科学学院：社会学，政治学，国际关系学，心理学，经济学，科学技术与社会

6. 法学院：环境资源与能源法，商法，创新与知识产权，法律全

球化，民事法，法政哲学，知识产权法，公法，国际法研究中心，卫生法，欧盟法与比较法，程序法，刑事法，金融与法律，习惯法，房地产法，海洋法，港澳台法，体育法，法律与文化，两岸法政问题，国际私法与比较法，竞争法与产业促进，中国司法研究，证据法，法律史，国际经济法

7. 新闻与传播学院：新闻学、国际新闻与传播、影视传播、新媒体传播、媒介经营与管理

8. 五道口金融学院：金融学，货币政策与金融稳定，民生财富管理，互联网金融，阳光互联网金融创新，创业金融与经济增长

9. 美术学院：染织服装艺术设计，陶瓷艺术设计，工业设计，视觉传达设计，环境艺术设计，信息艺术设计，绘画，雕塑，工艺美术，艺术史论

10. 体育部：

体育知识理论类：体育欣赏、人体健康概述、自我诊断与保健，运动处方、运动伤病及预防和治疗，运动与营养，科学体育锻炼原则及方法，运动技能分析及心理健康

技能训练类：散手、武术（器械）套路、中国式摔跤、定向越野、跆拳道、空手道、防身术、健美、击剑、攀岩、柔道、剑道、艺术体操、形体、健美操、短兵、铁人三项

竞技类：篮球、排球、足球、手球、棒球、垒球、乒乓球、羽毛球、网球、田径、游泳、跳水、毽球、藤球、沙滩排球、水球、赛艇、橄榄球、野外生存技能

素质类：速度、耐力、力量、灵敏、柔韧、协调、平衡、综合练习、腰腹练习、弹跳练习

休闲娱乐类：体育舞蹈、飞镖、街舞、射箭、射击、台球、形体、健美操、花样轮滑、速度轮滑、保龄球、沙狐球、舍宾、瑜伽

体育医疗保健类：

气功、八段锦、太极拳、太极剑等适宜活动

竞赛与社会：

参加校级竞赛，参加北京国际马拉松赛，参加世界奥林匹克日活动，参加远足活动，参加体育协会活动

11. 艺术教育中心：

赏析类课程：音乐类，如：大学生音乐知识与赏析，戏曲与中国传统文化、中国音乐与中国传统文化、中国民族民间音乐赏析、20 世纪中国歌曲史、西方古典音乐文化、欧洲歌剧知识与赏析，键盘艺术赏析，西方弦乐室内乐赏析，传统与现代音乐、音乐剧百年历程，多元文化中的音乐现象等；美学、戏剧、舞蹈、美术、摄影、电影类等赏析课程，如：美学与艺术欣赏、中外名剧赏析，电影中的艺术与文化，摄影作品赏析，民族与现代舞赏析等 17 门次。

艺术实践类课程：表演艺术。

12. 教育研究院：高等教育、教育政策与管理、教育技术、基础教育。

13. 继续教育学院：企业内训、行业特色培训、国际合作培训、管理公开课、工程技术培训、远程培训

致　谢

本书主要内容来自“清华学”课程，而该课程的开设，要感谢白峰杉和陈旭老师，由于他们分别主持了“大学精神之源流”和“新生导引课”等通识课，“清华学”小班课才得以分别在其下开设。此外，还要感谢钟周、金富军、刘亦师、张建民、温庆博、王菁兰、袁佐、唐杰和廖莹等老师，是他们的关心和授课，才使得“清华学”课程得以顺利进行。最后要感谢人民出版社蒋茂凝先生和东方出版社各位编辑，是他们的大力支持和细致工作，才使得本书得以顺利面世。

清华大学法学院2017级研究生李娴姝在本书的文字和配图编选方面做了大量工作，2020级研究生刘波阳审读书稿并提出了文字修改意见，在此一并致谢。